昭通扶贫

昭通市脱贫攻坚大决战实录

鲁甸卷

政协昭通市委员会 组编

中国文史出版社
CHINA CULTURAL AND HISTORICAL PRESS

图书在版编目（CIP）数据

昭通市脱贫攻坚大决战实录. 鲁甸卷 / 政协昭通市委员会组编. -- 北京 : 中国文史出版社 , 2021.12

ISBN 978-7-5205-3176-4

Ⅰ. ①昭… Ⅱ. ①政… Ⅲ. ①扶贫－工作概况－鲁甸县 Ⅳ. ① F127.743

中国版本图书馆 CIP 数据核字 (2021) 第 187194 号

责任编辑：窦忠如　秦千里　方云虎

特约编辑：窦广利　张幼平　邓文华

出版发行：中国文史出版社

社　　址：北京市海淀区西八里庄路 69 号院　邮编：100142

电　　话：010－81136606　81136602　81136603（发行部）

传　　真：010－81136655

印　　装：廊坊市海涛印刷有限公司

经　　销：全国新华书店

开　　本：787 毫米 × 1092 毫米　1/16

印　　张：26.5

字　　数：365 千字

版　　次：2021 年 12 月北京第 1 版

印　　次：2021 年 12 月第 1 次印刷

定　　价：1980.00 元（全 19 册）

《昭通市脱贫攻坚大决战实录》丛书

编 委 会

《昭通市脱贫攻坚大决战实录·鲁甸卷》编撰委员会

顾　　　问：夏维勇　马洪旗　吴君尧　舒云辅
主　　　任：王富泰
常务副主任：王　敏
副　主　任：白金孝　何顺德　郑大琴　朱文华　唐石荣
委　　　员：戈立润　孙选翠　王永啟　李　超　县直各部门、各单位主要领导，12 个乡镇党委、砚池党工委书记

编撰人员

编　　　审：王富泰
主　　　编：王　敏
常务副主编：戈立润　孙选翠
副　主　编：唐石荣　王永啟　丁世新　晏　权　康德鸿　李勤民　张振平
编　　　辑：李　超　曾　颢　臧　腾　林德军　郑勇娇　张振华　陈文进　路　钧　秦洪昌
编　　　务：李世红　李德奎
校　　　对：陈　华　白晧明

总 序

成联远

贫困是人类社会的顽疾，消除贫困是人类梦寐以求的理想，人类发展史就是与贫困不懈斗争的历史。

中国共产党从成立之日起，始终高度重视解决贫困问题，持续向贫困宣战。党的十八大以来，以习近平同志为核心的党中央，把脱贫攻坚摆在治国理政的突出位置，团结带领全党全国各族人民打响了人类历史上规模最大、力度最强、惠及人口最多的脱贫攻坚战。经过 8 年持续奋斗，如期完成了新时代脱贫攻坚目标任务，现行标准下近 1 亿农村贫困人口全部脱贫，贫困县全部摘帽，消除了绝对贫困和区域性整体贫困，脱贫地区处处呈现山乡巨变、山河锦绣的时代画卷！这是中国共产党团结带领全国各族人民艰苦奋斗所创造的又一个彪炳史册的人间奇迹，生动展示了中华民族摆脱贫困、走向复兴的强大力量。

昭通地处云、贵、川三省接合部的乌蒙山区腹地，是集革命老区、地震灾区、散居民族地区、生态敏感脆弱地区为一体的深度贫困地区，是全国贫困人口最多、贫困程度最深、脱贫任务最重、攻坚压力最大的地级市。全市 11 个县（市、区）中有国家级贫困县 10 个，1379 个村（社区）中有贫困村 1235 个，629 万人口中有贫困人口 185.07 万人，正可谓全国脱贫看云南、云南脱贫看昭通。

历史的洪流浩浩荡荡，精彩的答卷壮阔恢宏。近年来，特别是习近平总书记于2015年视察昭通以来，市委、市政府始终铭记习近平总书记的殷殷嘱托，感恩党中央的亲切关怀，始终把脱贫攻坚作为最大的政治任务，全面落实精准扶贫、精准脱贫方略，团结带领全市各族干部群众，攻坚克难、感恩奋进，发扬钉钉子精神，敢于啃硬骨头，奋力夺取了脱贫攻坚大决战全面胜利。全市现行标准下185.07万农村贫困人口、1235个贫困村、10个贫困县全部退出贫困序列，贫困群众人均收入由2015年的2703元增加到9899元，昭通千百年来的绝对贫困问题历史性地画上句号，全面建成小康社会取得历史性成就。昭通的奋力崛起、华丽转身，是云南乃至全国扶贫开发事业的一个缩影。

荆棘载途，玉汝于成。一切向前走，都不能忘记走过的路。在脱贫攻坚工作中，数万名扶贫干部倾力奉献、苦干实干，将最美的年华无私奉献给了脱贫事业，涌现出许多感人肺腑、可歌可泣的先进事迹。“感动南网”的彝良县牛街镇水田村第一书记吴长碧，用柔弱肩膀扛起扶贫重任；把病情报告单“藏”起来去扶贫的女干部金碧琼，一直坚守在扶贫第一线；特别是即将结婚却没有等到婚礼那一刻的“90后”扶贫干部王秋婷、积劳成疾牺牲在扶贫一线的驻村工作队队长李永春等25名扶贫干部，更是用生命诠释了共产党人的初心使命；还有216对“父子兵”、1284对“夫妻档”，572名干部“轻伤不下火线”，他们用身影、心血和汗水，交出了让党和人民满意的答卷。为全面记录新时代昭通艰苦卓绝、波澜壮阔的脱贫攻坚历史进程，客观反映乌蒙大地发生的翻天覆地历史性巨变，真实记录各级干部群众在脱贫攻坚中的感人故事，经市委同意，我们组织相关县市区、部门、专家对2015年至2020年我市开展脱贫攻坚的重大事件、典型故事进行搜集整理，编写《昭通市脱贫攻坚大决战实录》，旨在通过回望昭通脱贫攻坚的壮阔历程，探索总结蕴含其中的宝贵经验和深刻启示，赓续传承伟大的脱贫攻坚精神，从历史回望中照见未来，以更坚定的信心、更昂扬的斗志，继续走好新时代的长征路，奋力谱写昭通高质量跨越发展新篇章。

以昭通脱贫攻坚的壮阔历程资鉴后世。回望昭通脱贫攻坚的壮阔历程，市委、市政府团结带领全市各族人民披荆斩棘、栉风沐雨，攻克了一个又一个贫中之贫、坚中之坚，脱贫攻坚取得了重大历史性成就。昭通脱贫攻坚任务之艰前所未有，全市基础条件薄弱、致贫原因复杂、发展滞后明显，贫困面积大、贫困人口多、贫困程度深，贫困发生率高达34.8%，“大山大水大峡谷、天寒地冻不出种、人多地少矛盾多”是昭通最大的市情。昭通脱贫攻坚规模之大前所未有，全市11个县市区中有国家级贫困县10个，其中深度贫困县7个；1235个贫困村中，有深度贫困村691个；农村贫困人口高达185.07万人，占全省贫困人口的1/5以上，平均每天脱贫人数达到1000人以上。昭通脱贫攻坚成效之巨前所未有，全市累计投资1658亿元，规划的12条高速公路全部落地建设，打通了11个“出滇入川进黔”大通道，通车里程达750公里；累计新建或改造农村住房55.89万户；215.4万人饮水安全得到巩固提升，自来水普及率达94%；累计硬化农村公路1.86万公里，建成公路安全生命防护工程1.05万公里；因地制宜规划建设集中安置区23个，35.47万名搬迁群众全部搬入新居；全市生产总值5年连跨5个百亿级台阶，年均增长8%，达1289亿元。脱贫地区经济社会发展大踏步赶上来，整体面貌发生历史性巨变，极大增强了人民群众的获得感、幸福感、安全感。我们通过收集广大奋战在一线同志的真实故事，以“当事人”的亲身经历，将昭通脱贫攻坚艰苦卓绝、成效卓著的壮阔历程系统完整地记载下来，形成档案性的历史资料，以资后人，以鉴后世。

探索总结昭通打赢脱贫攻坚大决战的深层逻辑。习近平总书记强调：“办好中国的事情，关键在党。”有了党的坚强领导，脱贫攻坚就有了坐镇中军帐的“帅”，亿万人民就有了众志成城的“主心骨”。面对夺取脱贫攻坚大决战全面胜利的历史重任，市委、市政府始终坚持把党的领导贯穿各项工作全过程，坚持以脱贫攻坚统领经济社会发展全局、以党的建设统领推动各项工作落实“双统领”，强化铁的纪律和硬的作风“双保障”，努力实现党的建设和脱贫攻坚“双推进”。始终坚持以人民为中心的发展思想，提出“坚持以人民为中心、以群众工作为主线，抓住精准、统筹、务实三个关键，实现思想、工作和情感三个认同”的“133”工作思路，让人民群众真正成为脱贫攻坚这棵参天大树的主干。始终坚持精准扶贫、精准脱贫方略，围绕“扶持谁”“怎么扶”“怎么退”“退出后怎么办”四个重点，着力扣好精准识别、精准施策、精准退出、巩固提升“四粒扣子”，构建了一整套行之有效的政策体系、工作体系、制度体系，用发展的办法消除贫困根源。始终深入贯彻落实“五级书记抓扶贫”“党政同责促攻坚”的要求，坚持“一把手”负总责，切实强化市县抓落实机制，着力构建各级领导干部责任上肩、挂甲上任的组织体系。始终坚持集中精锐力量投向脱贫攻坚主战场，累计选派4592名驻村工作队队员、823名驻村督导员、6.37万名各级帮扶干部充实到扶贫一线，鲜红的党旗始终在脱贫攻坚主战场上高高飘扬。这些宝贵经验、深刻启示，我们通过编撰实录的形式如实记录，推动脱贫攻坚的认识和实践实现一个新的飞跃，为以后的改革发展提供重要的历史借鉴和方法指导。

赓续传承新时代脱贫攻坚昭通精神。伟大事业孕育伟大精神，伟大精神引领伟大事业。脱贫攻坚伟大斗争，锻造形成了“上下同心、尽锐出战、精准务实、开拓创新、攻坚克难、不负人民”的脱贫攻坚精神，这是中国精神、中国价值、中国力量的充分彰显。回望昭通脱贫攻坚大决战的壮阔历程，市委、市政府团结带领全市各族人民风雨同舟、携手与共、砥砺奋斗，努力闯出了一条以脱贫攻坚统领经济社会发展全局，倒逼产业形态、基础设施、城乡建设、生态文明等各个领域创新突破的“昭通路径”，奋力跑出了争先进位、赶超跨越的“昭通速度”，锻造锤炼了为民务实、实干求真的“昭通作风”，树立展示了“文明友善、开放包容”的“昭通形象”，淬炼形成了敢打善拼、坚韧求成、再硬的骨头也要嚼碎的脱贫攻坚“昭通精神”，这是一笔昭通当代脱贫攻坚人留给后世的宝贵精神财富。我们着力做好时代的忠实记录者，发挥文史资料“存史、资政、团结、育人”功能，赓续传承、大力弘扬新时代脱贫攻坚昭通精神，激励全市600多万名各族儿女在新征程上再鼓干劲、再聚合力、再立新功。

引领我们不断从胜利走向新的更大胜利。春江浩荡暂徘徊，又踏层峰望眼开。脱贫摘帽不是终点，而是新生活、新奋斗的起点。我们如期完成新时代脱贫攻坚目标任务，为实现两个百年奋斗目标以坚定信心、强劲动力，必将激励我们不断从胜利走向新的更大胜利。站在新的历史交汇点上，推动滇东北开发提速和崛起的奋斗史诗正在书写，我们必须从决战决胜脱贫攻坚的实践中汲取智慧和力量，进一步增强“四个意识”、坚定“四个自信”、做到“两个维护”，不断提升政治判断力、政治领悟力、政治执行力，在以习近平同志为核心的党中央的坚强领导下，永远保持慎终如始、戒骄戒躁的清醒头脑，永远保持不畏艰险、锐意进取的奋斗韧劲，永远保持永不懈怠、一往无前的精神状态，真抓实干、埋头苦干，脚踏实地、久久为功，在推动昭通高质量跨越发展的新征程上奋勇前进！

（作者时任中共昭通市政协党组书记、政协昭通市委员会主席）

目 录

第一编 本卷综述

第二编　产业就业扶贫

第三编　基础设施建设

第四编　易地搬迁扶贫

第五编　教育文化健康扶贫

第六编　挂钩帮扶及社会扶贫

第七编　组织保障

第一编　本卷综述

综 述

鲁甸位于云、贵、川三省接合部，是云南省 27 个深度贫困县之一。全县辖 10 镇 2 乡 97 个村（社区）、1764 个村（居）民小组，国土面积 1487 平方公里，居住着汉、回、彝、苗、布依等 14 个民族 47.5 万人。2014 年，鲁甸发生 6.5 级地震，造成重大人员伤亡和巨大经济损失，习近平总书记非常关心鲁甸地震灾区恢复重建工作，2015 年 1 月 19 日到鲁甸灾区调研时强调：灾后恢复重建要和扶贫开发一起抓，要深入实施精准扶贫、精准脱贫，项目安排和资金使用都要提高精准度，扶到点上、根上，让贫困群众真正得到实惠，决不能让困难地区和困难群众掉队。

鲁甸各级干部群众始终牢记习近平总书记的殷殷嘱托，感恩奋进、克难攻坚，规划总投资 76.3 亿元的四大类 489 个恢复重建项目全面完成，灾区生产生活条件和经济社会发展水平全面恢复并超过灾前水平。精准发力、精准施策，举全县之力决战脱贫攻坚。全县贫困人口从 2014 年年底 32250 户 124561 人降至 2019 年年底 927 户 2865 人，累计减贫 31323 户 121696 人，贫困发生率从 31.94% 降至 0.76%，96 个贫困村全部达标出列，全县实现高质量脱贫摘帽。

习近平总书记指出：“扶贫开发推进到今天这样的程度，贵在精准，重在精准，成败之举在于精准”；坚持精准扶贫、精准脱贫“关键是要找准路子、构建好的体制机制，在精准施策上出实招、在精准推进上下实功、在精准落地上见实效。”自开展决战决胜脱贫攻坚战役以来，鲁甸县委、县政府始终坚持以脱贫攻坚统领全县经济社会发展全局，认真贯彻落实中央、省、市关于脱贫攻坚各项决策部署，深入贯彻“一把手”负总责的要求，紧扣主线、勇挑重担，扛起了脱贫攻坚政治责任，着力构建强力攻坚组织体系和工作机制，举全县之力、聚全民之智决战脱贫攻坚。

强化工作调度，着力构建高效指挥作战体系。成立由县委、县政府主要领导任双组长的扶贫开发领导小组，建立健全县、乡、村三级指挥部，构建了目标明确、职责清晰、标准统一、步调一致、高位推动的指挥作战体系。建立“五级调度”制度（县委、县政府主要领导调度县四套班子领导、乡镇第一书记，以及各乡镇、各行业部门，特别是脱贫攻坚任务较重的行业部门；县处级领导调度挂包乡镇、挂包村（社区）的部门和分管部门；部门主要领导调度班子成员、派出工作队队长和干部职工；乡镇主要领导调度乡镇党政班子成员、驻村工作队队长、村（社区）党总支书记；驻村工作队队长、村（社区）党总支书记调度村组干部、驻村工作队队员和挂钩干部），推动工作部署、决策政令直达基层、畅通无阻。制定完善《举全县之力打赢扶贫开发攻坚战的实施意见》《脱贫攻坚十个全覆盖专项行动方案》等政策文件，涵盖如何识别、如何帮扶、如何退出等各项重点工作，构建了科学完善的政策体系。坚持按月调度制度，实行“一月一调度、一月一研判”，每月召开专题会议研究解决当月存在突出问题、跟踪上月工作落实情况，严格落实工作后进单位承诺表态制，压实攻坚责任，确保攻坚成效。

坚持尽锐出战，着力促进干部队伍作用发挥。以全员下沉、力量集中确保攻坚有力、成效过硬。任命 12 名县级领导担任 12 个乡镇党委第一书记，将 40 名县级领导一对一挂钩到 40 个深度贫困村，认真履行挂乡联村责任，与挂钩乡镇党委政府、联系村（社区）党组织对乡镇、村（社区）脱贫目标任务负同等责任。将 53 名县直部门主要领导挂钩到 56 个非深度贫困村。五年来，县委、县人大、县政府、县政协四套班子领导以身作则、率先垂范，坚持到村、到组、到户开展工作，县委、县政府主要领导遍访了全县所有贫困村。坚持尽锐出战，“硬抽人、抽硬人”，组建驻村扶贫工作队 96 支、队员 399 名，3843 名帮扶干部挂钩帮扶到村到户，县直各挂钩部门 80% 以上的干部职工下沉一线。把脱贫攻坚一线作为选人用人的大考场。2016 年以来，提拔使用的干部中有脱贫攻坚等基层一线经历的不低于 80%，以鲜明的用人导向引领干事导向。

推动作风转变，着力构建攻坚拔寨的坚强保障。始终坚持以人民为中心、以群众工作为主线的“133”思路，以干部沉下去带动群众干起来。加强脱贫攻坚工作问效，制定脱贫攻坚专项纪律检查方案，组建专项纪律检查组，每月定期不定期采取不打招呼、不听汇报、不定路线，一竿子插到底的方式加强督查问效，发现问题现场交办、限时整改、定期回访；对整改不力、推动不力、落实不力的单位和个人从严从实问责，以强力督查问效推动脱贫攻坚工作落实、政策落实、责任落实。以“零容忍”的态度严肃查处扶贫领域纪律作风问题。2014 年以来，共查处扶贫领域问题 64 个，处理 193 人，其中给予党纪政务处分 61 人，问责 37 人，通报典型案例 16 批 77 人。

习近平总书记指出：“小康不小康，关键看老乡，关键在贫困的老乡能不能脱贫。”全面建成小康社会，农村贫困人口脱贫是一个突出短板，补齐贫困群众脱贫短板，关键在于措施精准不精准、力度强不强。为此，全县始终坚持“缺什么补什么”原则，突出重点，确保帮扶措施精准到村到户到人，建立完善村级施工图、乡级路线图、县级项目库。2014 年以来，在恢复重建投入 76.3 亿元基础上，全县再投入扶贫资金 65.9 亿元（其中财政专项扶贫资金 7.59 亿元；统筹整合财政涉农资金 9.88 亿元；易地扶贫搬迁资金 32.4 亿元；东西部协作财政资金 1.25 亿元；县级扶贫资金 11.68 亿元；社会捐赠资金 3.1 亿元），实施一大批民生项目，为打赢脱贫攻坚战奠定坚实基础。

围绕“扶持谁”“怎么扶”“如何退”等关键问题，推动精准扶贫精准脱贫基本方略落地落实。2015—2019年，先后开展三次建档立卡“回头看”，特别是2017年，组建由2659名干部组成摸底调查工作队，深入开展农业人口精准识别摸底调查及贫困对象动态管理，完成全县12个乡镇97个行政村1700个村民小组117042户430027人农业人口基本信息的摸底调查，剔除识别不精准对象1794户6359人，新识别纳入建档立卡贫困户1201户4668人，脱贫返贫433户1665人，摸清贫困现状，做到应纳尽纳、应退尽退、应扶尽扶。开展易地扶贫搬迁“五清”和解决“两不愁、三保障”突出问题“九清”专项行动。通过开展全覆盖、地毯式、无遗漏排查分析，建立户脱贫、村出列问题清单，扎实整改、补齐短板，确保“群众户户达标、干部人人过关”。按照“缺什么补什么”原则，在找准缺项和短板基础上，科学制定村级施工图、乡级路线图和县级项目库。2019年，统筹整合财政涉农资金6.5亿元，用于基础设施建设、产业发展，实施扶贫项目168个。对照“两不愁、三保障”和贫困退出标准，严格按照户脱贫、村出列、县摘帽退出机制，严格程序、严格考核、严格验收，做到程序公开、数据准确、档案完整、结果公正，确保脱贫成效经得起历史和人民检验。2020年5月，顺利通过省级第三方评估，全县脱贫人口错退率、漏评率均为零。

按照“住有所居、居有所安”要求，投入资金23亿元，完成48606户民房恢复重建、3809户地质灾害搬迁避让项目，解决5.2万余户群众住房安居问题。按照“不漏一房、不落一人，应纳尽纳、应改尽改”原则，扎实推进“4类”“非4类”农村危房改造。2016年以来，累计投入资金5亿元，实施农村不安全住房改造23218户（建档立卡贫困户9870户），农村住房安全保障全面达标。同时，按照“危房不住人、住人不危房，以房找人、以户找房”以及农村危房“清零”要求，全面排查拆除农村存量危房。全县累计拆除农村危房25451户、38177间，面积992460平方米。

“一方水土养育不了一方人”是鲁甸脱贫攻坚征程中的一大瓶颈，对于梭山、乐红、水磨、新街等部分偏远高寒山区的贫困群众来说，实施易地扶贫搬迁脱贫一批是最为有效的措施。大力弘扬“搬不动山就搬人”的新时代愚公精神，按照“能搬则搬、应搬尽搬、整村搬迁”原则，精准锁定搬迁对象，累计实施易地扶贫搬迁4847户19847人。2018年年底，市委、市政府将鲁甸卯家湾确定为易地扶贫搬迁跨县安置区，安置鲁甸、巧家、永善、盐津、彝良五县8322户35585人（鲁甸2532户10884人）。实行“每天一巡查、每周一例会、每旬一约谈、每月一调度”，着力解决征地拆迁、施工组织、后勤保障等突出问题，20天完成3000亩土地征迁，445座坟墓搬迁，1.2万平方米房屋拆迁，确保工程建设高效推进，仅用一年就建成卯家湾新区，一个月完成群众搬迁。为解决搬迁群众就业，在安置区周边规划建设“两园、两基地”产业布局，配套建设2200亩绿色食品加工园、3000亩现代物流园，1万亩苹果基地、1万亩蔬菜基地。建成高投装配式建筑产业园、马铃薯种薯组培中心、10万平方米扶贫车间、1000个食用菌大棚及1000个蔬菜大棚，入驻康迪服饰、纬良箱包、和昇隆电子配件加工、鑫喜莱藤椅编织、鹏利核桃加工等10家企业。按照“以岗定搬、以业定迁”要求，实行台账化、清单化管理，扎实开展技能培训，“兜底式”开发就业岗位，“保姆式”组织劳务输出，实现搬迁群众充分就业。针对后续服务管理，成立卯家湾易迁安置区临时党工委（管委会），成立6个社区党组织，将安置区划分为36个网格、76栋楼栋，组织党工委和社区干部、物业管理300余人，建立“133454”的社区治理模式，形成“网中有格、格中有人、事不出格、化解在格”的网格化服务模式，用心服务搬迁群众。

贫困群众增收难与农村富余劳动力就业不充分、产业“散、小、弱”并存是一直以来制约扶贫开发的一大屏障，长期以来，全县坚持把解决群众收入问题作为脱贫攻坚的重中之重，按照短能脱贫、长能致富，长、短结合原则，大力实施贫困劳动力转移输出和农业产业发展工作。尤其是2020年面对新冠肺炎疫情影响，全县认真学习贯彻习近平总书记关于疫情防控的重要讲话和指示批示精神，及时启动应急响应，以强有力的工作落实、责任落实打好疫情防控阻击战，同步推动经济社会发展。坚持把疫情对劳务输出的影响降到最低，建立“123456”劳动力转移就业机制（即：提供一份保单、组建县乡两级外出务工服务中心、成立县、乡、村三级劳务输出协会、建立县乡村组四级信息平台、落实“免交通费、免体检费、免防护费、补贴生活费、通信费”五项补助政策、实施六类职业培训），精准对接工作岗位、精准做好就业服务。全县通过就业服务累计转移输出52224人（卡户13216人），其中组织市外转移就业43批次，开通专车258辆，“点对点、一站式”转移输出劳动力1.2万人。要实现贫困群众长期稳定增收，巩固脱贫成效，大力促进农业产业规模化、标准化发展是促进贫困群众脱贫的必由之路。五年来，全县投入产业扶贫资金5.03亿元，按照“三个全覆盖”和“三个有”要求，用新机制、新理念、新技术推动产业转型升级，以提高组织化为根本，持续推动苹果、花椒、核桃、马铃薯、特色养殖等高原特色产业发展，实现规模与质量、品牌与效益同步提升。引进海升集团，建设高标准苹果产业园1万亩，全县苹果种植面积达10万亩，2019年实现总产值2.68亿元，带动近2.2万户群众增收致富，户均增收6000元以上。全县花椒种植面积32万亩，实现总产值9亿元，仅龙头山镇年收入5万元以上的花椒大户就达1100余户，“小小花椒树，致富大产业”的定位更加凸显。成功承办2018年中国马铃薯大会鲁甸现场点，高标准建设马铃薯原原种组培中心、种薯基地，打造省级龙头企业理世集团，马铃薯产业实现集原种组培、良种覆盖、生产加工、市场销售为一体的全产业链发展，种植面积达22.5万亩，产量33万吨，产值3.52亿元，实现亩均增收1700元。按照“合作社+基地+农户”模式，累计发展农民专业合作社308个，总收入2.98亿元，带动贫困户户均增收1557元，脱贫16356户。2014年以来，累计发放扶贫小额贴息贷款4.7亿元，用于支持建档立卡贫困户发展产业。全县97个村（社区）集体经济年收益均达到2万元以上。

农村基础设施落后，水、电、路、网不完善、不配套是导致区域性贫困的成因。为补齐基础短板，全县围绕村出列7条标准，投入资金37.34亿元，新建、改扩建国省干道137.17公里、县乡村公路1914.27公里，实现所有行政村通硬化路；实施县乡村道路安防工程412.45公里，完成投资2856万元；所有行政村全部开通客运班线，通班率100%，通邮率100%，贫困地区交通运输条件不断改善。投入资金6.2亿元，实施“五小水利”、人畜饮水、水利基础设施等工程9268件，自来水普及率和集中供水率分别达到85.09%、86.12%，解决120912人饮水安全问题，建档立卡贫困群众饮水保障全面达标；扎实推进农村电网改造升级，全县所有贫困村全部通10千伏以上动力电；行政村宽带和4G网络全覆盖，广播电视信号覆盖率达100%，公共文化服务设施全部达到出列标准。

坚持把教育扶贫、卫生扶贫及社会保障作为斩断“穷根”的基础性工作，全力抓好社会保障惠民生。义务教育保障，投入资金10.35亿元，完成116所中小学和幼儿园重建、新建、改扩建工程，2017年通过国家义务教育基本均衡评估认定。严格落实贫困学生资助政策，累计投入资金5.7亿元补助建档立卡户学生39.47万人次，确保义务教育阶段卡户子女“零辍学”。基本医疗保障，加大基础设施建设，县级公立医院、12个乡镇卫生院、97个村卫生室“三个一”建设全部达标；全面落实“三个一批”救治政策，实施大病救治3665人、救治率100%，慢性病签约服务6170人、救治率100%，重病兜底保障救治3900人、救治率100%；组建家庭医生团队291个768人，扎实推进建档立卡贫困户签约服务。全县建档立卡贫困人口基本医疗保险、大病保险参保率达100%，严格执行先诊疗、后付费制度，有效杜绝患病贫困群众小病拖大病、大病致返贫的问题。民政兜底保障，全面落实特困人员供养、残疾人“两项补贴”等政策，实现无力可扶、无业可扶的特殊困难群体应兜尽兜、应保尽保。截至2019年年底，全县纳入低保贫困户17353户23947人，纳入兜底保障525户924人，纳入特困供养847户868人，2019年发放残疾人“两项补贴”12027人663.8万元。社会扶贫帮扶，积极协调争取中央、省、市各级挂钩帮扶部门帮助支持，努力构建多方参与的大扶贫工作格局。2019年，108家挂钩帮扶单位共计投入资金1141.74万元，帮助引进各类资金2228.65万元，有效帮助挂钩村及贫困户解决了一系列困难问题。

开展东西部扶贫协作、打赢脱贫攻坚战，是党中央和国务院从全局高度制定的重大战略部署。鲁甸是东西部扶贫协作实践县、受益县，由东莞市对口支援，与东莞市莞城街道办事处形成结对帮扶关系。协作双方同心协力、优势互补，谱写了一曲全面决战决胜脱贫攻坚的“山海之音”。双方坚持以习近平总书记关于东西部扶贫协作的重要指示精神为指导，坚定贯彻落实广东、云南两省党委、政府的部署要求，把加强实地考察交流作为扶贫协作的必修课。自结对帮扶以来，莞城街道及协助莞城街道开展帮扶的东莞市万江街道、高埗镇、中堂镇党委政府领导分别带队赴鲁甸开展调研交流10余次，鲁甸县委、县政府主要领导分别5次率团赴东莞4镇街进行调研学习，召开联席会议5次，就落实两地签订的“1+5”协议（“1”即携手奔小康行动框架协议，“5”即党建、经贸、劳务、教育、卫生帮扶协作）进行广泛交流，落实具体协作事宜，制定《鲁甸县东西部扶贫协作专项行动实施方案》《东莞市莞城街道办事处对口帮扶鲁甸工作方案》，4镇（街）党委、政府及辖区强村、学校、医院、与鲁甸10个乡镇、14个贫困村、13所学校、4所医院结成帮扶对子，发动30家企业参与“万企帮万村”行动，结对帮扶鲁甸31个贫困村，全面构建“镇县、镇镇、村村、学校、医院、企村”六个结对联动的携手奔小康体系。“鲁甸所需，莞城所能”始终是两地协作坚持的原则。结对帮扶以来，东莞市及莞城、万江、中堂、高埗4镇（街）真心真意、慷慨解囊，聚焦“两不愁、三保障”精准发力，共投入市镇两级财政帮扶资金1.25亿元、募集社会企业捐赠资金0.45亿元，为鲁甸脱贫攻坚提供了强有力的资金支持。建设龙树镇照壁村东西扶贫协作示范点、照壁小学、塘房小学、杉松箐小学、卯家湾东莞小学、5000亩高标准苹果示范园、卯家湾易地扶贫搬迁安置区食用菌产业园、大水塘恒大援建蔬菜基地、7个村级卫生服务站等一大批示范项目，助推鲁甸脱贫攻坚连战连捷，全县建档立卡贫困人口从2016年年底的77529人减少到2019年年底的2865人，贫困发生率下降到0.76%。2018年，国务院副总理胡春华深入鲁甸龙树镇调研东西部扶贫协作工作时，对两地取得的成效给予高度肯定。坚持优势互补，借力协作平台，广泛开展产业、消费、劳务、人才、教育、医疗等方面协作。积极优化营商环境，主动对接各帮扶镇街，广泛开展招商引资工作。引导6家企业落地投资、建成扶贫车间6个，有效带动贫困人口1234人；引进广东粤旺集团，成功创建食用菌产业园，建成种植大棚500个。创新推广线上线下“双轨驱动”模式，在消费扶贫上做足“文章”，组织5家优势农产品企业入驻“中国社会扶贫网·广东馆”，动员东莞各结对镇街机关、企事业单位参与消费扶贫，积极购买、宣传、推广鲁甸农特产品。2019年，鲁甸核桃、花椒、苹果、板栗等优质农特产品销往东部省市达8096.14万余元。建立健全劳务协作议事协调机制、联络工作机制，强化激励措施，利用东西部扶贫协作资金，实施奖补政策，帮助建档立卡贫困人口实现转移就业4320人，开发公益性岗位1860个。双方紧扣鲁甸社会事业发展需求，把干部人才交流作为学习发达地区先进经验的有效途径，选派2名干部到鲁甸挂职，选派10名教师、20名医生开展支教、支医，组织东莞名师20批次5学科93人到鲁甸县结对学校开展教学指导，帮助建立“鲁甸·东莞眼视光诊疗中心”，接诊眼科患者5000余人，完成各类眼科疑难手术700余台，为鲁甸带来了新观念、新知识、新技术、新做法，并帮助培训干部及教育医疗人才4056人次。同时，鲁甸累计选派8名干部、30名医生、186名教师赴4镇街跟岗锻炼、拓宽视野、增长才干，为鲁甸培养一支带不走的名师、名医队伍。

围绕提升群众内生动力，注重扶贫同扶志、扶智相结合，深入开展“自强、诚信、感恩”主题实践活动，引导广大群众依靠双手创造幸福美好生活。把城乡人居环境整治提升作为巩固脱贫成果的重要抓手，对辖区路域环境、河道管护、垃圾池、绿化等进行网格化管理，大力推进“厕所革命”，带领农户开展大扫除、大清除、大拆除，广泛开展操家理务行动，制定“村规民约”等长效机制，有效改变“感官贫困”。大力提升城乡基础设施，通过不断投入，全县先后建成垃圾填埋场3座，垃圾热解厂7个、垃圾池

2620个，完成农村无害化户厕建设6285座，改造农户院坝4.7万户217万平方米，建成爱心超市90个，仅2020年实现城乡绿化植树1000万株。2019年，成功创建国家卫生县城，群众参与意识不断提升，城乡面貌得到较大改善。

一分汗水、一分耕耘，一分辛劳、一分收获。通过近几年来的努力，全县恢复重建、脱贫攻坚取得决定性胜利，经济社会蓬勃健康发展，很多干部和群众都深切感受到，近几年是鲁甸历史上发展最快、变化最大、群众得实惠最多的时期。经济社会实现大发展。2014—2019年，全县生产总值从44.4亿元增长至76亿元，年均增速8.8%；城乡居民人均可支配收入分别从19035元、6521元增长至28481元、10633元，年均增速8.4%、11.3%；地方公共财政预算收入从2.07亿元增长至4.79亿元，年均增速18.3%。六年来，地方公共财政预算支出累计达到了262.68亿元。易地搬迁实现大跨越。建设13个易地搬迁集中安置点，2315户8963名搬迁群众搬入新居。特别是卯家湾易地扶贫搬迁安置区共安置5个县8322户35585人，并如期搬迁入住。累计44548名群众告别边远贫困地区，在鲁甸大地上融入新环境、开启新生活，实现了由贫困山区到现代城镇、由传统农民到城镇市民的直过式跨越，民生保障实现大突破。通过恢复重建和脱贫攻坚项目的不断实施，全县城乡基础设施取得质的突破。住房、交通、水利、电力、通信等长期困扰贫困地区发展的难题得到彻底解决，村社公共服务设施得到有效提升。教育扶贫、医疗扶贫、就业扶贫、社会救助等各项扶贫政策得到全面落实，贫困群众获得感、幸福感大幅度提升。城乡面貌实现大改观。随着占地3.31平方公里的卯家湾东部新城快速崛起，县城建成区面积从5平方公里扩大到10.2平方公里，常住人口从5万人增加到10万人以上，财政收入从2014年1.7亿元增长到2019年4.7亿元，实现三个翻一番。建成“四馆一中心”、朱提文化公园、环城路、崇文中学片区等一大批重点项目，公共服务设施提质升级，成功创建国家卫生县城，城市化率达43.8%。产业结构实现大调整。卯家湾“两园、两基地”配套产业快速发展，花椒、苹果、马铃薯、蔬菜等高原特色产业迅猛发展，全县花椒种植达 32 万亩、苹果 10 万亩、马铃薯 22.5 万亩，特别是花椒产业被省委、省政府定位“一县一业”主打产业，产业带动群众增收能力更加凸显。干部作风实现大转变，通过脱贫攻坚，广大党员干部提升了工作能力，锤炼了优良作风，形成了敢打善拼、苦干实干、坚韧求成的可贵品质。3983 名帮扶干部把挂钩帮扶作为“不忘初心、牢记使命”主题教育的实践载体，舍小家顾大家，不辞辛劳长期奋战在脱贫一线，用自己的辛勤付出换来贫困群众的情感认同和生活幸福。

牢记嘱托勤奋进　凝心聚力谋新篇

夏维勇

2015年，中共中央总书记习近平在会见全国优秀县委书记时对县委书记提出了始终做到心中有党、心中有民、心中有责、心中有戒，做政治的明白人、发展的开路人、群众的贴心人、班子的带头人的要求。五年来，我始终牢记总书记的嘱托，当好“一线总指挥”，精准发力、精准施策，举全县之力决战脱贫攻坚。全县贫困人口从2014年年底的32250户124561人降至2019年年底的927户2865人，累计减贫31323户121696人，贫困发生率从31.94%降至0.76%，96个贫困村全部达标出列，通过省级第三方考核评估，省人民政府以“好”的等次批准我县退出贫困序列。

2016年5月，组织安排我任鲁甸县委书记，在深感组织信任关怀的同时，感受更多的是压力和责任。这种压力主要源自三个方面：第一，鲁甸地处乌蒙山连片特困地区，贫困面大，贫困程度深，是云南省27个深度贫困县之一，2014年年底，全县贫困人口32250户124561人，贫困发生率达31.94%，实现脱贫致富压力大。第二，鲁甸“8·03”地震造成了重大人员伤亡和巨大经济损失，习近平总书记、李克强总理等中央领导亲临鲁甸灾区调研指导抗震救灾工作，恢复重建项目扫尾工作千头万绪，纷繁复杂。第三，鲁甸发展层次低，经济总量不大、产业结构单一、基础设施薄弱等问题严重制约鲁甸经济社会发展，要推动鲁甸实现高质量跨越发展面临严峻考验。但我深知，作为县委书记，带领全县脱贫摘帽和跨越发展，不仅是政治任务，更是行动自觉，必须坚决打好打赢这场脱贫攻坚战。

废墟上重建美好希望

2014 年 8 月 3 日，龙头山这座小镇因 6.5 级地震成为社会关注的焦点，从抢险救灾到恢复重建，再到脱贫攻坚，龙头山镇不仅实现了重建，实现了脱贫，还走上了乡村振兴的快车道。

殷殷嘱托记心间，感恩奋进阔步行。2014 年，鲁甸县龙头山镇发生 6.5 级地震，造成了重大人员伤亡和巨大经济损失。习近平总书记非常关心鲁甸地震恢复重建工作，2015 年 1 月 19 日到鲁甸灾区调研时强调：灾后恢复重建要和扶贫开发一起抓，要深入实施精准扶贫、精准脱贫，项目安排和资金使用都要提高精准度，扶到点上、根上，让贫困群众真正得到实惠，决不能让困难地区和困难群众掉队。5 年来，我始终牢记习近平总书记的嘱托，在中央、省、市各级的亲切关怀和大力支持下，团结带领灾区人民万众一心、众志成城，重建家园，共投资 76.3 亿元，实施 489 个项目，灾区基础设施、社会事业、镇村面貌、群众生活等各方面发生显著变化。2017 年 1 月 23 日，李克强总理再次来到鲁甸龙头山考察灾后重建，给予了“恢复重建成绩斐然，经济发展生机盎然”的高度肯定。

重建美好新家园，开启幸福新生活。任职之初，恢复重建项目扫尾工作千头万绪，纷繁复杂，为高效快速推进恢复重建，我始终坚持实地调研，要求必须正视存在的问题，以一层一层剥洋葱的思路在推进中不断研究问题、解决问题。对民房建设有瑕疵的，落实专人限期整改，并加快群众住房办证和贷款，确保“保民房、保民生、保灾损”优先的原则落到实处。我注重压实党员干部“八包八保”责任，突出规划选址、组织建设、施工保障、质量安全监管等重点，坚持重建与脱贫同步推进，全面完成民房、学校、医院等的重建工作，昔日满目疮痍的地震灾区，如今已是新房新村新面貌，群众实现安居乐业。光明村村民龙祥文家的土坯房在地震中彻底倒塌，如今搬进了抗震房，龙祥文的安全感又回来了，并说道“一开始的时候遇到余震就往外面跑，现在知道房子结实，不用怕余震”。再回龙头山，是个大晴天，近处的镇、远方的山，还有那恰到好处的云，宽敞完善的教学楼，设施完备的办公楼，集中连片的抗震民居，错落有致的农家小楼，这就是在废墟上建起的龙头山。

小小花椒树，致富大产业。地震发生时，勤劳的龙头山人很多正在山上采摘花椒，躲过了一劫，花椒树因此被龙头山人视作“救命树”。2015年，总书记到龙头山视察时，给予了花椒产业“小小花椒树，致富大产业”的充分肯定，为了促进花椒产业的发展，改变全县花椒产业小散弱的局面，我深入龙头山、小寨、梭山等适合种花椒的地区充分调研走访，与光明村总支书记谭德军和椒农们深入座谈交流，组织不愿种植花椒的农户代表和技术骨干、镇村干部组成花椒产业考察团赴重庆考察，让椒农们进一步坚定了发展的信心。如今，小小花椒树，已经成长为致富大产业，龙头山镇花椒种植面积从2015年的不足2万亩发展到6.8万亩，花椒年产值从2.3亿元增长到3.8亿元。

硬化绿化同推进，村庄旧貌换新颜。恢复重建前，龙头山境内大部分道路未硬化，雨天一身泥、晴天一身灰的情况突出。地震发生后，龙头山境内道路因山体滑坡、滚石等阻断，是解放军、武警官兵和全体干部群众用“血汗”重筑救援生命线。为改善基础设施，我将恢复重建和基础设施改善、人居环境改善相结合，大力推进村组道路的硬化、绿化、亮化工作和垃圾池建设，改善群众出行条件，提升人居环境，群众良好的生活习惯也逐渐养成，随着重建的完成，实现了村庄旧貌换新颜，新房新村新面貌的目标。

涅槃重生寻发展，旅游小镇谋新篇。为做好龙头山镇后续发展，我对如何深挖龙头山千年朱提银文化资源，如何发扬抗震救灾强国大爱精神，如何利用龙泉河和温泉资源的开发利用做了深入调研和思考，结合抗震救灾爱国精神，将龙头山镇按照“全国朱提文化体验第一镇，抗震救灾红色文化、全国花椒产业示范镇”的思路进行打造。随着昭通“一城三区”的空间格局和都香高速、鲁巧高速的动工兴建，龙头山镇的区位优势将进一步凸显，旅游小镇的蓝图正在逐步变成现实。

锻造一支扶贫铁军

上任伊始，我就给自己定下目标：不辱使命、不负组织、不虚此行。组织把重担交给我，我肩上就多了一份信任，更多了一份责任。带着这份责任，我跑遍全县 12 个乡镇 97 个村（社区），群众向我诉求的是房的问题、路的问题、医疗的问题、教育的问题、季节性缺水的问题。通过调研走访，我发现，基层干部信心不足、责任压得不实、作用发挥不明显、帮扶不精准才是当前最要紧的问题。为此，我与县委、县政府班子深入分析存在的短板和问题，建立了五级调度制度，健全县、乡、村三级作战指挥部，构建了目标明确、职责清晰、标准统一、步调一致、高位推动的组织指挥体系。以此为契机，全县兴调研、转作风、补短板、促攻坚的良好氛围逐渐形成，鲁甸的脱贫步入了快车道。

人人有责任、个个有担当。习近平总书记曾说，“每一代人有每一代人的长征路，每一代人都要走好自己的长征路”。打赢脱贫攻坚战，就是要带领全县干群走好跨越发展长征路的第一阶段。对于如何充分压实干部责任，我思考了很多，特别是少数干部政治意识、责任意识不强，工作积极性不高，甚至以各种“不会”推脱责任。此外，许多村级组织成员年龄偏大、活力不足、办法不多；少数地方和单位第一书记和驻村队员选派不强、管理不严、保障不力、作用发挥不好。“群众脱贫，干部脱皮”，脱贫攻坚是一场没有退路的背水之战，是硬仗中的硬仗，只有压实责任，层层传导，才能解决好政策“最后一公里”落实不到位、落不到实处的问题。为高效统筹解决好脱贫攻坚各项工作，我领导、督促推进和示范带动各级各部门把各类资源整合到脱贫攻坚“决战”中来。制定完善了《举全县之力打赢扶贫开发攻坚战的实施意见》《脱贫攻坚十个全覆盖专项行动方案》等政策文件，涵盖如何识别、如何帮扶、如何退出等各项重点工作，构建了科学完善的政策体系。实行“一月一调度、一月一研判”，每月召开专题会议研究解决当月存在突出问题、跟踪上月工作落实情况，实行工作后进单位承诺表态制。督促县乡村干部全部递交《脱贫攻坚承诺书》，立下最严的军令状；明确细化了各级干部、驻村扶贫工作队、挂钩帮扶干部职能职责，形成了一级抓一级、层层抓落实、人人有责任、个个有担当的工作格局。2016 年 5 月以来，共组织召开县委常委会议 32 次，召开脱贫攻坚调度会议、领导小组会议 62 次专题研究部署推动脱贫攻坚工作，保障了工作高效有序推进。

打造一个体系，锻炼一支队伍。脱贫攻坚是干部干事创业的舞台，更是培养选拔干部的擂台。只有选优配强脱贫一线“关键力量”，锻炼一支冲锋陷阵、善打硬仗的干部队伍，才能确保脱贫攻坚大决战的胜利。为此，我认真统筹落实挂乡联村责任，任命 12 名县级领导担任 12 个乡镇党委第一书记，将 40 名县级领导一对一挂钩到 40 个深度贫困村，将 53 名县直部门主要领导挂钩到 56 个非深度贫困村，统筹推动挂钩乡镇、村（社区）脱贫攻坚工作。坚持尽锐出战，“硬抽人、抽硬人”，组建驻村扶贫工作队 96 支，选拔政治素质高、业务能力强、熟悉农村的工作队队员 399 名，3843 名帮扶干部挂钩帮扶到村到户，县直各挂钩部门 80% 以上的干部职工下沉一线。把脱贫攻坚一线作为选人用人的大考场，以鲜明的用人导向引领干事导向。2016 年以来，提拔使用脱贫攻坚基层一线干部占比超过 80%。如今，鲁甸扶贫干部已成为充满工作激情的“拼命三郎”、铁骨柔情的“群众亲人”、善打硬仗的“基层铁军”。

监督问责强作风，履职尽责战脱贫。脱贫攻坚工作中，我始终坚持以“善”待人，形成脱贫攻坚凝聚力；以“公”服人，带领干群和衷共济；以“实”带人，打造脱贫攻坚扎实成果；以“绩”评人，激励引导干部干事创业、担当作为；以“纪”警人，促成脱贫攻坚软环境风清气正。始终坚持以群众工作为主线的“133”思路，以干部沉下去带动群众干起来。集中整治形式主义、官僚主义问题，大力整治扶贫领域文件多、会议多、检查多、填表多等情况，坚决不搞形象工程、不做表面文章，让基层干部轻装上阵，以扎实的作风促攻坚、战脱贫。结合专项工作和重点工作，督促县纪委县监委组建专项纪律检查组，直插基层一线加强督查问效，推动脱贫攻坚工作落实、政策落实、责任落实。以“零容忍”的态度严肃查处扶贫领域纪律作风问题，强化惩戒之“纪”。2016 年 5 月以来，共查处扶贫领域问题 80 个，处理 211 人，给予党纪政务处分 66 人，问责 53 人，移送司法机关 9 人，通报典型案例 21 批 84 人。

贫困不除誓不休

脱掉穷帽，是我身上肩负的责任，是历史的使命、时代的重任，更是鲁甸人民殷切的期盼。回望过去的五年，是鲁甸在脱贫攻坚路上走得极不平凡的五年。五年来，作为县委班长，我认真团结带领县四套班子和 47.5 万名各族干部群众，斗志昂扬，以“贫困不除誓不休，不破楼兰誓不还”的坚定意志与豪迈激情，坚持问题导向，聚焦工作重点，精准施策，靶向发力，在恢复重建投入 76.3 亿元的基础上，再投入扶贫资金 65.9 亿元，实施了一大批民生项目，为打赢脱贫攻坚战奠定了坚实基础。

脱贫包保见成效，为民解忧办实事。2016 年 8 月，初次来到梭山镇甘田村青岗坪村民小组，两间格外显眼的土坯房映入眼帘，这是贫困户陆大志的家。一张破旧的沙发，几把简陋的椅子，旁边自制的书桌上，书本、笔、纸巾摆得有序而整齐，他的四个孩子稚嫩的眼睛看着我们，整个房子充满着朴实干净的气息。陆大志常年在外务工，妻子何清秀在家照看孩子，并管理家里的两亩土地，偶尔也打打零工，几个孩子虽然出身贫困，但刻苦努力、勤奋好学，学习成绩在班级名列前茅。夫妻俩正是在这些有形无形的压力下过着紧凑、奔波的生活。初次见到我，夫妻俩对我说道："现在几个娃都在上学，大的两个已经是高中了，我们再困难都不怕，就怕娃娃些上不起大学，将来和我们一样。"看到此景，我思绪万千，深感百姓之难，深感扶贫任务之艰巨。了解困难后，我对雨露计划和学校奖、助、贷、勤、减、补等教育扶贫政策进行了讲解，并宽慰道："没有过不去的坎，只有转不过的弯，各项扶贫政策一定能确保孩子们顺利完成学业。"夫妻俩露出了久违的笑容。为改善陆大志家的居住条件和提升致富能力，我与梭山镇和甘田村干部进行交流，按照有关政策给予了东莞援建4万元补助建房项目，帮助其妻子何清秀进行劳动技能培训。如今，通过党和政府的帮扶、引导和夫妻俩的勤劳致富，陆大志一家已建起一栋占地100余平方米的两层半小楼，4个孩子中，次女陆友娇和长子陆友鹏已上大学，分别就读于德宏师专和云南师范大学文旅学院，并享受了助学贷款和雨露计划，通过在大学的勤工俭学和争取学校助学金，已基本能够保障学习和生活。对于近几年家庭条件的改善，夫妻俩洋溢着幸福地说道："国家政策就是好啊，现在压力也小了很多，两个读大学的孩子也即将毕业，相信以后的日子也会越来越好。"相似的情况在全县还有很多，在脱贫攻坚战场上，涌现出了赵伦、罗天能等致富带头人和贫困残疾人赵庆贤等一批自力更生谋脱贫致富的感人事迹，他们有情怀、有能力、有担当，书写了感人至深的脱贫故事，他们自力更生、艰苦奋斗的精神不断激励着身边的贫困群众破除"等、靠、要"思想，凝心聚力脱贫奔小康。

脱贫攻坚扶穷志，精准扶贫润万家。贫有百样，困有千种，致贫致困原因各不相同，开对"药方"，才能拔掉"穷根"。为此，我紧紧围绕"扶持谁”“怎么扶”“如何退”等关键问题，坚持以脱贫攻坚为统领，紧扣“两不愁、三保障”总体要求，落实“六个精准”，因村、因户、因人精准施策，制定了产业扶贫、就业扶贫、金融扶贫、消费扶贫、社会帮扶等一系列有力举措，努力增强贫困村、贫困户自身造血功能。同时，做实做细村级施工图、乡级路线图、县级项目库，凝聚各方力量，整合各方资源，以决战决胜的勇气和超常规的措施，抓实精准扶贫、精准脱贫。一是精准识别锁定对象。2015 年以来，先后三次开展建档立卡“回头看”，特别是 2017 年，抽调 2659 名干部组建摸底调查工作队，完成全县 117042 户 430027 人农业人口基本信息摸底调查，剔除识别不精准对象 1794 户 6359 人，新识别纳入 1201 户 4668 人，脱贫返贫 433 户 1665 人，做到了应纳尽纳、应退尽退、应扶尽扶。二是对标对表精准施策。为解决措施精准问题，我们统筹全县开展了易地扶贫搬迁“五清”和解决“两不愁、三保障”突出问题“九清”专项行动，通过全覆盖、地毯式、无遗漏排查分析，建立户脱贫、村出列问题清单，扎实整改、补齐短板，确保“群众户户达标、干部人人过关”。坚持“缺什么补什么”的原则，聚焦短板弱项，科学制定村级施工图、乡级路线图和县级项目库。2016 年 5 月以来，统筹整合财政涉农资金 15.27 亿元，实施扶贫项目 580 个。三是严格程序精准退出。严格对照“两不愁、三保障”和贫困退出标准，严格程序、严格考核、严格验收，确保程序公开、数据准确、档案完整、结果公正，脱贫成效经得起历史和人民检验。2020 年 5 月，我县顺利通过省级第三方评估，全县脱贫人口错退率、漏评率均为零。

建新拆旧新路径，汇智托起安居梦。未来是美好的，但实现美好生活的道路是曲折的。住房保障是脱贫攻坚最基础、最核心、最艰难的保障。鲁甸大部分地区山高坡陡，地质灾害频发，交通条件滞后，群众很多还住在土坯房。家住乐红镇新林村石门坎村民小组的贫困户李贵平对我们说道：“其他都还过得去，就是建不起新房。”脱贫致富建新房，成了李贵平走向美好生活的主要动力。为有效破解群众住房保障问题，我组织全县各级干部在恢复重建的基础上，对地质灾害隐患点和“四类对象”“非四类对象”农危改进行全面摸底排查，着力实施地质灾害搬迁避让项目和农村危房改造，并在全市范围内率先启动非“四类”对象农村危房改造。四年多来，共投入资金19045万元，完成3809户地质灾害搬迁避让项目；按照“不漏一房、不落一人，应纳尽纳、应改尽改”的原则，扎实推进“4类”“非4类”农村危房改造，累计投入资金5亿元，实施农村不安全住房改造23218户（建档立卡贫困户9870户），农村住房安全保障全面达标。按照“危房不住人、住人不危房，以房找人、以户找房”以及农村危房“清零”要求，全面排查拆除农村存量危房。全县累计拆除农村危房25451户38177间，面积99.24万平方米。

拓宽脱贫致富路，产业升级谋新篇。眼下，正值苹果成熟上市的季节，走进鲁甸县文屏镇砚池山村万亩苹果园，满眼翠绿中，一个个红彤彤的苹果压弯了枝条。“个头大、品相好的，到市场上最少能卖到6元一市斤，收购商到果园里收购最少也是4元一市斤，销路一点都不用愁，这还是要感谢党和政府的帮扶”，在自家果园里，当地村民饶绍生正忙着采摘苹果，内心难掩丰收的喜悦。任职之初，鲁甸产业发展虽然具备了一定的规模、积累了一定的基础，但产业结构单一、产业小散弱、管理经营落后等问题严重制约了产业提质发展。为解决这些问题，我牵头成立了产业发展领导小组，聚焦“规模化、规范化、组织化、品牌化”发展目标，结合实际研究出台了苹果、马铃薯、花椒、生猪、肉牛等5大产业发展意见，狠抓政策扶持、结构调整、品牌创建等重点工作，大力推动高原特色产业发展。引进海升集团，发展高标准苹果产业园2万亩，全县苹果种植面积达10万亩，2019年实现总产值2.68亿元，带动近2.2万户群众增收致富，户均增收6000元以上。按照总书记考察给予鲁甸“小小花椒树，致富大产业”的定位，大力推进花椒种植和精深加工。全县花椒种植面积达32万亩，实现总产值9亿元，涌现出了龙头山镇光明村“花椒支书”谭德军等一批致富带头人。成功承办了2018年中国马铃薯大会鲁甸现场点，高标准建设了马铃薯原种组培中心、种薯基地，打造了省级龙头企业理世集团，马铃薯产业实现了集原种组培、良种覆盖、生产加工、市场销售为一体的全产业链发展，马铃薯种植面积达 22.5 万亩，产值达 3.52 亿元，实现亩均增收 1700 元。同时，分区域合理布局烤烟、蔬菜、水果和生猪养殖场、肉牛养殖场，多元化、多渠道促进群众持续增收。

筑牢基础补短板，一心一意谋发展。鲁甸地处乌蒙山区，悬崖峭壁、深山峡谷此起彼伏，基础设施改善是世代鲁甸人民的殷切期盼，是经济社会发展的基石，是优化产业结构、推动可持续发展的重要支撑，更是制约鲁甸发展的最大瓶颈。就任县委书记以来，我始终坚持把基础设施改善作为推动鲁甸发展的重要抓手，积极汇报争取，全力整合资金，筹措专项经费做深做实做细项目经费、规划、用地、环评、水保等项目前期工作保障，实施了昭大公路、崇文中学片区、“四馆一中心”、朱提文化公园、环城路等一大批重点工程，都香高速、第三中学、板栗园水库等项目加快推进，全县交通、水利、市政等基础设施建设不断取得实质性突破。脱贫攻坚以来，累计投入资金 37.34 亿元，新建、改扩建国省干道 137.17 公里、县乡村公路 1914.27 公里，实施县乡村道路安防工程 795 公里，实现了所有行政村通硬化路，贫困地区交通条件不断改善。投入资金 6.2 亿元，实施“五小水利”、人畜饮水、水利基础设施等工程 9268 件，自来水普及率和集中供水率分别达到 85.09%、86.12%，解决了 120912 人饮水安全问题，建档立卡贫困群众饮水保障全面达标；扎实推进农村电网改造升级，全县所有贫困村全部通 10 千伏以上动力电；行政村宽带和 4G 网络全覆盖，广播电视信号覆盖率达 100%，公共文化服务设施全部达到出列标准。

心系群众惠民生，强化保障增福祉。善政之要，惟在养民，幸福安康是民心所向。脱贫攻坚以来，我坚持从群众最关心、最直接、最现实的问题入手，往细处做、向深处推，优先保障民生投入，优先安排民生项目，优先解决民生问题，让人民群众享受更好的教育、更好的医疗、更好的保障。教育保障方面。全县累计投入资金 10.35 亿元，完成 116 所中小学和幼儿园重建、新建、改扩建工程，2017年通过国家义务教育基本均衡评估认定。累计投入资金5.7亿元补助建档立卡户学生39.47万人次，义务教育阶段学生无因贫辍学情况。医疗保障方面。加大医疗基础设施建设，县级公立医院、12个乡镇卫生院、97个村卫生室“三个一”建设全部达标；全面落实“三个一批”救治政策，大病救治、慢性病签约和重病兜底保障均实现100%。建档立卡贫困人口基本医疗保险、大病保险参保率达100%。严格执行先诊疗、后付费制度，有效杜绝了患病贫困群众小病拖成大病、大病致返贫的问题。民政兜底保障方面。全面落实特困人员供养、残疾人“两项补贴”等政策，实现了无力可扶、无业可扶的特殊困难群体应兜尽兜、应保尽保。截至2019年年底，全县纳入低保贫困户17353户23947人，纳入兜底保障525户924人，纳入特困供养847户868人，2019年发放残疾人“两项补贴”12027人663.8万元。就业扶贫方面。从提高组织化程度入手，强化就业意愿摸底、技能培训、维权服务、劳务补贴等政策支撑，全县劳动力已就业19.6万人，就业率达80.4%；贫困劳动力已就业6.2万人，就业率达90.7%；易迁劳动力已就业1.9万人，就业率达92.2%。开发公服岗位6598个，其中公益岗位4718个，护林员1880个，涵盖保洁员、生态护林员、护路员、护河员、保安等6种类型，全部安排建档立卡劳动力担任，有效带动贫困家庭脱贫。社会帮扶方面。积极协调争取中央、省、市各级挂钩帮扶部门帮助支持，努力构建多方参与的大扶贫格局。2019年，108家挂钩帮扶单位共投入资金1141.74万元，引进各类资金2228.65万元，有效帮助挂钩村及贫困户解决了一系列困难问题。扎实开展东西协作，与东莞市全面构建“携手奔小康”体系，共投入帮扶资金1.7亿元，建设了一大批示范项目，教育、医疗、人才、产业等领域协作不断深化。2018年，国务院副总理胡春华到鲁甸视察时，对两地东西协作给予充分肯定。如今的鲁甸，民生普惠事业得到长足发展，人民群众幸福感、获得感得到充分保障。

美化环境树形象，托起文明新景象。一段时期，垃圾遍地，污水横流，曾是鲁甸大部分地方人居环境的真实写照。近年来，我带领县“四套班子”

积极回应人民群众对美好居住环境的迫切需求，始终坚持把人居环境整治作为助推决战决胜脱贫攻坚的重要举措，统筹县、乡、村常态化、制度化、精细化、全民化开展城乡人居环境整治，形成了“县级统筹、乡镇落实、部门协同、社会参与”的人居环境整治大格局。2016 年以来，累计投入城市建设资金 13.2 亿元，实施了一大批市政设施项目，城市功能不断完善；实施政府购买服务，引进两家保洁公司，在城市管理、维护、保洁方面累计投入资金 6347 万元，推动城市环境常态化、精细化管理，2019 年我县成功创建为“国家卫生县城”，目前正大力推动省级“美丽县城”创建，大力实施爱国卫生专项行动，促进城乡人居环境提质升级。2019 年以来，累计拆除农村危房 25451 户 38177 间 99.24 万平方米，拆除“两违”建筑 926 宗 15.23 万平方米；投入资金 3000 万元，采取以奖代补形式，对 4.7 万户 217 万平方米的院坝进行了硬化，建立河段、路段、绿化段、垃圾池“四个网格化”管理机制，自 2020 年起至“十四五”期间每年植树 1000 万棵，人居环境有了质的提升。

转移就业有力度，幸福生活有温度。“今天终于可以重返厂里上班了，感谢政府提供了从家门到厂门的全程服务和帮助。”2 月 17 日上午，桃源乡桃源村村民马遥搭乘农民工返岗专用大巴车，重返浙江省义乌市的工厂上班，脸上挂着幸福的笑容。鲁甸劳动力充沛，做好贫困家庭劳动力转移就业工作是持续巩固脱贫攻坚工作最直接、最有效的增收途径。长期以来，我始终坚持把劳动力转移就业作为脱贫致富的重要一环、关键一招，积极探索建立劳务输出长效工作机制，努力实现“一人就业、全家脱贫”。2020 年以来，面对新冠肺炎疫情带来的严峻挑战，我带领县委、县政府主动出击、超前谋划，坚持疫情防控和劳务输出“两手抓”，多措并举、主动作为，坚持把疫情对劳务输出的影响降到最低，建立了“123456”劳动力转移就业机制（即：提供一份保单、组建县乡两级外出务工服务中心、成立县乡村三级劳务输出协会、建立县乡村组四级信息平台、落实“免交通费、免体检费、免防护费、补贴生活费、通信费”五项补助政策、实施六类职业培训），精准对接工作岗位、精准做好就业服务。全县通过就业服务转移输出 52224 人（卡户 13216 人），其中组织市外转移就业 43 批次，开通专车 258 辆，“点对点、一站式”转移输出劳动力 1.2 万人，预计可实现市外务工收入 25 亿元。

建一座新城安万千百姓

夏秋时节，鲁甸县卯家湾易地扶贫搬迁安置区阳光明媚、热闹祥和，一栋栋崭新的高楼拔地而起，一条条市政大道纵横交错，学校、医院、商超、集贸市场、文化广场等配套设施一应俱全，一座跨县易地扶贫搬迁新城在鲁甸县城东部崛起，来自鲁甸、巧家、彝良、永善、盐津 5 个县的偏远山区群众 8322 户 35585 人搬出大山进入县城，开始幸福新生活。

抓实项目有“速度”。2018 年年底，市委、市政府将鲁甸卯家湾确定为易地扶贫搬迁跨县安置区。面对安置区建设工期紧、任务重、压力大的客观实际，我主动把责任扛在肩上、抓在手上，苦拼实干、挑灯夜战，实行“每天一巡查、每周一例会、每旬一约谈、每月一调度”“日报”“周报”等工作机制，高位推动安置区规划建设。从 2018 年年底开始，我们用一个月的时间完成了土地、房屋、坟墓的征迁；用一年的时间建成卯家湾砚池新城；用一个月的时间完成了 7570 户 32347 人建档立卡贫困户的搬迁入住。党员干部用拼搏付出展现了鲁甸速度，用实际行动践行了为人民服务的初心。

暖心服务有“温度”。“没有共产党就没有这么好的政策，搬进城来住上这么好的楼房，党和政府不仅帮助我们建起新家，还给家人联系工厂落实工作，学校、医院、超市都在家门口，这种好日子打着灯笼都找不到”，安置区搬迁群众邹文昌一脸幸福地说道。为破解“一方水土养不活一方人”难题，对于卯家湾安置区规划，我们严格按照省市党委政府要求，坚持“卡户与随迁户同步、住房建设与各类综合配套同步、人员安置与产业就业同步、硬件建设与建立完善社区管理机制同步”原则，一次性规划用地3.31平方公里，建设安置房66栋8866套，配套新建2所学校、4所幼儿园、1个卫生院、6个社区卫生室。为做好社区治理，我带领县“四套班子”和卯家湾临时党工委积极探索，建立健全了社区治理模式，成立6个社区党组织，将安置区划分为36个网格、76栋楼栋，创新实施了“红绿灯”管理体系等管理服务机制，按照“全方位统筹、高效率工作、精细化管理、保姆式服务”工作理念，确保搬迁群众快速融入新城新生活。卯家湾安置区建设推进，充分体现了鲁甸党员干部想干事、能干事、干成事的责任担当。

筑牢支撑有“力度”。蓝天白云下，卯家湾安置区食用菌产业园的香菇大棚整齐排列成一片，棚内的格架上摆满了菌包，朵朵香菇破膜而出，长势喜人。为解决好搬迁群众的后续发展问题，我县借助东西部扶贫协作机遇，引进广东粤旺集团食用菌项目落地卯家湾安置区，发展特色产业带动搬迁群众增收致富。同时，制定实施“两园两基地”产业规划，在卯家湾片区建设3000亩现代物流园和2200亩高原特色绿色食品加工园，打造万亩苹果基地、万亩蔬菜基地、5000亩香葱基地，带动群众增收致富。此外，配套建设了一个4万平方米标准化厂房的扶贫车间，安置区配套产业及周边企业可提供的6000个就业岗位，可实现搬迁群众户均一人就近就业。目前卯家湾安置区有劳动力1.8万人，其中外出务工劳动力1.4万人，剩余4000名劳动力将在安置区“两园两基地”实现就近就业，真正让搬迁群众实现了搬得来、稳得住、能致富。

朱提银都正在崛起

通过近几年来的努力，全县干群齐思奋进、克难攻坚、真抓实干，恢复重建、脱贫攻坚取得了决定性胜利，鲁甸顺利通过省级第三方评估验收和国务院督查，实现高质量脱贫摘帽，经济社会蓬勃健康发展，干部和群众都深切感受到，近几年是鲁甸历史上发展最快、变化最大、群众得实惠最多的时期，曾经落后的鲁甸正在崛起。作为县委班长，深感这些成绩的来之不易，凝聚了全县干部群众的艰辛和汗水。一是经济社会实现大发展。2014—2019 年，全县生产总值从 44.4 亿元增长至 76 亿元，年均增速 8.8%；城乡居民人均可支配收入分别从 19035 元、6521 元增长至 28481 元、10633 元，年均增速 8.4%、11.3%；地方公共财政预算收入从 2.07 亿元增长至 4.79 亿元，年均增速 18.3%；地方公共财政预算支出累计达到了 262.68 亿元。二是易地搬迁实现大跨越。全县建设了 13 个易地搬迁集中安置点，2315 户 8963 人搬迁群众搬入新居；安置 5 个县 8322 户 35585 人的卯家湾易地扶贫搬迁安置区如期建成入住。累计 44548 名搬迁群众告别边远贫困地区，在鲁甸大地上融入新环境、开启新生活，实现了由贫困山区到现代城镇、由传统农民到城镇市民的直过式跨越。三是民生保障实现大突破。通过恢复重建和脱贫攻坚项目的不断实施，全县城乡基础设施取得了质的突破。住房、交通、水利、电力、通信等长期困扰贫困地区发展的难题得到根本解决，村组公共服务设施得到有效提升。教育扶贫、医疗扶贫、就业扶贫、社会救助等各项扶贫政策得到全面落实，贫困群众获得感、幸福感大幅度提升。四是城乡面貌实现大改观。随着卯家湾砚池新城快速崛起，县城建成区面积从 5 平方公里扩大到 10.2 平方公里，常住人口从 5 万人增加到 10 万人以上，财政收入从 2014 年 1.7 亿元增长到 2019 年 4.79 亿元，实现了“三个翻一番”。建成了“四馆一中心”、朱提文化公园、环城路、崇文中学片区等一大批重点项目，公共服务设施提质升级，成功创建国家卫生县城，城市化率达 43.8%。五是产业结构实现大调整。卯家湾“两园、两基地”配套产业快速发展，花椒、苹果、马铃薯、蔬菜等高原特色产业迅猛发展，全县花椒种植达 32 万亩、苹果 10 万亩、马铃薯 22.5 万亩，特别是花椒产业被省委、省政府定位为“一县一业”主打产业，致富带动能力更加强劲。六是干部作风实现大转变。脱贫攻坚培养了干部的奉献精神和创新精神，提升了干部的精气神，涌现出了沈玉梅、李文成等许多感人至深的扶贫典型。全县 3983 名帮扶干部把挂钩帮扶作为“不忘初心、牢记使命”主题教育的实践载体，提升了工作能力，锤炼了优良作风，形成了敢打善拼、苦干实干、坚韧求成的可贵品质，这是脱贫攻坚带给我们的宝贵财富。广大党员干部扎根基层，用自己的辛勤付出换来了贫困群众的情感认同和生活幸福。

脱贫攻坚，让鲁甸干部更加坚韧；脱贫攻坚，让鲁甸人民更加自强；脱贫攻坚，让鲁甸发展更有底蕴。鲁甸 47.5 万各族干部群众，正在习近平新时代中国特色社会主义思想的指引下，披荆斩棘、破浪前行，为建设富裕、文明、和谐的美丽新家园，谱写全面小康社会、乡村振兴的鲁甸新篇章而不懈努力奋斗着。作为县委的班长，我希望，也坚信，鲁甸的明天，会更好。

（作者时任中共鲁甸县委书记）

从深度贫困到迈进小康

马洪旗

自脱贫攻坚开展以来，我们认真贯彻落实中央、省、市对脱贫攻坚工作的安排部署，始终把脱贫攻坚作为最大的政治责任、最大的民生工程、最大的发展机遇，以脱贫攻坚为统领，同步推进鲁甸经济社会各项事业发展。聚焦“两不愁、三保障”，紧盯问题短板、凝聚各方力量、整合各类资源全力打赢打好脱贫攻坚战。全县96个贫困村达到脱贫退出标准，31323户121696人精准脱贫，贫困人口降至927户2865人，贫困发生率从31.94%降至0.76%，实现高质量脱贫摘帽。

2016年5月，根据组织安排和工作需要，我来到鲁甸工作，任县委副书记、县长，深感肩上担子的分量。鲁甸境内山区面积占92.6%，最高海拔3356米，最低海拔568米，山高谷深，基础设施薄弱，贫困面大、贫困程度深，是国家扶贫开发工作重点县，全省27个深度贫困县之一，且刚刚经历了6.5级地震，恢复重建工作正紧锣密鼓地开展，工作任务异常繁重。习近平总书记到鲁甸灾区调研时强调“灾后恢复重建要和扶贫开发一起抓，要深入实施精准扶贫、精准脱贫，项目安排和资金使用都要提高精准度，扶到点上、根上，让贫困群众真正得到实惠，决不能让困难地区和困难群众掉队”，如何立足鲁甸发展基础和资源禀赋，抓住恢复重建机遇，推动脱贫政策落地生根、重建项目稳步实施，将恢复重建与脱贫攻坚有机结合起来，实现灾后恢复重建完成之日就是灾区群众告别贫困之时的既定目标，成为我反复思考琢磨的首要问题。

为了不辜负总书记的嘱托，我们严格按照《鲁甸地震灾后恢复重建总体规划》和中央、省、市的统一部署，实行时间倒计、工期倒推、任务倒排、责任倒查，优化施工组织，强化要素保障，严格督促各参建单位合理调整建设时序、优化施工组织，在保障质量安全的情况下，全力加快灾后恢复重建进度。在县委的坚强领导下，我紧紧团结班子成员，带领全县各级干部群众克难攻坚、感恩奋进，规划总投资 76.3 亿元的四大类 489 个恢复重建项目全面完成，实现了“户户安居、家家有业、美丽宜居，灾区基本生产生活条件和经济社会发展水平全面恢复并超过灾前水平”的目标。2017 年 1 月 23 日，国务院总理李克强考察鲁甸时，给予了“恢复重建成绩斐然”的评价，高度肯定了鲁甸恢复重建以来取得的成绩。三年的恢复重建工作，塑造了鲁甸人民“感恩奋进、自强不息”的精神风貌，锤炼了各族干部“砥砺前行、坚韧求成”的可贵品质，形成了“勇于担当、感恩自强，万众一心、砥砺奋进，攻坚克难、坚韧求成”的伟大恢复重建精神，为鲁甸决胜全面建成小康社会提供了强大的精神动力。恢复重建工作完成了，龙头山镇曾经的残垣断壁变成了一栋栋整齐排列的青瓦白墙楼房，曾经支离破碎的道路变成了一条条通往各家各户干净整洁的柏油路，受灾群众一张张淳朴的面孔露出了幸福的笑容，在为灾区群众感到高兴的同时，我仍不敢有丝毫的松懈，因为县内还有 12960 户 48870 人还未摆脱绝对贫困，这是我肩上沉甸甸的担子，总书记曾强调“到 2020 年现行标准下的农村贫困人口全部脱贫，是党中央向全国人民做出的庄严承诺，必须如期兑现”。在 2020 年前县内贫困人口全部脱贫是我应尽的责任，也是我必须要完成的政治任务。

科学谋划添干劲

面对脱贫攻坚这块“硬骨头”，我深知没有一个科学完善的作战体系，没有一支骁勇善战的队伍，没有强有力的纪律保障，将难以完成打赢脱贫攻坚战的任务。对此，我们严格按照市委、市政府“133”工作思路，围绕“两不愁、三保障”要求，结合鲁甸脱贫攻坚实际，团结带领县政府和各组成部门，深入村组，了解实情，掌握问题，扎实调研，研究对策，对症施治，制政策、建体系、组队伍、明纪律，有力保障了脱贫攻坚工作的顺利推进。一是制定完善了《举全县之力打赢扶贫开发攻坚战的实施意见》《脱贫攻坚十个全覆盖专项行动方案》等政策文件，对如何识别、如何帮扶、如何退出等各项重点工作指明了方向，构建了科学完善的政策体系。二是建立健全县、乡、村三级指挥部和“五级调度”制度，层层压实责任，推动工作部署、决策政令直达脱贫攻坚一线，确保了指挥作战体系高效运转。三是任命 12 名县级领导担任 12 个乡镇党委第一书记，将 40 名县级领导一对一挂钩到 40 个深度贫困村，组建驻村扶贫工作队 96 支、队员 399 名，3843 名帮扶干部挂钩帮扶到村到户，确保尽锐出战。四是组建专项纪律检查组，直插一线加强督查问效，对发现问题现场交办、限时整改，推动脱贫攻坚工作落实、政策落实、责任落实。五是按每个贫困村不低于 5 万元的标准，把脱贫攻坚专项工作经费纳入财政预算，县级领导相关工作经费全部划拨到乡镇，用于挂钩村脱贫攻坚工作，为脱贫攻坚工作的开展提供了强有力的经费保障。

扣好“扣子”谋精准

总书记强调“扶贫开发贵在精准，重在精准，成败之举在于精准”。为扣好精准识别“第一粒扣子”，我们先后三次组织开展了建档立卡“回头看”，特别是在2017年5月16日全市精准识别摸底调查动员暨业务培训会议召开后，在原有驻村工作队队员的基础上，又从省、市、县挂包单位和12个乡镇抽调的1104名干部职工组建摸底调查工作队，通过“五查工作流程”“六步工作程序”逐户开展农业人口基本信息精准摸底调查工作，顺利完成了全县117042户430027人农业人口基本信息摸底调查。建立动态管理常态化机制，按照“三评四定”程序，坚持应纳尽纳、应扶尽扶、应退尽退，确保了对象精准。脱贫攻坚以来，累计新识别纳入贫困对象2329户9645人，剔除识别不精准对象2505户8424人，最大限度防止了漏评错退。围绕“六个精准”要求，我们开展了易地扶贫搬迁“五清”和解决“两不愁、三保障”突出问题“九清”专项行动，通过开展全覆盖、地毯式、无遗漏排查分析，建立了户脱贫、村出列问题清单，扎实整改、补齐短板，确保“群众户户达标、干部人人过关”。在此基础上，我还带领相关部门负责人到12乡镇开展逐村过筛式集中研判，对各村（社区）的帮扶措施、脱贫成效及存在问题逐一进行研判解决，确保对照“两不愁、三保障”和贫困退出标准，严格程序、严格考核、严格验收，做到程序公开、数据准确、档案完整、结果公正，脱贫成效经得起历史和人民检验。2020年5月，我县通过省级第三方评估，全县脱贫人口错退率、漏评率均为零。

户户安居全覆盖

对大多数中国人而言，有了房子才算是有了家和依靠。就鲁甸来看，安全可靠的房子对群众而言显得更加重要，因为鲁甸处于昭通—鲁甸地震断裂带，人口密度大，群众收入低，多数民房为土石夯充墙体、土搁梁（墙抬梁）结构，甚至部分建筑为土墙加混凝土屋盖，顶上的盖板比较重，头重脚轻，抗震性能极差，所以6.5级地震给鲁甸造成了严重人员伤亡。地震后，按照中央、省、市的安排部署，通过全县上下的共同努力，我们顺利完成了48606户民房重建任务、42671户民房修复加固任务，23个民房集中安置点全面完成，解决了约20万受灾群众的住房安居问题。我所包保的龙头山镇龙泉社区贫困户谢维礼对此感触最深，老人家是退伍军人，也是一名五保户，原来的房子在地震中受损严重，地震后在党中央的关怀下，利用恢复重建补助建起了安全可靠的住房，家里两亩花椒加上五保金、退伍军人补贴等政策性补助，年均收入有一万五左右，每次去看望老人家，他都会拉着我的手一再地感谢党和政府、感谢总书记，像谢维礼这样感党恩、谢党情，日子过得越来越幸福的龙头山镇群众并不在少数。但与此同时，我所挂钩的乐红镇施初村因为山高路远、交通不便，加之地势不平，建房难度大，仍有部分群众居住在不安全住房中，这样居住在不安全住房中的群众在全县范围来看同样不在少数。为彻底解决群众住房安全问题，实现“住有所居，居有所安”目标，我们按照“不漏一房、不落一人，应纳尽纳、应改尽改”的原则，2016年以来，累计投入资金5亿元，实施农村不安全住房改造23218户（建档立卡贫困户9870户），农村住房安全保障全面达标，并按照“危房不住人、住人不危房，以房找人、以户找房”以及农村危房“清零”要求，全面排查拆除农村存量危房，累计拆除农村危房25451户、38177间，面积992460平方米，群众生命安全得到更好的保障。针对环境恶劣、资源匮乏、地势险峻等的不适宜居住的“六类地区”贫困群众，我们坚持“合规、避灾、自愿、集中”的原则，科学选择易地搬迁集中安置点，依托城镇、中心村、产业园区和交通方便区域进行新村选址布局，实施规模集中安置，建设集中安置点 13 个，安置 2315 户 8963 人。

易地搬迁断穷根

2018 年年底，市委、市政府将鲁甸县卯家湾确定为易地扶贫搬迁跨县安置区，将承接鲁甸、巧家、永善、盐津、彝良五县搬迁人口 3.56 万人，是全市脱贫攻坚工作的重大举措，鲁甸在完成自身脱贫攻坚任务的同时，绝不能因为卯家湾安置区不能如期完工而拖了全市脱贫攻坚的后腿。我一刻不敢耽误，随即带头投入选址、征迁、规划等一系列繁重的工作中。面对工期紧、任务重的挑战，鲁甸各级干部毫不退缩，迎难而上，干劲十足，实行“每天一巡查、每周一例会、每旬一约谈、每月一调度”，着力解决征地拆迁、施工组织、后勤保障等突出问题，仅 20 天就完成了 3000 亩土地征迁工作，445 座坟墓搬迁，1.2 万平方米房屋拆迁，真正干出了鲁甸速度。针对卯家湾安置区搬迁群众后续发展的问题，我们提前谋划布局，在安置区周边配套建设了“两园两基地”，即：茨院商贸物流园、文屏高原特色农产品加工园和 1 万亩优质苹果基地、1 万亩绿色蔬菜基地，还建成了高投装配式建筑产业园、马铃薯种薯组培中心、4.9 万平方米食用菌加工厂房、1000 个食用菌大棚、1000 个蔬菜大棚、10 万平方米标准化厂房，引入引进湖南箱包、贵州海博皮具等劳动密集型企业，为搬迁群众在家门口就业提供了便利，搬迁群众真正做到了“挪穷窝”“换穷业”，实现了安居梦。一年的时间，76 栋高楼拔地而起，学校、医院等公共配套设施同步建设，7570 套建档立卡群众安置房全部完成搬迁，在山丘沟壑上建起一座承载着脱贫致富希望的新城，鲁甸为助力全市脱贫攻坚作出了巨大的贡献。

基础设施补短板

针对鲁甸基础设施薄弱，尤其是不少乡镇交通、通信以及农田水利等基础设施建设滞后，导致城乡发展不平衡、农业农村发展不充分等问题。我们聚焦关键领域并紧紧扭住各领域薄弱环节，积极回应群众期待和关切，着力补齐短板和解决问题，显著提升县乡道路、水利设施、通信网络、社会民生保障等方面的建设发展水平。投入资金 37.34 亿元，新建、改扩建国省干道 137.17 公里、县乡村公路 1914.27 公里，实现了所有行政村通硬化路；实施县乡村道路安防工程 412.45 公里，完成投资 2856 万元；所有行政村全部开通客运班线，通班率为 100%，通邮率 100%，贫困地区交通运输条件不断改善。投入资金 6.2 亿元，实施“五小水利”、人畜饮水、水利基础设施等工程 9268 件，自来水普及率和集中供水率分别达到 85.09%、86.12%，解决了 120912 人饮水安全问题，建档立卡贫困群众饮水保障全面达标；扎实推进农村电网改造升级，全县所有贫困村全部通 10 千伏以上动力电；行政村宽带和 4G 网络全覆盖，广播电视信号覆盖率达 100%，公共文化服务设施全部达到出列标准。城乡基础设施得到大幅度提升，城乡差距进一步缩小，城乡一体协同发展的格局基本形成，鲁甸群众获得感、幸福感、安全感得到全面提升。

产业就业促增收

产业发展能推动经济发展，带动就业，促进群众增收，是解决贫困问题最行之有效的措施。在鲁甸的这几年，我跑遍了 12 个乡镇 97 个村（社区），在充分调研各乡镇基本情况后，我认为，鲁甸海拔落差大、立体气候明显，发展农业产业要结合各乡镇的地形和小气候特点，因地制宜发展多种农作物种植，江底、梭山沿牛栏江适合发展天然特色果蔬，小寨、龙头山要做强樱桃、花椒产业，新街、水磨适合发展马铃薯和冷凉蔬菜，文屏、桃源要继续做好苹果等传统优势产业。同时，我提出农业不能再走单打独斗的路子，必须走组织化、规模化、标准化、品牌化的道路。对此，我们按照良种良法、高度组织化、党支部 + 合作社 + 农户“三个全覆盖”要求，投入产业扶贫资金 5.03 亿元，大力发展马铃薯、苹果、花椒、蔬菜等特色优势农业。按照“集中连片、破埂破界、统一行向、统一标准、统一规格”的要求，采用“合作社 + 农户”模式，在文桃茨坝区打造高标准苹果新植基地；按照五个基地、三个统一、三条生产线的规划布局，进一步加强与科研研究院对接，扎实推进花椒产业发展，打造鲁甸青花椒品牌。截至 2020 年，全县花椒种植面积达 32 万亩，实现总产值 9 亿元，仅龙头山镇年收入 5 万元以上的花椒大户就达 1100 余户，成功创建了“一县一业”花椒特色县；马铃薯种植面积达 22.5 万亩，产值达 3.52 亿元，实现亩均增收 1700 元，水磨镇被评为“中国马铃薯产业助推脱贫攻坚示范乡”“中国南方马铃薯种薯之乡”；建设高标准苹果产业园 1 万亩，县内苹果种植面积达 10 万亩，实现年均总产值 2.68 亿元，带动近 2.2 万户群众增收致富，户均增收 6000 元以上。大力发展生猪、黄牛养殖产业，以黄牛和生猪标准化养殖示范基地带动村（社区）养殖小区发展。紧紧抓住党中央、国务院和省委、省政府大力扶持生猪产业发展的重大契机，按照生猪年出栏 100 万头的目标，引入上海东方希望集团建设年提供仔猪 18.5 万头的现代化综合体系生猪养殖基地；按照黄牛存栏 15 万头、年出栏 6 万头的目标，培育 10000 头养殖场 1 个，1000 头养殖场 10 个，100 头以上规模养殖场若干，带动千家万户发展黄牛养殖产业。

鲁甸是深度贫困县，也是劳动力转移输出大县，外出务工约 11.7 万人，务工收入是群众最直接、最有效的增收途径。我们坚持从提高组织化程度入手，强化就业意愿摸底、技能培训、维权服务、劳务补贴等政策支撑，推动贫困劳动力有计划、有层次、有保障地就业，同时开发卫生保洁、公路管护、河道管理员等公益性岗位5268个，确保有一定劳动能力又不能外出务工的零就业家庭至少1人就业，实现贫困劳动力就业率稳定在90%以上，易迁劳动力就业率稳定在92%以上。2020年受新冠肺炎疫情影响，我县大量劳动力滞留家乡无法外出务工，群众收入骤减，将直接影响我县脱贫成效。根据中央、省、市关于统筹推进疫情防控和经济社会发展工作部署，我率先提出了建立以“一份保险、两个中心、三级协会、四重平台、五项政策、六类培训”为核心的劳务输出组织化长效机制，通过共享商业保险覆盖了全县7万户10.8万转移就业人员30万农业人口，做到“一张保单保全家，一人入会全家受益”；成立了1个县级、12个乡（镇）和97个村（社区）县乡村三级劳务输出协会，建立县、乡、村、组四重劳务输出微信群1379个，覆盖10.8万名外出务工人员，推送就业岗位信息7.4万个，组织化市外转移就业43批次，开通专车258辆，累计转移输出52224人（卡户13216人），实现市外务工收入25亿元，为全面打好脱贫攻坚收官战、如期实现经济社会高质量发展奠定坚实基础。

公共服务强保障

教育、医疗是广大群众最关心的问题，是关乎脱贫攻坚成败的重点，也是鲁甸一直以来存在的短板弱项，如何补齐教育、医疗上的短板，不断提升公共服务的保障能力，提高群众幸福感和满意度，是我们一直在思考并花大力气抓好的事情。教育是阻断贫困代际传递的根本之策，补齐贫困地区义务教育发展短板，让贫困家庭子女都能接受公平而有质量的教育，是夯实脱贫攻坚根基之所在。我县累计投入资金10.35亿元，完成116所中小学和幼儿园重建、新建、改扩建工程。2017年通过国家义务教育基本均衡评估认定。

累计投入资金 5.7 亿元补助建档立卡户学生 39.47 万人次，义务教育阶段学生无因贫辍学的情况。不断加强医疗基础设施建设，县级公立医院、12 个乡镇卫生院、97 个村卫生室“三个一”建设全部达标；全面落实“三个一批”救治政策，实施大病救治 3665 人、救治率 100%，慢病签约服务 6170 人、救治率 100%，重病兜底保障救治 3900 人、救治率 100%；组建家庭医生团队 291 个 768 人，扎实推进建档立卡贫困户签约服务。全县建档立卡贫困人口基本医疗保险、大病保险参保率达 100%，严格执行先诊疗、后付费制度，有效杜绝了患病贫困群众小病拖成大病、大病致返贫的问题。全面落实特困人员供养、残疾人“两项补贴”等政策，实现了无力可扶、无业可扶的特殊困难群体应兜尽兜、应保尽保。截至 2019 年年底，全县纳入低保贫困户 17353 户 23947 人，纳入兜底保障 525 户 924 人，纳入特困供养 847 户 868 人，2019 年发放残疾人“两项补助”12027 人 663.8 万元。

环境整治再提升

我始终认为，干净整洁的生活环境能有效地激发贫困群众对美好生活的向往，能使困难群众迸发出强大的内生动力，充分发挥主观能动性摆脱贫困。因此，我们始终把城乡管理、环境整治放在突出位置来抓。2017 年 4 月 15 日，我在新街镇调研时提出“一控二规三除四进”的乡村管理和环境整治工作思路，即：严控“违法用地、违章建筑”，通过科学规划引导城乡统筹发展，规范集镇村社管理，充分发动群众开展“大扫除、大清除、大拆除”行动，对村内垃圾进行大扫除，对村内废弃、破旧生产生活用房、围墙等进行清除，对旧房危房、“两违”建筑进行拆除，努力扩大人居环境提升改造工作宣传面，通过进机关、进学校、进社区、进农户加大对人居环境提升重大意义的宣传，引导广大居民和群众充分认识人居环境整治工作，调动全县群众共同关注和参与到提升人居环境行动当中。到2019年，随着“一控二规三除四进”工作的深入推进，以户为单位的垃圾分类减量、“一水两污”有偿服务、垃圾收费等措施逐步落实到位，加之农村基础设施的大幅度提升，全县人居环境整治工作达到了高潮，城乡面貌焕然一新，并且在全县干部职工的奋发努力下，成功创建了国家卫生县城。为巩固好这来之不易的成绩，结合总书记提出建设生态文明建设排头兵的目标和乡村振兴战略的要求，我提出了实施城乡绿化五年行动计划，每年新植树木1000万棵，逐步改善县域生态，并充分动员公益性岗位、低保对象等有劳动力人员主动承担社会责任，积极参与村庄道路保洁、河道沟渠清理、垃圾池清运及村内绿化管养等“四个网格化”管理工作，进一步压实责任，实现生态环境质量持续改善。2020年，我们积极响应省、市关于爱国卫生专项行动的安排部署，把强化脱贫成效、巩固国家卫生县城成果、疫情防控和“美丽县城”创建等工作同爱国卫生专项行动有机结合起来，全面统筹推进。县城建成131个垃圾集中分类回收点，行政村建成2620个垃圾收集池，安装乡镇集镇96个垃圾分类集中回收点，实现就近收集、分类减量、及时转运、规范处置，县城改造新建41座公厕，建成乡镇公厕53座，新建改造洗手设施517套。同时，按照危旧房屋全拆除、公共厕所全达标、户厕改造全覆盖、生活污水全收集、生活垃圾全分类、绿化植树全覆盖、农业种植全连片、畜禽养殖全集中、广大群众全参与“九个全”的要求，在每个乡镇至少打造1个人居环境整治示范村，每个行政村至少打造1个示范村民小组（自然村），每个村民小组至少有5户示范户，实现“乡乡有示范村、村村有示范组、组组有示范户”，示范引领带动全县爱国卫生专项行动等各项工作有序推进。我们相信，在未来鲁甸的生态环境一定会更加优美，鲁甸一定会成为昭通中心城市一张亮丽的名片。

一场场攻坚战役，一次次披荆斩棘，我们终于打赢了脱贫攻坚之战，千百年来困扰中华民族的绝对贫困的问题终于在我们这代人这里画上句号，这一切饱含着鲁甸47.5万群众辛勤奋斗的汗水，凝聚着热爱这片土地的人们无限的心血。这既是句号，也是起点，正值“十三五”收官之年，我们按照习近平总书记“山水林田湖草生命共同体”“绿水青山就是金山银山”理念，云南省委、省政府打造“最美丽省份”的定位和实现“滇东北崛起”的部署，昭通市委、市政府“一城三区、产城融合、城乡一体”发展布局，立足长远、精心谋划“十四五”发展规划，全力构建鲁甸“一心四片区”的未来发展格局。以千顷池为核心，恢复万亩水域、连片成湖，围绕千顷池建设环湖路及健康步道，发展绿色产业，植入湖区经济，打造40平方公里旅游观光、休闲康养的山水生态宜居新城。科学布局四个产业片区，即：文屏高原特色农产品加工园区，依托优质农特产品加工，打造区域性高原特色食品加工园区；茨院商贸物流园区，打造集货物集散、集中仓储、流通加工综合园区；江底循环经济园区，打造以绿色建材和绿色化工为主的厂地共建样板、绿色循环发展的示范区；空港高新技术产业园区，打造以信息服务、大数据、大健康产业的新材料生产、新能源利用产业集群。“一心四片区”的构建，将拉开城市骨架、促进产业集群、实现产城融合发展，并以综合交通为支撑，打破发展壁垒，打开高速通道，实现县域经济高质量快速发展。

我相信，拥有恢复重建精神，啃下了脱贫攻坚硬骨头的鲁甸人民必将在未来创造更大的辉煌，在“滇东北崛起”的宏伟诗篇中，鲁甸必将是那最浓墨重彩的一笔。

（作者时任中共鲁甸县委副书记、县长）

立下军令状　摘掉贫困帽

吴君尧

我于 2016 年 11 月到鲁甸工作，历任县委常委、常务副县长，县委副书记、县委宣传部部长，卯家湾易地搬迁安置区临时党工委（管委会）书记，主抓脱贫攻坚和易地搬迁工作。我以“贫困不除愧对历史”的高度责任感，秉持“谋好就干、想好就干、定好就干、说好就干、干就干成、干成极致”的工作理念，全身心投入扶贫事业，团结带领广大干部职工跑出了“一年建设一座城、一月搬迁上万人”的鲁甸速度，塑造了“苦拼实干、敢打善拼、坚韧求成”的鲁甸精神，走出了一条实现高质量脱贫的鲁甸路径。

通过不懈努力，2019 年圆满完成 96 个贫困村全部出列，31323 户 121696 人脱贫，贫困发生率降至 0.76%，实现高质量脱贫摘帽，向党中央和全县人民交出满意答卷。

思想引领，高举一面旗

2014 年 8 月 3 日，鲁甸发生 6.5 级地震，造成重大人员伤亡和经济损失。习近平总书记非常关心鲁甸地震恢复重建工作，2015 年 1 月 19 日新年首站就到鲁甸灾区调研强调：灾后恢复重建要和扶贫开发一起抓，要深入实施精准扶贫、精准脱贫，项目安排和资金使用都要提高精准度，扶到点上、根上，让贫困群众真正得到实惠，决不能让困难地区和困难群众掉队。

鲁甸是习近平总书记等中央领导亲临视察指导到过的地方，也是备受外界关心关注的地方。坚决贯彻落实党中央决策部署，打赢脱贫攻坚战，是我们这一代人“守初心、担使命”的最直接体现，是做到“两个维护”的最直接检验。

“为官一任，就要造福一方百姓。”我始终牢记总书记的殷切嘱托，不辱使命、感恩奋进，深入学习贯彻习近平新时代中国特色社会主义思想特别是习近平总书记关于扶贫开发重要论述，以精准扶贫、精准脱贫方略为指引，以实干担当为笔，以初心使命为墨，把脱贫攻坚作为最大的政治任务、最大的历史使命、最大的民生工程、最大的发展机遇，以最强有力的措施推动脱贫攻坚责任落实、政策落实、工作落实，在乌蒙大地上开展一场艰苦卓绝、荡气回肠的脱贫攻坚大决战！

市县落实，布局一盘棋

根据党中央、国务院，省市党委政府总体部署，按照市委“133”工作思路，围绕“两不愁、三保障”总体要求，深入落实“五个一批”“六个精准”，紧扣脱贫主线，建立完善严密的组织体系、工作体系、责任体系，确保全县脱贫攻坚统一指挥、行动有力、步调一致，确保全县脱贫攻坚工作一盘棋。牵头制定完善各年度的《鲁甸县脱贫攻坚实施意见》及《鲁甸县脱贫攻坚10个全覆盖专项行动方案》，健全县、乡、村三级指挥部，构建12名处级领导担任12个乡镇第一书记、40名处级领导挂钩40个深度贫困村、科级领导挂钩56个贫困村的责任体系，建立“五级调度”和“一月一调度、一月一研判、一月一约谈”工作机制，形成一级抓一级、层层抓落实的扶贫格局。坚持思想不松、力度不减、标准不变，脱贫摘帽后，统筹抓好疫情防控和经济社会发展两推进、两不误，按照“四个不摘”要求，牵头制定《鲁甸县脱贫攻坚百日提升行动》方案，狠抓剩余贫困人口脱贫达标，聚焦1688户监测户、1286户边缘户及特殊困难人群等重点群体以及返贫致贫的风险点，建立完善返贫监测预警机制和稳定脱贫长效机制，坚决防止返贫致贫。

问题清零，销号一本账

2017年5月，抽调2659名干部组建摸底调查工作队，通过“五查工作流程”“六步工作程序”，对全县97个行政村117042户430027农业人口基本信息进行全覆盖摸底调查，累计剔除识别不精准对象1794户6359人，新识别纳入1201户4668人，脱贫返贫433户1665人，做到应纳尽纳、应退尽退、应扶尽扶，锁定贫困人口34195户126708人。每年度及时开展“回头看”，加强贫困人口动态管理，确保对象精准，扣准扣好脱贫攻坚第一颗扣子，为打赢脱贫攻坚战奠定坚实基础。

针对每乡每村的贫困人口、贫困情况、短板弱项，我带领县扶贫办及乡镇部门反复研究、反复调研，分年度目标和阶段性目标，建立脱贫攻坚作战指挥图，确保县有项目库、乡有路线图、村有施工图，锁定目标任务，实行挂图作战。

聚焦薄弱环节，梳理分类施策，统筹整合扶贫资金65.9亿元，建立“住房、就业、饮水、控辍保学、医疗保障”五张清单，突出抓好“房屋安全、饮水安全、基础设施、产业就业、教育医疗”等到村到户到人项目实施，全力补齐贫困地区和贫困群众短板。新、改、扩建国省干道137.17公里、县乡村公路1914.27公里，实现所有行政村通硬化路。实施“五小水利”、人畜饮水、水利基础设施等工程9268件，自来水普及率和集中供水率分别达到85.09%、86.12%，全面解决群众饮水安全问题。大力实施通电、通网、通广播工程，全县所有贫困村全部通10千伏以上动力电，广播电视覆盖率达100%，行政村网络宽带全覆盖。实施农村危房改造23218户、易地扶贫搬迁19847人，实现户户安居。投入产业扶贫资金5.03亿元，全县苹果种植面积达10万亩，花椒种植32万亩，马铃薯种植22.5万亩，实现19199户卡户增收。

2020年，面对新冠肺炎疫情带来的严峻挑战主动出击、超前谋划，坚持战贫、战疫一起抓，建立提供一份爱心保险、构建两级服务中心、成立三级劳务协会、搭建四重信息平台、制定五项奖补政策、实施六类职业培训的“123456”劳动力就业服务体系，打出劳务输出“组合拳”，化挑战为机遇，稳就业促脱贫。县、乡、村三级劳务输出协会吸纳会员8710人，通过就业服务输出52224人（卡户13216人），其中组织市外转移就业43批次，开通专车258辆，“点对点、一站式”转移输出劳动力12000人。全县劳动力已就业19.55万人，就业率达80.5%；贫困劳动力已就业6.22万人，就业率达90.7%。

针对历年各级巡视巡察、督查检查、成效考核反馈的152个问题，逐一制定整改清单、责任清单，实行台账式销号管理；以户户清、村村清为抓手，扎实开展易地扶贫搬迁“五清”和解决“两不愁、三保障”突出问题“九清”专项行动，全面排查整改转移就业、安居保障、教育医疗、饮水安全、产业扶贫、巩固提升6个方面存在的问题，实现问题清零、户户达标，以户脱贫、村出列支撑起县摘帽。

跨县搬迁，奏响一部曲

2018年年底，市委、市政府将卯家湾确定为易地扶贫搬迁跨县安置区，承接鲁甸、巧家、永善、盐津、彝良五县8322户35585人。始终把易地扶贫搬迁作为打赢脱贫攻坚战的重中之重，以“搬不动大山就搬人”的豪情，以“再硬的骨头也要嚼碎”的精神，以“让群众较满意”为目标，在乌蒙大地上奏响一部新时代愚公移山的伟大壮歌！

在近700个日夜里，我用双脚丈量安置区的每一寸土地，风里来、雨里去，泥土沾满双腿、雨水打湿全身，全然不顾血压低压147、高压达180的实际，昼夜工作。我包里带得最多的是降压药，电话打得最多的是建设方。在100天攻坚期内，我坚持每日坐镇指挥，走遍每一层楼栋、每个工程建设点，经常是灰头满面、汗水满身，白天跑工地，晚上研判进度，制定目标任务，做到事情不过夜，无论多晚，甚至通宵达旦，每天都要顶着刺骨寒风查看工程进度，检查施工质量和安全。“老百姓背井离乡搬过来，人生地不熟，我们工作做不好，会凉了人心。搞工程就要把群众的房子当成自己的房子来建，让老百姓感受党和国家的温暖”。我是这样说的，也是这样做的。

卯家湾新城建设工期紧、任务重，如何统筹协调、优化施工、高效推进工程建设，成了我反复思考琢磨的首要问题。我制定了每天一巡查、每周一例会、每月一调度、每季一约谈的“四个一”工作机制，在工地、在一线现场抓落实，用一个月时间完成了3000亩土地征迁、445座坟墓搬迁、1.2万平方米房屋拆迁。

特别是在新冠肺炎疫情防控期间，面对疫情防控、工程扫尾、群众入住的多重考验，面对建设施工方提出的种种顾虑，我顶住重重压力，不怕困难、敢于担当，于2020年2月5日就召开卯家湾复工复产工作会议，制定人员排查、疫情防控、安全生产、复工复产、施工组织等一系列有效措施，安置区内施工人员达5000人左右，实现疫情零发生，如期建成66幢122.7万平方米安置房及6所学校、7所医疗机构、市政道路等公共配套，实现安置区从一片空地到一座新城的崛起。

房屋建设好了，组织搬迁又成为摆在我面前的重要任务。我及时学习绥江搬迁经验，立足实际制定摇号分房、搬迁入住方案，创新采用电脑随机匹配方式，零差错完成摇号分房，用时1个月完成搬迁入住，实现分房过程零上访、搬迁过程零事故。

为管理好、服务好搬迁群众，我积极向上争取汇报，及时成立砚池党工委，设立6个社区，并探索建立“133454”的社区党建治理模式，建立党工委干部职工楼栋长、居民楼栋长“双楼栋长”“红、黄、绿”分类分级分策等管理体系，对特殊困难人员实行“日随访、周动态、五保障”，实现群众搬得放心、住得安心、生活舒心。

住进新房子，还要过上好日子。面对如此大的搬迁群体，我最关心的就是3.6万群众的“吃饭”问题，如何脱贫、如何致富成了当前最紧迫的任务。在安置区建设期，我按照“一配套、两支撑”要求，提出同步推进配套产业“两园两基地”建设，在安置区附近建成4.9万平方米食用菌加工厂房、10万平方米标准化厂房、1000个食用菌大棚、1000个蔬菜大棚、5000亩香葱基地等配套产业，引进企业16家，开发公益性岗位550个；为实现更加充分的就业，我积极思考，根据安置区商业建设情况，在安置区建设春熙商业街、卯家湾文创产业园和幸福广场文创商业三个特色综合商业项目，开辟3000平方米的临时经营区域，提供商铺650个，带动创业就业1550人，实现易迁群众户户有产业就业支撑，易迁劳动力就业92%以上，动态消除“零就业”家庭。

环境提升，整治一张网

脱贫不仅要脱出成效，还要脱出面貌。我始终把城乡人居环境整治作为消除感官贫困的重要抓手，作为改善群众生活质量的迫切需要，作为常态化抓好疫情防控的重要举措，制定《鲁甸县人居环境整治行动方案》《鲁甸县推进爱国卫生专项行动方案》及责任清单、项目清单，高标准、高要求推进环境治理改善。

一是建立河段、路段、绿化段、垃圾池“四个网格化”管理机制，每年植树1000万棵，完善垃圾、污水处理收费等有偿服务制度。建成垃圾池2620个、爱心超市90个，改造提升县城公厕40座，建成乡镇集镇公厕30座、行政村公厕44座，改造卫生户厕11000座；投入资金3000万元，对4.7万户217万平方米院坝进行硬化，每村建设2—3个人居环境示范点，全县635个自然村基本达到“一档村庄”八条标准。严格控制文桃茨坝区农村建房管理，累计拆除农村危房25451户38177间99.24万平方米，拆除“两违”建筑926宗15.23万平方米。在美丽县城创建工作中，我主动承担工作任务最重、拆迁压力最大的白泥沟段，积极带头研究、实地调研，做深做实群众工作，有力有序抓好红线划定、征地拆迁等工作。严格落实河长总督察责任，巡河检查21次，交办问题7个、督促整改7个。

二是创新建立爱国卫生运动“一张网格图、一个公示牌、一个责任公示”的网格化管理机制，逐格逐项定人、定岗、定责、定标准，形成人人肩上有担子、个个区域无空当的管理模式，24名县处级领导每天带队督查工作进度；成立3个专项督查组，“一周一暗访、一月一督查、一月一通报”常态化推进督查问效。广泛加强宣传、全面动员，各级党组织、领导干部带头示范、带头落实，引领带动群众形成人人爱卫生、人人讲卫生、人人搞卫生的良好局面。

通过有效环境治理，鲁甸的天更蓝了、水更清了、岸更绿了、村更美了，颜值与气质都提升了，2019年鲁甸成功创建国家卫生县城，2020年将建成全省美丽县城。

全民攻坚，脱贫一条心

2019年年初，召开3000余人的脱贫攻坚誓师大会，深入发动全县干部群众投入脱贫攻坚战，全力攻克艰中之艰、难中之难。96支驻村扶贫工作队、3843 名帮扶干部挂钩帮扶到村到户，全县 80% 干部沉到一线、身入基层，有效把群众动员起来、组织起来、带领起来，充分激发群众内生动力，变“要我脱贫”为“我要脱贫”。全县上下以战时状态、战时标准、战时纪律推进脱贫攻坚，常态化走访研判，全面查缺补漏，坚决杜绝松劲心态、过关思想、侥幸心理，把紧起来、动起来、严起来、实起来贯穿脱贫攻坚各阶段、全过程，始终保持攻坚状态。

作为全县宣传部部长，我十分注重讲好鲁甸脱贫故事、营造脱贫浓厚氛围。我经常到县融媒体中心、新时代文明实践所（站）调研，突出队伍建设、经费保障、对外宣传、舆论引导，推动全县宣传思想工作守正创新、凝聚人心。

在农村，积极开展“自强、诚信、感恩”主题教育活动，选树脱贫先进典型，用群众身边人、身边事教育群众，树牢群众脱贫主体意识，根除群众“精神贫困”，消除“等、靠、要”不良思想。在县级媒体开设《决战脱贫攻坚》栏目，发布新闻信息 2283 条次，其中中央级媒体 39 条，省级媒体 209 条，市级媒体 423 条。《2019 中国电商扶贫行动鲁甸青花椒》《鲁甸：废墟上的新家园》等 6 条新闻先后在央视财经频道播出，卯家湾易地扶贫搬迁安置工作连续 3 次登上央视 1 套、4 套和 13 套，大型纪录片《中国影像方志·云南卷·鲁甸篇》完成拍摄待播，积极配合中央、省市媒体走进鲁甸、挖掘鲁甸，充分利用微鲁甸、鲁甸电视台等媒体，宣传总结全县脱贫做法、脱贫成效、脱贫经验，全面营造上下一心、合力攻坚的态势氛围。

我非常注重抓党建促脱贫攻坚，全面推进农村基层党的建设与脱贫攻坚紧密结合，确保在脱贫攻坚中党的组织无处不在、党员作用无处不发挥。我怀着对贫困群众的深厚感情，带头深入基层、深入一线、深入群众，勤督查、抓落实、重实效，以“关键少数”带动“绝大多数”，坚决打赢这场人民战争。

我经常沉到挂钩联系的龙树镇龙翔社区，为村组党员讲党课、找方向，为群众讲政策、讲感恩，带领社区干部及驻村工作队队员，积极开展人居环境整治，拆除老旧危房 369 户 24485 平方米，栽种树木 1.9 万余棵。截至 2019 年年底，龙翔社区贫困发生率降至 0.33%，社区党总支由后进变先进，被列为全省“四级联创”整县提升规范化基层党组织，被评为全市先进基层党支部。

2019 年 5 月，龙翔社区群众张盖回乡创业，开办富丰玩具厂，但是由于资金薄弱，生产场地受限，富丰玩具厂总面积只有 100 平方米，生产区域和储藏区域挤在一起，整个玩具厂只有 9 个工人，全年产值仅有 30 万元，举步维艰。2019 年 8 月，我到玩具厂调研，全面了解企业存在困难问题，协调相关部门帮助玩具厂解决场地、减免房租等问题，落实相关扶持政策，积极发动群众进厂就业。2020 年 6 月，经过 10 个月努力经营，玩具厂总面积已达 800 平方米，厂长张盖说：“现在不但有了长期稳定的工人 30 人，还解决了许多建档立卡贫困户就业和培训的问题，厂里的产值较去年翻了一番，工人的人均工资也从 1800 元增长到 2800 元，请书记放心。”听到厂长汇报的可喜现状，我才放下心来。

在脱贫攻坚大决战中，干部队伍和基层党组织建设是决定性因素。我不仅高标准要求自己冲锋陷阵，还深入一线开展谈心谈话，及时了解干部思想动态，注重激励全县干部主动积极沉身扶贫一线担当作为。2016 年以来，提拔使用脱贫攻坚基层一线干部占比超过 80%，仅 2019 年选拔的 52 名正（副）科级领导干部中，有脱贫攻坚等基层一线工作经历的 43 名，占比 82.69%，树立了鲜明的用人导向，提振一线干部精气神。我树牢“大抓基层、大抓支部”理念，从严抓好村干部任职资格联审，53 名“问题”干部全部清理并补齐；整顿软弱涣散基层党组织 72 个，调整脱贫攻坚中不作为、工作推进缓慢村（社区）党组织书记 17 人。完成 320 个党支部达标创建，成立“党支部 + 合作社”308 个；在卯家湾成立“党工委 + 社区 + 网格 + 楼栋”的社区楼宇党建模式和“挂联包帮”工作机制，做到群众搬迁到哪里、基层组织就建到哪里、服务群众就延伸到哪里。

千年贫困、百年奋斗、今朝圆梦。能够亲力亲为和参与见证这场消除绝对贫困的伟大之战，这是人生之大幸、无尚之荣光！我既不能满足于过去，更不能愧对未来。我将深入贯彻落实习近平总书记考察云南重要讲话精神，勇于扛起“促进滇东北崛起”的新使命，向着新的目标再出发！

（作者时任中共鲁甸县委副书记）

扶贫攻坚路上的鲁甸速度

马武荣

触及灵魂深处的走访

党的十八大以来，党中央把贫困人口脱贫作为全面建成小康社会的标志性指标，在全国范围全面打响脱贫攻坚战。脱贫攻坚力度之大、规模之广、影响之深，前所未有。鲁甸县在市委、市政府坚强领导下，紧扣“两不愁、三保障”目标，不断创新工作方法和工作机制，坚持直面问题把问题整改贯穿始终。

2016年，我任县政协主席，挂钩文屏镇岩洞村脱贫攻坚工作，在走访中发现大部分村组道路还是土路或沙石路，居住环境脏乱差、部分卡户还居住在D级危房，大部分群众虽不富裕但基本生活都能保证，其中马才梭贫困程度最深，到他家时我被眼前的现状深深震撼了，家徒四壁一无所有，一个70多岁的五保老人骨瘦如柴躺在破烂的床上，因病生活不能自理，土坯房顶还在漏水。我当时心里无比愤怒，严厉批评村组干部和驻村工作队队员，当即召集周边群众了解他的家庭状况，并动员马才梭的兄弟家人，“谁愿意照顾老人的日常生活，便可以用老人的建房补助建新房，新房建成后与老人共同生活，在老人过世后将新建房屋赠予照顾他的人”，消息一出，其兄弟的长子马仲前主动要求照顾老人。在回到村委会召开的座谈会上，要求所有包保人员除了识别精准帮扶精准外，还要解决当前问题精准，根据每家每户现有困难无论大小精准解决。岩洞村 2014 年有建档立卡贫困户 305 户 786 人，贫困发生率 14%。主要是缺技术、缺劳力、因病因残等原因致贫。通过精准识别、精准帮扶、精准退出，截至 2019 年年底，所有建档立卡户全部脱贫，贫困发生率 0%。经过对脱贫人口“回头看”，对照“产业带贫机制、就业持续稳定、饮水安全达标、住房安全稳固、义务教育保障达标、基本医疗保障达标、内生动力有效激发”等 7 个方面，全村村容村貌、基础设施、环境卫生、群众住房等已发生根本性变化，所有脱贫户均迈向发展致富的道路。

前所未有的鲁甸征地拆迁速度

卯家湾安置区按照省委、省政府把昭通建设成为引领滇川黔区域发展省际中心城市”的战略定位，落实市委、市政府建设中心城市“一城三区”和若干小镇、产城融合、城乡一体发展的战略布局，坚持“133”工作思路，勇下“搬不动山就搬房，搬不动江河就搬人”的决心，根据“不是建一个安置区，而是建一座新城”的定位，一次性规划新城区 3.31 平方公里，率先实施卯家湾安置区占地 3700 亩，总投资 46.9 亿元。承接搬迁安置鲁甸、巧家、彝良、永善、盐津五县 8322 户 35585 人。如此大的征地量、庞大的搬迁人口、巨大的建设规模且建设工期不足一年，这是我工作 30 余年的首次，也是鲁甸数十年来最大的一次集中建设。征地拆迁的群众工作怎么做、工程建设如何按期完成、配套设施如何完善、群众如何分房如何搬迁、搬来后如何稳得住能致富等问题错综复杂，矛盾相互交织。

2018 年，我任县人大常委会主任、卯家湾临时管委会主任、文屏镇第一书记，我是一个长期生活在鲁甸的干部，深感压力空前、责任重大，但责任必须扛在肩上，任务必须在时限内完成，唯一的办法就是团结一致共同攻坚。当时第一个“硬骨头”便是征地拆迁，331万平方米的征地要在短期内完成，就必须在一个月内完成摸底调查，我亲自带领镇村干部开展现场摸排，挨家挨户做细做实群众工作，争取群众支持。既要想方设法做群众工作，还要时刻关注干部思想状况，随时为干部加油鼓劲，保证干部思想不滑坡、不畏难，始终和县委、县政府保持一致。回想起每次群众会都在吵都在骂，看着镇村干部不厌其烦耐心劝导和无助的目光，我心如刀绞，工作虽难但我坚信“再冰冷的石头只要用心都会焐热的”，群众再大的不理解只要干部坚持都会有云开雾散的时候，群众白天不在家就晚上入户，长期不在家就电话联系。通过数十次宣传动员，无数次群众院坝会，终于让老百姓转变了观念，得到支持，实现20天完成3000亩土地征迁，445座坟墓搬迁，1.2万平方米房屋拆迁的鲁甸征地拆迁速度，为卯家湾工程顺利实施打下坚实基础。

前所未有的鲁甸建设施工速度

2018年10月，卯家湾启动建设，按照“卡户与随迁户同步、住房建设与各类综合配套同步、人员安置与产业就业同步、硬件建设与建立完善社区管理机制同步”四同步原则开工建设。在安置住房上，根据山形地貌，分层次布局6个居住片区，住房指标人均控制在25平方米以内，分为6个户型，共建设安置房66栋8866套，总建筑面积122.7万平方米，地上建筑面积108.9万平方米，其中，住宅建筑87.9万平方米、公建配套21万平方米。为确保安置房有序推进，群众及时搬迁入住，鲁甸县委、县政府成立卯家湾易地扶贫搬迁安置区建设项目指挥部，由县委书记和县长任指挥长，统筹工程建设。在一年多的施工时间里，为确保工程进度，县委书记夏维勇每天坚持在现场，亲自指挥亲自部署。我时任临时管委会主任，在30多年的工作中虽有经验但涉及工程建设方面不多，又因工期紧任务重，只能在工作中探索在摸索中建立完善机制，先后建立“每天一巡查、每周一例会、每旬一约谈、每月一调度”的“日报”“周报”工作机制。每天一巡查，组织120名干部职工分组到楼栋，实行上班点人数、下班查进度、天天有记录，及时上报解决工程建设中存在的问题，确保当天目标完成。每周一例会，对上周工作完成情况进行跟踪，下周工作进行安排。每旬一约谈，对工程建设慢、未按计划完成，或出现问题部门、片区、楼栋、班组负责人进行约谈，高位推动工程建设。每月一调度，由市级指挥部指挥长负责，每月召集一次指挥部调度会议，解决突出问题。成立施工保障协调工作小组，住建、市场监管、综合执法、教育、公安、交警、供水供电等职能部门派驻人员在安置区临时办公点现场办公。协调县内12家具有资质的建筑企业及周边信誉较好企业全力配合，在用工方面优先保障卯家湾安置区工人用量，及时按需提供匹配工种人员。周边企业满负荷生产砂石料、混凝土等材料，确保满足现场材料需求。

正当工程建设有序推进的同时，突如其来的新冠病毒疫情让所有干部心急如焚，“怎么办？怎么办？”工期紧急需大量施工人员同时开工，但人员又不能聚集，承建的中建集团大部分技术人员又都是外省人员，复工复产更是难中之难。紧急关头，在县委、县政府带领下，顶着重重压力、冒着巨大风险，战疫情抓复工全面打响，当时“不同的意见比比皆是”“质疑的声音随处可闻”，要一手抓防疫、一手抓复工，必须将疫情防控做细做实，最大限度消除疑虑。把好消杀关，中建集团负责对办公场所、建筑工地、施工器材等相关场所和设备进行消毒处理，不留盲区、不留死角。把好工人关，施工人员基本使用本地身体健康人员，对管理人员、技术人员可从市外选聘。把好管理关，所有工人集中住宿，以地块、楼栋为单元，按照20—30人为一个班组，缩小管理单元，全部佩戴口罩，实行封闭管理。把好入口关，在安置区设置6个卡点，凭身份证检查正常，贴上“已检查”标签后进入，不漏一车，不漏一人。把好体检关，所有复工人员进行登记，填写健康申报表、承诺书，发放告知书，开具健康证明。在卯家湾临时党工委（管委会）全体干部同志的共同努力下，2月5日卯家湾建设项目有序复工，实现疫病感染零发生，17个月卯家湾从“一片玉米地”到“一个新城区”的蜕变，展现了鲁甸建设施工速度。

前所未有的鲁甸平安搬迁速度

卯家湾作为鲁甸的一座新城，承接搬迁安置鲁甸、巧家、彝良、永善、盐津五县8322户35585人，无疑将对鲁甸的社会经济注入强大动力，但也为卯家湾的基础设施、服务能力等提出严峻挑战，其中第一步便是房屋建成后用什么方式才能公平公正公开地分配到每个易迁群众，谈起分房方案可谓众说纷纭，干部有想法、群众有要求、各位县领导也有不同意见，有的提出分名额到县后由各县自行现场抽签，有的建议5个县的乡镇都设摇号现场先抽取楼栋再按户抽签，总之无论哪种方式都无法做到完全公平公开，无论哪种方式都或多或少地存在一定风险，怕程序出问题、怕分房结果群众有异议、怕过程不够稳定，最初的分房方案一改再改，反复征求意见，但迟迟定不下来，分房时间一推再推，眼看搬迁时间临近，紧急时刻经多次向县委、县政府汇报同意后，决定采取设立主会场以电子摇号并全程直播方式摇号分房。2019年11月20日，摇号正式开始，主会场设在鲁甸县体育馆，以视频直播方式覆盖全部搬迁群众，在各迁出县、乡、村设置71个分会场，实现户户参与，公平、公正、公开地圆满完成摇号分房。至此，备受争议的电子摇号直播分房方式，经实践证明确实是高效可行。

2019年12月20日，首批搬迁启动。大规模的长途搬迁是临时党工委及各县领导都未组织过的，大家心里都没底，绝大多数群众都是举家搬出，要搬的东西多，人员组成复杂，路途安全、财产安全等每个方面都要考虑，因搬入的都是电梯房，电梯的承载能力和运行保障等每个细节都要想到，每个过程都要推演，由于首批搬迁时部分楼栋还在施工，搬迁群众到了怎么组织，要实现车辆及人员的有序显得尤为困难，若出现安全事故将对卯家湾在群众心中的美好向往产生巨大冲击，甚至动摇群众搬迁意愿，从而影响到整个易地搬迁重大决策的顺利实施。因此前的准备工作充不充分决定着搬迁顺不顺利，提前设置搬迁入住服务中心，分设物业服务中心、就业服务中心、房屋技术服务中心和鲁甸、巧家、彝良、永善、盐津 5 个迁出县服务中心，细心、耐心、热心服务群众搬家。制定搬迁入住工作和实施两个方案，分批次下达搬迁计划，有计划、有组织、有序安全搬迁。科学制定物业查验、物业交房、分发资料袋、平安组织抵达、接洽引导到户、搬家入住照相、帮助融入新区、开展大遍访“八步”搬迁入住流程，让群众有序搬迁。引进云南建投下属的三联银海物业管理公司，开展物业前期承接查验和管理。为解决搬迁群众搬家当天未能及时生火做饭的问题，搭建临时就餐点，为搬迁群众提供两顿便餐。对安置区附近的阳光、马厂两个农贸市场进行规范管理，方便群众买菜做饭。举办占地 3200 平方米的年货街，引进 30 户商家入驻，覆盖家电、家具、日用百货、生鲜超市、小吃等一应俱全，方便群众快速融入。同时，平安财险公司向搬迁卡户捐赠保费每人 5 元，保障意外事故死亡伤残每人 5 万元，促进群众平安搬迁。组织当地文化名人为搬迁群众现场书写对联。实现平安搬迁、有序搬迁、轻装搬迁、高效搬迁、放心搬迁。截至 2020 年 3 月 31 日，实现卡户 7570 户 32347 人全部搬迁入住的鲁甸搬迁速度。

前所未有的配套设施及服务

易地搬迁要成功，搬得出是基础，稳得住是关键，能持续发展致富是目的。搬迁完成后面临的问题更加棘手，由于搬来的群众原本就贫困，对新环境不适应，以前住的是一层高的土房，出门是平地，现在住的是电梯房，楼层高还要坐电梯，电梯不会用上楼情愿爬楼梯，有点文化的年轻人都外出务工了，留在家里的自身发展能力都不足，技术活不会干，重活累活干不了等具体问题接踵而来。矛盾再多都要一个一个化解，困难再大都要一个一个应对，对安置区特殊群体和困难家庭开展大排查，排查出特困626户、空巢和独居老人149人、孤儿及困境儿童190人、残疾人483人、精神病患者97人，因人施策建立“双包保、日随访、五保障”动态管理工作机制，实行分类管理、归口管理。根据卯家湾附近学校布局情况，高中阶段通过分流到鲁甸县一中、二中、文屏镇中学、崇文高级中学4所学校；在卯家湾范围内新建4所幼儿园、1所小学、1所九年一贯制学校，卯家湾幼儿园、中小学义务教育、高中、中职阶段、特殊学校，共报名3403人已全部就学。在医疗服务上，新建卫生院1所、社区卫生室6个，实现“住有所居、学有所教、病有所医、老有所养”。

在新区内开展政策理论我们讲、搬迁入住我们领、适应生活我们带、群众愿望我们帮、产业就业我们管、家园平安我们护、幼有所教我们兴、文明新风我们树、文体娱乐我们抓、群众心声我们听的“10+N”文明实践活动，全心全意服务群众。制作“安全告知书”户户发放签字，对不识字的群众，入户一一讲解告知；在楼道护栏处张贴禁止攀爬提示，在电梯、单元入口张贴防走失温馨提示，对老人、小孩定制身份手环佩戴，服务工作深入人心。通过组建由巾帼志愿者、党工委职工、搬迁群众中享受公益性岗位、享受最低生活保障等人员构成培训团队，从法律法规、文明礼仪、操家理务、技能培训等方面进行培训，形成“比、学、赶、超”氛围。充分利用文化活动阵地，精心设计适合广场表演的各类文化活动，组织观看广场电影，充分展示村镇文化、社区文化。组织开展社会主义核心价值观主题宣讲，用社会主义核心价值观引导安置区群众讲秩序、讲和睦、讲爱心、讲公德、讲诚信、讲感恩，促进群众尽快融入城市社区，建成和谐、安康、幸福、富有活力的社区。

通过以上工作，现在的卯家湾已“不是一个安置点，而是一座新城”，一次性规划建成区3.31平方公里，用时一年半完成工程建设，3.6万人如期搬迁入住。建设“两园两基地”（2200亩绿色食品加工园、3000亩现代物流园和1万亩蔬菜基地、1万亩苹果基地）、10万平方米扶贫车间标准化厂房等产业配套，群众能充分就业。新建道路10.1公里，全面建设完成安置区社会事业配套服务设施；成立卯家湾临时党工委，设立6个社区总支委员会，推动精细化管理、落实全方位服务，实现了搬迁群众“搬得出，稳得住，能致富”目标。看到自己亲自参与得到的成果，我感到无比欣慰和自豪。展望未来，卯家湾群众正一步步迈进更加幸福的生活。

（作者时任鲁甸县人大常委会主任）

聚焦人居环境　建设美丽家乡

王富泰

2016年9月，我又回到阔别5年多的家乡——鲁甸，不禁感慨万千，有回家的舒适与安稳，有久别重逢的喜悦与陌生，也有对新岗位新任务的憧憬和期盼。很快，作为鲁甸县政协党组书记和农村人居环境指挥部指挥长，县委、县政府要求我必须抓好提升人居环境工作，接到任务时，我便知道这个工作“不好干”。

那时的鲁甸农村，群众卫生意识普遍较差，村里大都是随处可见的垃圾，泥泞不堪的小路和下不去脚的旱厕，不仅如此，连镇村干部都对人居环境工作不大重视，认为抓环境不如抓脱贫。在这样的背景下，我作为新上任的政协主席、农村人居环境指挥部指挥长感到了巨大的压力。怎么办？面对这个艰巨任务，鲁甸县政协该怎么站位？我又当如何作为呢？

就在我无从下手，思考着如何开展工作解决人居环境差这个“老大难”问题时，一位群众的话给了我信心，那时我到江底镇仙人洞村做摸底调查工作，随机选取一些农户进行入户访问，一连抽查几家人屋里卫生条件都很差，唯独有一家例外。这个村民家里的陈设非常简单，甚至可以说简陋。客厅里只有一张桌子，一个小沙发，一台小电视机，但却很整洁。我至今仍记得这个老乡对我说的话：“家里的环境就像身上的衣服一样，一个人如果穿得再好，但很脏，那肯定也不舒服；反过来，如果一件旧衣服，干干净净的，穿上肯定很舒服。还有，我教书的女儿要带男朋友回来啦，看到家里脏兮兮、乱麻麻的，女儿脸上也无光。”是啊，搞好人居环境不仅是任务，更是和群众生活息息相关，抓人居环境就是抓脱贫攻坚，如果环境卫生搞不上去，只有“面子”也没有“里子”。我深受启发，一下子坚定了信心，一定要把人居环境搞好，一定要让鲁甸农村在变富的同时也变美！

建机制

凡事预则立，不预则废。为了更好地开展人居环境整治工作，按照县委安排部署，首先成立提升城乡人居环境行动工作领导组，组建人居环境领导组办公室并开展工作。我带领住建局、环保局、人居办深入12乡镇40余个村开展调研，广泛听取各界意见，制定下发《提升城乡人居环境工作五年行动计划（2016—2020）》《鲁甸县“百村示范、村村整治”三年行动实施方案（2018—2020）》《提升农村人居环境考核办法》《鲁甸县2018年提升农村人居环境工作实施方案》《农村人居环境三年实施办法》等文件，积极申报“五类”村庄，为乡镇和部门开展农村人居环境提升工作提供指导，确保各项工作有序开展。

抓示范

虽然有较为完善的方案计划，但我也知道，人居环境是一项长期工作，不可能一蹴而就。为让干部、群众更快看到抓人居环境的成效，鼓励干部群众积极参与，指挥部决定开展试点示范。通过深入调查研究，层层筛选确定县级示范点 12 个、乡级示范点 39 个、919 户示范户进行打造。在示范点打造过程中，我及时到各个示范点严格督导。

记得当时龙树镇龙翔社区示范点建设要求 1 个月之内完成，时间紧、任务重。为实现一天一个样、十天大变样、十五天彻底变模样、按期完成任务的目标，指挥部为龙翔社区积极争取项目资金，硬化村组道路、安装太阳能路灯。并选取施工队同时开工，我现场蹲点指导、解决问题。很快，龙翔社区房子穿上“新装”，不仅道路平了宽了，晚上也亮堂堂的，村民都笑着对我说：“谢谢王主席，村里装起太阳能路灯后，晚上去亲戚家串个门，连手电筒都不用拿，真是方便多了。”

江底镇潘寨是昭通的南大门和渝昆高速公路的驿站，虽然区位优势明显，但人居环境较差。我作为挂钩江底第一书记，看在眼里急在心里。经过深入调研，我提出从集镇美化亮化入手的建议，这个想法和江底镇干部不谋而合，于是迅速召开县农村人居环境提升行动指挥部专题办公会议，对江底镇集镇人居环境提升整治工作进行详细研究和部署。很快，潘寨美化亮化如火如荼开始了，仅用两个多月就全部完工。每当夜幕降临，潘寨集镇到处流光溢彩、美轮美奂，灯光映照下的美丽潘寨，为江底镇增添了一道亮丽的风景线。“自从改造过后，集镇变漂亮了，晚上从迤车、鲁甸等地来江底玩的人也多了，生意一天比一天好啦！”集镇上商户说道。改造之前潘寨集镇赶集天人流量最多达到 300 多人，现在可以达到 1000 多人，不仅提升了人居环境，同时还带动第三产业发展，繁荣农村经济。

凝共识

授人以鱼不如授人以渔，为了提升群众卫生意识，让人居环境提升整治工作真正落到实处。2018 年 9 月 28 日，全县召开“百村示范、村村整治”

启动会议，发出打赢人居环境提升战动员令。政协党组迅速行动，各个班子成员分别到文屏镇牛头寨村、小冲社区、马鹿沟村、乐红镇对竹村、水磨镇水磨村、岩头村等召开群众动员会议，面对面宣讲人居环境整治，人居环境怎么干、干什么。充分发挥政协委员联系面广、代表性强的优势，结合省、市政协脱贫攻坚助推行动，把人居环境作为助推的重要内容，动员委员和机关干部职工每人打造一个无资金投入的人居环境示范点，从不要钱的事情做起、从小事做起、从群众能干的事情做起，引导群众移风易俗，改善环境。让卫生意识真正深入人心，才能做到长效提升。

岩洞村是政协机关挂钩点，通过几次进村入户，我发现岩洞的脏、乱、差现象十分突出，村民对改善人居环境的积极性不高。我知道硬干不是办法，要去了解群众需求，聆听群众心声。就这样，我带领班子成员和机关干部职工深入岩洞村召开人居环境提升动员会，面对面与300余群众座谈交流，听取村民意见建议，也给群众生动地讲解提升人居环境的重要性。会后，群众反响强烈，纷纷说道，“岩洞村多年没有领导来过了，我们回去就开始收拾，让他们看到不一样的岩洞”。为保障后续工作开展，我将镇村和机关干部合理搭配，分片包干，一户一户宣传、一户一户指导。全体干部职工全身心投入，一次不行就多次上门，直到做通群众工作为止。我积极向县委、县政府汇报，为岩洞争取到项目资金430万元，硬化村组道路5.5公里，拆除危房560间29500平方米，复耕面积39000平方米。用心付出换来群众的理解和支持，岩洞村实现从脏、乱、差到水碧、天蓝、整洁、有序、和谐的完美蜕变。

不仅是政协，全县各级党员干部积极投入示范点建设，发动群众深入开展大扫除、大清除行动，充分发挥村民一事一议的作用，让群众投工投劳参与道路、水电、房屋等设施改造提升，积极探索建立村规民约以及垃圾、污水处理有偿服务机制，总结制定出许多符合实际的环境整治模式和方法，并完善运行管护机制。通过全县干部群众共同努力，一个又一个示范点建立起来，一个又一个村庄完美蜕变，难以攻克的人居环境难题也在一点点破解。

促长效

经过两年多的努力，全县农村人居环境整治成效有大幅度提升，但我知道要想打赢这场战役，还需要建立长效管护机制。2018 年 12 月，我带队到罗平县考察，发现爱心超市在人居环境整治工作中作用显著。我当即决定：把爱心超市助推人居环境整治的办法借鉴过来。计划在江底先行试点，当镇村干部得知要办爱心超市，大都因为管理复杂而产生抵触情绪，我给他们讲了一个事例：“一个小孩，如果父母给他 100 元钱，他可能不会在乎，如果老师奖励他一个作业本，那肯定会很兴奋，学习更有动力了”。镇村干部恍然大悟，积极投入爱心超市的筹备，从超市物资采购、制度制定、上墙仅用一个星期，江底镇江底社区爱心超市就红火开业。为扩大群众的知晓率，组织干部群众进村入户宣传，同时选择在赶集天对每个村民小组的卫生户进行积分兑换。第一批兑换奖励就引起全镇人的轰动，群众纷纷议论道：“自己打扫自家的卫生还可以有奖励，太好了！”“我要多赚点积分，兑换个电饭煲”。江底社区群众积极投入环境卫生整治，同时进一步完善物资采购和管理、张榜公示等制度，将群众义务劳动、卫生保洁、道德评议、矛盾纠纷调解、公共设施维护和脱贫致富等纳入积分管理。江底社区爱心超市发挥了很明显的作用，环境变好了，群众满意度上升了，脱贫致富意愿高涨。江底社区总支书记沈玉梅也被评为云南省村（社区）“百名好支书”。

爱心超市在江底社区发挥了作用，自然要推广到其他乡镇。县委、县政府决定投资 450 万元，在全县各乡镇建设 90 个爱心超市。随着爱心超市一个接一个建成运营，既调动了村民劳动积极性，也让群众在潜移默化中养成爱护环境的习惯和勤劳致富的信念，帮扶措施与“扶志扶智”相结合，由内而外地改变群众的思想行为，从而驱动群众脱贫致富建设美好家园的内生动力。

由于鲁甸地处山区，山高坡陡，垃圾难以处理。群众生活垃圾如果按照户收集、村集中、镇转运、县处理的方式，县级财力和群众难以负担。于是我向县委、县政府建议：以自然村为单位建设垃圾减量处理池并获得支持。我带领相关部门认真研究，因地制宜商定每类地区的建设成本和价格，并建议由村民小组负责组织实施，既提高建设效率，也便于科学管理。经过一个月努力，全县建成2620个垃圾减量处理池。在实施过程中，有的垃圾池成为堆放池，无人管理，我组织相关人员进行验收、调研，每一个垃圾池都跑到，同时责任到人，确保垃圾池有人用、有人处理、有人管。垃圾池的建设实现了生活垃圾就近处理，以前到处飘散的塑料袋少了，村庄干净了，群众意识慢慢提升了。

2020年5月16日，是一个值得铭记的日子，省人民政府批准鲁甸等31个县（市、区）退出贫困县行列，全县脱贫攻坚取得决定性胜利，考核组反馈："鲁甸走到哪里都干干净净的！"我感到很欣慰，几年的辛苦得到了肯定，几年的付出有了成效。

"雄关漫道真如铁，而今迈步从头越。"鲁甸贫困县摘帽了，但脱贫攻坚仍需持续巩固提升，摘帽了，但不代表摘了政策、摘了责任。我将继续带领政协干部职工做好人居环境助推重点，聚焦厕所革命、生活垃圾和污水处理、村容村貌整治、长效管护机制建立等方面的工作，多建睿智之言，多献务实之策，努力在助推行动中展现人民政协新作为，为建设美丽富裕新鲁甸添砖加瓦！

（作者时任鲁甸县政协主席）

担当作为守初心　凝心聚力战脱贫

舒云辅

2019年4月下旬，按照组织工作安排，我到鲁甸县任县委常委、常务副县长职务，协助县长负责县人民政府常务工作，分管扶贫等工作。新岗位、新起点，一年多来，我立足全县实际和岗位实际，始终把脱贫攻坚工作抓在手上、放在心上、扛在肩上。认真对照精准扶贫、精准脱贫的总体要求，全面落实市委“133”工作思路和“双统领”“双保障”“双推进”要求，创新工作思路，敢于担当、主动作为，在精准施策上出实招、在精准推进上下实功、在精准落地上见实效，扎扎实实推进脱贫攻坚各项工作落实，坚定不移履行好自己工作职责。

不负使命，坚决扛起脱贫重担

打赢脱贫攻坚战是党中央、国务院作出的重大战略部署，更是我们党向全国人民作出的庄严承诺。去年4月份，正直全市脱贫攻坚关键阶段，把我安排在分管扶贫岗位上，这既是组织对我的关心和信任，也是对我的要求和考验，只有让全县贫困群众全部脱贫出列，过上更加富裕幸福的生活，才不负全县人民的期盼。

主动学习，争做扶贫“明白人”。深入学习和掌握党和国家的扶贫政策，是做好扶贫工作的基本功，只有全面准确理解掌握扶贫政策，才能靶向施策，精准发力。到岗以后，为全面了解和掌握第一手情况，我坚持白天到乡镇、村组开展调研走访，到群众家中座谈交流，深入了解群众所思、所盼、所想；利用晚上休息时间，将中央和省、市、县各类扶贫政策文件开展一次全面性、系统性的学习，不断领会各级领导关于扶贫方面讲话精神，认真借鉴其他县区脱贫摘帽经验做法。通过入户走访、调研学习，我对全县的基本情况、经济发展现状、群众脱贫愿望和扶贫开发情况等方面有了深刻地认识，脱贫攻坚工作思路也在脑海里愈加清晰，慢慢做到心中有数，掌握扶贫工作主动权，有效避免了在脱贫攻坚工作中走弯路。

强化统筹，确保扶贫“有人抓”。围绕全面解决“两不愁、三保障”突出问题，实现全县高质量脱贫摘帽总目标要求，我严格执行上级和县委、县政府各项安排部署，认真推动各项扶贫工作落地落细，做到方向不偏、措施不虚、责任不松。牵头制定完善了《鲁甸县决战决胜脱贫攻坚百日总攻行动实施方案》《鲁甸县脱贫攻坚挂牌作战工作方案》等方案，全面压实压紧各级各部门脱贫攻坚责任，脱贫攻坚县级主体责任、乡镇主体责任、部门行业责任得到进一步强化。严格实行五级调度，明确县处级领导、乡镇部门主要领导、驻村工作队队长、村（社区）党总支书记、驻村队员和挂钩干部责任，做到全县上下拧成一股绳，真正形成攻坚合力。认真牵头筹备全县脱贫攻坚每月调度会议，研究解决工作推进过程中存在的困难和问题，确保了脱贫攻坚各项工作高效有序推进。面对突如其来的新冠肺炎疫情，始终把人民群众生命安全和身体健康放在第一位，认真学习习近平总书记关于疫情防控工作的重要讲话和指示精神，全面贯彻落实中央和省、市各项决策部署，统筹全县 41 名督导员及 387 名驻村工作队队员深入镇村一线，做到疫情和贫情同排查、防疫宣传和脱贫政策宣传同开展，统筹抓好疫情防控、脱贫攻坚和经济社会发展各项工作。高质量脱贫摘帽后，按照“四个不摘”要求，继续加大产业就业、健康扶贫、消费扶贫和保障性扶贫等方面的支持力度，脱贫攻坚成果得到全面巩固拓展。

思困破题，发挥战斗主力作用

“不挑担子不知重要，不走长路不知路远”，在全县脱贫攻坚工作推进过程中，遇到了一系列困难和问题。作为一名共产党员、一名分管扶贫领导干部，在面对各种矛盾和困难，要敢于担当、主动作为，敢抓敢管、不惧担责，不能推诿、敷衍塞责。只有冷静分析问题产生根源，才能想出好办法、好点子，来切实解决矛盾和问题，不断推动各项重点工作迈向新台阶。

多措并举，“五清”“九清”取得实效。底数不清、情况不明、措施不准等突出问题，脱贫攻坚工作开展以来，一直困扰着全县扶贫工作高质量、整体性推进。为彻底摸清解决全县脱贫攻坚“两不愁、三保障”、易地扶贫搬迁突出问题，牵头制定了《鲁甸县2019年解决“两不愁、三保障”突出问题工作方案》《鲁甸县关于进一步做实易地扶贫搬迁政策清就业清产业清配套清家底清“五清”工作实施方案》，整合全县镇村干部、驻村工作队队员、脱贫摘帽督导员、挂包责任人等工作力量，于2019年6月开展了易地扶贫搬迁“五清”和“两不愁、三保障”突出问题“九清”专项行动。集中一个多月时间，对全县脱贫摘帽突出问题开展全覆盖、地毯式、无遗漏排查分析，建立了户脱贫、村出列问题清单。主持召开调度推进会议8次，对各乡镇、各行业部门的问题清单一条一条过、一项一项核，督促指导按时整改到位。通过全县上下一个多月的集中下沉走访核实，做到了“底数清、情况明、方法对、措施准”，确保了“户户达标、人人过关”。

昼夜不息，卯家湾安置区顺利搬迁入住。易地扶贫搬迁是帮助居住在生存环境差、生态环境脆弱、缺乏基本生存条件的贫困群众一条有效的脱贫致富途径，是脱贫攻坚中一块最难啃的“硬骨头”。卯家湾易地扶贫搬迁安置区，是全省安置建档立卡户最多的跨区域大型易地扶贫搬迁安置区，能否按时完工交付使用，确保搬迁群众搬迁入住，事关鲁甸、巧家、彝良、永善、盐津五县8322户35585人脱贫出列、县摘帽关键核心所在。作为易地扶贫搬迁分管领导，我严格按照“每天一巡查、每周一例会、每旬一约谈、每月一调度”的工作机制，每周到安置区查看安置房、学校和医院等配套项目建设进度，现场协调解决施工过程中遇到的各类问题和困难。2019年11月27日，我再一次来到中建鲁甸卯家湾安置区建设项目部开展座谈，通过深入交谈，了解到中建鲁甸卯家湾安置区建设项目部对安置区交房时间认识有差距，如果不进一步优化调整施工组织，不坚持每天调度研判推进项目建设，难以在既定的时间节点内完成房屋建设并交付使用。回来后，我立即向书记、县长汇报，建议要每日研判调度，做到问题不过夜，全方位保障项目建设，才能在既定的时间节点将安置房交付搬迁入住。县委、县政府立即调整工作安排部署，实行县级领导每天到现场调度指挥，每晚召开现场会逐项分析研判解决存在问题。开展集中攻坚以来，我始终坚持每日到施工现场，到每一栋安置房、每一个施工点查看工程推进情况，白天看进度情况、晚上看加班情况，确保了安置区建设项目高效推进。通过一个多月的集中攻坚、艰苦鏖战，安置区第一批搬迁群众于2019年12月20日顺利搬迁入住，2020年3月底前贫困户全部搬迁入住，为5个县顺利通过省级考核验收，实现脱贫摘帽奠定了坚实基础。

因地制宜，扶贫产业不断壮大。发展产业不仅是实现脱贫、稳定脱贫的根本举措，也是确保持续增收、走向富裕的必由之路。在对全县土壤、气候、地理条件等因素全面调研的基础上，把花椒、苹果、马铃薯、蔬菜、生猪、肉牛等产业作为鲁甸主要的产业来做大做强。目前，全县花椒种植面积达32万亩，马铃薯种植面积达22.5万亩，苹果种植面积达11.4万亩，烤烟种植面积达6万亩，生猪存栏19.5万头，牛存栏7.2万头，产业基础全面夯实，贫困群众实现有效增收。在卯家湾安置区，坚持“挪穷窝”与“换穷业”并举，扎实推进“两园、两基地”配套产业建设，着力强化安置区产业就业支撑。建设扶贫车间标准化厂房 10 万平方米，引进箱包、皮具、藤编、电子加工等 10 家劳动密集型企业入驻；配套建设 1 万亩苹果基地、1 万亩蔬菜基地、4.9 万平方米食用菌加工厂房、1000 个食用菌大棚、1041 个蔬菜大棚、3000 亩香葱基地、1000 亩万寿菊基地，确保户户有产业、就业支撑。为进一步增强贫困群众自我“造血”能力，全县积极引进了广东粤旺农业集团、陕西海升果业发展公司、上海东方希望集团等企业落户鲁甸，但在项目落地、工程推进、产业链发展等方面，遇到了许多困难和问题。针对这些问题，坚持“一企一策”分析研判，对粤旺食用菌产业生产运营不畅、龙头山生猪养殖项目建设滞后等问题，不定期召集相关部门到现场调研、现场办公；对鲁甸超越苹果基地项目注册资本金不到位问题，积极协调金融机构帮助贷款；对入驻卯家湾扶贫车间企业稳岗难问题，及时召集企业座谈，制定稳岗扶业政策。通过一系列的帮扶措施，全县引进的产业不断壮大，群众增收致富门路有了依靠。

定期调度，扶贫项目推进扎实有力。实施扶贫项目是推动精准扶贫最直接、最有力的抓手和措施。聚焦“两不愁，三保障”脱贫标准，本着“缺什么、补什么”的原则，2019 年，我牵头统筹整合央和省、市财政涉农资金 6.5 亿元，用于全县脱贫攻坚基础设施、产业发展等项目建设，共实施扶贫项目 201 个。但项目推进和资金拨付缓慢，影响了扶贫项目效益发挥，2019 年 9 月 25 日，市里对进度不理想的县区进行了约谈，我参加了约谈。回来之后，我认真思考问题所在，立即组织对全县所有的扶贫项目进行一个一个核实，一个一个算清时间账、任务账、责任账，整合两办督查室坚持每周定期开展督查，对项目推进情况实行每周调度、每周通报。通过两个多月的努力，全县的扶贫项目在规定的时间节点内完成了建设，资金支付比率也达到了考核要求，为全县实现高质量脱贫摘帽奠定了坚实的基础。2020 年全县围绕脱贫巩固提升目标任务，按照“补短板、强弱项”的原则，统筹整合中央和省、市财政涉农资金 4.75 亿元，实施了扶贫项目 102 个，通过每月调度研判，项目推进有力有序，使用效益得到不断提高。

全面统筹，高质量完成脱贫攻坚普查。脱贫攻坚普查是党中央、国务院首次为解决贫困问题而开展的专项普查，是全面检验脱贫攻坚成效的大考，更是高质量打赢脱贫攻坚战的最终答卷。作为县脱贫攻坚普查领导小组办公室主任，在普查前期，我牵头及时抽调 19 人到县普查办集中办公，制定了全县普查实施细则、现场业务指导工作方案、应急保障方案等文件，统筹协调县级财政解决普查工作经费 311.71 万元，对全县 1463 名普查引导员开展了全覆盖培训，为普查工作奠定了坚实基础。在普查过程中，严把普查数据质量关，在每日参加完市级调度会议后，主动与派驻普查组会商研判当日情况，共同商定解决措施办法；对市级反馈问题、县级发现问题、乡镇反映问题进行梳理汇总，每天晚上对各乡镇进行调度，确保问题整改不过夜、不出村、不出乡，形成全县一盘棋的普查格局。通过一个多月努力，全县脱贫攻坚普查登记工作顺利通过国家质量抽查，真实客观反映了全县脱贫攻坚成果。

以身作则，做好示范带头作用

情系挂钩村。我挂钩联系的是水磨镇铁厂社区，是全县 40 个深度贫困村之一，常住人口 1265 户 4896 人，其中建档立卡贫困户 536 户 2154 人，未脱贫 337 户 1305 人、已脱贫 199 户 849 人，2018 年年底贫困发生率为 26.3%。自挂钩以来，我坚持每月下沉到社区，与社区干部及贫困户交流座谈，摸情况、听意见、找办法，共同谋划脱贫致富之路。2019 年 6 月 18 日，在与社区干部交谈中，社区总支书记吴其香向我提到：我们社区还有 3 个村民小组串户路没有硬化，通过分析研判，可能会影响社区脱贫出列，想请常务帮助解决。听完之后，我立即召集镇村组干部到现场踏勘，逐社、逐户查看工程量，组织编制实施方案。回到县里后，通过积极协调、多方争取，最终筹集资金196万元帮助实施了铁厂社区梁子上、火烧寨上寨、火烧寨中寨3个村民小组串户路硬化项目，解决了256户1075人出行难问题，极大提升了社区基础设施建设。通过一年多的挂钩帮扶，铁厂社区发生了较大变化，农户100%住上安全住房、100%吃上到户自来水，生产生活用电100%得到保障；所有村民小组通硬化路，硬化90%的农户院坝，人居环境明显改善；学校、卫生室等基础设施进一步完善，教学水平、医疗水平得到进一步的提升。2019年年底，累计脱贫505户2147人，未脱贫22户64人，贫困发生率降至1.44%，社区顺利脱贫出列。

包保显真情。来到鲁甸后，我负责包保联系火德红镇火德红社区的9户贫困户。2019年6月5日，我正在办公室处理日常公文，突然电话铃声响起："你好，是舒云辅吗？我是火德红镇党政办工作人员，你包保的贫困户有一个义务教育学生可能有辍学情况，麻烦你抽个时间到镇里和社区一起做哈思想工作，如果不及时劝返镇纪委要进行通报。"挂完电话后，我没有多想，立即与社区取得联系，证实该学生已经劝返正常上课。第二天一大早，我立即调整手头工作，到社区去走访看望包保贫困户，走到80岁老人李开心、杨自升户，如儿女般亲切地与老人交谈，详细询问生活情况，并送上慰问金，叮嘱老人不能亏待自己，要记得买肉吃，要把生活过好；走到13岁孤儿李孟琳户，如父亲般教导孩子要振作起来，认真读书，长大成为对社会有用的人才；走到一级残疾李从排户，如兄弟般鼓励他要乐观面对生活，活出不一样的自己；走到单身汉杨合金户，如伙伴般开导他自立自强，要靠自己勤劳的双手去奋斗好未来。杨自升是我的一户包保对象，家里只有两个老人，年纪都接近80岁，妻子因为年龄较大而患上间歇性精神病，家中没有任何收入来源。得知两个老人生活困难、举步维艰后，我的心情十分沉重，随即联系镇村帮助老人解决1500元临时救助资金，并协调民政部门解决其妻子李珍妹城市低保问题，反反复复打电话给老人儿子做思想工作，最终同意每年不定期给老人赡养费，彻底解决了两个老人的生活难题。通过一年多帮扶，我包保的 9 户贫困户全部脱贫，生活变得越来越好。

路虽远行则将至，事虽难做则必成。在全县人民的共同努力下，贫困人口从 2014 年年底 32250 户 124561 人降至 2019 年年底 927 户 2865 人，累计减贫 31323 户 121696 人，贫困发生率从 31.94% 降至 0.76%，96 个贫困村全部出列，顺利通过省级考核验收，实现了高质量脱贫摘帽。在今后的工作中，我将进一步增强“四个意识”、树牢“四个自信”、做到“两个维护”，敢于担当、扎实工作，为持续巩固脱贫攻坚成果、开启乡村振兴奉献自己力量。

（作者时任鲁甸县人民政府常务副县长）

牢记嘱托战贫困　感恩奋进奔小康

李善云

怀着对这片土地最深的爱，怀着对人民群众最浓的情，五年来，我带领龙头山镇广大党员、干部，坚持把总书记的殷殷嘱托和深切关怀转化为建设美丽幸福家园的使命，以及带领群众脱贫致富的新动力，始终以习近平新时代中国特色社会主义思想为指导，把实现高质量脱贫作为全镇最大的政治任务、最大的发展共识、最大的底线要求，严格落实精准扶贫、精准脱贫方略，坚持“133”工作思路，围绕县委、县政府“春夏秋冬”四季攻势任务要求，紧扣“两不愁，三保障”突出问题，咬定目标，真抓实干，整合各种要素向贫困地区聚集，不断补齐存在短板，全镇贫困人口从2014年年底的3548户11630人下降到2019年年底的11户27人，农民人均纯收入从3750元增长到7836元，贫困发生率从20%降至0.05%。2020年5月，顺利通过省级第三方评估验收，实现了高质量脱贫，书写了脱贫减贫的光辉一页。

深入摸底，扣好精准识别“第一粒扣子”

龙头山镇的精准扶贫工作切忌喊大口号，也不定好高骛远的目标，坚持一件事一件事做，真抓实干狠下“绣花”功夫。为回答好“扶持谁”的问题，确保“不落下一户，不落下一人”，我们精确把握“精准”要义，精准识别贫困对象，摸清全镇贫困人口数量，真实地把贫困人口的贫困程度，致贫原因搞清楚。按照省、市、县决策部署，2015 年至 2019 年全镇先后开展三次建档立卡“回头看”、农业人口精准识别摸底调查工作，组建了由 12 支驻村扶贫工作 43 名队员，469 名干部职工组成的摸底调查工作队，不留死角，不漏一户开展“地毯式”全覆盖排查，按照“五查五看”“三评四定”的标准和程序，对建档立卡贫困户住处重新进行了全面的识别和确认，彻底摸清全镇贫困人口底数，严格按照户申请、村审核、镇审定、县确定公告的流程，做到应纳尽纳，应扶尽扶，应退尽退，确保了对象精准，实际有进有出的动态管理，把真正需要帮扶的贫困户扶起来。2015 年以来，累计识别纳入贫困对象 64 户 233 人，剔除不精准对象 28 户 103 人，最大限度防止了错评错退。

2017 年 6 月 21 日，我和时任县委常委、常务副县长吴君尧同志共同参加光明村新街子村民小组贫困户评议会，由新街子 6 名党员代表，37 名村民代表参加评议。工作人员向村民当众宣读贫困对象初评名单，接受群众的监督和举报。当评议到肖某某时，有群众当场举报，肖某某 2014 年就在昆明安家，并在滇池旁边购置了一套价值 110 万元的商品房。我当场决定调查落实，该除则除。当评议到柏宝妹时，村民们一致同意保留她的贫困卡户，因为在整个光明村再也难找到比柏宝妹更贫穷的一家人了。会后，我安排人员立即调查，及时核实，结果确定肖某某在昆明购房属实，把他家作为贫困户剔除；并根据群众意见将柏宝妹保留纳入建档立卡贫困户。

像这样的实例全镇也曾出现过多起。接受群众监督，进行公平、公开、公正评议，在阳光下开展精准识贫扶贫。通过严格程序，对标对表识别排查，做到符合政策的一户不漏，不符合政策的一户不评。全镇贫困对象从 3000 多户减至 800 多户，确保了对象精准，为后续精准扶持发展提供了有力的依据，奠定了坚实的基础。

稳扎稳打，扣好精准施策“第二粒扣子”

全镇脱贫攻坚工作开展以来，我们统筹安排驻村工作队队员，帮扶包保干部统一政策标准，统一部署，步调一致开展精准扶持工作，各挂钩部门真正做到“人、财、物”三保障，落实“千斤重担众人挑，个个身上有目标”的责任担当。工作队、镇干部下沉一线，走村入户，深入开展“八包”行动，确保脱贫路上“不落一户，不漏一人”。做到户有卡，村有表，镇有档案，切实解决全镇“两不愁，三保障”基本民生问题，同时在安全住房、产业扶持、基础设施、人居环境等民生工程精准施策，尽锐发力，保障全镇脱贫攻坚工作扎实开展，高位推进。

突出民房建设重安居。我们坚持把恢复重建和脱贫攻坚有机结合起来，一年接着一年干，一张蓝图绘到底。灾后恢复重建投资 17.39 亿元，再投入扶贫资金 4711.64 万元，完成龙头山集镇及 8 个集中安置点建设，民房重建 15744 户，修缮加固 531 户，农村危房改造 344 间，实现了农村住房安居全覆盖。

“十道山梁九户人家——箐地”开水打板过春节的故事，至今在村民中成为佳话传诵着。

2016 年 2 月，在龙头山镇银屏村箐地集中安置点上建设民房，为了保障群众建房如期入住安居，我带领部分干部职工，组织施工队伍，倒排时间，加班加点，全力以赴加快住房建设进度。几个月后，主体工程已经完成。当时已是寒冬腊月，春节将至，群众住房主体结构修建后却因气候寒冷打不了板，这可急坏了我。在充分征求施工方和有经验的群众意见后，我果断决定：用开水打板！即用开水浸和混凝土打板。在我的安排和带领下，整个村民小组积极行动起来，有的找柴劈柴，有的挑水烧水，有的浸和拌料，有的参与打板……那热烈嘈杂的喧闹，那忙碌穿梭的人群，那紧张有序的作业，那沸腾动人的场面，俨然就是一场会集干部、职工、村民以及施工人员挥汗劳作的大会战。经过大家齐心协力的苦战，一座座新房全面完工，箐地安置点的群众搬进了新家，过上了一个平安的春节。

经过艰苦奋战，致力集镇建设，打造特色村庄和美丽宜居集镇，龙头山镇发生了翻天覆地的变化，座座高楼拔地而起，幢幢广厦错落有致，条条街道宽敞整洁，店铺酒楼鳞次栉比，商旅云集，市场繁荣。入夜，万家灯火通明如昼，呈现出一派繁荣兴盛的景象。

突出壮大产业创增收。我们把总书记“小小花椒树，致富大产业”的嘱托内化为强大动力，坚持以产业扶持，打造优质产业支撑为根本，充分发挥合作社和龙头产业的带动作用，实现高原特色产业规模与效益同步提升。大力发展花椒产业，高标准推进花椒产业抚育管理提质增效。“鲁甸青花椒”作为云南4个高原特色产业在央视“广告精准扶贫”栏目推出，央视“共和国发展巡视”关注龙头山集镇建设和产业发展，使全镇花椒产品走俏市场。

龙头山镇光明村花椒种植成为龙头产业。以前，光明村土地贫瘠，当地村民在满是石头的旱地坡上刨食，农民人均纯收入仅有680元，贫困程度深，脱贫难度大。脱贫攻坚开展以来，镇党委政府因地制宜，实施产业扶贫，尽力扶持光明村花椒种植，打造特色产业。当初，有些农户认为种花椒要三四年才结果实，会影响生活，又担心种出来卖不出去，不能当粮吃，在村民不接受的情形下，村委会立即组织村民到四川、重庆等地考察，实地了解市场销售和价格，打消了不少村民的疑虑。于是，在村委会的带领下，家家户户都大面积地种植花椒，不断扩大种植规模。几年间，在光明村山坡上、农田里，房前屋后到处可见花椒成林，葱郁茂密，绿意盎然。秋天，花椒果实串串，缀满枝头，椒香四溢，椒林中到处闪现出村民采摘花椒的身影，不时传来阵阵欢乐的笑声，商客也纷至沓来收购花椒。此时，集市上、庭院里，随处可见到村民与商客谈椒论价的场面，空气中飘散着浓烈的香麻气味，村民们脸上洋溢着丰收的喜悦。

光明村发展花椒产业以来，全村2121户2443人，人均收入由2014年年底的4822元增加到2019年年底的8339元。截至目前全村贫困卡户279户900人全部脱贫，真正把“小小花椒树，致富大产业”变为现实，光明村迎来新的光明、新的希望。

2019年，全镇青花椒种植面积达6.8万亩，年产值3亿多元，年收入5万元以上的花椒大户达1000余户。同时，我们积极引进企业，大力开发花椒系列产品，将花椒树加工制成酒杯、杯垫，将花椒叶加工制成足浴包，将花椒籽提炼精油加工制成洗发水、沐浴露香皂，还动员农户在花椒林中养鸡，在林中长大的“椒林鸡”肉嫩味美，很受欢迎。通过花椒加工和产业开发，延伸产业链，进一步提高收入，实现了“从卖一颗花椒到卖一棵花椒树”的转变。

我们还大力发展核桃、板栗等林果经济产业。全镇种植核桃10.3万亩，通过东西部协作帮扶，依托电商扶贫平台，与东莞形成供销合作关系。2019年共销往广东鲜核桃1006件7042斤，每年92元；板栗300件，每件92元，总收入12万余元。在产业扶持上，我们还注重发展养殖业。上海东方希望大型养殖场落户翠屏村，年产仔猪18万头，带动群众就近就业。因地制宜打造“一村一品”，加快光明、西屏集体经济养牛项目扶持，并推动其他村社集体经济创新发展。完善“土地流转+务工收入+产出分红”利益联结机制，实现资源变资产，资金变股金，农民变股民，让群众鼓起钱袋子，过上好日子。抢抓机遇，争取政策资金，让更多的项目进入省、市、县重点项目盘子，全面形成“单点突破，多元支撑，整体提升”的产业发展大格局。

突出基础设施大完善。紧扣精准施策“第二粒扣子”，围绕脱贫出列摘帽目标任务，这些年我们实施扶贫项目46个，投入资金4711.64万元，进一步补齐全镇脱贫攻坚短板，民房建设、教育卫生、道路交通、安全饮水、电力通信等基础设施生命线工程大幅度提升。修建公路74条326公里，村组公路全覆盖，都香高速公路穿境而过。实施管引工程42件268公里，修建水池水窖7473个，饮水安全得以充分保障。同时注重推进教育医疗，公共服务等基础设施建设。

2015—2017年，省文史研究馆协调省扶贫办、省财政厅、省农办等单位先后争取美丽乡村建设项目，整村推进项目，博爱家园项目资金共280万元，在道路硬化、修建村民串户路、安装路灯、建设村民文化活动场所等方面强力推进并组织实施。在翠屏村大槽口社、白石岩社、上二堂社、营盘社、腰店子社、小冲子社等6个村民小组修通了串户路，2100余名群众直接或间接受益，极大地改善了当地群众出行条件，为群众增收致富创造良好条件。大槽口村民小组王家林说："我们以前想都不敢想水泥路能通到家，有这么好的活动场所，还有路灯，这和城市没有两样。感谢党、感谢各级领导。"翠屏村大槽口从一个落后村组一跃成为龙头山镇数一数二的村民小组先进行列。

营盘村腰店子社山高坡陡，峭壁千仞，沟壑纵横，交通闭塞，阻挠着这里村民出行的道路，村民们进出都是窄窄而泥泞的山路。因从集镇到腰店子社有26个回头湾，当地称为"26道拐"。这对腰店子25户村民而言，修通公路是几辈人的期盼。村民赵申兰说："不修通这条路，我家的房子不知要哪天才能建起来，单是水泥就得靠人背马驮从山脚运到山腰家中，运费高不说还没有人愿意干，更不要说其他建筑材料。"这条路严重地制约着腰店子群众的脱贫及发展，也是我镇硬件设施建设的短板。

"8·03"地震之后，腰店子社村民房屋大多受损，我考虑到交通不便，村民运输材料困难，为保证灾后村民重建家园，我与云南建工集团五公司对接沟通，建议由五公司采取帮扶措施，帮助腰店子村民重建家园。当时，省政府领导到腰店子调研，详细了解到这一情况后说："没想到深山里的项目也是云南建工在负责建设，让全体灾民在节前搬进新家看来是充满了希望！"2016年1月底，腰店子"26道拐"盘山公路开始动工建设，按照四级公路标准设计，路基宽度6.5米。但由于山势险要，坡陡沟深，施工难度非常大。为保证沿线村民的人身安全以及房屋和花椒等财产不受损害，施工队在施工过程中只能靠人力慢慢开凿，还要不断用防护网来拦截碎石……经过近两年的艰苦奋战，这条长 8.2 公里的盘山公路终于在 2017 年顺利修通，解决了困扰腰店子村民出行的最大难题，也极大地便利了沿途 2 个乡镇 9 个行政村 4.5 万余人交通出行和经济往来。修通了这条盘山公路，村民们赞不绝口：“过去到龙头山镇没有路，孩子们上学都要走两个多小时，如今路修通了，骑车半个小时就到了。”有了路，村民们日子过得舒心，生活质量也提高了。村民王顺华还计划新年开着车，带着家人去远一点的地方去看看，见识外面的世界。

突出扶贫扶志促脱贫。我们抓住被省委定为“学习宣传贯彻习近平新时代中国特色社会主义思想示范基地”契机，立足实际，全力打造“三基地一窗口”，加大龙头山镇 3A 级景区、省级卫生乡镇创建力度，建成新时代文明实践站所，不断强化集镇内涵和基地作用，深入开展“自强、诚信、感恩”主题实践活动，大力弘扬抗震救灾和恢复重建精神，广泛开展社会主义核心价值观教育活动，积极开展“先进典型”选树和“脱贫光荣”表彰活动，加强法治教育，开展文化脱贫，组织文化活动、体育运动、文艺演出等，激发干部群众脱贫攻坚信心和决心，提振脱贫攻坚“精气神”，树立诚信意识和感恩思想，让群众既要“富口袋”，更要“富脑袋”，依靠自己的辛勤劳动创造幸福美好生活。

龙泉社区老人谢维礼，在 2014 年“8・03”地震中他的两个女儿和四个外孙不幸遇难，坚强的谢维礼老人在经历了生离死别之后，用乐观的心态重新站起来，他利用政府补助的 5 万、爱心人士捐赠的 7 万以及自己的部分积蓄在自己房屋的原址上修建了新房。2015 年 11 月 29 日搬进了自己 108 平方米的新家，乔迁之际海尔电器为谢维礼老人送去了电视、洗衣机、冰箱、取暖器等家用电器，爱心人士送去了沙发、茶几等常用家具。面对这么多的关怀，为表达自己的感激之情，老谢在自家门上贴上了“乔迁道喜乐住新家园，大难逢生不忘共产党”的对联。令人动容的是，谢维礼老人不仅谨记他人的善行，自己也积极“行善”，在修建谢家营盘社道路时，谢维礼老人主动将自家的土地无偿捐献给集体，用于建设社区道路和公共活动场所。老人说："当初用这块地的时候，我跟社区的人说拿去用，不要钱，我就想着我这辈子就剩我一个人了，死了也就不在了，把地让出来，修路跟建个活动场所，留给谢家营盘社的后辈用，可以方便几代人。"同样作为龙泉社区的建档立卡贫困户，老人积极地参与社区各项工作，并且主动提出不再享受扶贫政策，他说自己的生活已没有问题了，要把名额留给有需要的人，2017 年谢维礼正式退出建档立建卡贫困户。在他的感召下，灰街子村民小组所有建档立卡户主动放弃卡户指标。

严把质量，扣好精准退出"第三粒扣子"

我们坚持以"零错退"为工作目标，严格执行贫困退出标准和程序，严把脱贫退出质量关，确保贫困退出经得起检验。及时行动严格落实责任。为扎实推进龙头山镇脱贫退出程序的各项工作，严格按照县委相关会议文件要求，制定全镇脱贫攻坚贫困退出自查评估及脱贫需求方案，成立以主要领导为组长、分管扶贫领导为副组长和其他班子领导为成员的领导小组具体负责，组织全镇干部职工、帮扶队员再对标对表入村入户调查，紧紧围绕精准退出的要求，严格对照脱贫出列考核指标，进一步摸清底数科学分析短板，研究到村到户精准措施办法。以专项行动为抓手保过关。尤其是 2019 年 6 月以来，围绕"两不愁、三保障"和"571"脱贫出列标准，我们开展解决"两不愁、三保障"突出问题"对象清、住房清、项目清、措施清、就业清、产业清、义务教育清、饮水达标清、政策清""九清"专项行动，建立了户脱贫、村出列问题清单，扎实整改、补齐短板，确保"群众户户达标、干部人人过关"。截至 2019 年年底共实现减贫 3537 户 11630 人，现行标准下的建档立卡贫困人口减少到 11 户 27 人，贫困发生率降到 0.05%。

防止返贫，扣好巩固提升“第四粒扣子”

我们认真对照“两不愁、三保障”要求和脱贫标准，坚持“四个不摘”，继续强化脱贫攻坚责任落实、政策落实和工作落实，保持持续攻坚态势，全面开展脱贫攻坚“回头看”，狠抓脱贫质量巩固提升，在实现高质量脱贫上走在前列、作出表率。围绕各项普查指标，因户因人精准施策，实现户户达标、村村提升，确保2020年6月底前剩余贫困人口全面清零。聚焦监测户、边缘户、特殊困难人群等重点群体以及返贫致贫的风险点，建立完善返贫监测预警机制和稳定脱贫长效机制，大力实施巩固提升工程，加强动态监测帮扶，坚决防止返贫致贫。强化劳务输出，稳定外出就业，打好花椒、核桃、养殖特色产业突破战，形成持续稳定的产业就业支撑。我们进一步压紧压实包保责任，认真对照劝返8类情形，分类制定落实劝返措施，努力让每一个适龄学生都能上好学。针对慢性病和大病重病群体，全面实施好医疗保险、大病保险和医疗救助，认真落实健康扶贫，防止群众因病致贫、因病返贫。同时，兜牢社会保障，实施城乡低保3910户5095人，特困供养176人，做到应保尽保。

习近平总书记指出，脱贫摘帽不是终点，而是新生活、新奋斗的起点。我们将认真学习贯彻习近平新时代中国特色社会主义思想和总书记考察云南重要讲话精神，沿着总书记指引的方向，大力弘扬抗震救灾和恢复重建精神，在其位、尽其责，苦干实干、奋发有为，努力在政治大考、能力大考、作风大考中考出好成绩，带领全镇5万多群众同全市人民一同奔小康，向着幸福出发！

（作者时任中共鲁甸县委常委、龙头山镇党委书记）

功成有我慰平生

冯志鹏

每个人的一生中都要经历很多重要时刻。仔细回忆起来，2019 年 11 月 30 日，是一个让我难忘的日子，在那一天，根据国家及云南省确定的贫困县退出标准和程序，经各行业部门认定、县级自评和县扶贫开发领导小组审定，鲁甸县贫困县摘帽退出各项指标达到验收标准。为了追求这个成果，鲁甸干部群众为之付出了艰辛努力。作为小寨镇党委书记，我和班子成员，各级驻村督导员、驻村工作队队员一起，全程带领全镇干部群众经历了 6 年脱贫工作的日日夜夜，参与促成和见证了这个历史时刻的到来。全镇脱贫摘帽，我参与了、经历了，在我人生最宝贵的年华里，我付出了，脱贫摘帽功成有我，这样的经历足以慰藉平生。

十年扎根打基础

小寨镇位于鲁甸县中部，距县城 10 公里，国土面积 97.38 平方公里，辖一个社区，三个行政村，26 个自然村，107 个村民小组，居住着村民 6396 户 22474 人。对于这里的风土人情、一草一木，我可以说是无比熟悉。我是2011年3月到小寨镇工作的，当时我从县人社局办公室调整到小寨镇任副镇长。作为土生土长的龙头山镇人，我的家乡紧邻小寨镇，人文环境、地理地貌都跟小寨镇差不多，应该说，我认为自己对这样的山区村镇的情况是比较熟悉的。但当我真正走入一个一个的村庄，这里的情况还是让我内心非常震动。当时小寨镇基础设施很落后，很多村组不通公路，高二半山很多群众住房条件很差，以土坯房为主。给我印象最深的是小寨镇经济发展极不平衡，除河谷地带因为樱桃产业的带动经济条件稍好外，高山、二半山都几乎没有什么产业支撑。我记得那时候小寨镇的农民人均纯收入不上千元，作为分管农业的副镇长，我不禁认真思索，要带动当地群众摆脱贫困，怎样发展才是我们最重要的抓手呢?

乡镇班子领导认真思索对策，我积极建言献策，立足自己的专业、特长，争取到了全镇齐心合力抓产业的良好局面。镇里明确了在河谷地带狠抓樱桃种植管理，二半山发展核桃种植，替代烤烟产业，高山发展生态林的工作思路。方向确定了，最重要的就是抓落实。2011年全年，我都在带着大伙儿种核桃。当时核桃的市场价值非常看好，市场需求也很大，发展前景很好，也迎合了全县把核桃产业作为主打产业来发展的形势。小寨镇二半山群众有种植核桃的传统，当地气候、土壤、光照等条件都非常适宜种植核桃。我们引进了新疆核桃、大麻核桃等优质品种，引导大家大面积种植。老百姓是非常谨慎的，所以我们最先规划了赵家海老公路沿线作为样板区，经过样板带动，并不断发动、指导群众种植，我们在短短10个月时间内发展核桃种植面积5万亩，替代了传统落后的烤烟种植产业。同时，我们在高山大量种植以华山松、云南松为主的生态林，逐步实施了22000亩陡坡治理生态林、实施了4400多亩退耕还林项目。生态林种植涵养了水土，改善了生态，为小寨的持续发展打下了坚实基础。在沿河地带、镇域二级公路沿线，我们大力发展以樱桃为主的水果产业。通过引导群众修枝整形、扩塘施肥、加强病虫害防治，实现规范化管理，实现樱桃产值的大幅度提升，获得了很好的经济效益。

广厦安居民安乐

2014 年 8 月 3 日，鲁甸发生 6.5 级地震，由于小寨镇紧邻震中龙头山镇，地震中后，小寨镇基础设施、道路交通、群众住房受到极大破坏。随着应急抢险工作逐步转入恢复重建阶段，小寨镇的恢复重建工作也得到了中央、省、市、县以及社会各界大力关心和帮助。有 2335 户民房得以拆除重建，有 100 户地质灾害点的群众得以选址重建。随着恢复重建工作的开启，广大镇、村干部投入到无休止的忙碌中去：对房屋进行鉴定、开群众会确认重建对象、对重建对象一一进行公示……在此基础上，明确了所有民房需全部分散重建，并提供给群众几种户型的设计图纸作为参考，带领他们选址重建……经过两年多的不懈努力，2435 户群众全部修建了新房，群众住进了安全舒适的住房，居住条件得到了极大改善，生活环境上了一个大台阶。

不光是住房，镇里的基础设施建设也得以发展。各村（社区）实施了 20 余公里村组道路建设，实现了所有村组全部修通公路。新建了 3 个村级卫生室，乡镇卫生院扩建了一栋综合楼、一栋宿舍。全镇的一所中学、一所中心小学、四所村完小、一所点校都分别进行了扩建和除险加固。

应该说，经过恢复重建，全镇 1/3 以上的人家新建了房屋。但至 2014 年年底，小寨镇共有建档立卡贫困户 1572 户 4807 人，贫困发生率为 21.81%。其中，群众没有安全住房的比例还很大。2015 年，全国实施脱贫攻坚以来，小寨镇的发展更快了，按照“安居、稳固、遮风避雨”的基本要求，在住房方面，建档立卡贫困群众和部分非建档立卡贫困群众共计 1971 户获得了农危改项目的支持。此外，还有部分建档立卡贫困群众享受到了优惠的易地扶贫搬迁安置政策，有 19 户 74 人易地搬迁集中安置到县城卯家湾，有 57 户 85 人在镇内实施了易地扶贫搬迁分散安置。

通过两次大的项目覆盖，群众居住条件得到了彻底改善，所有农户全部住上了砖混结构的楼房，住房面积和质量全部达标，群众幸福感大幅度提升。

小寨镇作为山区镇，群众饮水困难现象非常突出，多年来，我们非常重视争取、实施引水项目。至 2020 年，全镇共争取到水窖建设 171 口，受益群众 171 户 691 人，其中建档立卡贫困户 37 户，受益人口 143 人；2018 年实施饮水工程两件，其中大寨安置点投资 29.9 万元，受益农户 357 人，水井湾投资 23.75 万元，受益群众 802 人；2019 年建设管引工程三件，小寨村大荒地 1 件，受益 3 个村民小组 151 户 531 人；梨园村邱家屋基 1 件，受益 43 户 137 人；田家梁子 1 件，受益群众 59 户 196 人。2020 年实施管引工程 1 件，涉及梨园村田坝、陆柴冲、坪子等 6 个村民小组 462 户 1663 人，解决了群众饮水问题，这也是惠及民生的工程，使群众在脱贫致富的路上坚定了信心。

户户乐业好致富

在群众都实现了安居的基础上，还需要有好的产业带动，才能让群众实现持续稳定增收。2015 年以来，我们种植 2 万亩花椒，种植 8000 亩核桃。同时，樱桃种植面积达到 14000 亩，产值达到 6000 万元，还实施了 1200 亩红梨种植，以及发展桃、杏、李、蔬菜等其他作物种植 2000 多亩。

花椒产业是小寨镇扶贫产业的新秀，鲁甸县具有在干旱河谷地区发展花椒种植的成功经验，我们按照习总书记“小小花椒树，致富大产业”的产业规划要求，在河谷地带空地实施花椒种植：引进公司种植 1000 多亩、专业合作社带动辐射 1000 多亩、发动群众种植 8000 多亩……实现花椒种植面积 2 万亩。花椒产业是见效比较快的一项产业，“小雨点”合作社的育苗技术突破让很多高海拔地区也能种植花椒，很多农户通过在公司务工学到了精细化、规范化的管理模式……这些都让花椒产业异军突起，日益发展成为群众增收致富的重要产业。

在鲁甸县历年来发展樱桃产业、成功举办樱桃节的带动下，我们从2016年开始规范化打造“樱桃一条街”，引进餐饮、儿童游乐等服务设施。仅此一项举措，每年带动群众增收1400万元以上。

2019年，结合人居环境改造工程，我们对3045户群众的7000多间老旧房屋进行拆除，实现复垦复绿20多万平方米，在进一步改善人居环境的同时，新增大面积的果园菜园。同时，通过2000户改厕项目、2000户庭院硬化项目，进一步美化环境，为下一步樱桃小镇乡村旅游的开发奠定了坚实基础。

用心用情解民困

我从2011年3月到小寨担任副镇长，2015年调整为纪委书记，2016年调整为镇党委副书记，2017年任镇长，2018年5月正式担任小寨镇党委书记。作为镇党委书记，我承担了扶贫任务最艰巨的梨园村、赵家海村两个村的挂村工作队队长。

赵家海村2014年末有建档立卡贫困群众361户1114人。该村虽不是深度贫困村，但因地形地貌导致发展不均衡，尤其是高二半山一带，山高坡陡、地质疏松、土地贫瘠、产业结构单一、交通水利等基础设施相对落后。因缺技术、因灾、因残、因交通不便、因病、因学、因缺劳动力、因自身发展动力不足致贫的大有人在。同样，梨园村的情况也不容乐观，2014年，该村有建档立卡贫困户371户1289人，贫困发生率23.9%。这里群众贫困的原因跟赵家海村大同小异。

为啃下两个村脱贫攻坚的“硬骨头”，我切实抓好网格化管理，形成村“两委”班子、驻村工作队、镇挂村工作组分片区负责村民小组，党员干部联系农户的机制，发动包保干部知民情、懂民意、解民困，切实做好帮扶工作。针对赵家海村产业较弱的特点，我于2019年协调成立赵家海专业合作社，吸引村“两委”班子成员入股，带动205户入股的农户养牛。通过向云南草原动物科学院寻求技术支撑，大力发展村集体经济，顺利实现2019年达20万元以上的年利润。如今，合作社存栏育肥牛100头，2020年实现利润达60万元以上。

针对梨园村群众收入以务工收入为主要来源的实际情况，2019年，我们分批次组织劳动力培训269人，组织2107名劳动力外出就业，其中省内务工1253人、省外务工854人。2020年，点对点输出168人到海南、浙江、广东等地务工，有组织地输出劳动力1047人。

经过多年来的努力付出，全力带领班子成员和全镇党员干部落实各项减贫脱贫措施。截至2019年，小寨镇镇脱贫1439户，4738人，还有51户152人未脱贫，贫困发生率降至0.68%。通过产业带动，小寨群众人均纯收入突破万元，远远超过国家确定的最低生活保障标准，2019年年底，全镇以群众脱贫满意度97%以上的好成绩，实现了高质量脱贫。

结合全国乡村振兴的战略部署，立足新起点，针对下步工作，我想了很多。下一步，小寨镇将加大樱桃小镇乡村旅游开发的力度，争取建成3A级乡村旅游景区，打造小寨全域旅游，吸引更多游客走进小寨，品小寨樱桃、赏田园风光、吃农家小菜，持续稳定帮助群众实现增收。

回首这六年来脱贫攻坚的火热岁月，那些一个个走村入户的朝朝暮暮、那些竭尽全力带领全镇党员干部和村“两委”以及驻村队员奋战在攻坚克难第一线的春夏秋冬、那些一次次走访调研和专题研判的会议场面、那些一个个建档立卡贫困户的愁苦面容和脱贫致富后的倾心笑靥，都深深地烙印在我的记忆里，镌刻在我的人生旅程中。

（作者时任鲁甸县小寨镇党委书记）

动真情实帮扶　真扶贫谋发展

马凤华

挂钩帮扶以来，我严格按照市委、县委扶贫工作思路和“双统领、双保障、双推进”要求，以拖不起的责任感和等不得的紧迫感“动真情、真扶贫、扶真贫”。在挂钩扶贫期间，我一次又一次遍访每一个贫困户，和他们讲政策，帮他们办实事，与他们谋发展。

龙树镇龙翔社区位于鲁甸县西部、龙树镇北部，距龙树镇政府2公里，距鲁甸县城34公里，面积11.4平方公里，共4个自然村15个村民小组，社区1671户，总人口6107人，其中建档立卡贫困户398户1575人。

多年来，老百姓只能靠天吃饭，地里种的多是玉米和土豆，副业主要是喂点牛羊鸡等畜禽。随着打赢脱贫攻坚战号角的吹响，党和国家的惠民利民好政策就像春风一样进入过去的穷山村，新房子一座座拔地而起，房前屋后变得干净整洁，老百姓的精神面貌发生翻天覆地的变化，正在用自己勤劳的双手绘就一幅幅脱贫致富奔小康的美丽画卷。这不禁让我想到龙翔社区挂钩帮扶时的一幕幕场景……

摸底数，掌实情

2017年10月，因挂钩帮扶工作调整，县卫健局挂钩帮扶点由龙头山镇八宝村和龙树镇新乐村调整到龙树镇龙翔社区。县卫健局共有32名包保队员挂钩龙树镇龙翔社区，共包保220户871人，2019年脱贫25户85人，未脱贫2户10人，脱贫攻坚时间紧、任务重。

“没有调查就没有发言权”，为全面掌握每个贫困户实际情况，有针对性做好脱贫攻坚工作。挂钩帮扶伊始，白天，我一遍又一遍跑遍龙翔社区的每一个角落，一次又一次的和每一个贫困户交谈，了解掌握贫困户实际，摸清家底和短板弱项，掌握第一手资料。晚上，回到办公室，继续研究走访的每一个贫困户的实际，查找问题症节，找准原因，并制定针对性措施。

其间，为扣好精准识别“第一粒扣子”，我和龙翔社区全体党员干部、单位全体包保干部真抓实干、埋头苦干，深入开展农业人口精准识别摸底调查及贫困对象动态管理，精准锁定贫困对象，做到应纳尽纳、应退尽退、应扶尽扶。为扣好精准识别“第二粒扣子”，全面开展“村村清、户户清”工作，核实核准贫困户基本信息、致贫原因，对照脱贫出列标准，制定帮扶措施，形成村级施工图、乡级路线图、县级项目库。扎实开展解决“两不愁、三保障”突出问题专项行动，实现建档立卡贫困户收入清、饮水清、住房清、教育清、医疗清、产业清、就业清、政策清、措施清“九清”及易地扶贫搬迁政策清、就业清、产业清、配套清、家底清“五清”目标，为精准制定后续扶持措施打下坚实基础。

动真情，真扶贫

在龙翔挂钩帮扶工作中，我个人负责7户27人挂钩帮扶任务，我把他们当作自己的哥哥、弟弟、嫂子、子女，在他们有困难的时候我把他们的事当作自己的事。7户中的“硬骨头”就是舒开卫。舒开卫户3人，致贫原因为因残；识别年限：2016年12月；退出年限：2018年；其配偶：李金芬，患有精神病；女儿：舒文算，15岁，智力发育迟缓，现小学读3年级。该户属于典型缺劳力户，自身60多岁，妻子患有精神病，孩子智障，唯一劳动力就是他自己。针对人居环境方面，我联合驻村工作队、村社区干部专门为他家制定一个方案，有良好卫生习惯才能打造出良好的卫生处所，为让他们改变习惯，首先从教育引导开始，其次改变脏、乱、差住所环境，我和他们家一起打扫，一起除污，针对圈舍、地皮硬化、房屋亮化，我个人出资两万余元帮助改变家庭环境和生活环境，我不放心他们家自己做，每件事都是我带着工人亲力亲为，包括购买电视柜，圈舍及厕所选址修建等。针对提供家庭经济收入方面，我主动找村“三委”协调帮助解决一个公益性岗位和低保政策适当调高，联系残联帮助其妻子办理残疾证并帮助申请残疾补贴，这样一来，每月可增加家庭收入950元左右。

2020年5月，我又一次来到舒开卫家，见他坐在小板凳上倚靠着墙，一双炯炯有神的眼睛注视着前方，不知在思索什么。寂静在我的一声“老舒”中被打破，在后面的交谈中才发现原来他是在愁今年的秧苗怎么办，常规走访工作做完后，我把他的话记在心里。恰好今天赶集，不能让老百姓为“小事”发愁，我到集市上，帮他选秧苗并带回到他家中，让我永远难忘的一幕出现了，当他看到我手中的秧苗的时候，他哭了，我问他为什么哭？难道我的秧苗不好吗？还是怎么了，老舒说道：“我没想到我这辈子还能遇到你这样的人，你帮我硬化地皮、修房子，帮忙看病抓药，还给我送米送油、帮我打扫卫生、给我买电视柜，现在没秧苗你还给我买秧苗，你这样做我怎么担当得起，你一个大局长怎么能为我们这样的小村民做这些事。”说着又开始哽咽了，我安慰他说这是我们分内的事，没什么大不了的，我已经把你们当作是我的亲人了。他说：“我没有什么能报答你的，唯一能报答你的就是把你给我争取的公益性岗位好好做好，把日子过得越来越好。”那一刻，我满意地笑了。

第一次走访符明安家，只见他家满屋凌乱不堪，脏衣服丢得到处都是，盆里还摆着尚未洗刷的碗筷。仔细了解才得知，符明安的妻子张琴患腰椎疾病，因得不到有效治疗，不能下地走路，符明安家的农业生产和家务劳动都由他一个人承担，严重影响他家正常的生产生活，对于一个家庭来说，这意味着家里的半边天塌了。走访完成后，张琴患躺在病床上呻吟的样子一直在我脑海里挥之不去，一次次刺痛着我的心。我决定再一次来到他家详细了解张琴的病情，这一次我查看了她以往检查报告单，凭我的医学知识告诉我，她的病情能通过治疗好转，为掌握真实病情，我及时将检查报告单拍照后发给我在市医院工作的朋友，请他做进一步诊断。2019 年 10 月，我与昭通市第一人民医院联系后，并为她做好转诊转院相关手续，直接前往昭通市第一人民医院做腰椎手术。当我再一次来到符明安家，张琴恢复得非常好，她已经能下床正常活动，还能够完成常规家务劳动，只见屋里屋外干净整洁了不少，家里收拾得井井有序，张琴拉着我说“感谢你的帮助，没有你的帮助，恐怕我下半辈子就只能躺在床上了”，她的眼里流露出无限的幸福喜悦和感激。2019 年 12 月，考虑到符明安家的实际情况，我及时联系，帮其办理低保，解决其后顾之忧。

舒正美为空巢老人，子女均在外地务工，常年不在家。我每次走访都要去他家坐一坐，陪他说说话、和他聊聊家常。2019 年 9 月，舒正美突发腹部疼痛，得知舒正美腹痛后，我第一时间想到的是“其子女均不在身边，怎么办？不行！决不能拖延病情！”我在心里暗暗告诉自己。我立马驾车从单位往龙树舒正美家赶，到达他家后，我顾不上疲惫，立即将他送往龙树镇卫生院。办理住院手续、陪同检查、购置住院必备生活品……看着他因疼痛而紧锁的双眉渐渐舒展开的时候，我的心终于放下了。2020 年 2 月 28 日，舒正美因病去世，此时正值新冠肺炎疫情防控工作关键时期，我及时和他的家属沟通，积极动员其家属办理后事从简，尽量减少人员集聚，为疫情防控作出贡献。

战疫情，强保障

疫情就是命令，防控就是责任！自新冠肺炎疫情防控阻击战打响以来，我坚持脱贫攻坚和疫情防控“两手抓，两手都要硬”，组织全系统全体干部职工心往一处想、劲往一处使、力往一处聚，全力投入疫情防控，扎实做好疫情防控各项工作。大年三十晚，面对鹅毛大雪的恶劣天气，我毅然决定前往一线疫情检查防控点开展现场办公，靠前指挥，解决防控难题，检查部署卡点工作，落实重点人群排查管控和标本采集送检等各项工作。为方便工作，确保第一时间落实上级指示、接收疫情信息、研究对策，我坚持每天都是在办公室、会议室、防控一线“三点一线”。同时，带领相关人员重点对预检分诊、发热门诊、留观病房设置布局，医院感染管理措施、网格化管理、医护人员防护等工作进行专项督查指导，督查指导医疗机构和公共场所100余家次。通过不懈努力，成功地构筑了疫情防控的紧密防线，全县未出现感染患者和疑似病例，确保全县人民群众健康安全，为脱贫攻坚工作提供坚强保障。

脱贫摘帽不是终点，而是新生活、新奋斗的起点。目前，脱贫攻坚已经到决战决胜的最后关键时期，在接下来的工作中，我将不负组织的关怀和重托，不忘初心，牢记使命，按照总书记“摘帽不摘责任、摘帽不摘政策、摘帽不摘帮扶、摘帽不摘监管”要求，继续团结带领全系统干部职工，坚决打赢这场脱贫攻坚战，向祖国和人民交上一份合格的答卷。

（作者时任鲁甸县卫生健康局局长）

跑赢时间　攻坚克难

朱进华

光阴荏苒，岁月留香，鲁甸贫困县成功摘帽。如歌岁月，让人内心深处难以忘却。

简回顾

2015年11月18日，朱宗能局长带队，温连发任洗羊塘村第一书记，驻村队员沈坚波、张伟，以及该村的所有“挂包帮，转走访”帮扶人员20名分组赴贫困户中开展问卷调查工作，这份表在贫困户1户1档中早也发黄，前后整理不只几十次；同时另一个村仙人洞村，刘安学副局长带队，阮殿网任第一书记，驻村队员陈登德、李才猛、李坤、启波，以及该村的帮扶队员37名同步开展工作，内容涉及家庭人口，住房、教育、医疗、收入等核心指标，精准扶贫拉开了定点帮扶“不获全胜，决不收兵”的序幕，紧接着建档立卡贫困人口“回头看”、国办系统录入、“村村清、户户清”，工作节奏之快、要求之严、范围之广前所未有……越到后来，大家才知道，习近平总书记要求，2020年年底以前，全国现行标准下贫困人口必须全部脱贫摘帽，这是一场与时间赛跑的战斗。

2016年4月20日至22日，张虎局长亲自带队调研仙人洞、洗羊塘两个定点帮扶村，主要目的是找准贫困村、贫困人口主要致贫原因，研究精准帮扶政策，接合部门职能优势开展帮扶工作，为洗羊塘村免费发生太阳能热水器、节柴灶，为仙人洞村争取马铃薯种薯、免费发放节柴灶……

2017年3月晏银林局长一上任，第一时间到仙人洞村、洗羊塘村开展走访工作，此时的仙人洞村，22个村民小组，道路硬化率还不到40%，10月17日，县长带队调研乐红村，在了解到省红会定点帮扶的官寨社区驻村队员和包保人员力量薄弱的情况下，要求调整增派驻村力量和包保人员，县林草局增派2名驻村队员和63名包保干部……

2019年3月18日邓益虎局长上任，全县脱贫摘帽誓师大会刚召开18天，“十个专项行动全覆盖”“九清”工作，“奋战60天”，邓局长直接任基础相对薄弱，建档立卡户相对较多的仙人洞村工作组组长，李春雄副局长负责乐红官寨社区，邱家荣副局长负责洗羊塘村，局干部职工全部下沉一线，为兼顾行业工作，分组吃住在村……

6年多来，县林草局共精准选派5名第一书记、15名驻村队员、93名干部职工结对帮扶3个村863户建档立卡户3378人，所有人员把握精准识别、精准施策、精准帮扶、精准退出“四个精准”。突出“两不愁、三保障”重点，全力做好基础设施改善、产业培育、农房改造、劳动力转移就业“四个关键”，以抓铁有痕、踏石留印的作风，跑赢了时间，一步一个脚印攻坚，所帮扶村全面实现了脱贫摘帽（洗羊塘村接受了第三方评估验收并得到高度认可和评价）。

真投入

2014年，阮殿网同志就到县林草局定点挂钩的江底社区任新农村指导员，2015年“挂包帮，转走访”工作开始，他任仙人洞村驻村工作队队长、第一书记，2017年调整后任洗羊塘村工作队队长、第一书记，6年多，他一直奔走在脱贫攻坚的路上，余仕勇、李坤、陈登德、刘启波也一直驻村。

阮殿网、温连发、李坤、陈登德、朱进华、沈坚波、张伟、刘启波、徐大松、马祥、马良金、李才猛、周朝庆、余仕勇、蔡德辉都先后驻村工作，岁月静好的背后，他们在负重前行，付出了汗水、艰辛和泪水，甚至冒着生命危险。

2017年12月16日，驻村队员余仕勇驾驶森林消防车，行驶在景风垭口至仙人洞冰凌路上，一转弯后，车辆刹车刹不住，直接冲出4米，再熟练的技术怎么也控制不住偏进侧沟，同车人员一身冷汗，蔡德辉、李坤、余仕勇三人找来石头，用千斤顶垫高后把车开出后继续前往仙人洞开展工作；2018年1月19日，吴永华驾驶私人面包车拉着春节送温暖物资发给特殊困难户，行驶至对门山时，泥滑烂路，车辆失控，一棵松树挡住了险些翻下山谷的车辆，同车坐着李坤、余仕勇、蔡德辉……驻过村的同志和包保人员很多同志都曾经历过这样的危险，3个村的泥滑烂路而今也变成社社通硬化道路。

县林草局结合3个贫困村村情和脱贫攻坚实际，精准选派能力强、有责任心、有基层工作经验的驻村干部和驻村工作队队长、第一书记长期驻村帮扶，并为驻村干部购买意外伤害保险，每年安排体检，每个村租用1张工作车辆，在办公用品、食堂保障等方面给予大力保障，共投入帮扶资金350万元。驻村工作队积极配合村“两委”完成贫困村、贫困户建档立卡和动态管理，从精准识别、推动实施帮扶、健全村级管理制度、增强服务群众能力、产业发展指导、项目资金协调、项目实施监管、制定脱贫发展规划等多方面认真贯彻落实帮扶贫困村、贫困户，实现扶贫政策、项目、资金对建档立卡贫困户100%覆盖。驻村工作队始终承担起定点帮扶第一核心力量，通过遍访、走访，召开群众会、院坝会、“三讲三评会”等会议，把各阶段党的脱贫攻坚政策宣传到千家万户，使扶贫必扶志，扶贫先扶智的理念深入每位贫困户，激发了贫困户的内生动力，工作均得到了镇党委、镇政府、村“两委”和贫困村群众的一致认可，所派驻扶贫工作人员严守各项规定，无召回通报或免职撤换，满意度达98%。

真帮扶

2019年11月8日，邓益虎局长在驻村工作队、包保干部和村“两委”陪同下来到返贫户李保宪家，研究帮扶对策，该户家庭人口4人，李保宪配偶李小艳智障，其子李朝顺智障，其子李朝阳初三毕业考上职高，没有务工和生产经营收入，虽然落实了4人低保，随着教育支出增加，实际收入仍不达标。邓局长在听完介绍现场查看后安排立即帮助修圈养羊，在此之前县林草局也帮建水泥打农危改未完工的板，驻村工作队在1周完成了羊圈修建，买来9只山羊，不到1年时间现在山羊已发展到17头，顺利实现脱贫。在3个村，县林草局共帮建农危改建房困难家庭解决水泥19户。

2019年12月，即将退休的丁世旺同志自出资金为康会远家定做水塔；原林政股股长代堂瑜同志在脑梗发生前一天还在乐红官寨遍访……

所有干部职工真正把贫困户当亲人，缺什么补什么，用心用情补“两不愁、三保障”短板。

脱贫攻坚越到最后紧要关头，越是坚中之坚，越是硬骨头，2017年县林草局再次派出强有力的工作队，全覆盖地完成农业人口精准识别摸底调查工作，将3个村符合条件的贫困户通过动态管理纳入建档立卡贫困户，坚决不漏1户1人。局领导及班子成员亲自挂帅出征，认真履行第一责任人职责，率先垂范，带头深入基层、深入群众，坚持定期率干部职工深入贫困村，对村民贫困情况、致贫因素开展摸底调查，与镇、村干部开展座谈交流，掌握第一手资料，找出制约一村、一户脱贫致富的因素，制订工作计划，明确工作任务。2019年3月誓师大会以来，每月明确3天遍访时间，奋战60天以来主要领导率包保人员吃住在村，真帮真扶。

好成效

县林草局始终坚持扶贫与扶志、输血与造血相结合的原则，坚持“富口袋”先“富脑袋”，着力激发贫困人口内生动力，自2016年以来，共实施退耕还林1.2万亩，发放补助1440万元，受益农户1300户（次）6425人，其中覆盖建档立卡户421户897人；选聘生态护林员36名，年平均工资9600元，完成生态效益补偿全覆盖；核桃、花椒提质增效和技术培训卡户全覆盖，发放节柴灶863口，实施了洗羊塘、仙人洞2个村集镇亮化工程，安装太阳能路灯105盏；为3个村建档立卡户安装太阳能热水器248个。

通过6年奋战，3个村原来的泥滑烂路也变成社社通硬化路，户户住上了安全住房，教育、医疗、饮水问题全部解决，人居环境显著提升。

乡村振兴之船正在扬帆摆渡，美好赞歌正在续谱。路漫漫其修远兮，吾将上下而求索。

（作者时任鲁甸县林业和草原局驻仙人洞村工作队队长、第一书记）

第二编　产业就业扶贫

谋产业脱贫好路　展农民致富宏图

袁照礼

火车跑得快，全靠车头带。产业效益要升快，需要机制创新来搭台。2015年以来，鲁甸县累计存续农民专业合作社487个，其中，种植283个，养殖业188个，其他行业16个，参与产业扶贫农业专业合作社245个。覆盖贫困户32250余户，贫困户通过产业帮扶获得年人均纯收入1557元。使卡户享受到合作社的各项便利，走上了脱贫之路。鲁甸县供销社组织深入各乡镇调研，认真研究，决定组织农民抱团闯市场，鼓励各乡镇因地制宜探索出不同的专业合作社。

支部引领模式

一个党支部就是一个战斗堡垒，一名党员就是一面旗帜。鲁甸县火德红镇火德红村党支部，充分发挥党员模范作用，带头发展产业，带动群众增收致富，助力脱贫攻坚。

“党支部＋合作社”模式，火德红镇火德红村位于鲁甸县城西南18公里，老百姓主要以马铃薯为主要产业，都是零散种植，一亩两亩的没规模，种出来也卖不出去，留着自家吃也吃不完。于是，鲁甸县火德红镇结合了本地优势特色产业，由火德红村“两委”引领规范发展合作社，村干部、基层党员领办、创办合作社，党建带产建，实现合作社与村级党组织紧密联结，提高合作社组织化程度，增强入社群众的凝聚力，引领贫困群众“抱团取暖”，发展产业增收脱贫，实现基层党建与脱贫攻坚“推进”。鲁甸县火德红镇圆农马铃薯专业合作社，成立于 2011 年 5 月 20 日，由种植大户张元芬等 6 人发起，圆农马铃薯专业合作社建设厂房用地 2000 平方米，100 吨厂房 5 间、办公和生活用房 4 间共计 500 平方米，购置拖拉机 7 台，旋耕机 7 台，桦式犁 5 台，马铃薯播种机 7 台，马铃薯收获机 7 台，深松机 2 台，起垄机 2 台，已建成 100 吨冷藏库 1 栋。合作社机构健全，制度完善，设立理事会、监事会及成员代表大会，设理事长一名，监事三名。合作社产品销售渠道主要为省内外城市，省内有昆明、德宏；省外有四川、重庆、广东、北京、上海等。

鲁甸县火德红镇圆农马铃薯专业合作社，在尊重村民意愿的情况下，以“公司 + 村委会 + 合作社 + 基地 + 农户”的模式，现有农户 676 户，其中建档立卡贫困户 483 户；合作社农户成员占成员比例的 99.7%，合作社以土地入股和租赁两种形式共计流转土地 1012.78 亩，带动覆盖面积 10000 余亩。主要是引导贫困村将集体资产、贫困户将自有土地和劳务入股，按照委托经营、合作经营等方式，强化监督管理，明确资产运营方对财政资金形成资产的保值增值责任，建立坚强收益分配机制确保贫困村和贫困户多渠道增收，确保资产收益有效回馈持股贫困户。

入股情况及成员。鲁甸县火德红镇结合本地优势特色产业，选择发展前景好、内部管理规范、经济效益好、辐射带动能力强的“圆农马铃薯专业合作社”，经过多次协商，听取了当地村民与合作社代表的意见，决定采用“村委会 + 合作社 + 企业 + 基地 + 农户”的发展模式。676 户入股成员中有谭伟及李世明两位党员。经村民代表大会同意，一是村委会以村集体经济现金入股 13 万元，并参与合作社的监督和管理；二是农户将自有土地进行流转并以务工形式参与生产经营获得劳务报酬；三是农户将自有土地和劳务入股，合作社提供生产物资并负责销售和技术指导，收益占50%股份；四是与农户形成产业合作，合作社提供种薯和技术指导，并与农户签订订单合同。

取得显著成效。改变过去村级组织直接经营集体资产的做法，发挥了整合资源的组织优势，以优质资源投入农民专业合作社中，支持其发展壮大，增加农户收益，带动贫困户增收，同时又获得集体经济收益。实现了全市首家马铃薯种植规模化、机械化标准化生产，马铃薯种植规模化、机械化、标准化的生产方式大幅度节约了生产成本，增加了农民收入，2016年每户平均增收2000余元，农民单人务工收入高达6000余元。与传统种植方式相比，一是可节约80%的劳动力及大量生产时间，同时保证了最佳种植节令，农民从各种渠道取得的收入大大增加，也解决了农村劳动力大量流失后谁来种地的难题。二是大幅度提高了劳动生产率，且种植更规范合理，产品更安全。三是解决了当地农村200余人在家就业的问题。四是在各级政府和业务部门的指导下，荣获2015年市级示范社称号，2016年荣获了省级示范社称号。五是截至目前经合作社的带动及发展，实现带动建档立卡贫困户增收，平均每户增收金额在4100元以上。

电商+互联网+乡镇网站带动模式

科学技术是第一生产力，创新发展模式是脱贫致富的重要举措。以新型模式，围绕特色农产品资源，积极搭建网络营销平台，实行“互联网+”带动贫困户，着力为农民增收、合作社增效、贫困户脱贫，破解农产品销售渠道瓶颈。鲁甸浩丰苹果专业合作社紧跟时代的步伐，采取多元化销售模式，积极开拓市场，实行统一销售，先后在淘宝网上注册了昭通浩丰苹果直销店、脆果之家、滇黔农特产等几家店铺，实现了既有传统的门店零售、批发，也有新型的订单农业模式和电子商务模式，实现线上线下“双轨”驱动。分别与鲁甸农耕百味电子商务有限公司、云南微音农业科技有限公司发展电商、“农业互联网 + 乡镇网络”销售模式，拥有实体店铺 1 个，网上淘宝店铺 2 个，实现了网络销量占总销量的 40%，“嘎嘣脆”苹果品牌已得到广大消费者的认可和好评。网店的开通为广大消费者提供了便捷，让全国各地人民都能尝到鲁甸“嘎嘣脆”苹果，也为鲁甸苹果能够走向全球打开一扇大门。浩丰合作社按照“良种良法、组织化，集约化和党支部 + 合作社 + 农户”三个全覆盖的要求，实现了不让一棵苹果树游离在良种良法之外、不让一个社员游离在专业化组织之外。对提高农业产业化经营水平、农业组织化程度，推进贫困群众产业发展注入了新的活力。

创新发展养殖模式

因地制宜发展特色养殖产业。鲁甸县水磨镇是鲁甸县贫困人口最多的乡镇。鲁甸县大地种养专业合作社创建于 2013 年 6 月，位于云南省昭通市鲁甸县水磨镇嵩屏村，在有关部门的指导下建立并完善了相关管理制度及种养标准，于 2018 年经水磨镇党委批准成立了水磨镇大地种养合作社支部委员会。合作社注册资本 500 万元，合作社以“守一方净土、塑一门字号、富一方乡邻、打造地方特色”为发展的使命，着力于推进和带动地方经济发展。

靶心不变，瞄准贫困发力。鲁甸县大地种养专业合作流转土地 8829 亩，截至目前建成马铃薯、苦荞集中连片的种植基地 963 亩，牧草基地 1 万多亩，养殖基地 22 亩，拥有仓库 520 平方米、办公楼 580 平方米、养羊房 4750 平方米，场内配置了卫生医疗防治室、消毒室、草料房、全场高清视频监控系统和音乐播放系统，独立电力保障系统，专用网络通信系统。合作社经营状况良好，实有社员 173 户 728 人，其中建档立卡贫困户 99 户 412 人，已带动 427 户农户，其中建档立卡贫困户 216 户增加收入。合作社本着整体规划，分期开发的原则，运用循环经济使产业链成为简单循环圈，促进合作社可持续发展。通过成立专业合作社，抱团发展的例子数不胜数，比比皆是。王安和至今已在鲁甸县大地种养专业合作社当饲养员 5 年多了，妻子曾企翠也在合作社务工。过去一家人一直靠种植马铃薯和玉米，收入来源单一。家里的土地流转给合作社，一年有近 5 万元收入，儿子、女儿读书的费用也就有着落了。合作社与村“两委”统筹规划，为部分特殊人群提供就业机会。刘洪才今年已有 64 岁，缺技术、文化，外出务工没人要，在家务农又苦不着钱，后来一个人搬到合作社来跟着养羊，合作社管吃管住，一年能剩下一万四五的工资。

强化队伍，汇聚力量帮扶。合作社还常年吸纳一些走不出大山的贫困群众在家门口就业。浦绍海家 2014 年“8・03”地震后，灾后重建房子时，大儿子杨官成从二楼摔下来，腰椎被摔断，至今仍然卧床不起。用光家里的所有积蓄，还欠下了 20 多万元外债。为了照顾儿子的生活起居，2016 年年底成为合作社的饲养员，把土地也流转给合作社，妻子朱桃秀在合作社做短工，这样一年下来也有近 5 万元收入，既能照顾儿子的生活起居，还能用工资来还债。现在账也快还清了，明年就能剩下点余钱，这样一天天日子就会变得好起来。现在合作社以“支部 + 基地 + 合作社 + 农户”，产销、牧工贸为一体的经营模式，与农户以经济（技术）合作形式建立经营关系，实现利益共享、风险共担、积累共有的形式，诚信、踏实地打造高原优质、一流的生态示范种养殖园区。

鲁甸县供销社谋产业脱贫好路，展农民致富宏图的机制创新，风生水起，方兴未艾。

（作者系鲁甸县供销社职工）

拓宽思路谋发展　创新模式增收入

王天俄

民以食为天，产以效为先。

鲁甸县农业产业创新思路谋发展，以马铃薯、苹果、蔬菜、特色养殖等高原特色产业为重点，创新模式增收入，以良种良法、高度组织化和集约化、党支部 + 合作社“三个全覆盖”为抓手，努力拓展产业增收路。

“党支部 + 合作社 + 农户”模式种植马铃薯

2018 年的这个夏季，注定是一个不平凡的季节，7 月 8 日，中国马铃薯大会在昭通隆重召开，士农工商学齐聚一堂，业界精英共聚昭通。中国是世界马铃薯总产最多的国家，马铃薯是继稻米、小麦、玉米后的第四大主粮。这一盛会得以在昭通召开，无疑是对昭通市作为南方山区马铃薯优势产区的认可。鲁甸县承担了马铃薯种植现场参观，从徐家沟至铁厂村的 10 里马铃薯长廊，仿佛是一首欢快的迎宾曲，马铃薯种植技术与规模得以彰显，获得社会各界的好评！在马铃薯大会召开前夕，鲁甸马铃薯产业积极争取各级各部门支持，选择高产稳产、抗病性强，适应当地气候种植的优良品种，粮菜兼用型马铃薯主要以云薯505、青薯9号、威芋5号等品种为主，加工型马铃薯主要以云薯105、云薯401、合作88等品种为主。采购马铃薯良种5571.14吨，为水磨镇、龙树镇、新街镇、江底镇、火德红镇、乐红镇、文屏镇7个镇27个主产村贫困群众无偿提供马铃薯良种5571.14吨，辐射带动马铃薯良种100%覆盖。在全县抽调100余名农技干部，成立12个马铃薯种植技术指导组，分赴12个乡镇指导马铃薯种植，特别是在水磨镇2018年中国马铃薯大会参观点建设上，安排农技干部50余人，分参观点成立技术指导小组，从选种、地块整理、种薯处理、种植、中耕管理、病虫害防治等全过程、全方位进行技术指导，推广马铃薯种植技术6项，实现了良法100%覆盖。突出党支部组织、引领、监督等作用，按照“党支部+合作社+农户”模式，着力培育新型经营主体，组建马铃薯专业合作社38个，积极引导贫困户加入合作社进行统一管理，提高马铃薯组织化、规范化、规模化、标准化种植水平，实现马铃薯种植主产区域14117户建档立卡贫困户入社全覆盖。

在按照“党支部+合作社+农户”模式，着力培育组建的38个马铃薯专业合作社中，涌现出一批效益好带贫能力强的合作社，其中属新兴马铃薯专业合作社最为突出，它是典型以“公司+合作社+支部+基地”的运行模式带领当地老百姓种植马铃薯，在水磨镇党委支持下，成立党支部，支部发挥组织作用，宣传带动农户，发挥带头模范作用，在合作社的土地流转、生产、销售中做好群众工作，同时保护农民的经济利益。合作社、社员、农户、贫困户以马铃薯种薯基地为中心，所生产的马铃薯种薯由合作社收购后交由鲁甸县新兴农业科技开发公司统一销售。合作社建设马铃薯种薯基地，需要向贫困户流转大量土地，贫困户获得土地流转费，增加经济收入。由合作社提供种薯和生产技术给合作社成员及农户种植马铃薯新品种，合作社统一回收销售。2017年推广种植马铃薯新品种云薯505及威芋5号2.5万亩，平均亩产2518公斤，比常规品种亩产1452公斤亩增产1066公斤，合计增产2665万公斤，合计增收2132万元。贫困户在完成自己耕地种植的空闲时间，在合作社基地做工 316 人，合计做工 36110 个，平均日工资 98.6 元，合计工资 356 万元，人均年工资 11265 元。水磨镇铁厂社区山脚社贫困户 9 人，2017 年地租 680 元，工资 72728 元，分红 11696 元，卖种薯 3776 元，合计 88880 元，人均 9875 元。水磨镇黄泥寨村拖拖社贫困户田座才，2017 年一家两人在合作社做工，田座才工资 7558 元，妻子宋永秀工资 10844 元，合计工资 18402 元。2018 年已经脱贫退出建档立卡户。水磨镇滴水村长梁子社张兴祥，水磨镇滴水、黄泥寨老村干部，一家两人，十分贫寒，见面让人心酸。2017 年合作社提供马铃薯种植所有物资，指导他种植马铃薯新品种 10 亩，除去成本，当年赚了 2.3 万元，2018 年在铁厂至滴水的公路边，流转土地 91 亩，面积扩大到 101 亩，现在，马铃薯长势良好，得到省内外马铃薯专家的赞赏。

“党支部 + 合作社 + 基地 + 贫困户（农户）”模式发展养殖业

2019 年，在县委组织部与云南省草地动物科学院的关心指导下，全县统筹整合各方资金 500 余万元，建立以村集体经济为主导的标准化肉牛规模养殖示范场 4 个，推行使用青贮全株玉米小栏饲养黄牛，增加肉牛养殖 400 余头，以土地入股、订单收购青贮玉米、资金入股等方式带动 350 户建档立卡户均增收 4000 元以上，发展壮大 4 个村村集体经济，每一个村实现收益 10 万元以上。万事开头难，从养殖场选址—建设—饲草收储—饲养管理，不管是周末、是白天、是晚上，只要养殖场有需要，都会有组织部、畜牧局技术员的身影出现。特别是小寨镇赵家海村初心黄牛标准化肉牛养殖场，总投资 500 余万元，占地面积 40 余亩，设计饲养规模 1000 头，属小寨镇赵家海村集体经济，由村“两委”成立的鲁甸佳海种养专业合作社运营管理，有200户建档立卡户每户持股3000股金，带动200户群众种植青贮玉米200余亩，今年年底入股卡户可实现一次分红。为了入股群众的利益，确保该养殖场快速、安全的投产，由县委组织部、县畜牧兽医局领导亲自指挥，畜牧兽医局派出专业技术人员现场蹲点负责指导建设，在深夜12点还能见到技术员现场指导收储青贮玉米的身影，凌晨三四点在蒙蒙细雨的乡村道路上还能看见第一书记驾驶卡车，载上领导、技术员运牛回场的风景，经过5个月的努力，该养殖场余2019年10月建成投产。建成不久，先后邀请了省、市领导专家到场指导，对养殖场提出来宝贵的饲养、运营管理意见，并赞扬肯定了建设水平、饲养管理水平及取得的成效，认为该场是鲁甸乃至全昭通市第一个建成投产的标准化肉牛示范场，是全县村集体经济的标杆，是基层党组织建设和产业发展相互融合的结果，是“抓党建、促脱贫”的示范基地。

2019年10月，一个规模化、现代化的示范生猪养殖场也启动建设，经多次与上海东方希望集团洽谈，鲁甸县于2019年10月与上海东方希望集团签订了合作协议，希望集团在鲁甸注册了“鲁甸东方希望畜牧有限公司”。政府筹资1352.5万元为其建设水电路。公司计划总投资3亿元建设年出栏20万头优质生猪及饲料加工、有机种植一体化的综合农业体系。鲁甸东方希望畜牧有限公司的成立，为鲁甸县生猪养殖业组织化、集约化、科技化进程作出了重要贡献，建立的养殖示范场，示范带动和引领贫困户运用科技生产，不断提高养殖科技含量，达到科技促效益的目的。

“企业+基地+易地搬迁贫困户”模式食用菌蔬菜

2020年5月11日，从龙树镇搬到卯家湾雨露社区的贫困户赵炳波、王凤英和从水磨镇搬到卯家湾雨露社区的贫困户王健相约来到了卯家湾雨露社区，笑容满面的他们是来和云南粤旺农业科技发展有限公司签订合同的。他们在卯家湾食用菌产业园区租种了一个食用菌种植大棚，签订合同后，由公司提供技术指导，种植出来的香菇再按合同价出售给公司。通过自己的努力，自己发展事业，自己为自己打工，靠自己实现小康梦。在鲁甸县卯家湾易地扶贫搬迁安置点如火如荼施工过程中，鲁甸县人民政府同样也在考虑搬迁贫困群众的生产问题，习惯了在农村种地为生的乡亲们如何才能适应新家呢？在 2019 年 5 月 16 日，鲁甸县召开了食用菌产业发展专题办公会议，会议通过了食用菌产业发展规划，在实地调研综合研判鲁甸县气候条件、劳动力情况以及市场前景后，积极引进云南粤旺农业科技发展有限公司，以“云南粤旺农业科技发展有限公司 + 食用菌种植基地 + 易地搬迁贫困户”的生产经营模式为核心，建立起标准化示范基地，提高蔬菜产业的组织化程度和标准化程度。2019 年 8 月，在鲁甸县农业农村局牵头下陆续投入财政资金 7600 余万元，在鲁甸县文屏镇卯家湾安置点扶贫产业园内建设食用菌种植大棚，到 2020 年，累计建成食用菌种植大棚 630 个。易地搬迁贫困户租用大棚种植食用菌，云南粤旺农业科技发展有限公司提供技术指导，食用菌采摘以后，按照 7 元 / 公斤的价格出售给广东粤旺集团进行深加工，贫困户扣除成本后赚取利润。

产业扶贫花一束，千葩万蕊争红绿。鲁甸创新思路谋发展，创新机制增收入的举措取得明显成效。2016 年以来，鲁甸县农业农村局以良种良法、高度组织化和集约化、党支部 + 合作社“三个全覆盖”，累计发展马铃薯种植 80 万余亩，示范防控马铃薯晚疫病 3 万余亩，建成 1 条年生产 6000 吨噜咪啦薯片生产线，2 座马铃薯种薯储存仓库；发展肉牛养殖专业合作社、生猪养殖专业合作社，引进养殖龙头企业；发展蔬菜大棚种植 1000 余个，特色食用菌种植大棚 616 个……一句话，创新机制模式在鲁甸全面开花。

（作者系鲁甸县农业农村局职工）

汗水溢馨花枝俏　情思浇灌苹果红

郭春艳

一枝独秀产业行，万户脱贫心里亮

赵升文，个子不高，是一个普通的农家子弟，1990 年 7 月毕业于云南农业大学园艺系果树专业并参加工作。30 年来一直参与或具体负责全县水果技术推广工作，特别是在苹果新品种、新技术的示范建设和推广应用中做了积极的、大量的工作，取得了良好的成效。

2019 年，全县苹果种植面积 7.91 万亩，投产果园 2.8 万亩，实现总产 4.3 万吨，产值 2.86 亿元，分别比 2010 年增加面积 5.91 万亩，增加产量 2 万吨，增加产值 2.26 亿元。典型示范户果园亩产达到 5 吨以上，优质果率达 90% 以上，亩产值达 6 万元以上。主产果区农户依靠种植苹果有 80% 以上实现脱贫致富，苹果产业逐渐成为鲁甸兴农富民的重要产业之一。

岩洞、闸上果农如是夸：

苹果生来一枝花，全凭科技来当家。
春花秋果满枝挂，农户心里乐哈哈。

苹果产业的发展，离不开一大批技术人才的支撑。

一心勇毅书敬业，十载磨刀出好锋

“十二五”以来，赵升文先后组织和参与实施了以苹果为主的20多项水果新品种、新技术试验示范，积累了丰富的组织管理经验和生产实践技能，为鲁甸水果产业发展提供了大量的宝贵经验。他长期坚持在生产一线，重点在鲁甸文屏镇砚池山村、岩洞村和茨院乡田合村、板板房村指导新建苹果示范园5000多亩，有力地带动了周边果农的生产积极性，示范成效显著；与单位同志一起，带领苹果生产辅导员在文屏镇砚池山村、岩洞村建成5000多亩苹果老果园标准化改造核心示范园，坚持开展高光效树形培育、土肥水管理、病虫害绿色防控、花果管理等先进实用技术指导，果园产量、质量、效益得到显著提高，近几年来亩产值达1.2万—2.5万元，纯利润0.8万—1.8万元，典型示范户亩产达5吨以上，产值突破6万元，利润5万元以上。“十二五”以来，5000亩示范园平均亩产达2500千克，比“十一五”末平均亩增产1000千克，9年来累计新增果品4500万千克，新增产值2.25亿元。全面带动了鲁甸15000亩低产低效苹果老果园的升级改造；参与和负责组织了30多个水果新品种的引试推广，大面推广的苹果良种主要有红将军、2001、烟富3、红露、华硕、烟富8、烟富10、瑞雪等。推广种植苹果新品种35000多亩，为品种、品质结构调整奠定了良好坚实基础，探索了有效途径。同时，强化新建园抚育管理的各项措施，把“保持中干绝对优势、多主枝、大角度、小枝组、无侧枝、不打头”的简化树体结构作为今后新植园建设的重点新技术加以推广应用；2011年以来，赵升文先后组织并参与实施完成苹果新植园建设60000多亩，改造低产低效果园15000亩，实施质量安全溯源体系建设5000亩，精品果示范园200亩，极量创新示范100亩，果园间伐示范500亩、生态苹果示范20亩。上述项目建设中推广种植了部分矮化中间砧示范基地，研究和推广应用早果、优质、丰产的现代建园技术、简化栽培管理技术，实施平衡施肥、配方施肥、节水灌溉、抗灾减灾、病虫害绿色防控、果园生草等新技术，取得了良好成效，因此近几年来也是鲁甸苹果发展规模最快、技术进步最突出、质量和效益最为显著的时期。新建园每年以5000亩以上的速度增长，2019年特一等果率达到68%，受到了省、市专家的首肯；赵升文多次参加由市农业局聘请的国内外果树专家、教授的专题讲座，参加国家苹果产业技术体系云南（昭通）试验站的各类培训、论坛、总结年会及交流学习和考察，不断完善充实提高了自己的专业水平和综合业务管理能力，具备了较强的业务素质和生产实践能力。他主持或参与编写了苹果、大樱桃等技术培训资料、规程多个；近5年来共组织和参与组织培训130余场1万多人次，个人主讲100余场；撰写各种水果资料100余篇。近年来，紧紧围绕“脱贫攻坚、产业培育、生态文明”等经济社会发展战略，把培育和发展壮大鲁甸苹果产业作为自己的核心工作，长期深入文屏、桃源、茨院3个乡镇的苹果主产区，开展苹果产业调研，借鉴自己在陕西、山东等先进产区考察学习的经验，结合昭鲁实际，撰写了《推进昭鲁苹果产业化建设进程的思考》《鲁甸苹果产业发展概况及相关建议》《夯实产业基础，全面推动苹果产业健康发展》等调研报告，并参与了由市农产品质量安全中心牵头申报农业部绿色食品发展中心的《西南冷凉地区绿色食品苹果生产操作规程》（苹果整形修剪技术部分）的编写，参与了《昭通百万亩苹果产业发展规划》相关资料的收集、整理与编审等工作；同时，为提高果农组织化程度，他还积极帮助和动员苹果生产大户成立专业合作社7个，为创建鲁甸苹果品牌，加强对外交流与合作，提升鲁甸苹果知名度奠定了坚实基础。

创新机制创新路，找准平台助脱贫

鲁甸县文屏镇砚池山村闸上是昭通市有名的苹果之村。2003年前，这是一个只有100余户人家的小山村，不通公路，种植苹果的农户只不过20来家，种植规模也不过100余亩。作为技术推广人员，赵升文看到了发展苹果产业对于农民脱贫致富的重要性，清楚地认识到只有发展好支柱农业产业才能从根本上改变农村的贫困面貌。他和单位的朱明荣等同事一起，与社长饶绍生走村串户动员了一批有一定苹果种植经验的果农扩大种植规模，希望通过他们示范带动和引领村民发展苹果产业。赵升文与同事们一道，经常到农户果园进行实地指导，并从辽宁、丽江等地引进了“红将军”“早生富士”等苹果新品种高接示范。2006年以后，由于“红将军”良好的适应性，品质优良，市场价格看好，极大地调动了广大群众种植苹果的热情。社长饶绍生，果农饶乃龙、饶乃林、万永波、李仁勇等率先把自己的土地全部种上了苹果，连原来想在外面打工不想种植苹果的李仁华等一批人也回家开始尝试种植苹果。到2010年时，这个只有150来户的小山村竟有上百户人家种植苹果，面积突破上千亩。有了一定的规模，但是技术突破是个难题，大部分果农不知道如何整形和修剪，不能科学施肥，更不会科学安全用药，甚至不会疏花疏果，怎么办？赵升文与同事们一起，一方面年年加大技术培训力度，另一方面聘请省市专家作现场指导和专场培训，广大果农的生产技能得到了较快提高，种好苹果的自信心得到加强。苹果种出来了，但不少农民却为销售发起愁来，由于不通公路，果商们不想去购买。在县委、县政府的高度重视下，县农业综合开发办在2013年及时为闸上新开通了公路，同时还配套建设了大量蓄水池。2018年，县水务局又帮助建成了覆盖3000多亩的灌桩水网。道路、水利的困难得到解决，农民劳动强度极大降低，苹果走出了小山村，这为闸上苹果产业的发展插上了腾飞的翅膀！

2011年以来，市委、市政府，县委、县政府高度重视苹果产业的发展，决心把苹果产业打造成为昭通市高原特色优势农业产业之一，闸上这个小小的山村再次焕发出了蓬勃的生机，迎来了真正意义上的苹果的春天。这期间，在省、市有关单位的关心支持下，赵升文与同事们一起，先后引入了烟富3、烟富6、红露、华硕、烟富8、烟富10、瑞雪等一批优良新品种入户闸上，扎根鲁甸；在各级苹果专家的关心帮助下，最先在闸上开展了研究推广和应用早果、优质、丰产的现代建园技术、简化栽培管理技术，实施平衡施肥、重施农家肥、节水灌溉、抗灾减灾、病虫害绿色防控、果园生草等新技术，取得了良好成效，并由这个“点”逐步扩大到了全县的“面”；这期间，为解决老果园枝量过多过大、通风透光不好、苹果上色差、品质低等问题，赵升文还和同事们一起，创新科技服务方式，开创了技术推广新局面。2012 年，他牵头组建了一支以苹果生产辅导员、苹果大户为主的 153 人的技术服务队伍，重点开展了以“提干高、抽大枝、落头开心、培养单轴延伸下垂结果枝组”为核心技术的低产低效老果园树形改造。每年的 12 月至次年 2 月，是鲁甸最寒冷的时节，赵升文带领服务队员一起，起早贪黑，中午饭送到果园吃，队员直接进到闸上等地农户果园实施冬春整形修剪和拉枝等工作，为全县苹果提质增效作出了重要贡献（2016 年 12 月，浩丰苹果合作社以这支队伍为基础组建了鲁甸县果康苹果技术服务公司）。

如今，闸上自然村 280 多户农民家家户户种苹果，规模达 3000 多亩，大部分村民户均收入在 15 万—20 万元，少数可达 40 万—50 万元，3—4 年后将有年收入上百万的人家。赵升文还动员并帮助种植大户饶乃龙组织成立了鲁甸县硕丰苹果专业合作社，解决了许多果农的卖果问题，自身果业也得到逐步发展壮大。这个典型的苹果生产专业自然村，没有一个人在县外务工，依赖苹果产业走上了致富路，家家户户住上了小别墅，村容村貌焕然一新。苹果成了闸上人的“金果果”，也是鲁甸人民的“金果果”，这其中凝聚有赵升文的许多心血和汗水。

岁月流金铸风采，实践历练出良才。这些年来，他先后获省农业厅及市县奖 20 多项，其中 2015 年获市政府“昭通市苹果综合技术应用与推广项目”一等奖，2016 年获省农业厅“苹果安全优质技术示范推广”一等奖，《苹果新技术集成及标准化生产应用研究》获市科技进步一等奖，2018 年《昭通苹果老果园提质增效改造技术集成与应用》获省农业厅一等奖。成为农技推广战线上的优秀代表，成为推动我县农业产业发展、助力脱贫攻坚的典范。

（作者系鲁甸县苹果产业发展中心职工）

抓实传统产业　助推脱贫攻坚

邹嘉桂

金秋九月，携着炙热的情怀走进鲁甸烟区，看到一片片烟田分层落黄，一堆堆烤叶香气四溢，一户户烟农收获片片金叶、喜笑颜开，又一个烤烟丰收的场面呈现在眼前。

龙树片区种烟大户江洪家说："自龙树2018年恢复发展烤烟产业以来，在当地党委、政府、烟草部门的关心支持下，我就尝试种烟，2018年种了150亩，收益还好，逐年扩大种植面积。2020年，我种了240亩，预计纯收入能达26万元以上。相当于我外出5年的务工收入，以后我会一直种烟，带动龙树片区老百姓致富。"

鲁甸县烤烟种植历史悠久，独特的地理气候、良好的自然环境，使鲁甸成为优质烟叶重要产地，从20世纪80年代起，始终稳定发展，成为鲁甸重要的传统支柱产业。近年来，鲁甸县科学谋划烤烟产业高质量发展路子，以农业增效和农民增收为核心，引进优质品种，优化种植布局，强化基础建设，不断提升烟叶品质，强化工商合作，持续推动烟草产业发展，助推脱贫攻坚，为全县经济社会发展作出了巨大贡献。

2015—2019年，全县累计种植烤烟29.91万亩、收购烟叶82.5万担，烟农售烟收入11.06亿元，上缴烟叶税2.43亿万元，为烟农增收、行业增效、地方财政增长作出了重大贡献。在全县脱贫攻坚大决战中，依托烤烟种植、流转土地及务工收入带动5164户建档立卡贫困户实现脱贫，年户均增收1万元以上，通过烤烟产业的有效带动，有力推动了鲁甸脱贫摘帽。

龙树镇金塘村建档立卡户石正翠说："没种烟以前，我们的地主要种苞谷、洋芋，每年每亩收入五六百元，自从种烟后，土地出租给合作社每亩有500元收入，还可以帮种烤大户栽烟、采烟、编烟、分级，一年一个人能收入三四千元，2020年我家2个人参加种烟，目前已领到8000多元的工资，种烟比种其他作物好，我们村子除几户人未脱贫外，都脱贫了，生活比以前好多了。"

优布局、守红线、稳规模

鲁甸县地处云贵高原西北部，滇东北高原南部，水资源丰富，光照充足，四季温差小，立体气候明显，具有得天独厚的烤烟种植优势，距离昭通市27公里，是昭通烤烟种植的核心烟区，同时也是昭通第二大种烟县。90年代中后期，是鲁甸烤烟发展的鼎盛期，烟叶收购量最高年份达到21.4万担。随着国家"双控"政策调控，鲁甸烤烟种植规模逐渐稳定在5万—6万亩，收购量稳定在15万—17万担。但近年来，随着鲁甸城镇化进程加快、农村产业结构调整、外出务工人员增多、林果等经济作物与烟争地等诸多因素影响，全县烤烟种植呈萎缩状态，烟区碎片化现象突出，坝区好田好地不种烟的趋势愈发明显，烤烟种植区域呈现坝区向山区转移的态势，核心优质烟区逐渐流失的现象越来越严峻，这给稳定鲁甸核心烟区、烟叶生产高质量发展带来了极大挑战。为确保鲁甸烤烟产业持续稳定健康发展，县委、县政府始终把"优布局，守红线、稳规模"摆在烤烟生产工作首要位置，创新思维、积极探索，充分利用龙树河流域、江底镇江边河谷地势平缓、土地肥沃、耕地面积充裕、光照条件充足、降水适中、水资源丰富、多次试种成功的有利条件，下决心、花力气恢复发展龙树河流域、江底江边河谷烤烟种植。通过3年的努力，到2020年龙树河流域烟区烤烟种植面积恢复发展到7958亩、计划收购烟叶220万斤；江底镇烤烟种植发展到6160亩、计划收购烟叶170万斤。新恢复发展的两烟区整体长势好、烘烤出的烟叶质量好、烟农售烟收益高，预计能实现产值5850万元左右，带动两片区建档立卡脱贫户种烟及流转土地1135户、收益2200万元以上，龙树片区、江底镇贫困落后面貌得到显著改善；同时，为全县烤烟产业持续健康发展奠定了坚实基础，2020年全县稳定种植烤烟54300亩、计划收购烟叶1500万斤，优化布局在9个乡镇、36个村、253个村民小组，2853户烟农种植，户均种植面积19.03亩，烤烟种植向专业种植大户集中，烤烟产业实现布局优化，规模可控、态势平稳、质量高效的良好局面。

抓机遇、争项目、夯基础

鲁甸烤烟种植大部分分布在贫困区域，这些烟区受自然条件限制，基础设施条件差、烟农贫困程度深、自我发展能力弱。为切实改善鲁甸烟叶生产条件，县委、县政府始终把基础建设作为调整烟叶生产布局、提高烟区规模化水平、夯实生产基础的重要抓手来抓。一是紧紧抓住国家扶贫部门、烟草部门加大基础设施投入有利时机，积极争取烟叶基础设施建设项目投入，改善烟叶生产基础条件。2015—2019年，全县累计投入烟叶基础项目资金21291.27万元，建设烤房、机耕路、烟田水利设施、防雹点等各类项目3042件，改善了50000余亩基本烟田生产条件。二是将基本烟田建设纳入全县高标准农田建设规划，建立健全基本烟田保护制度和以烟为主的耕作制度，确保烟田种植面积稳定。

挖潜力、补短板、提质量

面对推进烟叶转型发展、稳定烟农收入水平的迫切需要，鲁甸县将推进烟叶高质量发展、助农增收工作作为稳定核心烟区、稳定烟叶生产、稳定烟农队伍的重要举措，破瓶颈、挖潜力、补短板，推陈出新，转变烟叶生产方式，努力提升鲁甸烟叶质量，稳定增加烟农收入。一是规模化种植。一方面大力发展种植大户。在恢复发展区域引进种烟能人和务工返乡人员，发展户均100亩左右的大户进行规模化种植，全县100亩以上种烟大户78户、种植烤烟面积8997亩；另外在全县发展户均30—100亩的当地烟农，打造小型家庭农场，全县30—100亩种烟大户229户、种植烤烟14146亩，种烟大户种植面积达23143亩，占全县种植面积的42.6%。另一方面集中连片种植。通过调整优化区域布局，逐步打破乡、村、组、户界限，不断扩大连片种植规模，做到山区连片种植规模不低于100亩，坝区连片种植规模不低于200亩，全县规模化种植水平进一步提升。二是科学化种植。全面实施科技兴烟战略，依靠科技提质，依靠科技稳量，依靠科技增效，保障平衡施肥、病虫害综合防治、化学抑芽、不适用烟叶优化处理等技术措施落实到位；同时针对烤烟种植管理薄弱环节，采取职业烟农培训、烟技员持证上岗和短信、微信指导等形式，切实加强烤烟生产技术培训，提高烟农技术掌握程度；积极开展商品有机肥、农家肥、土壤改良等绿色土壤保育措施，推广性诱捕剂、烟蚜茧蜂等绿色防控措施。通过先进适用配套技术推广，提高了烟农的种植管理水平，提升了烟农素质，并在大农业生产中发挥引领示范作用，实现了蚜茧蜂防治蚜虫技术从烟草农业到大农业的跨越，充分体现了烤烟产业在全县产业中的支柱地位。三是机械化作业。积极推广机械化深耕整地作业，改善土壤耕作层深浅，改良山地烟区土壤品质，提升烟叶生长环境质量，在生产条件具备的连片烟田全面施行机械化作业，做到整地、起垄、打塘、除草、病虫害防治机械化，达到了减工降本、提质增效的目的。四是专业化服务。通过强化烟草专业合作社建设和规范化管理，为烟区专业化产业发展提供了强有力的服务保障。合作社一方面建好专业化队伍，提高专业服务队的生产技术水平和综合素质；另一方面，合作社充分利用育苗大棚、烤房设备、小型机械设备等资源，在烤烟育苗、移栽、大田管理、烟叶采收、烘烤、分级等环节，全面实施专业化服务，提高烤烟生产管理水平，筑牢烟草第一车间，为烟叶提质增效、促农增收奠定了坚实基础。

唯匠心，方可铸造精品；唯匠心，方可成就未来。鲁甸烤烟产业始终秉持“市场是求不来的，而是做出来的”匠心理念，围绕自身生态优势，致力于彰显清香型风格特色烟叶，按照“遵循规律、崇尚科技、敬畏土壤、注重安全”的发展理念，以落实“4+1”项目技术推广为基础，创新发展，不断提升烤烟生产技术和全链条管理水平。鲁甸县作为湖南中烟特色优质原料基地之一，始终坚持以市场为导向，以工业原料需求为目标，加强与湖南中烟的沟通对接，建立工商深度协同合作机制，共同聚焦基地建设、打造第一车间，实现原料需求的无缝对接，共同研究清香型风格特色烟叶技术集成与推广。几年来，争取湖南中烟投资535万元在鲁甸开展《彰显清香型风格特色烟叶生产技术集成与推广》项目，为发展清香型特色烟叶夯实基础，通过项目实施推进了鲁甸烤烟产业高质量发展，提升了鲁甸烟叶质量和形象。目前，鲁甸调拨湖南中烟烟叶量已达8万担，占全县总量的53.3%。鲁甸提供的烟叶原料有幸进入湖南中烟“芙蓉王”品牌主配方，实现了优质原料与对口工业高端卷烟品牌的有机融合。

岁月如歌，生生不息。鲁甸烤烟传统优势产业的发展，回报着、滋养着这块生生不息的红土地。勤劳耕耘的鲁甸人，感受着辛勤的奉献、收获的喜悦，正告别贫穷落后，走向幸福美好的明天。

（作者时任鲁甸县政府办三级主任科员）

红布村的养牛经

颜　吉

“我们养的牛现在的价值最少翻了一倍，我们养的牛现在如果全部出栏最少也值70万元，但我们舍不得卖，红布的小黄牛规模养殖发展还指着它们带动呢……”红布村党总支书记袁兴忠一边打着牛草，一边自信地说着，脸上的笑容不时还夹杂着一丝自豪。

过去红布村也有农户养牛，但都是分散养殖，养殖的目的也多为耕种，难以体现出经济价值，更谈不上依靠养牛脱贫致富。红布自然条件良好，地质条件优越，也曾有人动过小黄牛规模养殖的念头，但多受市场价格不稳定、产业效益周期长、养殖经验缺乏、资金不足等因素影响，小黄牛规模养殖瓶颈始终难以突破。2019年，在县委组织部、县畜牧局和镇党委政府的资金和技术支持下，红布村“两委”积极探索组织化规模发展与贫困群体的利益联结机制，在上级组织的指导下成立了党支部，整合县委组织部和县畜牧局扶持资金36万元作为和120户建档立卡户每户3000元的入股资金，成立鲁甸犇康种养殖专业合作社，形成“党支部＋合作社＋贫困群众”的经营模式。本着可持续发展的原则，红布村“两委”从实际出发，因地制宜、注重实效、科学合理地选择发展黄牛集中规模养殖，通过示范引领，带动全村群众规范化发展黄牛养殖产业，实现群众增收致富，突破红布村黄牛规模养殖瓶颈。

集体经济发展黄牛规模养殖，对于红布村“两委”干部都是头一次，也只能摸着石头过河，少不了内心的忐忑。虽然有各级党委、政府的资金、技术支持，但面对这么大的规模养殖，大家头顶的压力自然不会少，各种辛酸与汗水也不会少，土地流转困难就险些搁浅了红布养牛项目。

“土地是种庄稼用的，不是给你们种草的，我的地就是送人也不会租给你们种草。”李老汉站在庄稼地里说，“土地不种庄稼就是糟践，就算自己苦不动了，把地送人，也不愿把地租给合作社种草。”“土地是我的，你当村干部养不了家，我不拖你后腿，但是要用我的土地建养牛场绝对不行。”面对妻子的指责，一向很有主见的村支书袁兴忠一时也失了方寸，不知如何是好。在扶贫工作推进中有部分群众不理解，对于基层干部来说早已习以为常，只要坚定信心、反反复复做工作，工作就一定能做通。但对于流转土地建设养牛场，就连一直默默支持他的妻子都不同意了，这对他来说无疑是当头一棒。土地流转不了就走不出第一步，养牛项目只能搁浅。但时间不等人，项目已启动，工作进度上级部门催得紧，为了突破困境，县驻村扶贫队、镇工作组、红布村“两委”决定分头行动，做群众的思想工作。首先由驻村工作队队长刘荣和镇工作组长包文杰两位同志代表党委、政府去做袁兴忠妻子曹吉彩的思想工作；然后由村“两委”带领驻村队员和镇工作组去做其他群众的工作。通过讲政策、讲道理，一次不行讲两次，白天没人晚上去，反反复复找突破，最终总算做通了群众思想工作，以每亩每年 200 元的价格流转了土地 326 亩。但这也仅仅只是迈出了集体经济养牛的第一步。资金短缺、管理人手不足、工作繁重……每一项都是横在红布村集体经济发展黄牛养殖前面的一道鸿沟，每一次跨越都无比艰难。

“我们的养牛场被人砸了。”电话刚接通，红布村副主任张和林的第一句话就把睡意蒙眬的袁兴忠猛地惊醒了，养牛场不仅费尽了他长期以来的心血，更是红布群众脱贫致富的指望。经过了解才知道，是前一天晚上养牛场没人看管，养牛场的办公用房被附近的精神病人蔡明文砸了。虽然没有严重的损失，但也给合作社徒增了 5000 余元的修复费，对于本就资金紧缺的合作社来说可谓雪上加霜。为了避免更严重的事故，红布村“两委”及时与蔡明文家人协商，将蔡明文送到精神病院治疗，同时雇专人日夜看护养牛场。

一路摸爬滚打，一路风雨兼程，养牛场终于建成了，牛也养起来了，看着牛舍里刚买回来的牛不停地咀嚼着干草，袁兴忠仿佛看见了红布的未来。但养殖经验匮乏、资金不足，应急措施不完善又使他陷入了沉思。前不久就出现过一件事，因为对养殖知识的不了解和应急措施不当，只要牛肯吃，饲养人员就一直喂，刚买来的一头牛直接因为吃干草过多，被活活撑死。眼睁睁地看着价值 1 万多元的牛被胀死了，合作社部分成员觉得依靠集体经济养殖小黄牛盈利希望渺茫，思想出现了波动。虽然镇挂钩组长包文杰和支书袁兴忠都反复做工作，但由于年龄大、家庭经济负担重、工作繁重等原因，最终合作社一位成员还是选择了退股。

但功夫不负有心人，在艰辛与汗水付出之后，今天的红布集体经济入股农民专业合作社发展黄牛规模养殖是可信的，是确实惠民的。红布村集体经济发展黄牛规模养殖采用以种促养、以养促种的模式，除了合作社流转土地种植青贮饲料外，还带领群众科学种植青贮饲料，并用青贮饲料发展黄牛养殖，实现村级集体经济的发展壮大，实实在在推动产业的转型发展，让群众真正实现产业有支撑，得到了收获。

“以前种苞谷，眼看要成熟了，一夜大雨、一场大风，苞谷倒成一片，一年的收成又没有了，现在好了，苞谷一上浆，就直接砍了卖给养殖场，就算被大风吹倒了也可以砍起来卖给他们，风险降低了不说，收入还增高了，比以前卖苞谷籽划算多了。”红布青贮玉米种植户曹世艳满是笑容的脸上写满了获得感和幸福感。红布村岩头寨曹世艳一家共有 5 口人，曹世艳常年患有慢性病，大儿子曹再权也身患残疾。过去全家的生活都只能寄托在二儿子曹再宽务工收入和家里的 10 多亩地上，若是遇上好年成，一家人还能勉强度日，一旦年成不好，必定举债度日，生活十分艰难。在红布村养牛场的带动下，曹世艳一家跟随合作社种起了青贮饲料，由于青贮饲料的收成时间早，受干旱、暴雨和大风等气候的影响较小，种植稳定性远高于传统玉米种植。曹世艳一家种植的7.5亩青贮玉米每年就能带来6000多元的稳定收入，加上二儿子的务工收入，一家人虽不富裕，但也彻底摆脱了过去的窘迫，生活也较为稳定。在养牛场不断发展壮大，将带动全村184户贫困群众发展种植青贮玉米600亩以上，每亩产量不低于5吨，每吨售价在900元以上，合作社将贫困群众种植的青贮玉米全部收购，青贮玉米每亩产值4500元以上，户均每年增收8000元以上。除了带动贫困群众种植青贮玉米曾收外，合作社还优先聘用村里的建档立卡贫困户劳动力，帮助解决贫困人口就地就业问题。在合作社长期务工的建档立卡户曹世华、张开学和袁兴品每年每人的务工收入都在1.2万元以上，同时合作社还为贫困群众提供了20余个短期就近务工岗位，每年能为短期务工人员增加3000余元的收入。

红布对门寨子李万富老人一家共有5口人，3个儿子常年在外地务工，家里就只剩下年迈的李万富夫妇。2019年李万富一家享受了易地搬迁政策，两个老人也搬迁到了城里居住，家里的土地只能送与邻里耕种。为了助力解决易地搬迁后续问题，犇康合作社在流转土地时便有针对性地争取流转易地搬迁户土地，这样既能解决搬迁群众的后顾之忧，又能有效盘活土地资源。李万富老人一家的14.86亩土地就全部在流转合作社，每年能为老人一家增收2972元。红布村易地搬迁户较多，全村有301户群众易地搬迁到县城卯家湾安置区，合作社流转的326亩土地中就有187亩是易地搬迁到卯家湾的贫困群众的土地。

“刚到村上工作的时候我们的工作都很单一，干得最多的就是为群众盖章和调解矛盾，闲是比较闲，有时也会觉得自己的工作价值不大，对未来没有信心，但是现在不同了，每天不仅要干扶贫、人居环境等工作，还要忙着打牛草、喂牛，苦是比以前苦了，但每当看到满棚的牛，也就看到了红布未来的希望，工作就更加来劲了。”红布村副主任张和林满脸笑容地说。自从养殖场投建以来，红布村“两委”、驻村扶贫工作队全力为红布脱贫致富“造血”，工作虽然更累更苦，但村“两委”和驻村扶贫工作队的凝聚力反而更强了，即使加班加点打草喂牛，大家也丝毫没有抱怨，都觉得工作很充实。养殖场的第一批黄牛出栏，获得利润 7.1 万元，促进了红布村进一步黄牛规模养殖发展。村“两委”按照原定分红标准第一时间把红利分到了入股的 120 户建档立卡户手中，虽然每户才 210 元，但就是这“每户 210 元”充分证实了红布村以“党支部 + 合作社 + 贫困群众”的经营模式发展小黄牛规模养殖的可行性，增强了散养户加入集体养殖的信心，为红布村小黄牛规模养殖不断发展奠定了坚实基础。

从工作缺乏动力到同心同德共谋红布发展，从群众不理解、不支持到“每户 210 元”的“红布希望”……红布村小黄牛规模养殖不仅带给了贫困群众实实在在的经济收入，助力了贫苦户脱贫，提升了村“两委”与驻村扶贫工作队凝聚力，明确了红布产业发展的方向，还提振了红布人民脱贫致富的信心。在红布良好的自然条件和地域优势下，在各级党委、政府的大力支持下，红布村的小黄牛规模养殖必然越来越好，养在山间的扶贫牛必将成为红布的致富牛。

（作者时任乐红镇党政办主任）

乌蒙核桃新产业　撑起农户致富梦

吴　丹

置身长势茂盛的鲁甸文屏山核桃基因库和采穗圃，你会被葳蕤的生机所陶醉：沃土梯级文屏山，核桃穗圃遮眼帘。蓊郁色彩碧光闪，传播产业何几千？核桃故事还得慢慢说。

依据资源禀赋打造特色

核桃与扁桃、榛子、腰果并称世界“四大干果”。它除了富含蛋白质、脂肪、碳水化合物以外，还含有钙、磷、铁等多种微量元素，营养价值极高，自古就有“长寿果”的美誉。据《本草纲目》记载，核桃具有补气养血等功效，而《神农本草经》也将核桃列为轻身益气、延年益寿的上品。

核桃在鲁甸有着悠久的种植历史，早在6000多年前，牛栏江流域就生长着茂密的野生铁核桃林，这些原始丛林为鲁甸先辈们提供了天然的食物。鲁甸人民从秦汉时期就开始人工栽种核桃，特别是鲁甸的乌米核桃，被称为药核桃，已广泛用于治病救人。各地人士纷纷到鲁甸引种，不断推广鲁甸核桃，据漾濞县的一位老农回忆，他们的祖先曾在明清年间从鲁甸县龙头山镇沙坝村的欧家垴包引种过大白核桃。

鲁甸地处云贵高原西北部，境内地形地貌复杂多样，由一江、两山、三河、四个坝子构成，最高海拔3356米，最低海拔568米，年平均降雨量923毫米，年平均气温12.1℃，位于云、贵、川三省接合部，是昭通市的南大门，也是我国南北核桃种群交汇区。这里地处牛栏江河谷地带，重峦叠嶂，沟谷纵横，山地河谷气候特征显著，河谷温暖澄明，山中阴晴不定。历经高原气候的冷热锤炼，核桃果壳变得纤薄脆弱，而果实却日益涨满，变得果肉丰厚，油脂饱满，香味浓郁。

因地制宜谋划核桃发展

鲁甸位于滇东北地区，晚霜危害大，一般核桃品种无法躲过晚霜危害，一旦遭遇晚霜，核桃就基本绝收，因此只有找出适合鲁甸的优良核桃品种，才能让群众真正获得实惠。

可优良的核桃品种真的那么好选育吗？不，当然不是。为了获得更多的核桃资源，鲁甸县林业局原局长朱宗能带领技术人员在全县范围内大量收购的核桃，只要听到哪家老百姓的核桃好，无论路多难走多远他们都要前往，如果遇到不愿意卖的，就多次上门软磨硬泡。正是这样的坚持，才选育出9个优良核桃品种（其中鲁甸大麻1号、鲁甸大麻2号是鲁甸独有的品种），并通过了云南省林木良种委员会的认定。为了鲁甸核桃产业往更好的方向发展，结合海拔高度和气候条件等因素，在后期核桃提质增效中，大力推广鲁甸大麻1号、鲁甸大麻2号两个优良品种，形成优良品种全面覆盖的产业发展格局。

但有了好的品种，没有好的管理也是行不通的，所以在管理上我们做到“一分种，九分管”。为提高广大林农的后续抚育管理水平，县林草局经常组织专业技术人员，到乐红、小寨、文屏、江底等乡镇开展核桃规范种植、抚育管理、品种改良等技术培训，每年举办集中培训10余次，实地培训200余次，大力普及推广科学种植和嫁接技术，培养了一批本土嫁接师傅，摆脱了之前嫁接只能请大理师傅的困境。龙头山镇龙井村的潘应帮2019年受省林科院的邀请组织了一批人到其他州市嫁接核桃，这无疑是对我们鲁甸县嫁接技术的肯定，也是对我们培训工作的认可。

正是这样的努力，2006年以来，全县新增核桃种植面积70.4万亩，建立市级核桃科技示范园1234亩，县级核桃科技示范样板5800亩，乡、村两级级核桃科技示范样板41809亩。扶持发展核桃系列产品深加工省级龙头企业2个，累计完成核桃提质增效20.5万亩。

创新机制抓核桃产业

鲁甸县县委副书记、县长马洪旗在接受昭通日报记者采访时曾经说过："20多年来，历届县委、县政府都很重视核桃产业发展。目前，更是审时度势，顺势而为，遵循习近平总书记'绿水青山就是金山银山'的发展理念，大力发展核桃和花椒产业，努力提质增效，助推群众脱贫致富。成立以县长任组长的林产业发展领导组，设立林产业发展服务中心，按照'基地化建设、产业化发展、规模化经营'思路，把核桃和花椒列为绿色可持续的优势扶贫产业，不断创新体制机制，加大扶持力度，让其在精准扶贫中凸显效益。"也正因为如此，县林草局在县、乡、村层层创建核桃科技示范样板，打造核桃种植核心示范区引领、辐射、带动大面种植。为此建立市级核桃科技示范园1234亩，县级核桃科技示范样板5800亩，乡、村两级级核桃科技示范样板41809亩。

任何一个产业有了规模，没有认知度也是行不通的。在核桃产业发展的过程中，县林草局切实加大宣传力度，采取编印发放宣传资料、召开群众会议、电视宣传等多种方式进行宣传，印制发放了《鲁甸核桃栽培与管理技术手册》《鲁甸县特色经济林实用丰产栽培技术》《崛起中的鲁甸核桃产业》等宣传手册，把种植核桃的经济效益与种植其他农作物的经济效益进行对比，详细分析核桃的市场前景和市场潜力，帮助农民算好账，让群众形成“种植核桃就能发家致富，发展林产业就能奔小康”的共识。同时也为了鲁甸核桃走出大山，提升外界认知度，县委、县政府拍摄了核桃产业宣传片在各平台播放、县林草局林产业发展服务中心工作人员在省市主管部门的带领下，多次到上海、义乌、昆明等地参加展销会推荐鲁甸核桃，通过这些方式让更多的人认识鲁甸核桃，认可鲁甸核桃，为今后的销路奠定基础。

除此之外，县林产业服务中心还指导建立乡镇核桃产业协会 10 个；村级核桃产业协会 1 个；指导建立核桃种植合作社 42 个，推动“单家独户零星卖”向“集中力量闯市场”转变，形成“党支部 + 合作社 + 农户”的组织化模式。大麻核桃的主产区龙头山镇的龙井村，2018 年 6 月村民自主成立了鲁甸县鹏天种养专业合作社，每年销往广东、浙江、成都等地的大麻核桃有两三万斤，收入几十万元，群众的钱袋子鼓起来，日子也越来越红火。

创新思路促核桃产业提升

从 1999 年起，县林草局就邀请云南省林科院作科技支撑和技术指导单位，率先开展本地核桃资源调查和良种选育的工作，截至 2019 年年底，共收集优良核桃样品 768 个（地震前共有 1350 个，因地震损毁 582 个），并建立标本室长期保存。核桃良种收集圃已收入 358 个品种（包括了美国良种

3个，新疆、辽宁、北京、山东、陕西等地的国内良种30个，省内良种19个和本地良种306个），其中鲁甸大麻1号、鲁甸大麻2号被评为中国核桃优良品种。

为全面推广鲁甸本地的优良核桃品种，率先建立核桃良种采穗圃1520亩（其中已有350亩被认定为省级良种采穗圃）、云南省滇东北核桃良种繁育基地400亩、建立优质核桃嫁接苗培育基地400亩，每年能提供良种穗条200万条（每条有5—6个芽），每年能培育优质核桃嫁接苗500万株以上，被云南省林业厅评定为核桃良种定点采穗基地和定点育苗基地。全县的核桃采穗圃和优质核桃苗木除能满足本地核桃产业发展自给外，还可向周边地区提供良种、苗木及穗条。

全县的核桃嫁接技术已基本形成一套成熟的技术体系，形成了《核桃丰产栽培技术》《鲁甸核桃栽培与管理技术手册》等完整的理论体系，大力普及推广核桃嫁接改良、高枝换头，大大缩短了核桃挂果周期。好多种植大户都通过嫁接改良、高枝换头、科学管护，大大缩短了核桃挂果周期，三五年就见到效益，真正尝到了甜头。

在全省129个县中，2012年鲁甸县率先启用核桃技术辅导员，并将核桃辅导员所需经费纳入财政预算，截至2020年，已在全县核桃重点村落实了核桃技术辅导员87名，在村社培训核桃嫁接、管理养护等技术，全面督导农户科学管理核桃。

同年，在鲁甸县文屏镇砚池山村卧龙山建立昭通市核桃产业科技示范园1234亩，辐射带动5000亩，选用品质最优、最适合建设地环境条件的品种，规范种植技术，调整已种植的密度、改良更换不适合的核桃品种，补植空地，配套水池、机耕道、步行道等相关设施，保障水肥管理，适时、及时修剪管护，按时开展病虫害防治，保证三年成型，五年投产，建成省内领先水平的核桃科技示范园。

核桃硕果累累誉四方

鲁甸县始终将核桃产业发展与精准扶贫、精准脱贫有机结合起来，促进核桃产业不断壮大，取得了较好的成绩。2011 年 9 月在河北邢台举办的首届中国核桃节上，鲁甸大麻 1 号获得金奖；2013 年 7 月 20 日，在山西汾阳召开的第七届世界核桃大会上，鲁甸大麻 1 号、鲁甸大麻 2 号被评为中国核桃优良品种；2013 年 12 月 6 日，鲁甸县被中国经济林协会命名为“中国核桃之乡”，是昭通市获得此项殊荣的第一个县区；2015 年成功注册鲁甸“大麻核桃”地理标志证明商标，2017 年 11 月，在云南・昆明核桃博览会上鲁甸县大麻核桃系列产品获得金奖；2018 年 10 月，在云南・昆明坚果博览会上鲁甸大麻 1 号核桃获“核桃果”金奖，大麻 2 号核桃获“核桃仁”金奖；2019 年 5 月，因云南核桃全产业链关键技术创新与应用，被云南省人民政府表彰科学技术进步奖获得者，同年命名为“核桃名县”。

截至 2019 年年底，全县共有核桃种植面积达 85 万亩，产量达 2.53 万吨，产值达 6.07 亿元，累计带动全县 1.2 万余建档立卡户 3.72 万余贫困人口脱贫，有力地助推了全县林业精准脱贫。

回顾历史，展望未来，每一个饱满的核桃，每一棵摇曳的果树，每一片丰茂的果林，都承载着乌蒙儿女的脱贫之梦。鲁甸，这座核桃名县，所拥有的 85 万亩核桃一定会富饶乌蒙大地，这项生态文明、绿色可持续发展的扶贫产业，必将在小康之路上普惠万民，大放异彩！

（作者系鲁甸县林业和草原局工程师）

种好小小花椒树　打造致富大产业

黄国庆

立足自身优势，谋划花椒产业

鲁甸县位于云、贵、川三省接合部，是昭通市的南大门，国土面积1487平方公里，辖10镇2乡，97个村（居）委会，总人口47.5万人。境内最高海拔3356米，最低海拔568米，年平均气温12.1℃，年平均降雨量923毫米，全县共有林地127.9万亩，森林覆盖率37.82%，营造了鲁甸花椒采摘期长的优势。

鲁甸花椒采摘长，三夏过后三秋忙。
红袍跳跃青衫亮，香麻浮动闪银光。

花椒自身特色。鲁甸栽培青花椒已有上千年的历史，是全国青花椒最佳生长区和重点产区之一，鲁甸花椒是金江花椒系列的优良品种之一，采用纯天然制作的青椒，具有浓郁的麻香味，是高营养无污染的绿色调味品和保健品，享有“调味品之王”的美誉，是全国人民普遍食作的调味佳品。

鲁甸具有独特的“一山有四季、十里不同天”的气候条件，鲁甸花椒具有以下特点：一是生长在空气清新、无污染的自然环境里，颗粒硕大；

二是有着丰富的麻味素、碳水化合物、维生素 C、铁、锌、硒等微量元素；三是人工采收、自然晾晒，色泽鲜绿、麻味纯正，香味持久、浓郁，品质居各类花椒之首。

花椒产业情系农户千万家。“十一五”以来，鲁甸县委、县政府紧紧抓住云南省委、省政府建设绿色经济强省和昭通市委、市政府建设花椒 70 万亩基地的大好机遇，按照“生态建设产业化、产业发展生态化”的总体要求，围绕“生态受保护、农民得实惠、产业得发展、林区更和谐”的林产业发展目标，依托退耕还林、产业发展等项目，建有县、乡、村花椒示范样板 23 个 21509 亩；完成打造龙头山万亩花椒基地、小寨至龙头山峡谷 10 里花椒长廊、梭山 4.6 万亩花椒连片种植，引领、辐射、带动大面种植；新增花椒种植面积 24.9 万亩。截至 2019 年年底，全县花椒种植面积 32 万亩（其中青花椒 25 万亩；雪椒 7 万亩），投产面积 22 万亩，种植农户 4.2 万余户 18 万余人，覆盖建档立卡户 0.88 万余户 2.9 万余人。

“五化”优先，推动花椒产业健康发展促增收

从小到大，推动花椒产业规模化。鲁甸县林业和草原局想尽千方百计，找准支柱产业。鲁甸县地处乌蒙山集中连片特殊贫困地区的腹心地带，大部分贫困乡村地处偏远山区、深山石山区，山高坡陡，产业增收渠道单一。为打造农业支柱产业，组织干部职工顶烈日、冒酷暑，早出晚归，踏遍山山水水，走遍村村寨寨，综合分析、实地研判，考虑地理气候、找准市场销路，闯出了一条让农民群众增收致富的花椒产业发展道路。

说尽千言万语，做通群众工作。鲁甸是传统农业大县，山区群众大多以玉米、蔬菜等为主，投入高、产出低是大多数群众面临的困境。为切实解决靠天吃饭、靠地增收的实际，以“党员带头 + 干部包保”为切入点，

把龙头山镇光明村作为花椒基地建设示范点打造，采取“划片区包干做工作、群众座谈会做工作、以身作则做工作”方法，形成镇村党员带头种、先锋模范示范种的格局。龙头山镇光明村原村支书谭德军，将自家农地15亩全部率先试种花椒，成为光明村第一个“吃螃蟹”的人。花椒进入挂果期投产后，“花椒支书”谭德军以每亩0.8万元的丰厚收益，以“亏本由我承担”的大胆承诺，以面对群众的真情实意，吸引了群众、打动了群众，不断加入花椒种植的队伍中。光明村的成功为全县花椒推广迈出了艰难的第一步，2019年全村花椒种植面积13000亩，覆盖2121户8160人，实现户均增收11000元。

历尽千辛万苦，逐步发展壮大。根据省委、省政府打造世界一流“绿色食品牌”的战略部署，充分考虑资源现状、产业基础、市场需求、技术支撑、新型经营主体带动能力、产业覆盖面等因素，结合县内贫困户经营能力和脱贫需求，精准选择花椒产业作为“一县一业”扶贫产业，投入各级财政资金3364.51万元，累计实施17.5万亩花椒提质增效项目，使全县花椒产业发展从“建基础”向“见效益”转变，从分散种植到集中连片发展。

从无到有，推动花椒产业专业化。规范行业新标准，把花椒品质强起来。以鲁甸花椒为基准，制定行业标准。充分借助全国香辛料标准化专业委员会主任张卫民专家团队及昭通市花椒商会的技术指导，通过昭通市市场监督管理局认定，形成了《鲁甸青花椒质量等级标准》及《花椒行业标准》，为花椒市场提供强有力的质量分级依据。

推动科技创新，把花椒品牌树起来。为提高花椒产业的附加值、延伸产业链，积极引导大成、鑫辉等农特产品加工企业扩大生产领域，参与花椒产品的精深加工、包装和营销，打造了“鲁甸青花椒”“三川半”等知名品牌。同时，鲁甸县大成农业开发有限公司开发出高端产品青花椒精油、青花椒精油洗发水、沐浴露等日化产品，在产业链延伸方面开创了新局面。2019年大成、鑫辉公司通过招聘卡户务工、基地建设投工、技术培训代工等方式，带动776户卡户增收369万元。成立集西南林大、中国林科院、云南农业大学等高校科研机构的科研力量，致力于产、学、研一体的徐永艳农林产业专家工作站，通过专家指导促进我县技术人员、林产业发展能手等科学技能、知识储备、能力提升全面发展，使花椒产业真正成为鲁甸群众的脱贫致富的支柱产业。

加强技能培训，使花椒产量升起来。依托花椒产业“基础好、品种优、效益高”等特点，通过举办花椒丰产栽培技能培训、脱贫攻坚花椒提质增效技术现场培训等方式，农技人员到现场开展花椒施肥、整形修剪、树干涂白、病虫害防治，把花椒提升改造技术向群众推广，切实提高了林农种植管理水平，不断提升产量和质量。全县累计开展花椒抚育现场培训会215次，培训人员5.2万人次，发放花椒丰产栽培实用技术手册8万份，发放枝剪手锯2.1万套。

从粗到精，推动花椒产业绿色化。建设高标准农田，以绿色化带动花椒品质。打造绿色标准化花椒示范基地。以5000亩高标准花椒示范基地为目标，引进昭通科森种植有限公司，一期建设1600亩花椒水肥一体化高标准基地；在龙树二半山区投资100万元实施450亩雪椒水肥一体化基地。实施配套基地供水项目。整合涉农资金2633.07万元，通过新建、修复供水设施，实施花椒基地供水项目，覆盖全县四个乡镇万亩花椒基地，极大改善全县花椒主产乡镇缺水的困难。

从简到全，推动花椒产业组织化。探索合作模式，促进椒农增产增收。鲁甸山高谷深、沟壑纵横，大部分山区水、电、路等基础设施薄弱。为确保花椒产业稳步发展，2014年以来，县委、县政府按照“基地跟着农户走、项目跟着基地走”的原则，优先在适宜花椒种植的江底、龙头山、梭山等山区乡镇建设产业发展配套项目，每年投资100万元以上疏通南干渠，每年组织动员500余群众投工投劳参与沟渠疏通，保障基地正常供水。鲁甸县梭山镇埂底村，大山重围，自然条件恶劣，产业基础薄弱，是典型的集体经济“空壳村”，也是深度贫困村；县委、县政府因地制宜，结合埂底村实际，以花椒为抓手，以组织化为目标，以规模化为指引，通过发展村集体经济，依托“党支部 + 合作社 + 公司 + 农户”，形成了花椒“网格化”管理模式，实现了“单家独户零星卖”向“集中力量闯市场”转变，以技术、以土地、以花椒等方式入合作社 113 户（其中建档立卡贫困户 54 户），实现户均增收 3000 元。

强化模式创新，促进农民专业合作社发展。一是鼓励优秀人才领办。充分考虑贫困户缺乏资金、技术、管理能力的实际情况，鼓励具有一定出资、筹资能力的种养大户、致富能手牵头，依照有关规定，发起、领办花椒专业合作社，以资金、技术、管理等方面的优势带动贫困农户参与花椒产业发展。充分发挥能人大户思路活、信息快、门路广等方面的优势，共同解决品种、技术、销售等方面的问题。二是多元化推动。在兴办农民专业合作社主体上坚持多元化，引导贫困村农民专业合作社与中、小学校建立“校社”合作关系，形成“学校 + 公司 + 合作社 + 农户”的模式；发动社团组织、农业科技人员、大学生村干部、返乡创业人员等牵头组织建设合作社。鲁甸县小雨点花椒种植专业合作社在小寨镇大坪村老党员阮忠山的带领下，以“党支部 + 基地 + 合作社”的生产经营模式为依托，探索了一条产业链上建支部、党员示范带民富的新路，广泛吸纳贫困人口就近务工，实现了农民劳动在家，服务在社，产业造血脱贫。2019 年，合作社共有 3 个自然村 220 人（其中有建档立卡户 16 户），花椒面积达 1500 亩，实现产值 980 万元。

从难到易，推动花椒产业市场化。强化宣传推介，促进市场开拓。坚持“走出去”与“请进来”相结合，通过考察学习、大力推介、深入洽谈，不断提高我县花椒品牌知名度、推动花椒产业发展。一是宣传推介力度再加大。不断扩大鲁甸花椒知名度、美誉度和影响力。先后成功举办了 2011 年鲁甸青花椒节、2017 年鲁甸青花椒产业发展研讨暨招商引资推介会；积极组织参加第三届巴中·平昌青花椒节、第四届中国·韩城花椒大会、2019 上海农博会等各类展览会，进一步扩大鲁甸花椒知名度、美誉度和影响力，累计销售花椒 1000 吨，带动 461 户卡户增收 691.5 万元。

完善市场交易链，以花椒贸易带动市场化。以花椒产地为依托，建设交易市场。投资400万元，在龙头山镇建成6000平方米的花椒原产地交易市场，2019年年底实现花椒交易额9000余万元。通过邀请四川大学农产品加工研究院到我县考察花椒产业，成功签订《鲁甸县人民政府四川大学农产品加工研究院战略合作框架协议》，实现校县合作推动招商引资，促进形成市场培育宣传和花椒品牌创意提升。按照县政府“533”花椒产业发展思路，投资2000万元建成6000平方米花椒生产车间，为下步打造“花椒啤酒生产线、花椒精油萃取线、花椒烘干生产线”，推动精深加工产业发展市场化奠定坚实基础。

鲁甸花椒香麻天下，享誉四方。2015—2020年，鲁甸县深入贯彻落实习近平总书记视察灾区时提出的“小小花椒树，致富大产业”的重要指示，始终把发展花椒产业作为林业增效、农民增收的惠民工程来做大、做强、做优、做精，先后被国家林业局、中国经济林协会、云南省林业科学院授予“花椒工程技术研究中心鲁甸青花椒基地”“鲁甸青花椒名县”“科技创新基地”的荣誉称号。如今，通过走生态建设产业之路，逐步走出了一条生态美、产业兴、百姓富的“小康之路”，实现了“大地增绿、农民增收”的目标，截至2019年年底，全县花椒产量0.9万吨，实现产值9.0亿元，累计带动全县1.1万建档立卡户3.6万贫困人口脱贫，真正践行了习近平总书记“绿水青山就是金山银山”这句话的内涵，实现生态与脱贫双赢。

（作者时任鲁甸县林业和草原局办公室主任）

产业扶贫“多点开花”结硕果

段　飞

鲁甸县水磨镇素有“朱提江源，马铃薯之乡”的美誉，发源于水磨镇的朱提江滋养着昭鲁大地，镇域境内生态茂美，轿顶山风光旖旎，拖麻湿地景观别致。在水磨，千百年来，还有一种美，是高原上洋芋遍地花开！

2014年，全国上下开展扶贫工作，水磨镇属于偏远山区乡镇，贫困人口基数大，贫困程度深，给水磨镇党委、镇政府带领全镇脱贫出列造成了巨大的压力。水磨镇属于冷凉山区，虽然土地宽广，但是由于交通闭塞、技术落后、产业结构单一，大多为传统农业，附加值低下，要靠传统农业脱贫致富基本不可能，水磨镇党委、镇政府一度陷入了困境中，基础设施得不到改善、产业结构得不到调整、群众思想得不到解放，脱贫基本成为不可能。

按照“靠山吃山、靠水吃水”习惯，水磨镇以土地优势为依托，支持和鼓励创办发展新兴马铃薯专业合作社，合作社在技术指导刘飞的带领下快速提质增效，马铃薯种植走出了崭新的步伐，合作社通过流转土地扩大规模种植，群众通过土地入股获得一部分收益、在合作社务工获得一部分收益，带动周边群众迅速发展。水磨镇马铃薯种植很快扩展到周边乡镇，刘飞凭借20多年一心研究马铃薯的经验，到全市范围讲课、推介。到了2018年，水磨镇马铃薯种植达到了新高点，全国马铃薯大会现场参观点在水磨，也获得了种扩繁基地的“美誉”。马铃薯种植有了很大突破，在马铃薯测产中，专家、学者都惊讶产量非常高。虽然马铃薯种植取得了很大成效，但是要解决全镇贫困人口脱贫问题，难度还很大，压力依然很大，还需要进一步加快产业结构调整步伐。

水磨镇党委、镇政府力求寻找新型产业、脱贫产业、致富产业，先后组织人员到曲靖、广东、玉溪、会泽、盐津、大关等地调研产业发展，结合发展壮大村集体经济，鼓励各村（社区）自行调研，寻找符合本村发展实际的产业，寻找探索产业发展路径。终于功夫不负有心人，2019 年，水磨镇在各级各部门的关心指导下，立足水磨镇实际，内挖潜质、外引联动，多方学习考证论证，制定了切合水磨镇发展的产业迭代模式：稳住做精马铃薯产业，承接坝区烟草转移产业，引入开拓香葱、万寿菊、高寒冷凉蔬菜、独蒜兰等新兴产业，精准发力做精做特“一村一品”，准确切入市场需要，带领群众脱贫致富。

“香”满水磨坝 “葱”实钱袋子

2019 年 6 月，走进水磨坝子，空气中都弥漫着清香的味道，坝子中劳作的人们，脸上洋溢着迷人的微笑，他们的钱袋子，也日渐丰盈。这一和谐图景的绘制，源于香葱的种植。水磨镇忠齐香葱基地迎来今年首批香葱丰收，数百名来自水磨镇各村的务工群众带着小凳子，穿着雨衣在田间地头忙着拔葱拣叶，一派繁忙景象。

香葱基地负责人徐春芳介绍：水磨镇忠齐香葱目前规模 600 亩，下一步将扩大到 2000 亩。现在每天组织 200 多名工人进行拣葱，按照每公斤 0.8 元的工价进行计件结算，工人每天能得到 90 元左右的报酬。今天收获的这批香葱在进行清洗之后将及时装车发往山东、南京等地进行销售。

“家里面六个人，娃娃们都出去打工了，听到社长通知就来基地做工，我今天一大早就来了，这个工作比较好上手，一天可以苦 90 多块。”说起现在的生活，水磨村羊肠沟王家英脸上洋溢着幸福的笑容。

黑鲁村罗朝秀夫妻两人一边分拣香葱一边说：“现在家里生产几乎没得什么事情了，听说香葱基地招人，在家闲着也没事，一大早就赶过来了做工了，赚点钱补贴家用。”

“小香葱，大产业，促增收，笑开颜。”水磨镇党委、镇政府结合实际，坚持以脱贫攻坚为核心，全面建成小康社会；积极引进企业发展香葱产业，采取“政府 + 企业 + 村委 + 农户”的发展模式，把扶贫车间带到了群众家门口，实现在家门口就业，促进产业发展、农民增收、企业增效，助力精准脱贫。

不是每一步走都能轻松惬意。水磨镇引进香葱种植，也是经历了一波三折。刚开始，一辈子在土地上刨食吃的群众怎么也不相信，种根葱都能发家致富，土地流转时就遇到了较大阻力。水磨镇党委书记李亚品、镇长蒋开谋多次召开群众会，邀请香葱种植企业技术员来给群众讲运营管理，讲市场销售，讲群众的收入点，逐渐地，群众抱着试试看的心态才得以让香葱种植落地这方水土。为何引进香葱种植？这也是多方论证的结果。水磨镇海拔大多在 2000 米以上，以水磨村为中心沿龙树河水磨段的地块，基本上都是黑油沙质返潮土壤，天然的气候和土壤都较适宜香葱的生长。

论证敲定后，水磨镇党委、镇政府采取稳步推进、小步快跑的工作思路，引进昭通忠齐农业开发有限公司实施香葱种植，使香葱种植产业项目顺利落地并逐步推开。截至目前，水磨镇共流转土地种植香葱 626 亩，按照规划，2020 年内计划种植香葱达到 2000 亩，三年达到 5000 亩以上种植规模。

水磨镇香葱种植项目之所以能够形成今天的规模，能够成为当地带动群众致富的新兴产业，倾注了党委政府、企业和干部群众的心血，汇聚了各方的力量。

水磨镇党委书记李亚品介绍说："从水磨镇开始布局引进香葱产业项目，镇党委、镇政府就做实招商引资的宣传工作，在香葱种植项目上党委、政府多次诚心地和企业联系，宣传水磨的自然条件优势，交通条件优势以及用工优势，吸引镇外有技术有管理经验有市场渠道的企业到水磨发展兴业。

"做实土地流转的群众工作。香葱项目目前我们一共流转土地 626 亩，涉及 6 个村民小组上百户群众的土地。在土地流转过程中召开了 11 次群众会，跟群众算收入，谈发展，讲政策。不断转变群众传统种植的观念，让群众逐渐参与到产业组织化规模化现代化的发展中来，在家门口务工，逐渐让群众实现从农民到产业工人的根本性转变。"水磨镇镇长蒋开谋介绍说。

水磨镇香葱种植项目从开始群众怀疑到逐步尝试，首创精神让香葱形成了拉动当地脱贫致富的新兴产业，不仅带给群众实实在在的收益，还极大地鼓舞和激发了当地干部群众敢于尝试、敢闯敢干的精气神。

种植万寿菊　开出"致富花"

2020 年 7 月，鲁甸县水磨镇 3000 亩万寿菊竞相绽放，从空中俯瞰，一片片金黄的万寿菊镶嵌在绿油油的山峦之中，美不胜收。近年来，黄泥寨村因地制宜，积极调整产业结构，按照"一村一品"思路发展成业，开辟了一条山区群众的致富新门路。

水磨镇平均海拔 2000 米以上，属高寒冷凉山区，传统农作物只有玉米、马铃薯、荞麦。在脱贫攻坚工作中，黄泥寨村总支书记孔维权了解到文山州种万寿菊成效比较好，于是他带领村"两委"到文山州考察，并主动与当地公司洽谈，邀请公司派员到水磨考察万寿菊是否适宜种植。"他们调研以后说可以种，我们就和他们签了合同。他们提供部分资金给我们做垫本，然后收起花来我们慢慢地赔，他们垫的资金有 70 万元，我们的薄膜肥料就基本解决了。”孔维权对我们说道。

据专家介绍，万寿菊对环境的适应能力比较强，花期较长，且花形硕大，颜色鲜艳，不仅具有观赏性，还可入药，可食用，可以提取天然黄色素。水磨镇得天独厚的气候环境就非常适合万寿菊种植。为了带领群众找到新的增收产业，探索创新“一村一品”的发展思路，把产业扶贫作为稳定脱贫的主要依托和根本措施，水磨镇黄泥寨村以党支部为主导，通过“党支部＋合作社”模式，流转土地3000亩，党员带着群众干，做给群众看，带领群众开辟种植万寿菊增收致富这一产业新路子。

“我们黄泥寨是一个总支，下设四个支部，合作社这里又成立了一个支部，就有五个支部。”总支书记孔维权说，合作社这个支部就是专门带领老百姓搞种植、养殖。由于当地属于渔洞水库径流区，就没有太多的搞养殖，今年就选择种菊花。

黄泥寨村万寿菊种植依托县委组织部10万元集体经济发展资金起步，加上公司垫付的70万元，合作社又贷款10万元，总投入资金90万元。运作模式由合作社负责种植，公司以合同价每斤0.5元负责收购。支书记孔维权算了一笔账：“按现在这个价格算下来可能每亩产值在3000—4000块钱，纯收入应该不会掉下2000块钱。”

眼下，金灿灿的万寿菊呼吸着高原的新鲜空气，成熟得争奇斗艳，已经开始采摘，稍晚的含苞待放，亭亭玉立，煞是惹人喜爱。村民陈学琼家里土地比较少，丈夫在家管理土地，照顾孩子上学，这些天陈学琼就到合作社帮忙摘花。“老公在家里种庄稼，我在合作社做工，觉得要划算一点，每天10多个人，每个人能摘1000多斤，一个人能挣100元。”

万寿菊种植与传统农作物相比，生产成本低，劳动力投入少，经济效益相对较高。规模化种植既解决了农村外出务工土地闲置的问题，也解决了村里剩余劳动力的就业问题。村民龙正武在合作社打工学技术，经过一段时间摸索，他已经掌握了种万寿菊的基本知识，先前对种植万寿菊还持怀疑态度的他，决定明年自己也要种几十亩万寿菊。“今年在合作社，主要是学习技术，打台、摘花我们都是做得很好的，我们老百姓看着这个花效益好都想种一点，我想种几十百十亩，也想致富。”

目前，公司储藏万寿菊的花池已经建好，万寿菊收购已经开始，加工厂房正在建设中。明年合作社除自己种的3000亩外，还将带领周边几个村的群众也种万寿菊，合作社为群众提供种苗培植等技术指导，并负责回收。书记孔维权满有信心地描绘着前景：“明年我们就在黄泥寨24平方公里的耕地面积上大量推广万寿菊这个产业，明年黄泥寨这个村不会少于10000亩，连上周边的嵩坪村、拖麻村、滴水村，四个村总量要有4万亩左右，那时黄土高原上将会绘就出金光灿烂的一片美丽图景。”

种植高原西瓜　群众获得“新希望”

2018年，在外拼搏多年的陈大方考虑到年迈的父母在家无人照顾，毅然决定回乡发展。在回到家乡后，他根据自己多年种植经验，认为滴水村非常适合种植西瓜，于是，他成立了大方正兴瓜果专业合作社，劝说并带领当地群众尝试在家乡建大棚、种西瓜。2019年，根据当地地理特点，陈大方引进了适合在高原地区生长的杂交品种美都西瓜，并试种了8亩，这期间，通过不懈钻研，克服种种困难，控制西瓜“高原反应”，几个月后，试种的8亩西瓜都获得丰收，甜美多汁的西瓜一经采摘，就深受当地群众喜爱，取得了很好的经济价值。2020年，陈大方扩大规模，开始大面积种植西瓜。水磨镇滴水村，2700多米的高海拔地区，一片片白色的大棚下，西瓜种植给当地农民带来了“新希望”，被群众所嫌弃的黄土地竟是种植西瓜的好地方。

水磨镇滴水村海拔高、土地贫瘠，一直以来，当地农户主要种植马铃薯、荞麦等传统农作物，产值不高，经济价值没有得到体现，很大程度上制约了当地群众增收致富。33岁的陈大方，祖祖辈辈都是地地道道农民，早年间因家境贫困辍学，19岁那年，迫于生计的他离开家乡，先后前往广州、海南等地务工，由于没有专业技能，他只能到外地老板承包种植西瓜的农场务工，经过多年的种植学习，积累了丰富的西瓜种植经验。

滴水村以前主要种植马铃薯、荞麦等传统农作物，因为高海拔地理特点，传统作物产值较低，但是，高海拔地区平均每天长达十几个小时的光照以及较大的昼夜温差，却成了种植西瓜得天独厚的条件，种出的西瓜品质好，价格也看好，在带动当地父老乡亲共同致富的同时，也能照顾年迈的父母，一举两得。

董国能是当地的建档立卡户，一家6口人，经济压力较重，今年，他以土地及资金入股方式，加入了合作社，共同种植西瓜，董国能满含笑意告诉我，以前地里种荞麦，每年收入不高，改种西瓜以后，相比起来收入高多了，现在做事充满了希望，干劲大。

目前，走近"高原西瓜"种植基地，银白色的西瓜大棚整齐分列两边，在阳光下汇成"银色海洋"。大棚内，一藤接着一藤，一瓜挨着一瓜，产量喜人。大方正兴合作社现种植西瓜有麒麟和美都两个品种，皆各有特点：美都瓜花纹小、瓜皮薄、果肉桃红、清脆多汁、甜度高达15；麒麟瓜花纹稍大、皮稍厚、个头小，同样甘甜多汁。为确保品质优良，陈大方坚持纯绿色种植方式，西瓜采摘之前不喷洒任何农药、不打任何激素，待采摘后，方进行叶面施肥，保证每一个西瓜无任何农药残留及激素危害，让消费者买得放心、吃得舒心。

目前，当地西瓜已扩种到50余亩，100多个大棚，预估产值可达30余万元。今年以来，已外销广西、四川等地80余吨，累计用工1000余人次，有效带动了当地群众就业增收，助力脱贫攻坚。

（作者时任水磨镇副镇长）

发展花椒产业　助力脱贫攻坚

曾庆文

熠熠金秋，龙头山镇椒香四溢，绿意盎然，青花椒漫山遍野，绿了山川，富了农民。步入树林深处，一串串颗粒饱满的青花椒缀满枝头，林间闪动着村民采摘花椒的身影。走进集镇老街，一袋袋麻味飘香的干花椒溢满街头，村间小院时时传出商贩们讨价还价的声音。尤其是晚上，灯火通明，人头攒动，人声鼎沸，“花椒夜市”成了龙头山一道独特亮丽的风景，成了一张产销两旺的响亮名片。一派丰收的喜悦洋溢在乡间农院。

花椒产业是龙头山的龙头产业，现在已经成为助推群众脱贫致富的产业支柱，到目前为止，全镇青花椒种植面积 6.8 万亩，产值 2.49 亿元，占全镇总收入的 60%。山坡地变成了群众的绿色银行，走出了一条特色产业扶贫的新路子。

花椒产业助脱贫

“我家的花椒有两亩多，每年采收干花椒 300 多斤，毛收入超过两万元，花椒树变成了摇钱树。”光明村 46 岁村民杨正礼乐呵呵地说：“以前，大家只知道种植玉米、荞麦等粮食作物，辛辛苦苦一年只能勉强填饱肚子。

现在种植青花椒，土地亩产值轻轻松松超过万元。”

地震前，杨正礼家有5间土瓦房，地震时，5间土瓦房全部倒塌，家里80多岁的爷爷奶奶都不幸遇难，被埋在了老房子的废墟下。在埋葬好爷爷奶奶后，全家商量另找一块地重建家园，在政府及各单位的帮助下，在离老房子500米远的地方，修建起了3层300多平方米的楼房。现在，不仅在5间老屋的地基上种上了花椒树，还把原来种烤烟的土地大部分改种花椒树。2015年纳入贫困户，2017年脱贫，能在短短三年脱贫出列，还得益于花椒这棵“摇钱树”。

杨正礼大致算了一笔收入账：栽种了2亩花椒树，年收入两万多；土地流转的1000多元；在合作社打工，养鸡每月3000元工资，一年就是3万多元；加入养鸡合作社，一年能分到2000多元的红利。实际收入加起来，就有6万多元。种植养殖齐头并进，不愁贫困户脱不了贫。

正是有了这些持续稳定的收入。2017年，杨正礼家凭借种花椒和养鸡已经成功脱贫。现在，杨正礼是花椒种植大户，对花椒修枝、整形、施肥及病虫害防治等技术了然于心，还经常对其他村民传授种植技术。

过去，位于半山腰的光明村交通不便、缺水严重，山坡上全是传统的玉米等农作物，农业生产靠天吃饭是常态，贫困也成了村里最大的现实。现在村里的水、电、路、网等基础设施极大改善，全村2100多户村民家发展花椒产业，户户都有增收项目，“小小花椒树，致富大产业”。习总书记当年的嘱托如今已成为现实。

像杨正礼这样的花椒大户在龙头山镇有4000多户。王云坤、龙祥文、肖祥虎、肖慈贤、李树林、姜成学、林清洲……

“我家去年花椒收入将近8万元，今年受疫情影响，价格有所下降，但是今年产量高、颗粒大、颜色好，总收入不会减少。全家的生活、娃娃们的学费，全靠它了。”沙坝村姜成学乐呵呵地说道。在他看来，龙头山镇能发展起花椒这样的数亿元产业并不容易，他说：“多亏了党的好政策，多亏了龙头山镇党委、镇政府！”

镇村协力谋发展

2015年1月19日，习近平总书记到鲁甸“8・03”地震灾区看望慰问受灾群众，叮嘱全力做好恢复重建工作大力发展产业。5年来，龙头山镇干部群众牢记习近平总书记殷殷嘱托，大力发展花椒产业，齐力打造花椒小镇，使花椒成为灾区灾后重建、脱贫攻坚路上的有力支撑。

“龙头山青花椒颗粒大、麻味浓、油包鼓，人工采收，自然晾晒，香麻持久，品质居各类花椒之首。”说起花椒种植，被誉为“花椒支书”的谭德军如数家珍。他说：“为从源头上保证花椒的产量和品质，我们按照‘合理施肥、科学修剪、中耕除草’的原则打造规范无公害高产优质青花椒，通过定期组织开展花椒提质增效技能培训，以前一亩花椒的产值只有四五千元，现在的亩产值突破了1万元。”

谭德军是龙头山镇副镇长，也是原光明村村支书，他介绍说，龙头山俗有“十年九旱、三年两无收”的说法，山高坡陡，自然条件十分恶劣。有关部门在调研时发现，当地的山地、气候、土质很适合花椒树的成长。但村民一开始很担心，自己以前没种过，种洋芋、苞谷卖不出去还可以自己吃，花椒种出来卖不掉怎么办？再加上改种花椒，要三年后才可以采摘、上市销售。甚至有些村干部帮忙种下的花椒树，被农户拔掉。

为了说服群众，彻底打消村民对花椒销路的顾虑，谭德军和村干部告诉村民，花椒在四川、重庆这些以麻辣口味为主的地方销量很好，不愁卖不出去。空口无凭，干脆组织团队赴重庆考察，考察人员有村民小组长、党员干部、农户等30多人，其中一半是反对种植花椒的农户，坐火车来到重庆观音桥等大型批发市场，了解行情，实地考察，知道销路没有问题，打消了村民种植花椒的顾虑。

为了解决村民三年口粮“挂空当”的问题，镇党委、镇政府向上级有关单位汇报、积极争取后，申请到一个900亩国家退耕还林项目：种一亩花椒，给每人260斤粮食、每名孩子40元钱的教育附加费。

谭德军等村干部商量决定，由村干部先带头示范改种花椒。他首先在自家地里种了20亩花椒，并要求村“两委”人员和党员也在地里先种植花椒。同时又走村串户给群众做工作，甚至为了打消他们的后顾之忧，打下种出来后卖不出去怎么办的“包票”。三年后，第一批花椒成熟采摘后，谭德军和村干部们带上村民把花椒、烤烟、玉米、荞麦、土豆拿到附近农村集贸市场上卖，按照当前市场折价计算，种植青花椒的收入是种烤烟的1.5倍，是种玉米的5倍，种荞麦的10倍，种薯类的15倍。算了一笔账后，一部分村民才开始跟着种花椒。在效益面前村民们彻底相信种花椒是致富的不二途径，都争先种植。经过一番波折，花椒种植总算推广下去了。

为不断壮大花椒产业，打造花椒小镇，镇党委政府多次邀请有关专业单位到龙头山镇各村（社区）勘测土壤，监测气候，发现在沙坝、营盘、八宝、龙泉、骡马口等村也适合种植花椒。镇党委政府立即购入一批青花椒苗、花椒肥，剪枝工具发放给村民，组织科技人员通过走村串户，手把手地教农户。经过努力，花椒小镇初现雏形。

为推进花椒产业的发展，实现农民增量增收，镇党委、镇政府多次邀请农业局专业技术人员到龙头山开展花椒提质增效培训会，用通俗易懂的语言为村民讲授花椒种植，成树修枝整形及病虫害防治等理论知识，深入田间地头，通过现场演示、结合理论为群众演示花椒修枝整形技术。

“不管理花椒树，不仅颗粒小产量低，还卖不上好价钱。种好花椒树，关键靠管护。”在自家花椒林里，姜成学熟练地绕开花椒树的刺采摘。从只种不管到修枝打杈、除草施肥，这两年，姜成学对自家的花椒换了个种法，产量翻了两番。

拓展产业创新路

近年来，因为花椒的经济效益较好，花椒不再是龙头山的“独家品牌”，永善花椒、昭阳花椒相继问世，市场竞争日益激烈。“把花椒种植推广开来是第一步，怎样让农民持续增收是我们当前面临的难题。”龙头山镇党委书记李善云说道：“探索新道路，寻求新的经济增长点才是关键之策。”

以前花椒的售卖大多自产自销的分散交易。为了畅通销售渠道，规范交易市场，龙头山镇党委、镇政府科学规划、合理布局、因地制宜地在沿河村小河口昭巧二级路边建成青花椒集中交易市场。每年青花椒采收季节，全国各地的花椒商贩聚集龙头山收购青花椒。2019 年在龙头山镇成功举办的第一届鲁甸青花椒原产地交易市场订货会，吸引 30 家客商，达成 9868 万元交易额。利用这种模式吸引外来商户集中采购，引导本地椒农集中销售，降低了企业运输成本及农户市场风险。另外，积极拓展线上，成立了电商服务中心，开通淘宝专卖店和微店，注册了“云产百销生”商标，该平台与深圳致远行旅游有限公司达成合作关系，将龙头山青花椒卖到了南亚、东南亚等地。

充分利用林下资源，催生出了另一笔财富——椒林鸡。建立“椒林鸡”养殖基地，大力发展林下经济。吃花椒树叶、杂草长大的鸡，比一般鸡的肉质、口感都好，有一种淡淡的花椒麻香味。另外，这些鸡待过的地方，不仅不用人工除草，还自然施肥，花椒树还很少有病虫害，尤其是蚧壳虫，这样花椒果实会长得更大、麻香味更浓，产量更高。盛产期花椒亩产值高达 1 万元，林下养鸡又能增加 5000 元左右的收入。大大提高了花椒的经济效益。位于黄家林社的鲁甸县万杰种养专业合作社，一群“椒林鸡”正在花椒林下咕咕作鸣。运用“合作社 + 基地 + 支部 + 贫困户”的发展模式，肉质鲜美的“椒林鸡”“飞”出大山成为城市人餐桌上的美味。通过土地、花椒林入股，发展了包括 34 户建档立卡贫困户在内的 41 户会员，第一批鸡出售后每户会员都获得了 2400 元的分红。此外，合作社里的贫困户会员还可优先在社里上班，借此切实改变贫困户生产生活条件，助力脱贫攻坚。

为了提升产品知名度，打造自主品牌。通过加大产品研发、扩大生产领域、加大包装营销等方式，成功打造了“鲁甸青花椒”“三川半”等花椒产业知名品牌；镇党委、镇政府多方运筹，集思广益，调整产业，发展思路，通过引进花椒产品深加工企业，提升花椒附加值。推出了花椒精油、青花椒沐浴露、洗发水、花椒足浴包、花椒木雕等精深加工产品，收到了较好的经济效益。镇党委政府打算探索花椒面膜、花椒籽枕头等附属产品，变废为宝，让“摇钱树”发挥更大的作用。

与此同时，镇党委及村委会极力打造以花椒基地、花椒交易市场、花椒美食、椒林鸡农家乐为一体的“花椒小镇”，继续做大做强青花椒特色林产业，将生态文明建设及脱贫攻坚有效结合，深挖青花椒潜力，发展村集体经济，并且充分利用每年一度的“小寨樱桃旅游文化节”龙头山作为分会场的优势，大力宣传青花椒产品、椒林鸡，让青花椒真正成为群众的“摇钱树”。

从抢险救灾到恢复重建，再到脱贫攻坚，龙头山不仅实现了脱贫摘帽，还走上了乡村振兴的康庄大道。在短短的五年时间里，龙头山镇花椒种植面积从不足 2 万亩发展到 6.8 万亩，花椒年产值从 2.3 亿元增加到 3.8 亿元，花椒这把“金钥匙”打开了村民脱贫致富的大门。

花椒产业的拓展，使全镇村民脱贫致富，山川更加亮丽，龙头山镇的明天定会更加美好。

（作者系龙头山镇办公室工作人员）

发展樱桃产业　助力脱贫攻坚

陈　炜

每年春天，十里长廊及农家果园樱花盛开，繁花似锦。盛夏时节，小寨的樱桃挂满枝头，红得像一串串玛瑙，晶莹剔透，沾着雨露，鲜艳欲滴，叫人挪不开眼，带给你无限的享受，鲁甸小寨的樱桃红了！

小寨镇把发展樱桃产业作为支撑点，将特色林果业和旅游业相结合，打造樱桃节、儿童游乐园等系列创收项目，着力实现“脱贫摘帽”的目标。截至今年，小寨镇河畔已建成10公里樱桃长廊，樱桃种植面积1.4万多亩，在樱桃节里每天可接待游客4万多人；同时，还建成了10公里蔬菜走廊、1000亩蔬菜基地；10公里沿河绿色观赏走廊、1000亩水果基地。小寨多家星级农家乐遍布村内，加快了脱贫攻坚的进程。

红彤彤、水灵灵、娇滴滴、沉甸甸的樱桃压弯了树枝，在阳光下娇艳无比，在绿叶的映衬下，有如佳人丰润的容颜妖娆动人。让人不禁想起一句古诗：“红了樱桃，绿了芭蕉。”

小寨樱桃，不施加农药，不加激素催熟，都是十分生态鲜美的水果。人间四月，茶余饭后，坐在果园里摆上一碟大樱桃，看一页书，吃一颗樱桃，甜嫩爆浆，多汁满溢，谁能拒绝这样的享受？

五一假期，天气晴朗，艳阳高照，正是樱桃成熟季节，也是举办樱桃节的最佳时节。樱桃盛宴吸引了很多游客前来品尝樱桃，吃农家饭菜，赏田园风情。生活明朗，万物可爱。这里的天空很蓝、空气清新、太阳很暖，在平淡生活里寻找一些美好情趣，体验田园风光，游客如织，樱桃节沸腾了，小寨沸腾了。

小寨镇精心组织的樱桃节盛宴，举办农耕文化展、农家乐等假日旅游活动，人气高涨，迎来大批游客，燃爆小寨。五一期间每天游客达 4 万人左右。

为办好五一假日旅游和樱桃节活动，鲁甸县委、县政府抽调相关部门维护交通及市场秩序，小寨镇全体干部职工也全员投入，充分保障服务游客和果农，确保交通通畅，秩序稳定，游客可放心前往。

五一正是来小寨吃樱桃的好时节，来自四面八方的游客尽情游玩、观光、体验采摘品尝的乐趣。

游客刘晶晶说："这里的樱桃真的很好，好多树呀，我真的是第一次见到那么多的樱桃树，樱桃特别甜，特别好吃，水分也特别足，真是不枉此行。"今天在这里品尝还不够，还要带上几篮给家人和朋友品尝。

游客吴明说："我觉得这里的樱桃又大又甜，口感好，令人口齿生津。来到小寨吃樱桃，这里的人们都非常热情，活动丰富多彩。在这里我也充分体会到了采摘品味樱桃的乐趣，明年想带全家人一起过来游玩。"

在卡户赵庆朗家的樱桃园里，他正忙着给顾客采摘樱桃，去年他家的 4 亩樱桃收入 3 万元左右，今年樱桃比去年好，价格都是每公斤 40 元左右，今年的收入比去年多 4000 多元。他说："以前种苞谷一亩只能产 1000 斤干苞谷，收入也就是 1100 元左右，种樱桃一亩收入能达到 8000 元左右。现在承包地全部种樱桃了，现在的 4 亩樱桃已经丰产，其他的还是小树，再过几年挂果了就会有收入，现在樱桃就是我们的摇钱树。这样的收入，还是靠上级党委的宣传、樱桃节的举办，才让小寨樱桃名扬四方。"

村民胡德才也高兴地说："去年樱桃的收入不错，今年我家 30 多亩樱桃，主要施用有机肥、从不使用农药，味道特别好，1 公斤可以卖到 40 元左右。亩产也在 5000 元左右。樱桃节期间还开了农家乐，为了满足游客的需要，今年还开了回族餐馆。来我家这里的游客不但可以品樱桃还可以尝农家菜，回族、汉族都可以来就餐，这既方便了客户又增加了收入。樱桃节期间农家乐的收入几万元钱是没有问题的。”

小寨樱桃种植面积增加、游客增多，促进了小寨镇第三产业的发展。在樱桃成熟季节，很多商户纷至沓来，带动了地摊小吃的发展，炸洋芋、凉粉等得到了顾客的喜欢，樱桃陆续成熟前后有一个月左右的时间，每天营业额有 2000 元左右，村民得到了很大的实惠，利润可观。使他们有了获得感、幸福感。有力地加快了脱贫致富的步伐。

游客们眼中的果园风光也是村民们的致富希望。如今，小寨樱桃形成了 14000 余亩的大规模樱桃种植区域，集中在大坪社区、赵家海村。大坪社区还成立了鼎盛樱桃专业合作社，每年帮群众销售樱桃，解决了部分群众樱桃销售的困难，收购樱桃价格不低于市场价，保证了果农的利益不受影响，还增加了收入。合作社每年销售金额在 30 万元左右，通过合作社的销售、宣传大大提高了小寨的知名度，是脱贫攻坚有效的产业支撑。

2020 年，通过樱桃节的举办，农家乐已经发展到 30 多家，通过招商引进了各种餐饮行业、儿童游乐园，让游客来了有吃有玩。小寨樱桃销售收入每年在 8000 万元以上，若 14000 亩樱桃全部丰产，樱桃收入将突破亿元大关。现在小寨的樱桃有了好品质、好口碑。人气越来越旺，村民的钱袋子也越来越鼓，在脱贫攻坚中起了很大的推动作用。

（作者系鲁甸县小寨镇农业农村和集体经济发展中心职工）

小蜜枣、康乃馨　特色产业的致富之歌

先　勇

“脱贫路上有党和政府，我不愁”

2020 年 9 月，江底镇水塘村村民陈英在小蜜枣大棚里为枣树浇水，树上密密麻麻的小蜜枣已经把树枝都压弯了腰，这一年，已经是她以土地入股合作社的第四年，每年除了小蜜枣的分红，在合作社务工还能让她每年增加 3 万元左右的工资。

2014 年，陈英遭遇了一场灾难：老伴得了癌症。病发去世，家里仅有的一点点积蓄已花光，最后债台高筑。家里的顶梁柱倒了，失去亲人的痛苦，两个孩子的养育、老人的赡养、偿还数万元债务，她都要面对承担。2015 年春节后，高中毕业的大儿子迫于无奈与同村人去了沿海打工，由于没有技术，年龄又小，只能做一些打杂跑腿的事，小儿子靠助学金继续学业。

脱贫的机遇从天而降，就在这个时候，江底镇人民政府组织团队对红河州小蜜枣多次考察，对江底镇多处地块进行检测，最终选定了陈英所在的大坪村做试点实验地。初期，大坪村的土质对小蜜枣的生长是不利的，铜含量超标，但其他条件都非常适合，于是，江底镇认为不能因此而放弃，决定再进行实验。

2016年，红河州小蜜枣引进项目最终确定下来，为了定向扶贫，决定村民可以以资金、以承包地的方式入股成立合作社，优先安排建档立卡户参与果园种植经营，没有文化的陈英有点不相信，但出于对村支书和对政府的信任她决定试试。于是，她主动告诉村支书，愿意将自家一块承包地入股。平时，自家农活不忙的时候，陈英就到果园里做工，修剪树枝，浇水，除杂草，工作轻松容易上手，每天还能领到工资。渐渐地，她的收入增加了，为丈夫治病欠下的债也还得差不多了。

就在前几天，小儿子考上了大学，陈英也搬家了，住进了今年新修的房子里，可谓是双喜临门。同村邻居知道这一天是陈英家的大喜日子，早早地就带着鞭炮和红绸带来到她家，陈英说："感谢党，感谢政府，我一点文化都没有，穷了一辈子，尤其是前几年老伴去世后，只要能让我的孩子上学我就已经很知足了，我连想都不敢想我这辈子还能把债还清，更别提修新房子，学技术，年底还能分到钱，脱贫路上有党和政府，我不愁。"

金丝小蜜枣树，卡户的"摇钱树"

鲁甸县亨丰种养专业合作社种植的金丝小蜜枣见效快，收益高，且很适合江底镇水塘村气候和地理环境。江底得天独厚的地理环境养成了小蜜枣的高糖分，市场销路看好。江底镇海拔高，日照时间长，小蜜枣颜色鲜亮有光泽，昼夜温差大，糖分积累多，小蜜枣助推江底镇经济发展。

"常吃小蜜枣，青春永不老。"为了生产健康无污染的绿色食品，小蜜枣基地坚持使用农家肥替代化肥，坚持以物理方式处理虫害问题，并在2019年成功申请了绿色食品标志品牌，小蜜枣大棚由原来的几个增加到了40余个，面积近千亩。在镇政府的指导下，合作社计划扩大规模，增加资金技术投入，建设冷藏保鲜库，发展产业，延长产业链，让小蜜枣变成脱贫致富的富贵果、幸福果。

江底镇江边河谷地区特殊的地形地貌构成独特的“一山有四季、十里不同天”的独特气候；江底的农产品生长在空气清新、无污染的自然环境之中，形成了特有的品质；江底镇地处两省三市五乡镇接合部，区位优势明显。但境内山高路陡，耕地面积少，水资源匮乏，传统的烤烟、玉米、洋芋等种植业，难以有效促进群众增收，独特的区位优势和资源禀赋并未得到很好发挥，严重制约着经济发展，农民连年贫困始终困扰着这个小镇，为助推脱贫攻坚，江底镇围绕“户户有增收项目、人人有脱贫门路”的总体目标，按照“一村一品”思路，大力发展生态畜牧、蔬果等特色种植、养殖业，在扶贫产业上狠下功夫，带动更多贫困群众增收致富。

江底镇因地制宜，大力调整产业结构，把小蜜枣作为扶贫富农的重点产业来抓，动员有能力、有意愿的村干部、党员、致富带头人等通过土地流转的形式进行连片、规模种植。通过合作社辐射、示范作用，带动周边具备蜜枣种植条件的农户 800 户 2451 人参与蜜枣种植，通过“支部 + 合作社 + 农户 + 基地”的生产发展模式滚动发展，实现种植规模 1500 亩以上，增加经济收入 1.08 亿元以上。

洗羊塘村，康乃馨正在怒放

江底镇也有一个像春城一样美丽的小山村——洗羊塘，这里的康乃馨一年四季盛开，不仅装扮了这个美丽的山村，也带动了洗羊塘村民走向脱贫致富的小康路。在洗羊塘，康乃馨代表的不仅是母亲节，更是让村民们丰衣足食的经济保障。

阮殿网是鲁甸县林草局派驻洗羊塘村扶贫工作队队长、第一书记，2017 年，一直忧心洗羊塘发展的他深感洗羊塘村缺水严重，传统的烤烟、玉米、洋芋等种植业，难以有效促进群众增收，地处干热河谷地带，拥有特殊的地理区位优势和独特的自然条件的独特资源禀赋未能得到很好发挥，并且昭会高速公路、213国道等穿境而过，交通便利，区位优势明显，对花卉情有独钟的他常想要尝试可以种花，在这个美丽的山村，既可以美化环境又可以增加村民们的收入，那就再合适不过了。

阮殿网不仅有这样的想法，还付诸实际行动，在对数十种鲜花进行考察后，他发现康乃馨是一种大量种植的石竹科属多年生花草植物，是玫瑰的一种，常开重瓣花，花色多样且鲜艳，气味芳香，是最受欢迎的鲜花之一，代表了健康和美好，可供作插花、胸花等。花期4月至9月，保护地栽培可以四季开花。

于是，雷厉风行的他带领驻村工作队与洗羊塘村党总支一起，通过多方考察和调研，决定成立鲲鹏种养专业合作社专业种植花卉。

功夫不负有心人，2018年4月，合作社成立了，流转土地70余亩，从外地引进康乃馨、蜡梅、绿毛球等花卉品种进行试种，并且获得了成功。

200多个岗位，不出门打工也能奔小康

术业有专攻，在成立了专业合作社后，新的问题又产生了，非农学出身的阮殿网不会花卉管理，担心会得不到理想的效果，于是，经过开展会议讨论，最终决定聘请曾经在昆明从事花卉种植养护工作的邵明菊回乡参与管理。

和陈英一样，邵明菊也有康乃馨基地的股份，因为她是技术骨干，工资比普通工人多出一倍。

邵明菊常常说：“我非常感激阮书记和扶贫工作队可以给我这个工作机会，我家离花卉基地近，在这里可以将自己的工作经验应用到家乡的建设

中来，还可以照顾孩子和老人，同时又能为家庭增收，年底还可以通过分红得到一笔可观的收入。”

年轻的邵明菊通过村里的技能培训和本身的工作经验，已经练就一身的花卉种植本领，据她介绍，合作社优先安排村里的建档立卡户和低保户参与基地的管理运营，包括土地流转也是优先照顾他们，花卉种植每年为村里提供200多个岗位，有效地缓解了村内留守儿童，妇女和留守老人的问题，促进了社会稳定与和谐。

合作社的鲜花到了繁花盛开的季节，阮殿网同志带队拉着花儿去斗南卖花，国家对农副产品免收过路费，减少了运输成本，来回昆明一天的时间，只需要油费，这给合作社节省了一大笔开支。阮殿网和驻村工作队队员看着车上那些含苞待放的花儿，常常会感到惬意极了。合作社种植的康乃馨因为枝条粗壮，花型美观，刚运到昆明斗南花卉市场，半小时就被抢购一空，供不应求。在阮殿网的内心深处还有一个更大的理想，那就是希望有一天这些花儿能销售到全国各地乃至全世界，让康乃馨带着合作社社员、洗羊塘村民奔向幸福的明天。

拓宽致富门路，绿水青山变金山银山

为使贫困户有稳定的收入，江底镇加大了种养殖、务工等主要增收渠道的投入力度，形成了以马铃薯、玉米等传统作物为主，以烤烟、核桃、花椒等经济作物和以蜜枣、花卉等特色作物混合的种植模式；养殖上，以发展能繁母牛养殖为主，以向外转移劳动力就业培训为辅的务工模式，积极引导外出务工增加收入。多途径保障了贫困户收入的持续性。

2018年，江底镇还因地制宜发放马铃薯种薯1737户、绿肥草种子671户，实施烤烟种植4560亩，核桃、花椒提质增效2.9万亩。依托整乡推进项目，每户建档立卡户补助3000元用于能繁母牛的养殖，全镇畜牧业进一步扩大，预计畜牧产值达9900万元。

同时，大力培育新型经营主体，发展农民专业合作社达43个，其中7个合作社按照“党支部＋合作社＋农户”的模式发展，建档立卡户入社率达100%，带动小蜜枣种植750亩、花卉种植100亩、加工型马铃薯10000亩。进一步加大劳务输出培训，鼓励外出务工，累计劳务输出10950人，预计实现务工总收入3.1亿元。

在脱贫攻坚工作中，江底镇党委、镇政府真正把贫困群众放在心上，做好乡村振兴的推动者和引路人，带领群众实干、巧干和拼命干，脚踏实地，一步一个脚印，谱写了一曲动人的“致富之歌”。

（作者时任江底镇镇长）

第三编　基础设施建设

幸福路修到家门口

张仁超

路不通，出行难

“交通不通，万事皆空；交通畅通，万事亨通。”交通是地球的血管，是经济社会发展的“命脉”。纵观全县的现状，境内山高坡陡，沟壑纵横，立体气候明显，险关重叠，关镇坚固，典型的大山大水大峡谷，很大一部分人常年生活在深山区，行走在崎岖不平的山路上。闭塞的村落，落后的交通条件严重制约了鲁甸的经济发展，直接造成了山区人民群众出行困难，生产、生活物资运送不进、农副产品运输不出。“雨天出门一身泥、晴天出门一身灰”是当时的写照，道路不通成为我县脱贫致富的最大短板。

使大劲，修大路

交通兴则鲁甸兴，鲁甸县地处乌蒙山集中连片特殊贫困地区的腹心地带，决定着鲁甸的交通建设必须着力“大发展”的同时兼顾“内循环”。鲁甸县委、县政府着眼长远，统筹谋划，全力推进农村公路这条“毛细血管”建设，为促进鲁甸崛起逢山开路、遇水架桥，积极开拓高质量跨越发展的道路基础设施建设，鲁甸的交通建设似乎满足了“荷花定律”，短短几年间竞相开放。

脱贫攻坚以来，一场最大规模的农村公路建设高潮在全县范围内迅速掀起，一时间鲁甸农村成了一个“大工地”，运土车一辆接一辆，川流不息；推土机、压路机各就各位，满负荷运转；抢晴天，战雨天，规模庞大的农村公路建设军团在战天斗地，他们在用汗水、热情和智慧编织属于鲁甸农村人民的致富梦想。随着隆隆的机器声，农村道路一米米向前延伸，一直延伸到千家万户……大力兴建农村公路使全县实现了“文桃茨坝”“江底片区”“龙树片区”“龙头山片区”的“四片区联通”，建立了鲁甸县全新的交通网络。

2020 年 3 月，鲁甸县交运局向县委、县政府汇报时的一组数据：截至 2020 年年初全县公路总里程达 4198 公里，路网密度 282.31 公里 / 百平方公里。其中，国省道 201 公里，占 4.79%；农村公路 3997 公里（其中县道 459 公里，乡道 570 公里，村道 2968 公里），占 95.21%。实现全县 12 乡镇全部通油路，97 个建制村通客运，全县 96 个贫困村 100% 通硬化路且危险路段有必要的安全防护设施目标。在实现建制村公路 100% 通硬化路和 100% 通客运的基础上，巩固提升建设成果，集中推进撤并建制村道路硬化、窄路基加宽改造、50 户以上不搬迁自然村道路硬化等农村公路建设项目，促进农村客货运输服务向自然村（组）延伸，打通“城货下乡、山货进城、电商进村、快递入户”双向运输服务，使贫困地区实现进得来、出得去、行得通、走得畅。一条条扶贫路、产业路、生态路、旅游路、民生路相继修通，打通了群众最为期盼的“最后一公里”，构造了同国省干线相连接的“毛细血管”，构成了鲁甸县如今四通八达的农村道路网，建设成为群众脱贫致富之路，成为驱动农村经济跨越崛起的强力“引擎”。

公路通，农民富

我在梭山镇走访了当年甘田村修路时典型的“钉子户”张平芝。她站在儿子刚建好的楼房前，看着门前干净整洁的水泥路，心情格外舒畅。我问她对现在的想法，她不好意思地笑了笑，回想起修公路的经过，倒挺感慨的。

2018年年初，村干部上门做动员工作，说是要修公路，她挺高兴，那时候由于不通公路，她们到梭山集镇需要穿着水鞋走很远的泥泞路，在集镇边上的河里洗了鞋子再换布鞋上街。虽然路程不远，但路难走，要走两三个小时才到。张平芝举双手拥护修公路，可是一丈量，修公路要占用她家两三亩耕地，她舍不得了。后来经过村干部多次动员，向她讲述修路的种种好处，她才下了决心修公路。原本张平芝为了村里修通“幸福路”作出了很大牺牲，但现在她又成了最大的受益人。2019年，村里通了公路，她们家的房子就在公路边，过上了过去想都不敢想的好日子。现在，她们摘完花椒走几步就可以回到家，等花椒晾干自己就可以骑车拿到镇上卖，一条通道家门口的公路就悄无声息地改变了她们的生活方式。

“交通便利，务工、务农两不误。”谈及水磨交通发展，家住水磨镇岩头村村民就很满意。老代一家4口人，其中两个孩子分别读小学和幼儿园。为做到增加收入和照管孩子两不误，他平时在镇上帮人家做粉刷，他的妻子在家务农。他说：“公路都是硬化路，骑车到镇上不到1小时，平时也能回家帮助媳妇点洋芋。”目前，他们夫妇俩通过勤劳的双手，务工又务农，已摘掉了贫困的帽子。把这一切归到交通发展上，他说：“如果路不畅，要照管家里就走不出去，发展生产也难，农产品收获了也卖不出去、赚不了钱。”公路通，产业兴，公路的修通，不仅改变了农村群众的生产和生活条件，也成了带动当地经济发展的“致富路”和“希望路”。龙头山的青花椒特色产业，依托公路条件的改善得以大力发展。镇政府工作人员介绍道：“在路未修好之前我们这个地方的花椒经济效益不算高，一斤花椒除掉人工采摘费、运输费赚不了几块钱。然而在路修好后，我们到花椒地采摘的人员自行骑车或是开车就直接能到地里，采摘好直接就可以放在公路边，等走的时候就统一收装了，现在人工也容易找了，运输也解决了，花椒的收益也就随之增加了，龙头山的青花椒产业是真的活了。”

鲁甸县交通运输局从2015年至2020年以来，完成农村公路建设278条1530.84公里，总投资42.6亿元。交通基础设施的不断优化完善，助推了贫困地区产业、旅游经济的发展。公路建设与产业基地的精准对接，促成了水磨镇马铃薯种薯扩繁基地，文桃茨蔬菜生产基地，龙头山镇的花椒种植基地等一系列产业建成，带动了我县12个乡镇97个村（居委会）3万余户贫困人口实现增收脱贫。

“小康路上决不让任何一个地方因交通而掉队”是全体交通人向党和人民作出的庄严承诺，无论面临多大挑战和压力，这一点都始终不渝、毫不动摇。在脱贫攻坚同实施乡村振兴战略有机结合的过程中，充分发挥交通运输的基础性、服务性和“先行官”作用，深化农村公路管理养护体制改革，推动“四好农村路”高质量发展，为构建乡村振兴发展新格局打好基础。

（作者系鲁甸县交通运输局工作人员）

万家灯火亮堂堂　南方电网情深深

马立俊

在2014年“8·03”地震电网抢修救灾取得全年胜利之后，鲁甸供电局全体干部员工本以为可以喘一口气，做一些小范围的调整和轮休，但却接到南方电网公司下达的新指令：全面启动脱贫攻坚电网升级改造工程。其时，国家已将贫困村通动力电作为脱贫退出验收的一个硬性指标。这就意味着，电网升级改造工程是一项政治任务。

既然是政治任务，就必须无条件完成。

在总经理马礼韬的带领下，我抖擞起精神与同事一起再次转战脱贫攻坚战场。

走村串户踏遍山山水水　收集翔实的项目数据

“工欲善其事必先利其器。”为确保贫困村通动力电、易地扶贫、农网配电网改造、电力应急、行业扶贫等骨干电网改造项目有翔实、科学的数据支撑，必须对现有数据进行再调研、再核实，才能确保不漏一村，不漏一户，不漏一人。为做好该项工作，分管电网建设的副总经理李远斌同志从各个职能部室、中心、供电所抽调51名员工，进行项目数据收集。在4个多月时间里，他带领50名员工起早贪黑、顶风冒雨、跋山涉水、风餐露宿，走遍鲁甸10镇两乡96个村社区，得到第一手翔实的数据并召开专题会议，对数据进行梳理、研究、分析，为项目立项打下坚实基础。

功夫不负有心人。经过半年多的苦干、实干，鲁甸报出400多个项目，4.87亿元投资，全部获得昭通供电局和云南电网公司审核通过。近4.87亿元的投资额，相当于再造一个与现有规模相当的鲁甸电网。得到项目获得许可的通知，所有人员都欣喜异常。新建110千伏变电站1座，35千伏变电站2座，高压线路42.9公里，新增变电站容量153300千伏安；新建和改造10千伏线路364.34公里，低压线路1056.16公里……项目建设完成后，可以从根本上解决负荷增长需求“卡脖子”及鲁甸县网架结构薄弱问题，全面提高供电可靠性，为全县脱贫提供根本保障。

再苦再累也要风风火火　要让光明照亮脱贫路

时不我待，只争朝夕。400多个项目，近4.9亿元投资，让李远斌同志和其他鲁甸供电局职工既满心欢喜，又忐忑不安。满心欢喜的是，项目建设完成后，鲁甸电网供电能力和供电质量将得到大幅度提升；忐忑不安的是，自1997年农网改造开始至2014年，用了17年才完成5亿多元投资，现在只能在2018年年底完成。工作量、工作难度和要付出的艰辛，可想而知。在召开脱贫攻坚工作誓师大会上，李远斌做动员时说道：“同志们，脱贫攻坚工作既是党交办的政治任务，也是我们供电企业的社会责任，更是功在当代、利在千秋的伟大工程。电力作为经济发展的先行官，我们就要守土有责，以‘时不我待、只争朝夕’的浩然精神挑起先行官的大梁，扛起这千斤重担，敢担当，敢作为，以坚定的信心和决心啃下这块‘硬骨头’。近

4.9 亿的投资，以前要用 17 年来干，现在只能用 4—5 年来拼。”在会上，总经理马礼韬带领参会党员重温入党誓词，李远斌带领所有参会人员进行坚决完成脱贫攻坚电网建设任务的宣誓。接下来的几年时间里，全体鲁甸供电局职工一头扎进脱贫攻坚电网升级改造工作中。有绝大部分职工经常一两个月没有回家，基本都是“5+2”“白+黑”工作模式。其中，建设任务最重的龙头山供电所负责人王碧，自 2015 年春节开始到 2015 年 8 月底，为了推进施工进度，近半年时间没有回过一次家，就连女儿高考都没有去陪同、接送一下。

像王碧这样的人，在脱贫攻坚的工作中，我见证了一个又一个。

天道酬勤、再接再厉。2017 年 12 月底，在鲁甸“8・03”地震电网恢复重建完成收官前的最后一个战役获得全面胜利的同时，鲁甸县所有 96 个行政村通动力电的建设任务顺利完成。这是值得记住并纪念的日子。天道酬勤，三年时间，全体鲁甸供电局干部职工通过苦干、巧干、实干，完成了一年一个亿（平均）的投资。当远斌副总把这两项好消息报告给马礼韬总经理和班子成员时，其他班子成员均进行了点赞。马礼韬总经理也充分肯定，并说：“远斌副总，请你代表局党委，向几年来加班加点、废寝忘食、忘我付出，时刻奋战在脱贫攻坚电网建设战场上的弟兄们表示最诚挚的慰问，辛苦了！”

电网升级全县亮亮堂堂　众志成城确保房成电通

一分付出、一分回报。2018 年 10 月底，因人事变动，彭代松同志接替了李远斌同志的工作，继续开展脱贫攻坚电网升级改造工作。他一接过这个神圣却沉甸甸的接力棒，就立即投入电网建设的主场战场上。因为余下的一年多时间里，还要完成 1.87 亿元的电网建设投资，时间紧、任务重。2018

年11月中旬，他接到政府李章恒副县长电话，让他一同参加易地扶贫搬迁安置点卯家湾建设现场办公会。会上要求，在移民们搬迁入住时，家里的灯必须是亮着的。回到局里后，他向党委班子通报了县上的要求。总经理马礼韬通知我，让办公室立即通知班子成员和相关部门，召开专题会研究落实县上的安排部署。会上，针对卯家湾、龙树镇新乐村等11个易地扶贫安置点的用电事宜，作出翔实的安排部署。由马礼韬同志负总责，彭代松具体负责并抽调人员组成11个小组分片包干，所有工作全部责任到人，倒排工期，易地扶贫搬迁点必须做到“同步搬迁、同步运行”“房成电通”。

随着搬迁工作的完成，易迁点电网建设工作也胜利完成。

2020年4月29日，在鲁甸县“脱贫县退出第三方评估检查”工作中，全县电力脱贫指标获得高质量通过，交出了电力脱贫任务的满意答卷。

万家灯火、南网情深。2019年10月，马睿卿接替了彭代松的工作，又接过了脱贫攻坚电网建设接力棒。在与彭代松同志交接工作时，他看到了以下硕果累累的成绩单：2015年起，新建110千伏变电站1座、35千伏变电站2座，新增变电站容量153300千伏安；新建和改造10千伏线路364.34公里，低压线路1056.16公里；新增（改造）配变407台，容量107511千伏安；解决了安全隐患台区172个，改造低压安全隐患线路555.09公里……

虽然鲁甸县脱贫攻坚的电网升级改造战役已接近尾声，成绩斐然，但我知道马睿卿副总所带领的卯家湾建设团队还将面临一个极大的工作任务挑战——6900万元的卯家湾安置点配电网新建项目要在50多天内完成。“抢”工期是要“抢”的，因为在2019年11月30日将有10451户43430易地搬迁群众入住；但“抢”工期必须建立在提前谋划、保证质量、合理安排工期的前提下开展。为此，我见到马睿卿副总和建设管理中心蔡祥主任带领着施工团队白天施工，晚上总结，连续50多天的周而复始。线路迁改组负责与政府部门衔接，协调处理施工场地线路通道；施工用电保障组负责施工临时用电的申请、方案制定、项目实施、用电保障等；项目策划组负责永久用电的项目申请、项目批复、建设规模、项目所需要的土地、通道前期的沟通协调、设计、物资采购、项目施工、验收、项目投运等。一切紧张有序，科学合理，任务自然能如期完成。项目如期完成后，工作得到了县委、县政府的充分肯定了认可。

自脱贫攻坚工作开始以来，全体鲁甸供电局全体干部职工一把汗、一脚泥，改造升级电网；一杆一线、一基一塔，延伸光明大动脉。5 年来，全局全体参战人员，以听党指挥、吃苦在前的模范带头精神；以善打硬仗、啃硬骨头的攻坚拔寨精神；以敢于担当、主动承担社会责任的守土有责精神，圆满完成了脱贫攻坚电力保障任务。

（作者系鲁甸县供电局工作人员）

用“水”凝结的爱

王　华

2020年7月16日，水管站站长姚祥华端详着挂在墙上那面写着“为民办事见真情，吃水不忘挖井人”的锦旗，久久未动。这是文屏镇砚池山村民李仁鸿等人刚送来的，李仁鸿等人已离开，姚祥华双眼盯着锦旗，心里还回味着李仁鸿临走时那句话：“特别感谢你们一心一意地办实事，让我们现在能用上放心水。”他的额头不再像往日愁眉紧锁，这块压在他心头多年并誓言要攻克的难题已得以破解，心里无比欣慰，他深知，这份荣誉，不仅是给水管站的，而是给参与水利建设的全体同事的，他和同事五年来为了这“水”所付出的一切，像放电影一幕幕地从他脑海中闪过。

难题：水资源如何利用

姚祥华自参加工作便与“水”打交道，他很清楚水的重要性，更清楚鲁甸当时面临的难题。

水与群众生活息息相关，洗衣做饭、喂养牲畜、种植灌溉都离不开水，水利对群众饮水、灌溉的保障能力，是决定着打赢脱贫攻坚大决战的关键因素。鲁甸县地处山区，县内大部分地区山高坡陡，地表水难以积蓄；水利基础设施较为落后，缺乏骨干供水工程，水资源时空分布不均，灌溉效率不高，灌溉用水和饮水对自然降雨的依赖性很大。境内年平均降水量为923.5毫米，实际可有效利用的水资源总量仅有2.15亿立方米，全县人均水资源拥有量为491.2立方米，仅为全省人均拥有量的15.4%。50多年来，鲁甸已出现不同程度的干旱30余次，特别是2009年至2012年的连续旱情，给鲁甸带来了巨大的经济损失。水的问题制约着鲁甸经济社会的快速发展，阻碍着鲁甸打赢脱贫攻坚战全面建成小康社会的脚步。

破解一：水源筑基

水库工程，肩负着解决饮水、灌溉、防洪、调节生态的重要作用，是体现一个地方水利基础设施情况的重要标志，但在2014年年底，鲁甸县仅拥有水库16座，全县水库总库容仅为2712.4万方。“现在的水库数量和蓄水能力，早就不能满足鲁甸产业发展灌溉用水及群众生活用水需求了，这个问题不解决，水利就会拖了鲁甸脱贫的后腿。”这是鲁甸姚祥华和同事的共识。

鲁甸水库建设序幕拉开了，姚祥华及同事担起了建设的排头兵。

因“8·03”地震的影响，火德红镇李家山等村的部分群众搬迁安置到火德红集镇上，使得集镇用水问题特别突出。经过水务局邀请专家多次查勘，决定在火德红集镇旁边的小凉山社修建一座小（二）型水库，解决用水问题。项目在启动建设没多久就遇到了问题，因为该地方地质偏软，对于大坝的承重和水库蓄水都有很大影响。为了解决施工难题，工程技术人员卯昌雄等多次向省里专家请求技术支持。在多次实验后，确定利用“深搅桩”施工技术，对坝体地底浇灌水泥硬化，解决承重和防渗问题。经过近两年的建设，水库于 2017 年 11 月 23 日正式完工。47.9 万方的库容及配套建设的净水厂，解决了火德红集镇及安置点近一万人的饮水用水问题。“现在我们能喝上干净安全的水了，搬过来住得更踏实了。”这是火德红安置点群众的心声。

小凉山水库建设仅是鲁甸水库最先建设的一个点，紧接着，投资 4.42 亿元的月亮湾水库于 2018 年 11 月 28 日下闸蓄水，这是全县第一座中型水库，也是目前单个投资最大的水利项目，库容为 2327.2 万立方米，为 3.75 万人的饮用水及 3.29 万亩农田的灌溉用水提供坚实保障；投资 2.55 亿元的全国重点抗旱水源工程滴水海子水库，于 2019 年 10 月 17 日下闸蓄水，解决了乐红、水磨两镇 5 个村 1.75 万人的饮水及 1.47 亩农田的灌溉水。截至 2020 年 9 月，现在全县已有建成水库 19 座（含中型水库一座），总库容增加到 5615.8 万方，灌溉面积达 6060 公顷。

水库现状发生了天翻地覆的变化，其调蓄能力、灌溉面积、防洪水平得到极大提高，但姚祥华很清楚，接着还有单家河坝水库、猫鼻子水库扩建、闪闪桥水库等项目即将开工建设，鲁甸水利基础建设任重道远。

破解二：饮水保障

“群众的饮水安不安全、方不方便、够不够用，是考量是否达到脱贫的重要指标。”2014 年年底，全县仅有水窖 11683 口、集中供水工程 437 件、自来水普及率仅为 74.48%。“那时，依靠挑水、背水解决用水的村社还较多，有的供水也很不稳定，老百姓的饮用水还有很大的问题。”

这现状，作为负责农村饮水安全工作的姚祥华是必须面对的。

2015 年来，姚祥华带领着水管站的工作人员，绝大部分时间，都奔波在全县各个村落。在有水库建设的地方，水源自然不是问题，但仅有的这几座水库哪能覆盖全县？姚祥华带领同事，不停地穿梭在高山峻岭间寻找水源、查勘环境、实施工程，有的水源点很远，距离村落有几公里甚至十几公里的距离。水源找到了还得施工，有的地方施工条件十分艰苦，住户分散，道路难走。“有的地方山高坡陡，人也分散，只能通过马驮人背的方式将钢筋水泥运送到施工地。”水务局局长杨贵勇在接受云南省电视台的记者采访时说。

但是，这些都没有阻止姚祥华们要让群众喝上安全水的决心，几年不辞辛苦，跋山涉水的实施工程，为缺水群众带来一股股清泉，改变着他们的生活。乐红镇红布村苗寨示范点，居住有 448 人，经过建设，苗寨的道路、住房以及公共设施均已得到了极大的改善，但是因附近没有水源，饮水问题一直难以有效解决，这让姚祥华非常着急，担心因为水的问题，严重降低苗寨住户的生活水平，影响脱贫。经过多次实地勘察，发现在距离苗寨 10 多公里处的水磨镇三锅桩，有一处水源水量能满足苗寨群众使用，且能通过工程措施实现。通过投资 53.45 万元，利用建设取水池、铺设输水管等方式建立了系统的配水管网，有效地解决了苗寨 448 人 146 头大牲畜的饮水安全问题。

针对鲁甸水资源季节性分布不均问题，在水源缺少的地方推进水窖的建设，此外，在干旱季节，县水务局针对旱情严重地区，开展送水工作，5 年累计送水 6000 余方，临时解决 8.5 万人次抗旱应急饮水问题。

5 年来，县水务局始终聚焦“两不愁、三保障”要求，有针对性、按计划、分批次进行农村饮水安全项目建设，共投资 6502.72 万元，在全县 12 个乡镇实施 8 个批次农村饮水安全工程，建成集中供水工程 224 件、集雨水窖工程 962 件，解决了 120912 人饮水安全问题。如今，全县共有水窖 19252 口、集中供水工程 697 件、自来水普及率 87.96%，全县 38.4929 万农村人口（其中建档立卡贫困对象 32250 户 124561 人）的饮水各项指标均达到了云南省脱贫攻坚农村饮水安全评价标准。鲁甸群众的饮水用水得到根本性的改善，农民的自豪感和幸福感有了明显提升。

"只要还有群众存在饮水安全问题，我们一定会想方设法给他们解决。"姚祥华说。

破解三：农田灌溉

姚祥华再次把目光投向锦旗，皮肤被晒成黑红色的訾成华浮现在他眼前。

訾成华，他所在的水利股，主要负责农田灌溉工程，多年的一线经历，他特别清楚鲁甸农田灌溉的困境——全县 94% 的国土面积属于山区和半山区，蓄水是头等难题；降雨随着季节性变化较大，农作物的灌溉大多只能靠天吃饭；这是影响群众种植业收益环境影响。此外，项目的建设布局和建后管护工作也是制约鲁甸灌溉条件改善的一大因素，"以前也实施农田灌溉的项目，要么项目规划得不甚合理，不能很好地为农作物提供灌溉水，要么因为缺乏管理，没几年就没法用了，很可惜"。訾成华在谈到农田灌溉工程的问题时这样说。

群众要脱贫致富，除了外出务工，另外一个就是依靠产业。为了破除用水的时空限制，告别靠天吃饭的现状，真正实现农田灌溉"渠相连、管成网、旱能灌、涝能排"。訾成华及水务局的技术人员结合全县农产业的规划布局，进行全面摸排、研究，形成翔实的报告，据此，一批投资近 1.2 亿元，实施了高效节水、山区小水网等农田灌溉工程上马，新增改善灌溉面积 8.4 万亩，涉及 8 个乡镇，受益人口 3.56 万人，保障了 4.3 万亩的林果及 4.1 万亩的蔬菜灌溉用水，为龙头山养殖、花椒种植、万亩矮密植苹果、蔬菜种植基地提供了稳定的灌溉水。

"工程确实有很大作用，现在根本不用担心天不下雨影响苹果的收成，心里踏实多了。"受益人鲁甸超越有限公司的张虎生很满意现在灌溉条件。

工程建好了，如何管理也是大家面临的一个大难题。訾成华等人在多年摸索的基础上，尝试着推行新的建管模式：引入社会资本参与项目建设，并在建好后由企业负责管理，保证工程长期运行。望家欢农业科技有限公司就是这样参与建管的公司，该公司属于恒大援建的蔬菜基地项目，通过规划高效节水灌溉项目，为该基地1000亩西红柿、辣椒、草莓等蔬菜水果提供灌溉用水。“现在因为不缺水，公司的蔬菜收成很稳定，我们增加稳定就业岗位60个、临时用工300个，扶贫效果很好。”望家欢公司的负责人高大欢介绍道。

成就：水润万家

水利工程不仅解决着人们饮水用水的问题，还不断地改善着大家的居住环境。以前河堤被占、河水污染问题突出，农村的水生态环境并不理想。2015年以来，共治理河道5条71.4公里、水土流失面积108平方公里、山洪沟2条1.78公里，实施小流域项目3个，让农村生活环境得到了极大改善。龙树河为渔洞水库径流区的重点河道，河道失修及河水污染问题，一直影响着周边群众的生命财产安全和生活环境。经过工程治理和河长制工作保护，河堤上绿色草坪和紫色槐花树装点的龙树河，已成了兼具防洪保护的景观河，河道边散步观光的人也多了起来。

“这些年的龙树河变得越来越美了，真的实现了河畅、水清、堤固、岸绿、景美！”姚祥华的同事，已经退休的鲁甸水利专家曹志光感慨万千。

脱贫攻坚工作开展以来，全县共完成水利投资13.46亿元，兴建完工各类水利工程10925件，完工水库3座，治理河道71.4公里，除险加固水库6座、塘坝13座，新增改善灌溉面积8.4万亩，解决了12.0912万人的饮水安全问题，耕地有效灌溉率提高至37.93%。通过骨干水源建“骨架”，五小水利成“血管”的方式，不断地解决着水的问题——水利基础得到显著提高、安全饮水全面保障、农田灌溉明显改善，水利事业展现出新的面貌，正从各个方面改善着群众的生活，推动着经济社会的发展。

鲁甸水利建设取得的傲人成绩在姚祥华脑中闪过，他自豪地笑了，转身坐在电脑前，继续描绘着鲁甸水利建设的蓝图。

（作者系鲁甸县水务局工作人员）

众志成城解水困　水池水窖惠民生

马　伦

这里是乌蒙高原上的小镇，牛栏江从这里蜿蜒而过，土地也因此沾染了江水的灵秀与温润，这就是江底镇。“山下江水滚滚流，山上滴水贵如油”是江底镇的真实写照，作物枯黄，水井干涸，水窖无水……水是唯一的渴望，群众靠着望天水、房盖水生活，也花高价买水喝，下雨天里，家家户户把锅碗瓢盆全部拿出来接水。然而，“望江喊渴”渐渐地成了历史……

小康不小康，农村安全饮水算一桩

“听水响，看水流，年年为水愁……”

这是江底镇群众中流传的一句话，说明了水的匮乏，在江底镇，女儿嫁人，要看对方家里有没有水窖，儿子娶亲，也要展示家里有没有水窖，水窖，成为幸福生活重要的标准。

水资源是基础性的自然资源和战略性的经济资源，是生态与环境的控制性要素——缺水的问题，在江底更为突出。

从整个江底镇来看，境内山高坡陡，喀斯特地貌广布，大部分耕地为坡耕地，绝大部分无灌溉条件，且降雨时空分布不均，地表很难留住水，水资源开发利用难度较大；年平均降雨量710毫米，水资源极度缺乏，群众生产生活用水80%以上靠水池水窖，是全县最缺水的乡镇，农业生产和人畜饮水问题十分突出。缺水还导致土地沙化，地力衰退，土壤有机质含量下降，满足不了农作物生长需要。

江底镇的江底社区全村共有人口上千人，耕地面积千余亩，属于半山区地形。由于夏季气温偏高，每年缺水时间长达数月，给当地老百姓的生活造成了严重影响。因为水源紧缺，天旱时需要花很多人力、物力找水挑水驮水，因水制约了村民的发展，为水而伤透了脑筋。干旱不仅给人们的日常生活带来困难，也严重危及农作物的收成。

“有时候辛辛苦苦忙碌一年，产出的粮食还不够一家人吃，全年也只能勉强圈养一头牲口。”回想起当年的困境，建档立卡户宋正伟满是感慨。

近几年来区域内的特大干旱灾害充分暴露了境内水利基础设施薄弱的问题，因此，必须坚定地把“兴水利、除水害”作为一项发展战略，有效破解江底镇“因水不稳、因水不兴”困局。江底镇政府紧扣精准脱贫，以构筑水网建设为目标，找准水利扶贫工作切入点，充分发挥水利的基础性、先导性、保障性作用，把水利脱贫攻坚工作作为重大政治任务，加快骨干水源工程、农村饮水安全巩固提升工程、农田灌溉工程等项目建设，特别是把农村安全饮水作为重点，加快补齐补强水利短板，为全镇全力打赢脱贫攻坚战提供水利基础支撑。

一股股“甜水”滋润着群众的心田

从前的四月田间，春耕人忙，人畜用水是江底镇的头等大事，但2016年以后村民们却再也没有被生活用水问题困扰，因为这里的老百姓都建起了饮水水窖。江底镇累计修建水窖 2100 个，投入 600 余万元，水池 12 个，投入 120 余万元；管引两件，投入 130 余万元，总计投入资金近千万元。江底镇政府实施多项水利建设工程以来，有效地缓解了江底镇山区半山区、贫困地区群众饮水困难问题，努力提升本地区抗御干旱灾害能力和农业综合生产能力，加快了江底镇脱贫致富的进程。

“我家这口水窖，是政府拨付款项资助我们修的，容积为 25 立方米。”宋正伟开心地指着自家水窖说道，这时候，已经是 2020 年 9 月。

“修建水窖以前，我们村大部分人家的生活都很困难，主要是吃水困难，庄稼收成也不好。”村民们都这样感叹。

2015 年以来，江底镇新建的“爱心水窖”安居在千家万户，滋润了贫困百姓的心田，以往的难题在水窖建成后都迎刃而解了，在无法建设集中或分散供水设施的村组，这种经济又有效的水窖发挥了大作用。这些不起眼的小水窖，建设成本低、维护简易、使用方便，凝结着人民群众的生活智慧，特别到了旱季更是发挥了“储水罐”作用，可帮助村民安全度过近 4 个月的缺水期。小水窖蕴含大民生，下一步，江底镇将进一步强化农村饮水安全保障工作，继续加大筹资、补助力度，不断提升农村用水设施设备，做好农村小水窖文章，确保农村用水充足、饮水安全。

“吃水不忘挖井人，感谢党和政府”

在修建水窖以前，宋正伟的家里人需要走一个多小时的山路才能取到饮用水，往返的时间就是一上午，又累人又浪费时间，在修建水窖之前，他肩上挑水留下的茧从来没有消失过，不光是他一个人，整个江底村的人都这样。尽管路途非常遥远，挑回来的水却只能满足全家人的饮水需求，洗衣、做饭等生活用水以及牲口的饮水都成了一个巨大的难题。等到每年的干旱季节，这个问题就更加突出，原来的取水点已经干涸，因此需要到更远的地方去挑水。

除水窖之外，江底镇政府为了进一步保障村民安全用水，还在村里修建了一个大水池，每家每户都可以通过水管将水接到自家门前。镇政府聘请专人定期对水池维护、清洁，消除了村民对饮水安全问题的担忧。

现在，宋正伟家不仅吃水用水的问题解决了，庄稼的收成也提高了，甚至达到了过去的两倍。每年圈养的牲口也增加到了 5 头，除去春节食用所需，其他的都出售补贴家用，家庭全年总收入比过去增加两万元左右，生活水平得到了大幅度的提升。

村里召开村民会议，向村民宣传节约用水，会议后，宋正伟说："虽然我们现在不愁没有水喝了，但我们还是要养成节约用水的好习惯，我们要学会一水多用，树立节约光荣，浪费可耻思想。在现在的日常生活中，每当我看到有人浪费水资源，我就会上前去对他进行劝说和讲解。"

现在江底镇的水窖的建设工程已经基本完成，村民再也不用到很远的地方去挑水了，生活条件得到了改善，群众对政府的感情也加深了很多。村民们表示"吃水不忘挖井人，感谢党和政府，想方设法为我们解决了世世代代留存下来的大难题，为了我们的幸福生活，工作人员实在是太辛苦了"。

"我为解决群众饮水安全奉献一切"

饮水安全是"两不愁、三保障"脱贫标准里面的硬指标，让更多群众喝上更安全、更卫生、更清净、保障率更高、服务更好的水一直都是冯昌洪的愿望。建设便民水利工程时间紧，任务重，覆盖面广，工作量大。

分管全镇水利建设工作的冯昌洪已经 55 岁了，他积极主动地肩负起这一重担，走在了队伍的最前端，把实施农村饮水安全保障工程作为脱贫摘帽攻坚主战之一。千方百计筹措资金，精心组织项目施工，广泛发动群众参与工程建设及日常管理，齐心协力解决饮水困难。走村串巷，现场指导，施工监督到完工验收，冯昌洪的头发更白了，皮肤晒得更黑了。

“只要村民可以过上好日子，别说是牺牲形象，哪怕是牺牲我的生命也是应当的，我是一名共产党员，我随时准备为祖国奉献一切，这是我的初心。”

在冯昌洪看来，水窖与其他大型水利工程相比，拥有更突出的优势。山区因地势、气候等因素不便于水源的汇聚，水窖可以最大限度地开发利用山区小水源，积蓄有限的雨水，解决水源和蓄水问题。此外，山区耕地分散，不利于其他大型工程项目的投入和使用，而小水窖则具备投入小、工期短、占地少、见效快的特点，基本上弥补了大型工程的缺点。由于能够较好地解决旱区人畜及农作物用水等问题，水窖受到了旱区群众的普遍欢迎。

“政府为我们修建的水窖，不仅解决了我们的生活难题，还增加了粮食产量，家庭收入也提高了不少，简直就是我们的金窖窖。”村民不出家门除享受到生活用水外，洗衣、洗澡的水也都能充足、安全保障，生活质量和水平大为提高，幸福感、获得感明显提升。

不让一个群众在脱贫攻坚的队伍中掉队

让冯昌洪印象最为深刻的是老年人和留守儿童的饮水问题，他们没有劳动力，饮水问题直接关乎他们的生存。江底镇有三分之一以上的劳动力外出务工，留守儿童、空巢老人一直都是冯昌洪牵挂的对象。

仙人洞村的独居老人高文仲已经年逾七十，身形消瘦，拄着拐杖的他连走路都困难，更别说挑水的问题，平时都是靠好心邻居接济。虽然政府补贴资金，但像这位老人这样既没有钱又没有劳动力的，冯昌洪都会和他们所在村社社长联系沟通，动员村内劳动力，多方筹集资金为他们修建水窖，坚决不让一个群众在脱贫攻坚的队伍中掉队。

饮水难是不少贫困村普遍面临的问题，饮水安全是贫困群众脱贫致富的基本保障。冯昌洪说：“为了保障居民饮水安全，我们不仅聘请专人管理水池，还一年一次入户指导村民用石灰为水窖消毒，定期开展节约用水、安全用水宣传教育，提高村民安全意识。”

从水源保护、供水管网运行管护、农村环境整治、群众饮水健康宣传教育、养成安全饮水好习惯等每个环节抓起，深入宣传落实好建档立卡贫困户饮水保障，确保宣传实现全动员，有效巩固农村饮水保障的积极成果，确保建一处，成一处，真正发挥效益一处，让人民群众满意。

今天，江底镇，点缀着一座座星罗棋布的水窖，像一股股流进群众心中的清泉，是一个个润泽江底人民的民生水利工程……村村社社家家户户到处都能感受到水利工程为江底镇脱贫攻坚带来的强劲脉动。

（作者时任江底镇党委书记）

广播电视连万家　人民群众乐开花

马殿虎

广播电视作为党的重要宣传思想阵地，具有宣传教育、传递信息等众多功能，是广大人民群众获取信息、享受精神文化生活的重要渠道，更是脱贫攻坚进程不可或缺的载体；广电技术的迭代更新和发展变革，则是推动全县精神文化生活扶贫工作的动力。在这一进程中，全县广电人以大无畏的精神，迎难而上，克服一个又一个困难。作为一名普通工作人员，我见证了鲁甸广电人是如何按下广电建设这“快进键”，奏响脱贫攻坚胜利凯歌的。

攻坚，扶贫一线有广电

2017 年 5 月，国家下达鲁甸县 12000 多套“户户通”建设任务。这是有效扩大农村广播电视覆盖面，消除广播电视覆盖盲区，彻底解决网络未通达地区“看不好电视、听不好广播”的难题，在实施“村村通”工程的基础上，国家推出的广播电视“户户通”工程，也是我县脱贫攻坚基础改善全覆盖的主要内容。为了保质保量、按时完成“户户通”设备分配、受益用户信息收集与录入、安装调试与维护等任务，鲁甸广电以“舍我其谁”的姿态，高起点、高标准实施了“覆盖全面、指向精准”的广播电视全覆盖扶贫体系建设。

时年59岁的原文化体育广播电视和旅游局广电股股长王云智同志，患有高血压、腰椎间盘突出等疾病。白天，他带领同事背着沉重的工具箱，徒步穿梭在崇山峻岭之间，深入一线安装点，宣传讲解“户户通”政策，实地培训安装骨干，亲自指导、示范安装与维修维护。晚上，他还要与年轻同志一起在办公室录入、上传用户信息到国家广电村村通系统，并维修、更换不能正常运行使用的设备。

有人打趣地问王云智：“你这把年纪了，还图啥子？”

王云智说：“我虽然马上退休了，但想着群众对看电视的期盼，我只有用心用情尽力做好每一项工作，站好最有一班岗，才对得起我领着的工资；退休后我还可以自豪地说，我是广电人！”王云智同志作为先进个人，先后受到了省、市广电系统和发改委等部门的表彰。

在王云智同志的感染下，全体广电人打起了十二分精神，每天早出晚归，跑遍鲁甸的村村寨寨、山山水水；中午以随身携带的方便面和简单的干粮充饥，晚上到办公室加班，日复一日，加班加点地工作，保障了用户及时、准确地接收到高质、高清晰的卫星电视节目。“户户通”工程实施过程中，凝结了广电人的真情付出和辛勤劳动，广电人既是建设者，更是亲历者、见证者，每天都有这样平凡而又感人肺腑的故事在他们身上上演！

成效，数据群众说了算

“以前别说看电视，就连听收音机都没得条件，白天还好点，晚上尽是杂音，听都听不清楚，效果太差了。现在不同了，国家不但给我们发了新的平板电视，还给我们免费发放并安装了卫星锅，60多个台的节目让我看都看不过来，什么电影、新闻、唱歌跳舞的，多得不得了，太好了！”这是家住鲁甸县新街转山包村14组的建档立卡贫困残疾户吴应金发自肺腑的一番话。一提起“户户通”小锅，吴应金掩饰不住内心的激动，滔滔不绝地接着说：“在没有安装卫星锅以前，省吃俭用的省点钱，逢赶街天在小摊上买几个碟片回来看，那时不但费钱，有时买来的质量不好，老是花的（低像素画质）根本没法看，而且看几遍就不想看了。”

这是全县广播电视打通文化惠民“最后一公里”的惠民工程、德政工程、民生工程，真正达到了文化惠民人人共享目标一个点。而在这背后，却隐藏着县广电部门在资金投入、人力付出等方面的不为群众所知的一面。

自2015年以来，鲁甸广电部门积极争取中央、省、市广播电视行业主管部门和县委、县政府的支持，累计投入资金超2000万元，建设户户通39841套、村村通30088套；已建成覆盖全县12个乡镇光纤传输网络，建设市—县—乡干线光缆332.8公里、光接点233个，服务有线数字电视用户3422户、无线数字电视用户1135户；建成了鲁甸县电视转播台和小寨镇电视转播台2个电视转播台，采用无线方式覆盖全县12个乡镇，主要转播中央人民广播电台、云南人民广播电台、昭通人民广播电台97.5、94.1和中央电视台1—12套节目和云南卫视一套、昭通台、鲁甸台。同时，鲁甸还积极争取省市广播电视部门的投入，大力实施基础网络平台建设，建成了调频广播基站10座、电视无线基站12座、“百县万村”示范工程广播系统接收终端12座；在60个村（社区）建成市级应急广播大喇叭终端，安装50瓦智能调频接收功放32台、25瓦智能调频接收音柱56支。

截至2019年年底，鲁甸县通过大力实施无线基站、有线电视、卫星直播等3种广播电视信号覆盖举措，广播电视信号综合覆盖率由2014年的85.5%提升到2019年的100%，不仅进一步筑牢了广播电视作为传统主流媒体的舆论宣传阵地，让党和政府的声音清晰地传递到千家万户，还有效拓宽了广大人民群众的信息渠道，全方位保障了广大人民群众收听收看到优质广播电视节目，极大地丰富了人民群众的精神文化生活。

为了更好地完善广播电视发射台站的转播发射工作，让广大群众及时了解党和国家的一系列惠民利民扶贫政策和措施，我县广电部门指导鲁甸县电视台精心策划制作了《决战脱贫攻坚》《重点项目巡礼》《壮丽70年·奋斗新时代》等栏目和《扫黑除恶鲁甸行动》《城市你我他》等本地特色节目，累计70余期，为鲁甸农村群众精神脱贫搭建了重要的视听平台，很好地履行了新时代广播电视“扶智”“扶志”的重要使命。

像吴应金这样享受着“村村通”“户户通”带来便利的群众还有很多。通过“村村通”“户户通”扶贫全覆盖，真正彻底解决了农村偏远地区广大群众无法收听、收看广播电视的历史性问题。尤其是今年，突如其来的新冠肺炎疫情暴发后，国家通过直播卫星整合了“空中课堂”“同上一堂课”等国内顶尖的教育节目资源，最大限度解决了同学们因疫情不能如期上学的燃眉之急！

现在，广大山区群众通过广播电视了解了更多的信息，茶余饭后谈论得更多的是美国疫情、国家“抗疫功臣”钟南山……他们也能和全国人民一起为共产党、习总书记的英明领导拍手叫好！紧跟着时代的脉搏一起跳动，为实现伟大的“中国梦”而不懈努力！

发展，广电更加智慧

在保持广电特色的基础上，为了让广播电视服务更加便捷、高效、智能、安全，更好地满足人民群众对高质量广播电视和网络视听服务的新需求和新期待，全力建设面向用户、多元化、智能化、内容丰富的智慧广电服务体系，全县大力构建数字电视业务平台、高清互动电视业务平台，实现了有线电视“乡乡通”，完成了县城1万多户接入网双向化改造，为广大用户提供了电视节目“回看、点播”等个性化服务。同时，大力实施“智慧广电”建设，打造了本地信息化平台，为用户提供“智慧教育、智慧医疗、智慧购物”等一站式便捷服务，让广大用户从传统的“看电视”向“用电视”转变。本地信息化平台成为县级新闻报道主流舆论阵地，用户不仅可以通过本地信息化平台了解关于鲁甸的文化、教育、医疗、社会等各方面的民生动态、热点资讯等，还可以通过手机 APP“智慧昭通客户端”观看有线互动电视本地信息化平台，让用户足不出户通过看电视就能获取各方面信息，真正实现了“秀才不出门，知晓天下事”。本地信息化平台也为政府各职能部门提供了一个服务人民的宣传平台，架起了人民群众和党委政府的“连心桥”。

（作者系中共鲁甸县委宣传部广电出版股股长）

做移动人　建不动网

马世虎

鲁甸县位于云南省东北部，东北与昭通市政府所在地昭阳区接界，东南与贵州省威宁县毗邻，南部和西部与会泽、巧家两县隔牛栏江相望。从一个侧面反映了鲁甸的地理位置的重要性，实际上，作为一个做“通信网络”的人来说，对它有着更深的理解，从鲁甸移动公司建设基站的数量来看，基站总量、基站密度（国土面积每平方公里建设的基站数）远超同等区县。鲁甸移动公司从讲政治、负责任的高度深刻认识打赢脱贫攻坚战是在新时代必须打赢的第一场硬仗的重大意义。作为驻滇东北央企、大型国企，对此负有光荣的政治责任和社会责任，更怀着对鲁甸人民的深情厚谊，助力全县脱贫攻坚义不容辞。

杨元斌，2014 年进入鲁甸移动公司的员工，自进入公司，便负责网络工程建设项目。6 年来，他参与了网络建设的各个方面，特别是 4G 网络建设方面，更是伴随着他人生成长。进入 2015 年，脱贫攻坚工作任务变得格外繁重，按县委、县政府制定的实施方案，要求我公司“政府牵头、企业实施、多方参与”的原则，紧紧围绕“网络精准扶贫”这条主线，扎实推进农村地区光纤、4G 等高速宽带网络建设，大力提升农村地区宽带网络覆盖能力。

针对鲁甸县通信覆盖不足的情况，现在超常规投资和建设，使鲁甸县

4G无线网络和光纤宽带覆盖实现了“双翻番”。这是压在公司领导班子心头的大石，也是压在杨元斌心头的大石。

面对困难，杨元斌没有退缩，他深入调研，理清了4G无线网络建设面临的实际问题：先前的建设主要在县城和乡镇，现在则基本集中到了偏远的山区地区。一是道路并不通畅，施工难度增大；二是协调方面的工作，由于不可避免地要经过老百姓的土地，遇到有些不明事理的就难以顺利进行施工，需要使用各种方法或资源去解决阻拦；三是施工安全方面，鲁甸好些乡镇都是山地或丘陵，进而是悬崖峭壁，施工安全形势非常严峻，所以建设困难就加大。针对这种情况，杨元斌一方面向领导班子汇报，一边作出安排，在公司领导班子的支持下，4G建设中的资金投入、网络测试、设计院勘察设计、立项会审、批复建设、后期维护及后期网络优化等一系列的工作分步展开。

杨元斌克服了一个又一个的困难，4G网络建设如期胜利完成。

杨元斌很自豪地说，他能够在这个岗位上工作，是他的荣幸。“因为我就来自本县所辖的贫困村，是从那里走出来的为数不多的大学生，我非常清楚在山区的诸多困难。我们上学的时候基本上是走小路上学，没有好的学校，很少人能够走出大山。现在国家大力投资农村基础设施建设，从前几年的通路、通电、通水三通，到现在的网通，农村生活环境得到了巨大的改善，大家都奔走在致富路上。而我踏入社会，进入公司开始，就能够为全县人民的4G网络建设贡献力量，使得全县特别是广大农村地区的网络覆盖献出微薄的力量，能够直接改善他们的生活环境，我感到十分骄傲和荣幸。”同时，他也说道：“网络建设是一个系统性的工程，充满巨大的挑战。投资是一方面，但是在我这个角度，工作的推进过程中的种种困难才是真实的，也是做这个工作需要去面对的”。

正是有了像杨元斌一样的移动人，移动公司才会取得骄人成绩：全县移动基站总数达到1065个，其中4G基站748个，实现对所有行政村100%的4G信号覆盖，覆盖农户25万人以上。截至2019年年底，鲁甸县城区、乡镇及行政村所在地4G网络覆盖率达100%，自然村、社区4G网络覆盖率达到93%以上，2G网络基本实现无缝覆盖。据统计，鲁甸移动自脱贫攻坚以来合计投资2.8亿元用于通信信号覆盖基站和光宽带建设，其中基站建设投资2.44亿、宽带建设投资0.36亿，4G基站数由2014年的28个增至2020年8月底的748个、2G基站由2014年的229个增至269个。

杨元斌作为网络建设的实际参与者，在网络覆盖工作上默默耕耘，毫不计较得失。正如他说的一样，能够在这脱贫攻坚关键的时候、特殊的历史进程中亲身参与，本身是一种责任，更是使命。直至现在，虽然已开启5G建设序幕，但4G网络建设仍然没有停止。目前所建设的4G网络多为偏远的自然村等山区地区，主要目的就是要在脱贫攻坚主战场进行重点建设，让每一个人都能享受到4G网络带来的诸多便利。

为了实现网络覆盖，很多人都在付出，各自都在做着各自分内的工作，也在克服着各自的困难，姜南乾就是这样一个人。

2019年7月初，东部新城的建设正在如火如荼的建设中，为了让搬迁的老百姓能够住进新房，成千上万的工作人员不分日夜地在泥泞的工地上工作。作为基础配套的宽带网络自然也不能落下，鲁甸分公司姜南乾在7月中旬就开始进入新城区进行宽带覆盖的查勘。那时的东部新城还没有满是高楼林立，很多区域放眼望去还是一片泥泞，各种大型机械正在施工，姜南乾的查勘是在看着新城区规划的图纸下进行的。各种管道还未建设，姜南乾和设计人员只能通过现场与图纸对应来慢慢设计光缆路由，至9月份对东部新城区进行了10余次查勘，多次设计出来又推到重新查勘，最终于9月初得到了第一版设计图纸。东部新城第一批交付给搬迁住户的楼房是1、2号地块，2019年11月东部新城将迎来第一批入住的老百姓，鲁甸县委、县政府要求各级部门保障好搬迁住户的水、电、网，鲁甸分公司于2019年10月初启动对东部新城的宽带建设，由于东部新城建设方是优先对居民楼房进行建设，基础建设（如弱电管道）很多都没跟上，没有弱电管道光缆就进不了楼房。为了保证施工进度，鲁甸分公司采取了分段施工的方式，优先在楼房将要用到的分纤箱先安装到位，把居民楼内的光缆布放到弱电井，等待弱电管道修建好以后做最后的接入工作。在公司领导与东部新城建设方的多次沟通下，离上级要求完工日期越来越近，姜南乾等人只能不分白天黑夜的工作，赶在了搬迁户入住之前，提前将1、2号地块具备施工条件的居民楼做好了宽带覆盖。

为了能够跟进东部新城的实际施工进度，更好地推进宽带建设工作，姜南乾常常在下班后参与到东部新城建设方的建设进度汇报会议，经常一听就到晚上11点。建设项目部距离县城3公里左右，听完汇报会议后只能走路回到县城，偶尔碰到有回城的车能够搭上一程。

随着2020年8月底东部新城6号地块的交付完工，经过了近一年的努力，在2020年9月中旬，鲁甸分公司完成了对东部新城的网络宽带全覆盖，其间出动工作人员2000余次，车辆500余次，投资110万元，提供了3984个端口，可扩容至11952个端口，对东部新城居民区完成了全覆盖。

姜南乾也能喘口气了。

（作者系鲁甸县移动公司工作人员）

万千广厦　户户安居

郎德贵

围绕“三保障”中与医疗、教育保障成鼎立之式的住房保障问题这一硬指标，县住建局紧紧围绕“户户安居”这一目标任务，严格按照县委、县政府的安排部署开展了卓有成效的工作，为全县脱贫摘帽书写了浓墨重彩的一笔。自 2015 年到 2020 年 8 月，总计完成农村危房改造 27912 户（其中，2015 年 3000 户，2016 年 5500 户，2017 年 4904 户，2018 年 3470 户，2019 年 9344 户，2020 年 974 户），占 2009 年至 2020 年 11 年间实施农村危房改造 42042 户的 64.68%，占全县农户总数的 34.16%。涵盖了 10147 户建档立卡户（2015 年 277 户，2016 年 1578 户，2017 年 3304 户，2018 年 2712 户，2019 年 2276 户），占 2015 年到 2020 年 8 月完成农村危房改造 27192 户的 37.32%。看着这一串串数字，记忆的闸门瞬间打开，农村危房改造工作所经历的一切，跃然眼前。

项目落实安排“精准”

2019 年 4 月，全县再次启动对农村危房存量进行核查，确保农村危房改造项目实现全覆盖，全面实现“户户安居”，决不能因为群众没有房住而在脱贫致富奔小康的道路上掉队。

4 日下午 17:00，接到上级通知，在今年的 6 月 30 日要实现农村危房“清零”。时间紧、任务重，为按时完成全县农危改“清零”目标任务，必然要摸清全县农村危房未改造的存量，这是农村危房改造“清零”工作的基础，同时也是践行习近平总书记“项目安排精准”重要批示的具体体现。于是，一份《关于进一步强化脱贫攻坚农村危房改造“清零”工作研判调度的通知》文件，通过政务平台，无声无息瞬息发送到各乡（镇），要求各乡镇要在 4 月 5 日把农村未改造的危房数据实实在在进行统计，并上报到县农危改办公室。

我作为此项工作的业务人员，为确保该项工作如期完成，在文件发送完毕之后，又通过电话通知了各乡镇农危改办公室。忙完这一切，已是晚上 10 点，燃上我唯一爱好的香烟，踏上了回家之路。看到万家灯火通明，联想着他们此刻也许老公或老婆在辅导着孩子做作业，要么是在一起追剧，要么已经陪着孩子躺在了舒适的床上，要么是在……而我呢，孩子的学习怎么样，孩子最爱的动画片名也叫不出，老婆喜欢的连续剧的名称我一无所知！五年来，无数个这样的夜晚，重复着下文、收集数据、核实数据上报，再下文、再收集数据、再核实上报之事，反复为之。

这样做的意义何在?

我想到那些还居住在四壁通风、屋顶是用瓦和塑料布等杂七杂八的东西覆盖、遇上雨天天上大下屋里小下的危房中的群众，他们的生产生活环境需要提升，他们的居住安全需要得到保障，为不让他们在脱贫致富奔小康路上掉队；当然，这是按县委、县政府的安排部署。自 2015 年以来，全县每年至少对农村危房改造工作进行一次研判，要求各乡镇党委、镇政府，必须把责任扛在肩上，贯彻落实习近平总书记“项目安排精准”的重要指示。

这是本着对历史、对人民负责的态度，奉献一点，又何尝不可呢！想到此，我忽然释怀，步履轻快地大步向家走去。

强化问题整改，促进项目落地见实效

“住人不危房，危房不住人。”这是农村危房改造工作实施的最低标准。但在全县的农村危房改造工作中，存在着诸多问题，主要是：项目建设进度十分迟缓、乡镇档案管理极不规范、系统数据管理混乱、房屋建设超面积现象突出、遗留问题错综复杂、督促检查不到位等。针对农村危房改造存在的这些问题，县委、县政府高度重视，专门委派中共鲁甸县纪委监委，并抽调县住建局人员参与，对全县的农村危房改造工作进行专项督查，旨在强化问题整改，促进农村危房改造项目落地见实效，更好地实现脱贫攻坚“两不愁、三保障”中住房保障目标。

2019 年 5 月 31 日，全县召开脱贫攻坚住房安全专项督查动员大会，对农村危房改造工作进行专项督查检查做了安排部署，至此，鲁甸史上绝无仅有为期40天的蹲点大督查工作拉开了大幕。我作为住建部门工作人员，也参与这次由县委督查室、县政府督查室、住建局、扶贫办等部门的业务骨干抽调组成的督查组。本次督查共同成立 8 个专项督查组和 1 个监督执纪组。8 个督查组紧紧围绕“两不愁、三保障”的“户户安居”目标，下沉到 12 乡镇 97 个村（社区），对全县建档立卡贫困户 32250 户和 2018 年、2019 年农危改 12814 户全面逐一审查，同时对该项工作的落实情况进行督查检查；1 个监督执纪组负责督查 8 个专项督查组人员就位情况和工作开展情况。

6 月 3 日，收拾好下乡必备的物件，提上旅行包，和督查组的同事一起，向我们督查的水磨镇赶去。一路上，我无心观赏窗外匆匆而过的优美景色，心里却挂念着在家的妻子。

到了水磨镇，我们吃、住在乡镇，日出而作，日落而息，再也没有时间想家里了。督查工作内容丰富，包含了乡村干部、挂钩包保干部工作作风、各种惠农政策的落实情况、农危改指标任务完成情况、农危改资金兑付情况、农村危房改造是否符合相关技术标准等等，可以说是包罗万象。白天走村串户，晚上还要对白天所看到的、了解到的各种情况进行梳理，并分类汇总、上报，第二天还要将督查到的情况通报给当地政府及相关包保部门，督促其整改完善。真正实现户户见面，户户审查，户户核对，不漏一户，不漏一人，全面真实掌握全县农村住房安全实际情况，为县委决策脱贫攻坚安全住房工作提供第一手资料和最真实的数据。同时，监督执纪组采取“不打招呼、不定时间、不定路线、直达现场”的方式，深入12个乡镇对8个督查组工作开展情况进行监督执纪。

在督查工作开展20天后，我接到了老婆打来的电话：“老公，你在哪儿？工作忙不忙啊？”说话的声音有气无力。我说：“我在拖麻村小海子社，要整哪样？”老婆说：“要是不忙，你给领导请个假呀，我现在在医院，要生了”。听到这儿，我瞬间急得头像要炸了！

20天来，我未给怀孕的妻子打一个电话，真是该死！

同事看到我惊诧的神色，问我怎么了，我说了事情的经过，同事们理解地说，去给领导请假吧，余下的事情我们来完成。这时我才回过神来，向同事说了声：“谢谢！”转身跑了。待我履行完手续奔到医院，宝宝已经来到世间，母子平安，谢天谢地。望着躺在床上虚弱至极的妻子和睡在她怀里的孩子，内心的歉意油然而生。那是一种无法弥补的过失，只能在心里默默地说，老婆啊，脱贫攻坚战场的“功劳簿”上，有你付出的一半啊！

一个星期后，我又回到工作岗位，继续着我未完成的工作。我不知道像我这样的奋战在脱贫攻坚“战场上”的是否有第二个第三个，但我相信绝对不止第二个第三个！而是一群干部！只是他们遇到的事情不会雷同而已吧。为了决战脱贫、为了“户户安居”，为了实现远大理想，为了实现中国梦，默默无声地奉献贡献着。

繁花一路，硕果满枝

在5年的农村危房改造工作中，我们奉献着、贡献着！

“抓住人民群众最关心、最直接、最现实的利益问题，最需要关心的人群，一件事情接着一件事情办、一年接着一年干，锲而不舍向前走。要多谋民生之利，多解民生之忧，在学有所教、劳有所得、病有所医、老有所养、住有所居上持续取得新的进展”。我们正是按照习总书记指明的这一方向，全力一步一步地推进着鲁甸的农村危房改造项目工程，取得了斐然成绩。

在县住建局档案室，存放着《鲁甸县农村危房改造工程施工质量技术指导意见》《鲁甸县农村危房改造和抗震安居工程实施指导图集形成》《鲁甸县农村危房改造和抗震安居工程技术导则》《鲁甸县农村危房改造和抗震安居工程技术导则和民房建设指导图》《鲁甸县农村危房改造和抗震安居工程民房建设指导图》《鲁甸县农村危房改造民房建设推荐户型——50 ㎡户型图》《鲁甸县农村危房改造民房建设推荐户型——45 ㎡户型图》，在这些一本本书册上面，都凝聚着我们的心血！

2019年5月30日，鲁甸县农村房屋安全等级认定及安全认定标识牌和生产用房标识牌子贴挂工作培训会议召开,鲁甸县农村住房安全认定标识牌贴挂工作全面展开。共完成6.1万户农村房屋的“两牌”贴挂工作，其中建档立卡户31323户，除易地搬迁安置农户外，认定A级住房24294户，B级住房2699户。一张张没有生产日期的《鲁甸县农村住房安全认定牌》飞上万千户群众家的墙头，群众安心居住的农村房屋，有了自己特有的“商标”。

万千广厦安人间！

（作者系鲁甸县住建局工作人员）

危房改造保民安　环境提升展笑颜

余国非

人们对美好住房的向往自古有之，“安得广厦千万间，大庇天下寒士俱欢颜，风雨不动安如山！”自2016年以来，桃源回族乡紧紧围绕中央关于脱贫攻坚战略“两不愁、三保障”中“住房安全有保障”的工作目标，在上级部门的坚强领导下，桃源乡全乡干部职工上下一心、攻坚克难，全力推动农村危房改造工作不断取得新成效。2016年至今，已累计改造农村危房3913户，争取农村危房改造补助资金8000余万元，覆盖贫困户1835余户5321人，取得了人居环境大改善、村容村貌新提升、干群关系更密切的良好效应。在组织实施过程中涌现出了许许多多敢为人先、勇于奉献的典型人物。

按照“住人不危房、危房不住人”及“拆旧建新”的要求，对不需要保留做生产用房的旧房坚决拆除，对有需要进行保留作为生产用的旧房，经户主申报，由乡、村及第三方组成的评估组对旧房进行评估。安全性差、经过修整都达不到生产用房标准的直接进行拆除；评估后能够通过修整达到生产用房标准的，由第三方制定修整方案，农户自行修整，通过乡、村验收后进行保留。在改造过程中同步实施人畜分离和卫生厕所改造，打造一批基础设施完善、环境优美，具有地域特征、民族特色、传统风格的美丽宜居村庄，确保了农户实现安居梦。

“同志们，在搬运过程中一定要注意自身安全及群众的财产安全。”这是桃源回族乡农村危房改造分管领导（乡党委副书记）李炼方同志在带领乡村两级干部帮助建档立卡户进行搬家时，现场对工作人员说的话。

桂才用是鸭子塘社区的建档立卡贫困户，全家 4 口人住在年久失修、部分墙体已经开裂变形、随时都有倒塌危险的危房中，且老人年纪较大，两个儿子常年在外务工，家中没有劳动力，如期脱贫的难度大。

精准脱贫，安全住房是硬指标。为了使桂才用家能够如期脱贫，经村“三委”和村民小组研究决定，为桂才用家申请了一个农村危房改造指标，以帮助其解决住房问题。这本来是件好事，但是在上门进行政策宣传和动员的过程中，老人的态度却让工作人员感到非常为难。“我不要项目，也不建房子，我就要住在这个烂偏偏中，让你们这些干部丢脸，如果实在要我建也可以，补助少了四五万就不要来和我说。”这是在入户开展政策宣传和动员过程中桂才用说的，这给工作开展带来了困难。经过下村入户调研，像桂才用这样想法的建档立卡户很多，他们抱定一个思想：“我们是建档立卡户，到最后，为了脱贫出列，政府一定会妥协，答应我们的条件。”有的提出希望政府直接免费帮他们建设房子或者补助资金提升到 5 万元以上的无理要求。了解这些情况后，李副书记同村干部、包保人员先后多次到桂才用家做思想工作，但是桂才用还是不愿意改造。经过多次入户和走访周边群众后，了解到桂才用不是不愿意改造，是确有困难，无法进行改造。一是经济条件差，进行重建资金不够。修缮加固，又因为房屋危险等级高，没有修缮加固价值；二是两个儿子都在外务工，他本人年纪大，加上体弱多病，没有精力和劳力来负责建房事务；三是要进行拆旧建新，拆了就没有住的地方，也没有杂物间和圈舍了。针对这些情况，李副书记和村“三委”干部及包保人研究后，有针对性地提出了解决方法。

“大爷，你看你家现在住的房子，通花照亮，漏风漏雨，随时都有倒塌的危险。况且你家房屋面积小，房间数少，两个儿子回家来住的地方都没有，娶儿媳妇都困难。”这时候，桂才用老人嘴角动了动，欲言又止。李副书记接着说，“你家的情况我们也了解，针对你家的情况我们研究后采用以下方法解决，你的两个儿子建房时不用回来，还是在外面务工，只需要把钱打回来就可以。我们可以委托有资质的建筑队来帮助你家建房子，工钱可以先欠着，等建设完成后一次性付。由你家的包保干部和你共同来处理建房子的事情；暂借村副主任家的一间房子给你们居住，等你家房子完工后再搬回去，您看这样行不行？”桂才用老人听了这些条件后，有点心动，他思索了一会说道：“我和两个儿子打电话商量了再答复你们，最迟明天给你们答复。”当天晚上 8 点左右，桂才用老人打电话给李副书记，他们同意白天提出的方案。当晚李副书记就请住建部门的同志根据桂才用家的实际情况进行了房屋建设的初步设计，并联系施工方。第二天李副书记带着图纸和施工方代表到桂才用老人家，老人看了图纸后，非常满意，当即在改造协议上签下自己的名字并按下红彤彤的手印。“看着这红彤彤的手印和政府的公章我就心安了。”桂才用老人说。

三天后，施工队进驻到桂才用老人家进行拆除重建，拆房、地基平整、打桩、砌墙，浇板。三个月后，一栋崭新的一层半的小洋房呈现在老人面前。有了小洋房，李副书记又带领村组干部帮老人的居住环境进行了提升，对院坝进行硬化、绿化、亮化。老人看着自家焕然一新的居住环境，与三个月前门前屋后杂物乱堆、污水横流、居住条件恶劣的情况相对比，脸上露出幸福的笑容。“同志，现在国家的政策真是太好了，我做梦都没有想到，有一天我还能住上这样的房子，真是太感谢你们了”。在搬家这天，桂才用老人拉着李副书记的手激动地说。

“我们要设身处地地为群众去想，很多时候只要我们站在群众的角度去考虑问题，许多工作也就没有那么困难了。”李副书记是这样说的，也是这样做的。在危房改造过程中有许多像桂才用这样的情况，也涌现出许许多李副书记这样的好干部。在开展危房改造工作中被狗咬、被群众骂、受伤、生病、回不了家，我们的同志都没有退缩，坚决地完成了我乡的农村危房改造和人居环境提升工作，确保脱贫攻坚“两不愁、三保障”的住房有保障。

（作者系鲁甸县桃源乡政府职工）

紧密衔接脱贫攻坚　扎实推进环境整治

邹　昆

鲁甸县属于国家级贫困县，位于云南省东北部，牛栏江北岸，地处乌蒙山南麓，全县辖12个乡镇635个自然村。全县大部分村社区基础差、底子薄，农村脏、乱、差现象和农民生活陋习比较突出，工作要实施却面临没人去管、没钱去办、没具体工作落实的局面。我县农村人居环境整治工作陷入尴尬境地。

2020年1月，习近平总书记在考察云南时再次指出："要深入开展农村人居环境整治，培育乡风文明，建设各族群众安居乐业的美丽家园。"既要确保中央和省、市各项部署的贯彻落实，全面打赢农村人居环境整治三年行动"收官之战"，又要全力推进扶贫攻坚工作，迎接国家对该工作的考核验收，我办坚持尽锐出战，上汇报协调、下调研，拿出可行的实施方案，投入全部力量抓实农村人居环境整治工作，主要采用五聚焦三坚持措施：

上下联动，齐抓共管谋全局。全县树牢"一盘旗"的思想，在推进高质量、可持续脱贫的过程中，精准聚焦"两不愁、三保障"，围绕乡村振兴这一总体目标，注重农村人居环境整治，与脱贫攻坚同步谋划推进，加快补齐短板，县委、县政府多次召开专门会议研究人居环境整治工作，由县委书记、县长任组长，县委副书记任常务副组长，相关县级领导任副组长，各乡镇党委书记及县直部门主要负责人为成员的鲁甸县农村人居环境整治工作领导小组，下设村庄规划、农村生活垃圾治理、农村生活污水治理、农村“厕所革命”4个专项工作小组，各乡镇、县直各部门成立相应的工作机构。通过健全工作机制，明确分工，落实责任，形成主要领导带头部署、带头落实、带头推动，共同推进农村人居环境整治工作深入实施。力量上有效融合，我们坚持脱贫攻坚与人居环境整治工作实行一支队伍抓到底，整合统筹整合镇村干部、挂钩乡镇第一书记、驻村工作队、扶贫包保干部“四支队伍”力量，既抓好脱贫攻坚，也抓好人居环境整治，具体工作实行工作队包村、村干部包片、帮扶干部包户制度，落实公益性岗位、护河员等对村公共区域、河道开展环境大扫除；村干部分片到户落实人居环境整治，帮扶干部到包联户家中落实卫生整治，形成强大整治合力，各方面取得良好成效。

一是聚焦农村旱厕多的状况，强力推进厕所革命，普及农村户用水冲厕，积极推广三格式化粪池建设，确保全县农村卫生厕所普及率达90%以上、无害化卫生户厕普及率达50%以上。二是聚焦脏、乱、差问题，大力开展村庄硬化、绿化、美化、亮化、文化等工程建设，重拳整治“粪堆”“柴堆”“草堆”，疏通村庄“血脉”，提升村庄“颜值”。对拆危、拆旧腾挪出来的土地，按照宜绿植绿、宜耕还耕的原则，建设小菜园、小果园，示范引领推进绿化。2020年，全县所有道路、河道两旁及村庄前后、房前屋后新植1000万株树，推动绿化连线成片，因地制宜见缝增绿，着力提升村容村貌。三是聚焦农村危旧土坯房问题，对各乡镇村社区的残垣断壁、废弃柴房、废弃畜禽圈舍、乱搭乱建等棚舍建筑进行拆除和清理。2017年以来，累计拆除“两违”建筑974宗，累计拆除15.6008万平方米；2020年，拆除农村老旧危房2830户，让广大农民彻底告别了透风漏雨的危房。四是聚焦农村生活污水治理，我们坚持梯次推进、分类施治工作路径，对全县所有河道实行网格化管理，在每段河道设立统一标识牌，注明包保人信息，定期开展河道垃圾、漂浮物等清理工作，通过昭鲁大河治理、龙树大河湿地建设以及牛栏江流域和龙树河流域治理项目，确保82个自然村实现农村生活污水集中收集处理系统全覆盖，积极推进118个自然村农村生活污水资源化利用工作，确保村庄生活污水得到收集处理或资源化利用的自然村比例达到30%以上。五是聚焦农村基础设施，在全县所有村庄实施院坝硬化和串户路硬化工作，每户补助25袋水泥，每户硬化50平方米，群众投工投劳，配套实施植树，共发放水泥5.5万吨，4.4万户16.3万贫困群众受益。

坚持问题导向，打通责任落实最后一公里。针对农村点多面广、点状分散分布的特点，按照先点后面、先易后难，从试点示范到全面推开。对农村“厕所革命”资金补助方面，积极向上争取资金不断提高补助标准，切实减轻群众负担。2019年，改厕每户平均补助400元，2020年提高到每户平均每座补助1400元。对村庄规划方面，结合自然环境、村庄布局等因素，充分尊重村民建议和意愿，形成有乡愁、接地气、低成本的村庄规划。2020年，把国土空间总体规划与实用性村庄规划同步开展，选定10个行政村开展实用性村庄规划试点工作。对垃圾治理方面，采取“村收集、镇转运、县（片区）处理”等模式，动员群众参与在全县建设垃圾池2620个，并分乡镇统一编号，逐一落实包保管护责任人，目前，已建成正规垃圾填埋场3座，覆盖文屏镇、桃源乡、茨院乡、小寨镇、龙头山镇、火德红镇6个乡镇。在渔洞水库径流区（龙树、水磨、新街片区）和边远山区片区（梭山、乐红、江底片区）6个乡镇建设7个垃圾热解厂，日处理规模均为5吨，实现集镇片区全覆盖，村庄覆盖率66%，实现垃圾收运处理有偿服务全覆盖。关于污水治理方面，建成污水处理厂5个，生态湿地1个，覆盖文屏镇、桃源乡、茨院乡、龙树镇、水磨镇、龙头山镇、火德红镇、新街镇8个乡镇。对村容村貌提升方面，选择一批基础条件好、辐射带动力强的村庄，按照“典型引路、示范带动，突出重点、全面推进”的工作思路，集中支持、重点投入，引领示范，让群众对农村人居环境整治看得见变化、感受得到便利。如桃源乡小岩洞自然村，经过提升打造，呈现出民族团结，宗教和顺局面，基本实现了“产业兴旺、生态宜居、乡风文明、治理有效、生活富裕”目标，成了桃源乡最闪亮的一张名片。通过示范引领，全县635个自然村均已达到1档村庄8条标准要求，使一个个“盆景”连成一道道“风景”，形成一片片“风光”。

坚持农民主体，让农民参与人居环境整治成为行为自觉。注重搭建有效参与平台。充分发挥牵头抓总的作用，协调行业主管部门结合行业工作特点，指导各乡镇各村社区结合各自实际，制定完善村规民约、红黑榜、生活垃圾收费、卫生保洁、门前三包责任等制度，同时充分吸取群众建议意见，并在实践中积极探索新形式，有效推进民事民议、民事民办、民事民管。广泛开展各类创评活动。我们在全县大力开展“最美庭院”“最美单位”创建，同时在90个村社区大力建设“爱心超市”，广泛推行“积分兑换制”，村民通过参与环境整治、“清洁家庭”评比等形式累计积分，积分达到一定数额即可在“爱心超市”换取价值不等的商品，建立不良行为惩戒“黑名单”，在活动中潜移默化地受教育，培育倡导文明新风尚，推进农村人居环境整治工作由“塑形”向“塑魂”转变，传递扶贫不扶懒的政策导向，切实增进行为自觉。开展专项整治，我们整合各乡镇、县直各部门力量，开展城乡环境综合整治提升百日行动，对照目标任务、时间节点、牵头部门、责任领导开展定期不定期的督促检查，每周对乡镇或县直各部门情况进行通报，每月对各乡镇和县直部门开展工作实行排名，确保人居环境整治工作出成效。

坚持有效治理，构建长效管护机制。结合县情实际，拟定下发《鲁甸县农村人居环境三年行动实施办法》《鲁甸县“百村示范、万村整治”三年行动实施方案》《鲁甸县农村人居环境整治工作实施方案》等文件，同时将农村人居环境整治工作纳入全县综合考核范围，由各行业主管部门根据负责的事项，科学制定实施细则，对未完成目标任务的乡镇或部门进行量化扣分，确保干有标准、抓有载体、检有标尺、奖有依据。针对农村人居环境整治长期管护工作，严格落实乡镇党委第一书记负责乡，乡镇班子成员、驻村包保干部负责村，村“两委”成员负责组，公益性岗位、乡村公共服务岗位、低保对象等有劳动力人员负责路段、河段、垃圾池、绿化段的“四级网格化管理”。强化资金保障。建立“财政保障一部分、各方整合一部分、单位帮扶一部分、社会筹措一部分”的“四个一”资金投入机制，2019年以来，垃圾池建设方面投入405.22万元；在90个行政村建立爱心超市投入450万元；对贫困户院坝硬化共投入3969.98万元；污水治理共投入4952万元，一座座高颜值、高品质的公厕相继建成、改造投入使用，光是厕所革命累计投入1909.98万元，全县公厕148座，真正让市民感到“方便”的同时，也收获了满满的赞誉。媒体长效监督。通过电视、广播、微信、宣传栏等媒介进行宣传造势，在微鲁甸开设曝光台，对人居环境整治工作宣传先进典型，曝光突出问题，同时组织督查队伍，经常性开展暗访调查，坚持问题导向，制作暗访调查视频并在适当的会议上进行播放，采取月调度、专项部署、流动现场会、抓暗访问题整改等方式，推动工作落到实处，形成互相学习、竞相推进的良好态势。

回顾农村人居环境整治工作以来，我们坚持把打赢脱贫攻坚与人居环境整治相结合，加大资金投入，多管齐下、多轮驱动打响了一场农村人居环境大整治、面貌大改观、鲁甸形象大提升的攻坚战，迸发了活力，催生了巨变，如今行走在12个乡镇的许多村庄，都宛若田园山水画般恬静美好，各个村寨，平整的水泥公路、连户的村石板路，干净的活动场所，村民吃上干净水、用上稳压电、告别泥泞路，一条条道路干净整洁、一个个小院井然有序、一盏盏路灯照亮村庄、一张张笑脸洋溢着幸福，展现的是一幅天蓝、地绿、水清、村美的和谐画卷。

（作者系鲁甸县农村人居环境整治工作领导小组办公室工作人员）

第四编　易地搬迁扶贫

搬出大山谋发展　融入社区感党恩

郑文彬　沈正翠

刘双剑是鲁甸县新街镇坪地营村 11 社的贫困户，前些年一直和丈夫袁开云在外务工。当坪地营村“两委”宣传动员他们村的建档立卡贫困户可以申请易地扶贫搬迁，父母还有些犹豫，想着住惯的山坡不嫌陡，下不了决心离开世世代代居住的地方，夫妇俩得知易地扶贫搬迁政策是把“一方水土养不起一方人”的贫困群众搬迁到条件较好的地方居住，实现迁入地在交通、医疗、文化教育等生产生活条件有明显改善后，刘双剑开始动员家里人搬迁，想着搬到县城安置区，两个孩子就不用每天走几公里路上学了，他们一家就不用外出务工和孩子分开了，一切为了孩子，最终家里人都同意了，并第一时间签订了“一申请三协议”。

2018 年年末，镇里搬迁通知来了，刘双剑一家便迫不及待拉着家具搬迁入住新房子，孩子也转到县城就读文屏镇中心小学，享受着良好的教育，没过多久，孩子们就适应了新环境新学校；刘双剑的丈夫在昭阳区建筑工地务工；公婆在卯家湾附近打零工，一家人的经济状况得到明显改善。刘双剑每天在家操持着家务，过着相夫教子的生活。能住到宽敞明亮的新房子，一家人觉得这个家搬得真值，一谈起搬迁的事，刘双剑表示：“非常感谢党的好政策，感谢习总书记，感谢卯家湾的领导及工作人员辛苦的付出，是搬迁政策彻底改变了我们一家的命运，让我们走出大山，有新的生活环境，对生活和未来充满信心。”

带着一颗感恩的心，搬迁后刘双剑积极参加各种义务志愿活动，主动融入社区生活。刚搬来时加入了中国妇女发展基金会在卯家湾成立的社区公益服务中心——“妈妈家”，她在“妈妈家”免费参加了烹饪培训、亲子烘培培训、家政培训、缝纫培训等，和其他易迁户一起为搬迁群众中的老弱病残家庭收拾家务，还为他们送去亲手做的蛋糕，深受左邻右舍及搬迁群众的好评。工作之余的刘双剑带队组织搬迁群众在卯家湾小广场上跳广场舞，并成立一支舞蹈队，带动群众跳广场舞和民族舞，丰富了大家的业余生活。

当她听说鲁甸县龙树镇搬迁户谢忠清家又生了个小孩时，一方面为他家高兴，另一方面又为他家担忧，高兴的是又有个可爱的小生命诞生，担忧的是原本就贫穷的家，四个孩子都捉襟见肘，现在又多了一个孩子，该如何养活，在担忧之余急忙把自己小孩以前穿过但洗得干干净净的衣服送去给他家，谢忠清朴实的妻子嘴上没说什么，但感激的泪早已在眼眶中打转。由于她的爱心热心细心很快和搬迁群众打成一片，为她之后在卯家湾社区的工作开展推动打下了坚实的群众基础。

卯家湾社区成立之初，急需工作人员，但由于刚成立，没有经费和报酬，谁都不愿意去，但她去了。她想的是以前她家生活在贫困的山村里，没给党和国家做过任何贡献，还拖累了国家的发展，但是党和国家没有抛弃他们，还无偿地给他们提供了那么好的房子和居住环境，现在社区需要人手，她可以去帮帮忙。社区初成立，有电脑，没网络，没打印机，办公设备不健全，她和卯家湾的工作人员较熟，有什么需要都是她去借电脑、借打印机、报材料、报数据开展工作。一来二去，她就成为社区的主心骨，办公室离不开她，群众离不开她，大家有事都找她。由于办公室人手缺乏，几个人的工作她一个人干，白加黑的模式，忙得连娃娃的饭都没时间做，只得请婆婆来照顾，但她没有半句怨言，领导安排的工作都认认真真做好。

2019 年为了搬迁群众能在春节前搬迁入住，受领导安排，要求他们社区组织搬迁群众在卯家湾工地上班，赶工期。一晃就要过年了还不见发工资放假，群众都急了，一天好几批人到她家或社区办公室找她讨工资，修建方迟迟没付他们工资，只能让他们再等等，不理解的群众以为工钱被她们挪用了，和她吵，和她急，就差打她了。她一个人默默地承受着这些，工作压力、精神压力把她压得喘不过气来，这些工作超过了她的承受能力，但一直感冒的她都在带病上班，好不容易临近过年工资要下来了，她第一时间把群众的工钱发到群众手里，让他们过个好年，压在自己心头的大石头也落了地，想着自己也可以陪孩子过个安稳年了。可是随着武汉新冠肺炎疫情的爆发蔓延，抗战疫情打响，带病的她第一个投入战斗，人们都还在吃着年夜饭、看着联欢晚会，她就给群众和亲朋好友一一送去特殊的祝福：疫情来了，我们都要做好防控工作，做到勤洗手、戴口罩、不出门，不能给国家添乱，安全健康就是最大的幸福！给卯家湾社区群众拉响新冠肺炎防控的警报。

疫情当前，有的人退缩，有的人逆行。一直生病的她没考虑什么一下就冲到了战疫一线，从大年初一开始，她和社区工作人员带着一次性外科口罩就入户排查，不漏一人，不漏一户，每家每户有几口人、从哪儿务工回来、回来几天了等等都登记清楚，排查到经武汉回来人员一律让他们全家去医院做检测观察。由于一些楼栋长回老家过年和不愿意冒险，有好几栋楼的走访都落在了她身上，时间紧，任务重，她工作到很晚才遍访结束。第二天拖着疲惫的身体继续上班，实在坚持不住了到社区卫生室，才知道自己发热了，在特殊时期特殊环境下，她慌了，急切交代一下工作就赶往医院做进一步检查。因为发热，又接触从武汉回来人员，医院要求她隔离检查。

为做好疫情防控工作，卯家湾安置区取消春节假期，鲁甸组工作人员大年初三全部到岗，支持卯家湾社区开展工作。刘双剑焦急地等待着医院的检查结果，第二天初步检查出是肺结核，为了保险起见，又做了核酸检测，确诊不是新冠肺炎，她的心落地了，她家人的心落地了，社区的心落地了，经过一个星期的治疗，她终于出院了，在卯家湾社区里又看见她忙碌的身影，入户排查、卡点执勤、上门疏导居家观察群众情绪、为居家观察群众送粮、油、菜，集体经济种植香菇基地也随时看到她忙碌的身影。

刘双剑由一名易迁贫困农妇，成长为卯家湾安置区的社区干部，是她响应党和国家政策的号召和自身不断努力奋斗的结果，是她有一颗感恩的心的结果，通过丈夫务工、父母就近务零工及自己实现就业，家庭有了稳定的收入，子女也享受到了优质的教育，一家人幸福地生活在卯家湾。如今她仍兢兢业业，全心全意为搬迁群众办事，急群众所急、想群众所想，让社区搬迁群众实实在在感受到党和国家的关怀，她以实际行动，用质朴感情，本着为群众办实事的理念来感谢党的恩情！

（作者系新街镇政府工作人员）

搬离穷窝窝　喜圆安居梦

陈兴龙

“搬不动山就搬人！”为破解“一方水土养不活一方人”的困局，按照“能搬则搬”的原则，昭通把易地搬迁作为啃下脱贫攻坚“硬骨头”的“铁齿铜牙”，打破县、乡、村行政区划，按照“进城、入镇、进厂、上楼”的思路，在全市兴建集中安置区，把住在不具备发展条件的贫困山区、生态脆弱地区的群众搬出大山，实现挪“穷窝”、断“穷根”。

在脱贫攻坚中，水磨镇将易地扶贫搬迁作为“头号工程”，创新性开展易地扶贫搬迁工作，将建设、服务、产业“三个规划”同步编制，搬迁、代建、入社“三个协议”一次性签，宣传、帮扶、致富“三张牌”一起打，从源头破解“一方水土养不活一方人”的困境。“十三五”期间，水磨镇共实施易地扶贫搬迁 1006 户 4391 人，按时按质完成“十三五”规划易地扶贫搬迁工作任务，实现了“挪穷窝、换穷貌、改穷业、拔穷根”的目标。

针对贫困群众关心户型设计、宅基地分配、建房方式等问题，水磨镇组织镇、村、组干部入户调查，召集贫困搬迁户代表召开座谈会，广泛征求意见，充分尊重群众意愿，采取“一户一宅”安置模式。安置不仅要符合群众意愿，还要保障建房质量。为此，鲁甸县委、县政府成立易地扶贫搬迁工程建设指挥部，出台《鲁甸县精准实施易地扶贫搬迁工作方案》，按照“县级领导包点，乡科级领导包村，一般干部包组，村干部和第一书记包户”的包保工作制度，全力推进易地扶贫搬迁工作。为解决群众“不愿搬”“搬哪儿”“怎么谋生”的难题，水磨镇充分尊重群众的意愿，有愿意搬卯家湾的，也有愿意搬本村集中安置点的。因地制宜实行“一户一档”“一户一帮”“一户一策”，加强就业创业和产业发展政策扶持，解决搬迁群众发展之虑、后顾之忧，群众纷纷从“不愿搬”到“乐意搬”。这样可以让群众搬得踏实，住得安心。

2016 年以来，水磨镇在县委、县政府的指导下共建成 4 个易地搬迁集中安置点，建成 423 套安全住房，并在 2018 年 10 月前实现全部搬迁入住，实现四个集中安置点安置 423 户 1969 人。水磨镇 4 个易地搬迁集中安置点在选址上综合分析自然社会条件，注重区域布局、面积管控、功能设计、风貌特色、人文等方面，拿出最好的地段、最好的位置进行安置，统一规划、统一建设、统一标准、统一建筑风格、统一配套基础设施和公共服务。

在建房工程中，严守住房建设面积集中安置人均不超 25 平方米、搬迁户不举债、建新必须拆旧“三条红线”。在项目实施中，还出台资金管理办法，落实工程质量责任制，通过强化成本管控、技术指导、现场监管、项目验收等确保一心建好精品工程，让贫困群众早日搬离穷窝窝，喜圆安居梦。搬迁是手段，脱贫是目的。住上好房子，还要过上好日子。水磨镇着眼搬迁群众的能致富目标，按照省委、省政府加快建立完善“五个体系”要求，实施组织、培训、就业、帮扶、产业、服务“六个全覆盖”。

在水磨镇铁厂社区老电站、新棚村猫猫山、黑鲁村石头地、滴水村包包上 4 个易地扶贫搬迁安置点，一排排红瓦白墙的“小洋楼”掩映在绿色中，一片片绿意盎然的蔬菜充满着生机，一张张喜笑颜开的笑脸，使这缤纷的乡村更加绚丽多彩。

铁厂社区老电站是水磨镇集中安置点之一，搬迁规模 101 户 435 人，2018 年 10 月已经全部搬迁入住。在搬到水磨镇铁厂社区之前，李臣山一家居住在铁厂社区上海子村民小组，交通不便严重影响孩子上学困难和限制村民生产生活条件。自从搬到镇上后，四个孩子都在附近学校上学，妻子就负责在家带孩子读书，李臣山在外打工挣钱。“现在我家6口人住上了150平方米的大房子，客厅、厨房、卫生间样样俱全，要在以前，真的想都不敢想。并且这里紧挨着镇政府，有幼儿园、学校、医院、超市，上学、看病、办事很方便。”李臣山高兴地说。

为让群众搬得出、稳得住、能致富，水磨镇聚焦搬迁后续巩固提升，开展技能培训、送岗招聘等，落实就业意愿、就业技能与就业岗位精准对接，有劳动力家庭就业落实率达100%。

在拓宽就业扶贫基础上，水磨镇通过“易地搬迁+合作社”“易地搬迁+产业”“易地搬迁+电商扶贫”“易地搬迁+入股分红”“易地搬迁+保障兜底”等脱贫路径，搬迁户从单一的种养业，逐步向服务业、劳务输出等多元化转变，开启了幸福新生活。

担心搬迁后找不到事情做的刘同华是滴水村新营盘社搬到包包上安置点的搬迁户，没曾想，他参加养鹅技术培训后，成为浓城种养殖专业合作社代养鹅中的一员。“每月可以挣2000多元的务工费，比以前在老家地里干农活强多了。”刘同华兴奋地说。

从黑鲁村彝麻寨社搬到石头地安置点的陈德平在群众的推荐下从事公益性岗位和安置点饮用水管理工作，全部加起来每月可获得2000元左右劳动报酬，他对生活工作都感到很满意。

2018年搬迁鲁甸卯家湾集中安置区253户1063人；2019年规模外搬迁卯家湾安置区330户1359人。

整齐美观的楼房，干净整洁的院落，设施齐全的文化广场，郁郁葱葱的绿地，平坦宽阔的道路……鲁甸县卯家湾易地扶贫搬迁安置点，格外引人注目，成为鲁甸县城区一道美丽的风景。

“这里条件跟我老家相比好得太多了。老家条件艰苦，气候恶劣，只能种玉米、洋芋、荞子。”宽敞明亮的客厅、阳光充足的卧室、干净舒适的卫生间、现代化的厨房……从水磨镇黑鲁村冲子社搬迁来的住户朱家荣在新房子里走来走去，喜悦之情溢于言表。他乐呵呵地说：“我们以前住在大山里，做梦都想住上楼房。现在好了，在党的关怀下，我们一家6口人住进了新房，附近学校、医院、超市配套齐全，实在是太幸福了！”

罗朝金所在的岩头村山高路陡，交通不便，房屋也是冬天透风，雨天漏雨。同罗朝金一样，大山里的搬迁户都是居住在穷沟沟里，只有搬迁到环境更好、交通更便利、资源更丰富的地方，才能改变现状，改变生活。可世世代代居住在山里的群众故土难离、乡情难舍，搬出去能否住得好，是压在易地搬迁贫困户心头的大石头。

搬迁只是第一步，为确保搬迁群众住的舒适、舒心，水磨镇把基础设施配套作为搬迁工作的重心和搬迁入住的基本要求来抓，通过争取中央、省、市、县大力支持，创新工作思路，水、电、路、排污、绿化等项目统一规划，同步实施。

完善的基础设施和优美的环境已经成为搬迁户美好的生活家园。为做好易地扶贫搬迁工作，水磨镇积极争取中央扶贫项目投入资金，铺设供水管网、架设供电线路、安装变压器，绿化居住环境。4 个集中安置点全部实现通路、通水、通电、通网络、通有线电视的“五通”工程服务。

同时，通过群众会开展感恩教育、文明创建、公共文化、民族传承等相关活动，增加搬迁群众认同感，增强主人翁意识。

“搬进新房，生活越来越舒适了。”搬迁户罗朝金是从水磨镇岩头村水井湾社搬迁到鲁甸县卯家湾，在他看来，搬家是生活的一个转折点。“以前一家 5 口人挤在老房子里，发展产业没条件，对未来也没有方向。”如今，两个儿子在读大学，女儿在鲁甸县第二中学读初三，妻子在小区附近的加工厂上班，每月有 2600 元的收入，他在外地打工，每月有 6000 元左右的收入，家里的日子越过越红火。

搬出穷山沟，迈向新生活。如今，水磨镇安置区通过完善配套设施、产业就业支撑、服务管理保障，让搬迁群众住得下来、富得起来、稳得下来，广泛开展住进新楼房、感恩新生活、树立新风尚、爱护新家园、发展新产业等活动，让搬迁群众活出精彩人生。

（作者时任水磨镇镇长助理）

铁家湾村小岩洞易地扶贫搬迁纪实

陈　豪

一

2016年，桃源乡铁家湾村小岩洞自然村的村民桂腾毕搬家了，搬到新建成的易地扶贫搬迁安置点。在搬家的路上，他没有回过头。

当地村民原住地山大沟深、峁梁纵横，当地老百姓广种薄收，靠天吃饭，碰上雨水少的年头，一年到头种地挣的钱还不够买一袋米。饮水不便，吃水用桶挑，而且是陡峭山路，挑两桶水，路上能洒半桶汗……

“穷山窝，一点也不留恋。”桂腾毕笃定地说。

长期以来，铁家湾村小岩洞自然村群众致富无门路，发展无优势，无法实现“两不愁”，受行路难、吃水难、上学难、就医难等制约，更是无法实现“三保障”。

贫困山区群众搬出大山，生活要有保障、生产要有发展，铁家湾村小岩洞易地扶贫搬迁工程任重道远。

在选择迁入地的问题上，桃源乡充分论证，根据水资源丰富区域内自然禀赋优势、可开发土地和产业发展等资源条件，选择了在高速公路连接线旁建设安置点。

“在搬迁过程中，我们整合易地搬迁、农村危旧房改造、扶贫专项、政策性银行低息贷款等各类项目资金，从政策上扶持搬迁安置，大大减轻了易地扶贫搬迁村民的经济压力。”桃源乡扶贫办工作人员阮朝文说。

搬迁到安置点后，安置点的生产生活用水保障成为当务之急。为此，桃源乡党委、乡政府积极协调上级部门，向上级部门争取项目修建蓄水池，解决了当地常年缺水的问题。

桃源乡扶贫站公职人员阮朝文介绍，目前，灌区已经建设蓄水池1座，完全解决了安置点人民的日常用水问题，并且该蓄水池已经移交当地水厂管理，按照市场价向村民收取水费，切实让村民享受到实惠。

“目前在小岩洞安置区，水的问题基本上得到了解决。”村支书马勋达肯定地说。

二

铁家湾村立足“肉牛养殖、大棚蔬菜、大樱桃、苹果”等特色优势产业，通过外引和自建相结合的方式，大力培育富民优势产业。截至目前，安置点发展肉牛规模养殖，建立了一个集中圈养养殖场，存栏200头，既环保又给村民带来了效益。

如何让产业兴旺的成果带动缺少发展资金的贫困户发展？桃源乡党委、政府深入研究，精心施策发展产业。

“过去土地贫瘠，当地人以种植烤烟为主，收成一般。”2018年，桂腾毕搬进来新家园、新环境，高兴地说。看着安置点新建的肉牛养殖厂，受了半辈子穷的铁金苍内心却很纠结，“肉牛养殖是桃源的优势产业，谁都知道，养殖肉牛的收益比种植烤烟高，但我们刚搬来，一穷二白，没钱没技术，搞产业没底气。”

桃源乡党委、乡政府为了解决村民的后顾之忧，仅在2019年，就对接金融机构为村民办理贷款发放特色产业发展贷款1500万元。

第一年，铁金苍通过小额扶贫贷款投资5万元，购买了6头肉牛。“之前，我和妻子都在外省打工，建房遥遥无期，离家远，难以照看孩子，现在政府不仅给我们新房子住，还给了我们‘金饭碗’，这5万元都是贴息贷款，养殖肉牛，我一年能挣四五万元。”

2018年，铁金苍通过养殖肉牛赚到了钱，钱包鼓起来，致富的心思也活络起来。

“去年9月份，我买了8头育肥牛，预计到时候我的收入将会大幅度增加。”铁金苍兴奋地说以前在山里，一年到头口袋里只有几百元，没想到搬到安置点，靠着发展产业，一步一步走向致富之路。

如今，村有致富产业、户有增收项目，成了小岩洞安置点的真实写照。

三

2020年是决战决胜脱贫攻坚收官之年，安置点未脱贫人口和“边缘人口”“脱贫不稳定人口”仍需持续加大扶持力度，巩固提升脱贫成果任务艰巨，是硬骨头中的硬骨头。为此，去年以来，桃源乡聚焦靶向，落实就业扶贫、公益性岗位安置等精准帮扶措施，千方百计防止脱贫人口返贫、“边缘人口”致贫。

对于贫困群众而言，“不愁吃、不愁穿”需要以稳定的收入为基础，就业是实现快速脱贫、稳定脱贫的重要举措。今年，桃源乡成立了务工协会，精准定位全乡每个劳动力的职业现状，逐户查清建立桃源乡人力资源库，了解每个劳动力的职业需求，做好劳务输出和技能培训。

来自桃源乡铁家湾村的村民兰金洪最近在县人社局组织的挖机技能培

训。“学技术，不用自己掏学费，政府全包了，再多干几年，我想自己买台挖机，自己当老板。”兰金洪对未来满怀憧憬。

“易地扶贫搬迁不只是简单地搬家，而是生活方式、生产方式的根本改变。”桃源乡党委书记丁开毅表示，通过技能培训，不仅仅教给村民一技之长，拓宽增收渠道，还能助其转变思想观念，学习生活常识，成为安置点“新居民”。

对部分因家庭因素无法发展产业、外出务工的农户，就地就近就业是最好的选择。去年，桃源乡安排公益性岗位 288 人，人均年增加收入 6000 元，真正实现了安居与乐业并重、搬迁与脱贫并进。

如今，漫步在铁家湾村小岩洞自然村安置点，楼房、砖瓦院落星罗棋布，家家户户通上了自来水，孩子就近上学，看病也在村内，各居民点广场上，大爷大妈跳起了广场舞，宽阔笔直的柏油马路，穿行的车队将农副产品销往各地，安置点村民拧成一股绳，运转“造血功能”，铆足劲奔小康。

（作者系鲁甸县桃源乡政府工作人员）

“破茧成蝶”的挖水村

铁金串

站在梭山镇挖水村委会彝族文化广场的围栏边，俯视着对面的村庄时，那两条镶嵌在村落间的玉带般的公路和一间间砖混的房屋显得格外耀眼，这个曾经的贫困村在脱贫攻坚中蜕变的过程便历历在目。回想起三年前，贫穷、偏远、缺水、道路不通等这些词语便是挖水村的真实写照，然而通过三年的努力，这个“穷得叮当响”的村庄已破茧成蝶实现了在脱贫攻坚中的蜕变。

引一股泉，解千家忧愁

2017 年年初，我作为镇挂村工作组长，常亚凛作为驻村扶贫第一书记来到挖水，当天中午，我们便召集镇工作组、驻村工作队、村“两委”人员开一个简短的碰头会。在会上，支书卢正雄向我们介绍了挖水村的情况，当时给我的第一印象就是挖水村很缺水，因群众到处寻找水源故而得名“挖水”。水——“生命之源”，如果一个地方连人畜饮用水都成了问题，那如何谈发展？同时这也是脱贫攻坚“户脱贫村出列”的硬性指标。

挖水村境内无水源点，群众一直以来的饮水都得靠雨，下雨的时候把雨水收集到水窖里储存引用，如遇到干旱，群众就得到10多公里外去找水，若遇到办红白喜事时，附近的邻居就自发地提供一担水给办事的人家。缺水就这样一直困扰着这里的群众。要解决饮水问题，水源点便是关键。卢支书告诉我们，在昭阳区大山包镇老林村海拔3000多米的地方有一股水源，以前村里就组织群众去寻找过，只是海拔高，路程远，要解决引水投入会很大。只要有水源，就有希望，第二天在支书的带领下我们来到了老林村，在海拔3300米的山沟里看到了一股清泉，当时我们非常激动，决心把这股水引入挖水村每户群众家中。回来后，我第一时间就向书记、镇长汇报此事，亚凛请了市水利勘测院进行了勘测。最终通过书记镇长向县里汇报，在市政协的关心下，县里决定投资项目把水引入全村每一户农户家中。2018年5月项目全面竣工，这股大山深处的清泉流入了挖水村每户群众家中，彻底解决了千百年来一直困扰着群众饮水之忧。

养一头牛，富一户百姓

“山高坡陡、人多地少、产业单一”是挖水村的突出现实。发展什么产业能够让挖水村百姓脱贫致富，一直困扰在我们的心头。传统的种植业在这个只能种植玉米土豆的地方肯定是不行的，但发展什么产业才能在挖水村这个地方起得实效，这对才到挖水村来挂村的亚凛书记和我都比较犯难，在产业帮扶方面一下子无招了。直到一天，市政协成联远主席一行到挖水村视察脱贫攻坚工作时，到了山脚社贫困户杨宗武家走访时，老杨的一席话启发了我们，成联远问老杨多少岁了，生活过得怎么样时，老杨一下子来劲了，他说：“我现在72岁，主要生活靠养牛，现在我养了两头牛，前久刚下了个小牛仔，一年我养牛可以整万把块，我还想再买头牛来养，在我们这里种地已经不行了，就是养牛找钱，但我年纪大了贷不了款，希望同志能帮我贷点款，再买头牛来养。”“一个70多岁的老人，还在通过自己的双手靠养牛脱贫致富，这就是我们应该帮扶的对象，他的诉求一定要帮助。”主席对我们说道。在党委、党政府的帮助下，通过红十字会生计资金贷了10000元给老杨买了一头牛。受到老杨的启发，让我们找到了挖水村产业发展的方向，那就是发展肉牛养殖，在党委、党政府的帮助下，我们争取到了产业帮扶资金，贫困户每户只要养一头肉牛就补足3000元，通过鼓励，挖水村建档立卡户，户户养起了肉牛，目前收入主要靠养牛。2020年在市政协曹阜忠秘书长和县人民政府县长马洪旗的关心下，挖水村正在建设200头肉牛养殖的标准养牛场，让挖水村真正实现了村有产业支撑，户有产业帮扶，养一头肉牛富一户百姓产业链。

搬一住户，幸福几代人

挖水村地处高寒冷凉山区，为让海拔在2400米以上的群众寻找更好的发展福地，易地搬迁便是最好的归宿，如何组织动员好这部分群众的搬迁工作，成为挖水村脱贫攻坚的另一个重头戏。部分群众思想固化，不愿离开土生土长的地方，这无形中为搬迁工作增添了难度。为做好这部分人的思想工作，我们无数次进村入户开展动员工作，组织他们到卯家湾易地搬迁安置点实地去查看、去感受。经过多方的努力终于在2020年5月挖水村高海拔地区的159户772人全部搬迁入住卯家湾安置点。从此他们将在这个新的幸福之地开展着全新的生活。现在挖水村搬迁的贫困户已搬出去几个月了，看到他们脸上洋溢着的笑容时，我们都会感到无限的自豪。8月的一天，曹杰才的媳妇来到村上，她拉着第一书记蒲飞的手激动地说：“蒲书记，真的感谢你们，原来我们一直不愿意搬迁，但你们没有放弃我家，一直做我家的工作，你们李镇长还请我家外面的亲戚做我家的工作，现在搬出去了，低保也变成城镇低保了，我在外面带着孩子读书，不再租房子了，有时候在卯家湾打打工，现在我才感受到搬出来的好处，真的感谢你们。”看着他们脸上的笑容时，深深地印证了卯家湾安置点的那一句“搬出大山天地宽、幸福家园卯家湾”的标语的真正含义。

修一条路，惠一村人

“晴天一身灰，雨天一身泥”是三年前挖水村道路交通的真实写照。交通落后成了阻碍挖水村发展的瓶颈，同时也牵动了镇村及帮扶单位的心。集镇到挖水村的主路属于早些年修建便道，但因年久失修，加之重车碾压，已破烂不堪，把这条主路硬化便是我们挂包干部的第一要务，我们多次向镇党委、镇政府和市政协汇报，希望帮助硬化这条主路。通过多方努力，终于 2018 年迎来了这条主路的硬化项目建设。紧接着在市政协和县委、县政府的关心下，老屋基社等村组道路相继启动建设，挖水村实现了社社通硬化路的夙愿。道路网的建设，不仅解决了挖水村群众的出行问题，同时也让村庄变得更加整洁漂亮，道路的畅通，不但使一方群众得到实惠，而且给挖水村带来了很好的发展机遇。

盖一间房，利一家人

房子除了是群众遮风避雨的场所，同时也是群众心灵的归属。脱贫攻坚“两不愁、三保障”中安全住房有保障是群众脱贫的硬指标。挖水村通过2015年“8·03”地震恢复重建以及2017年、2018年农村危房改造大部分群众已有安全住房，但仍有部分群众安全住房不达标。为确保每一户群众都有安全住房居住，2019年年初我和蒲飞带领镇工作组、村“两委”、驻村扶贫工作队人员对每户农户进行排查，逐户研判锁定对象，共排查锁定无安全住房户10户，无能力建设需要帮建3户。锁定对象后，我们第一时间向镇党委、镇政府争取建房名额，并指导农户在规定时间内按要求完成房屋建设，2019年6月底13户农户全部完成了房屋建设并搬迁入住，挖水村实现了户户有新房、人人有居所的新局面。

岁月流逝，春秋迭易。挖水村实现了275户1299人脱贫出列，发生了翻天覆地的变化，村庄新房错落有序，水泥浇筑的道路干净整洁，彝族文化广场透露着一股彝家幸福安康的气息，全村老少脸上时刻洋溢着幸福的笑容。

（作者时任中共梭山镇党委组织委员）

河口：一个贫困村庄的美丽蝶变

马莉亚

“家家有优美庭院，户户有精品农庄”，这是今天小寨镇大坪社区河口自然村的真实写照。沿十里樱桃长廊，到处是清雅别致的小院，到处是颇具特色的农家乐。看到今天的崭新面貌，谁也不会想到，就在2014年，这里的房子几乎都还是破败不堪的瓦房，村内道路狭窄，污水横流，一到下雨天就泥泞不堪。河口村为何旧貌换新颜，是脱贫攻坚发展特色产业使贫困村庄发生了美丽蝶变。

樱桃产业带来发展机遇与挑战

河口村有着得天独厚的自然条件，无霜期较短，昼夜温差大，平均气温比鲁甸县城高出3—4℃，产出的水果较甜。依托这自然优势，自2003年起，在县委、县政府的大力支持下，小寨镇党委、镇政府抢抓机遇，在河口等几个较适宜种樱桃的村民小组发展樱桃种植，并于2006年开始举办樱桃文化旅游节，经过多年发展，现在河口村的樱桃产业已具备一定规模。每年樱桃节，都有游客慕名而来，河口作为小寨樱桃节举办的主场地，群众也通过旅游节把樱桃卖出了好价。然而，那些年的小寨樱桃节就像每年一度的庙会一样，来的时候熙熙攘攘，但很快就落幕了。河口的村容村貌、基础设施等都和“旅游小镇”的要求存在较大差距。面对这一实情，镇党委、镇政府及时研究，把改变乡村面貌、打造特色旅游小镇作为脱贫攻坚的中心任务。

拆旧拆危，打通道路，整治村庄面貌

制约河口的旅游业发展最大的瓶颈就是旅游基础设施欠缺，村内环境较差。镇党委、镇政府也看到了存在的问题，自脱贫攻坚工作开展以来，大力支持河口村的基础设施建设和群众房屋建设。力争通过民房改造、道路硬化、院坝硬化、旅游设施等建设打造出一个特色的旅游村庄。2014 年以来，河口 93 户村民，有 1 户享受安居工程、27 户享受恢复重建、53 户享受农村危房改造、2 户享受易地安置，住房项目覆盖率达 89%，投入资金达 246 万元，群众通过建房项目，拆除了危旧房屋，建起了“小洋楼”。

因项目实施不在一个年度，无法统规统建，新房建起却没有形成新貌。加之有部分群众不愿意拆除老旧房屋，一些村内道路成了断头路。每年樱桃节，来张波家吃樱桃的游客都不少，樱桃虽美味，最让他头疼的就是路上的拥堵和家门口的狭窄，也成为许多游客尴尬的感受。

像张波家这样的情况，几乎是河口村村民心中的扭结，若碰上下雨天，泥泞不堪的道路走上一段，停在路边的车被人蹭上一道泥痕，或是顶着烈日在路上堵上个把小时，再好的樱桃下次也没有人想来了。为把河口建成樱桃文化旅游的有力支撑点，为游客提供更好的旅游环境，从 2015 年年底起，小寨镇党委、镇政府投入大量的人力、物力，在河口大力开展村内危房拆除、串户路硬化、庭院打造和田园美化工程。历时约半年，共拆除危旧房屋 69 间 3200 余平方米，硬化道路 1937 米，支砌挡墙 1335 米，建设木质凉亭 7 个，广场1个，活动场所1个，铺设鹅卵石路面3000余平方米，并进行了绿化和亮化，配置了垃圾桶、石桌凳、景观石等设施，累计投入资金656万元。

经过打造，一个依山就势、错落有致、青瓦白墙、曲径通幽的旅游村庄应运而生。哪怕是下雨天，到樱桃地里也能脚不沾泥；天气太热，随便就能找个亭子或樱桃园纳凉；车路形成了环线，不再拥堵。张波还带头把自家的土地捐了一部分给党委政府修广场和活动场所，广场修起来，不但是樱桃节的主要集聚地，平日里老人和孩子们健身、游玩也有了公共场所。

“小庭院＋小果园”，庭院经济引来新游客

每当初春时节，河口村十里樱桃长廊、山坡上、庭院里，到处是樱花怒放、粉团锦簇、蜂乱蝶舞，把村庄装点成一个硕大的花篮。又如朵朵白云飘荡，点缀着秀美的村庄。初夏，樱桃硕果累累，如玛瑙般挂满枝头，晶莹剔透，着实诱人。尝一尝，味美如蜜，口齿生津。每逢樱桃节，商客往来，品尝和购买樱桃的人流成群结队，车水马龙，熙熙攘攘，万头攒动，热闹非凡。庭院里、小河边、广场上、果园内，到处闪动着游客的身影，传来阵阵欢声笑语和啧啧称赞。

经过一番精心的打造，河口村真正成为特色旅游小镇。丰硕的小果园，一个个精美小庭院闪亮登场，游客除了能品尝到甜美的樱桃，还能到优美的农家小院品尝一些本地特色美食。在张波、王勇等一些党员的带动下，不少农户依托自家小果园和小庭院，开起了农家乐，生意也很红火，一些办得比较有特色的农家乐，生意最火爆的时候，一天前来就餐的人可达数百人。若在樱桃节日里，农家乐里家家爆满。这些年党委政府在基础设施上的投入，正变相回到群众的腰包里。2019年，河口村人均可支配收入达10890元，超过全镇和全县平均水平。

发挥党员“双带”作用，发展优势主导产业

多年来，张波、杨庆文、王勇等几名党员先行先试，带领群众种樱桃、开农家乐，并带头无偿捐赠土地修建广场和活动场所。党员在樱桃产业的打造和发展中起了关键的作用。为进一步促进党员作用发挥，镇党委决定在河口成立党支部，以党建带动河口经济社会全面发展。党支部成立以来后，一直致力于发掘更多的农耕文化、特色美食，力争打造樱桃小镇，建设发展更多的文化内涵景点，努力实现“河口产业满山坡，庭前美景赛江南”的美好愿景。在党支部一班人的努力下，河口特有的“四筒鼓”被纳入市级非物质文化遗产名录，“舞狮”被纳入县级非物质文化遗产名录，河口村也被评为“西部贫困地区精神文化家园建设”市级示范点。

随着小寨樱桃声名的不断远播，来小寨的人越来越多。然而，樱桃节一过小寨的冷清局面仍然没有改变，历届党委政府都在思索、寻求发展途径。在小寨生活工作过的人都知道小寨除了樱桃，还有很多品质优良的水果，譬如红梨、杨梅、软籽石榴等。小寨约有 3000 亩红梨，产量很高，品质很好，然而市场价格并不可观。2018 年，挂钩大坪社区的工组组长、小寨镇党委副书记康健力争为小寨红梨做点文章。为此，他组织河口村村民召开会议，动员群众加入大坪“鼎顺”合作社，抱团发展。群众很快同意了康健的想法，将红梨卖给鼎顺合作社，由合作社进行包装后出售。康健亲自设计了红梨的包装盒，还把小寨红梨命名为“小寨美人酥”，请来媒体为小寨“美人酥”打广告。在康健的带动下，通过合作社的宣传推介，2018 年，河口村的红梨实现了较好的效益，平均每市斤价钱比往年提高了 1—2 元，河口也成了小寨产业发展的典范。其他水果如杨梅、软籽石榴等产业发展势头也很看好。

乡村靓起来，生活美起来，助力农村“全域秀美”

小洋楼建起来了，基础设施改善了，腰包也鼓起来了。但是，不少群众的生活习惯还是没有改过来，垃圾乱倒、私搭乱建等现象仍然存在。为扭转这一局面，2018 年以来，党支部花大力气整治农村人居环境，召开村民大会，由群众共同商议制定《河口村规民约三字经》，并选举产生了村规民约监督小组，对房前屋后卫生整治、垃圾分类整理、红白喜事操办等进行了规定，倡导移风易俗，革除陋习，并将公共区域环境卫生、垃圾池等进行划断分片包干，整合公益性岗位、有劳动力的低保对象为网格员，专职负责网格内环境卫生。组织村民开展大扫除，每月 1 次，家家户户都必须参与集体环境整治，开展大扫除、大清除，美化净化环境。

通过6年大量的资金投入及大力整治工作，如今的河口村一座座楼房拔地而起，环境幽美，产业发展壮大了、村民腰包鼓了，一个宜居、富裕、文明的新村展现出来。河口村从昔日的贫困村成功蝶变为秀美家园，成为小寨乃至鲁甸的特色村庄。

河口村在 6 年的脱贫攻坚工作帮扶中，发生了翻天覆地的骤变，而这个小山村，只是小寨脱贫攻坚工作成效的一个缩影。6 年的脱贫攻坚，不少像河口村一样的小山村，原先开着裂缝的土墙变成统一的青瓦白墙，泥泞不堪的道路变成了平平整整的柏油路或水泥路。村里原来贫困的家庭脱了贫，跟上了奔小康的步伐。河口村村民跟小寨其他村民一样，在党委、政府的带领下，奔向乡村振兴的康庄大道，河口村的明天定会更加美好。

（作者系小寨镇人民政府工作人员）

第五编　教育文化健康扶贫

改善教学师资　助推教育扶贫

郑勇矫　张振华

2020 年 5 月 16 日，经云南省人民政府正式批准，鲁甸县达到贫困县退出标准，符合贫困县退出条件，批准退出贫困县。至此，夺取了脱贫攻坚大决战决定性胜利，开创了鲁甸跨越发展的崭新局面。在这一胜利果实的背后，凝聚着广大干部群众的心血和汗水，留下了许多可歌可泣的动人场景。

“发展教育脱贫一批”是党中央交给教育的重大任务，“阻断贫困代际传递”是总书记赋予教育的重要使命。聚焦“两不愁、三保障”，落实好“义务教育有保障”是我们教育扶贫最根本的任务，而改善教学设施和师资力量则是保障义务教育、助推教育扶贫的重中之重。

聚焦学校配建　助推教育扶贫

易地安置是脱贫攻坚的重要举措。对于一些地理条件比较特殊、气候恶劣、自然资源匮乏的大山深处，要想使村民脱贫绝非易事。由于客观因素影响，无论如何加大扶贫投入，都是事倍功半的效果。为此，“易地搬迁”的壮举应运而生，卯家湾易地扶贫搬迁安置点是昭通市扶贫工程中重要项目之一，承担着巧家、永善、彝良、盐津和鲁甸等5个县8489户共36345人的易地扶贫搬迁安置任务。为了切实解决异迁人口中适龄儿童少年的入学问题，安置点基础教育配套设施也同步建设。该项目包括幼儿园4所、小学1所、九年一贯制学校1所、普通高中1所。这7所学校共新建校舍14万多平方米，投入资金7亿余元，共预设幼儿学位1800个、义务教育学位6500个、高中学位3000个。该项目的实施，完全满足了所有易迁子女的入园、入学需求，达到了“精准扶贫、不落一人”和“教育有保障”的预期目标。

在教育扶贫的战略部署下，一所所现代化学校遍地开花，一幢幢教学大楼拔地而起。在鲁甸县卯家湾易地扶贫搬迁安置点，许多外县搬迁来的建档立卡户说出了心里话：“以前叫我们搬迁的时候，我们确实很犹豫，主要是担心搬迁过来后孩子上学的问题，万一孩子上不了学怎么办！但是现在看来，这种担心完全是多余的，我们的孩子不但可以在家门口上学，而且学校修得很漂亮，比我们老家的学校强多了……”

“搬出大山天地宽，幸福家园卯家湾。”告别了穷乡僻壤，住进了高楼大厦，山高坡陡、人背马驮的时代已经一去不复返了。“雨天两腿泥，晴天一身灰”的场面已经成为历史，少年儿童起早摸黑、跋山涉水到校上学的现象已不复存在。

改善城乡办学条件　助推全县教育扶贫

随着“易地搬迁”方案的实施，鲁甸县在水磨、龙树、新街等乡镇也设置了安置点，对当地居住分散、地理位置和自然条件较差的贫困户进行集中安置。据了解，水磨、龙树、新街等3个乡镇设置了12个安置点，共安置村民1012户4646人。在水磨镇黑鲁村石头地集中安置点，笔者走访了几家安置户，他们都很高兴。其中一位姓朱的年轻人说：“我家以前是黑鲁村冲子社的，离学校很远，平时孩子上学要走六七里山路，中午不能回去吃饭，就带上几个冷洋芋当午餐。特别是冬天，孩子为了不迟到，都是天不亮就出发，拿着手电筒赶路。自从搬过来之后，几分钟就可以到学校，比以前方便多了。”说起上学的条件，他显得很激动，“现在的条件好多了，不但免了书学费，还发了补助。更好是学校有营养午餐，孩子中午在学校吃营养餐，再也不像以前那样啃冷洋芋了。”

力量在聚集，希望在延伸。近年来，鲁甸县委、县人民政府高度重视教育事业的发展。为了不断提升全县义务教育阶段学校的办学质量和办学能力，促进学校内涵发展，在县委、县政府和市教育体育局的正确领导下，鲁甸县教育体育局坚持以“强弱项、补短板、提质量”为主线，把改善办学条件和提高办学质量紧密结合起来，坚持教育信息化应用驱动和机制创新，促进信息技术与教育教学的深度融合，努力争取建设项目，实施了“义务教育薄弱环节改善与能力提升”“高中学校扩容改造”等项目，购置了大量的教学设备、图书等，大大改善了办学条件，使每一位适龄儿童、少年都能上学、上好学。

为了不断提升广大师生的生活质量，鲁甸县紧紧抓住国家八部委关于“厕所革命”改造的机遇，对全县89所中小学幼儿园实施了厕所改造项目，并为所有学校和幼儿园添置了洗手设备，基本实现了校园如厕安全、卫生、环保等底线要求，努力补齐了影响广大师生生活品质的短板，大大改善了广大师生如厕环境。

增强师资力量 助推教育扶贫

我俩是2015年参与到教育扶贫攻坚工作中的。五年来，我们共同见证了鲁甸教育扶贫攻坚工作的点点滴滴，特别是在师资力量和学科结构的变化上感触良多。

作为脱贫攻坚一票否决的行业部门，如何做到教育扶贫在于“扶智”并阻断贫困代际传播以及做到对学生“留得住、学得好、有自信”，是当时鲁甸教育面临的难题。有人做过统计，2015 年秋，鲁甸籍在曲靖会泽县读高中的学生至少 1000 人。当然，这有夸大的嫌疑，但以我了解的情况，当年流失或辍学学生在每所学校都存在，师资力量的薄弱及学科结构不合理已成为我县教育扶贫攻坚“扶智”的最大绊脚石。

从相关学校向教育局的报告中可见一斑：

2015 年年底，新街中学校长符明伟给教育局的报告中这样写着：我校在建校之初规划的班级为 18 个班 1000 人左右，教师编制 60 个，而实有教师 58 人，实有学生 1541 人，目前所有教师已超负荷工作，别说有教师生病请假什么的；至于专业教师，更不敢想，只要有教师上课已心满意足！

时任局长陈富荣同志看到报告立即拨通人事股长的电话：按目前编制标准新街中学还需要多少教师？

人事股股长未加思索地回答：按初中 1∶18.5 测算，至少需要 83 人，缺口在 25 人左右。

同样的情况除了文屏镇、桃源乡、茨院乡和小寨镇等四乡镇辖区学校外，包括县直学校也存在，特别是高中教师更加短缺。另一边，群众的呼声也很大。陈富荣局长在龙井村走访时，贫困户田兴平激动地诉苦：学生娃娃天不亮起来打着火把出门，天黑才得回家，中午学校有饭吃，算是好事，但一个班只有一个老师，这教学咋个整得上去嘛？你是局长，你给我们想哈办法嘛！

他陷入沉思！

鲁甸教育的基本情况在他脑海中闪过：全县共有高中在校生 7493 人，教职工仅 277 人，师生比高达 1 ∶ 27；初中在校生 21912 人，教职工 1305 人，师生比 1 ∶ 16.8；小学在校生 43988 人，教职工 2594 人，师生比 1 ∶ 16.95；幼儿园在园生 10728 人（含学前班），幼儿教师 258 人（包含从小学抽调的学前班教师 100 人及临聘教师 21 人），师生比为 1 ∶ 41.6；特殊教育学校在校生 201 人，教师 26 人，师生比 1 ∶ 7.73。面对全县性的师资力量薄弱与学科结构不合理，接下来这短板要如何补?

经过艰苦的调研走访，2015 年年底，在县委、县政府的关心支持下，鲁甸教育提出以“恢复重建”和“实现教育均衡”为切入点，紧扣教育扶贫工作，以创建高中学校、多方位补充师资、调整学科结构为目标，展开了教育“扶智”的序幕。

2017 年 9 月，鲁甸县崇文高级中学创建并招生，采用了公助民办的方式得以正式开学，极大缓解我县高中教育紧张的局面。

2017 年年底，我县的义务教育均衡通过国家验收。

充分利用有限的编制资源，结合学校布局、学生增减变化、教师紧缺等情况分别于 2017 年 4 月、2017 年 8 月、2018 年 7 月、2019 年 7 月四次对教师编制进行调整。

加快新教师的招聘，2015 年共招聘教师 96 人，2016 年 20 人，2017 年 115 人，2018 年 80 人，2019 年上半年 57 人。

2017—2019 年，共安排县直学校教师及当年毕业的免费师范生共计 246 人次支援相关学校，有力地补充乡镇学校教师不足及学科紧缺问题。

进入 2019 年，鲁甸县教育脱贫攻坚迈进快车道，但任务更艰巨：一边是涉及扶贫搬迁 8489 户 36345 人入驻的卯家湾扶贫安置点 6 所新建学校在各方支持下即将投入使用，一边是即将迎来搬迁学生入校而教师没有着落的局面。

县教育局组成工作专班，负责协调处理卯家湾扶贫安置区学校建设及教师招聘等工作，在上级的关心支持下，5 月市委编办给予我县教师编制进行调整，使得教师总编制达到 4965 个；12 月，卯家湾安置区学校从巧家等三县调剂 94 人，县内公开考试选调 50 人，面向大学生招聘 131 人，又从县内学校抽调 14 人组成领导班子，配备财务人员 12 人，向外县选调 8 人，共计 309 人，保证了 6 所学校正式开学所需教师。

初战告捷，大家心情激动精神振奋，但出乎意料的是，上级再次向我们泼了冷水，中央第十二巡视组对云南省开展脱贫攻坚专项巡视时指出：鲁甸县均衡教育发展投入不足、教师存在结构性短缺；农工党中央对口云南省开展脱贫攻坚民主监督也指出这一问题。

这一重担又落在新任局长纳才相同志头上。

也难怪各级指出这样的问题。实际上我县多年存在县直学校及边远乡镇学校教师紧缺，文屏、桃源、茨院、小寨四个乡镇辖区教师超编这一个痼疾，若不以壮士断腕的决心、刮骨疗伤的勇气，这伤筋动骨的刀是无法下手的。

上任伊始，纳才相同志就把教师招聘和县内教师调整作为改善学科结构不合理来抓，通过积极汇报，得到县委、县政府高度支持。截至 2020 年 8 月 30 日，面向大学生招聘 330 人（已到岗 306 人）；从文屏、桃源、茨院、小寨四个乡镇辖区超编学校公开选调 96 人补充到县直学校，另外分三个周期每周期再选派 30 余人到边远乡镇学科紧缺学校对口帮扶；安排 2020 年招聘教师 180 余人到边远乡镇学校进行为期两年的支教活动。

至此，我县教师学科结构得到极大改善，“要了多年的教师，今年不但达到标准的师生比，在学科结构上还略有富余了。”在接支教教师时，新街中学符明伟校长喜形于色地说。

全县脱贫攻坚工作取得了历史性的显著成效，鲁甸大地发生了翻天覆地的变化，仅教育服务的明显优化，就为鲁甸教育扶贫增添了浓墨重彩的一笔，使鲁甸教育扬起了强劲的风帆，在乌蒙高原上谱写着教育发展的新篇章。

（作者系鲁甸县教育体育局工作人员）

让城乡孩子同享优质教育

阮　灿

在云贵高原的乌蒙崇山之间，牛栏江北岸有一个山河如画，画如梦境的地方，一颗镶嵌在滇东北高原的生态明珠——鲁甸。这里历史悠久，文化底蕴厚重，是古朱提银的主产地、南丝绸之路的古驿站，这里有野石山新石器遗址、盛产朱提银两千余年的乐马厂、建于清雍正年间的拖姑清真寺，素有朱提之源、千年银都的美誉。鲁甸工业园区被列为全省工业上山和循环经济示范园区，先后被评为全国民族团结进步先进县、粮食生产先进县、全省新农村建设示范县、全省基层组织建设先进县、创先争优活动先进县、“两基”工作先进县、省级先进平安县、造林绿化模范县，连续四年被评为全省农田水利基本建设先进县，随着脱贫攻坚工作深入开展、撤县设区步伐加快、6.5级地震灾后恢复重建全面完成，鲁甸将迎来持续叠加的发展良机。

鲁甸县位于云、贵、川三省接合部，是昭通市的南大门，全县辖10镇2乡，总人口46万，常住人口41.2万。现有义务教育阶段学校129所，即：完全中学4所、初级中学10所、九年一贯制学校2所、特殊教育学校1所，小学116所。小学有1086个教学班，在校生53003人，教职工2550人；初中有414个教学班，在校生23478人，教职工2350人。近年来，县委、县政府立足贫困县的现实条件，始终坚持教育优先发展的发展理念，抢抓发展机遇，以办人民满意教育为目标，以教师素质提高工程、管理者培养提高工程、教学科研能力建设工程、教育民生资助工程、教育质量提升工程“五大工程”为抓手，推进义务教育均衡发展，加强教育管理，坚定不移地实施“科教兴县、人才强县”战略，始终把教育作为先导性、全局性、基础性事业来抓，大力推进义务教育学校办学条件、管理水平、师资力量、教育质量基本均衡。

今天的教育就是明天的经济，教育是国计，更是民生。由于我县学校基础薄弱，办学条件相对滞后，虽然2011年以来在国家薄改工程、改薄工程等项目的支持下，学校基础设施和办学条件明显改善，但对义务教育均衡发展相关标准还存在一定的差距。针对全县的教育短板，县委、县政府把义务教育均衡发展作为最大的民生工程纳入全县经济社会发展总体规划，把教育扶贫作为打赢脱贫攻坚战的根本之策，围绕公平与质量两大主题，举全县之力推进区域内教育资源的全面优质化建设。把发展教育作为推进经济社会发展、改善民生的重大工程来抓，并列入县委、县政府的重要议事日程，制定了《中共鲁甸县委鲁甸县人民政府关于加快教育改革与发展的意见》《鲁甸县统筹推进义务教育均衡发展实施方案》等文件，县领导多次深入教育一线调研，召开专题会，研究解决义务教育均衡发展中存在的困难和问题，定期把教育工作作为巡视和视察的重点。县级各部门积极履行教育公共服务职能，形成了上下协调联动发展的工作机制，全力推进义务教育均衡发展。为了力保教育均衡，县委、县政府依法确保教育事业经费投入，义务教育预算内经费拨款逐年增长，且增长比例高于财政经常性收入增长比例，预算内义务教育生均教育事业费和生均公用经费做到逐年增长，落实义务教育阶段学校教师绩效工资，实现教职工工资逐步增长，加大在初中、小学教育教学工作中取得优异成绩的学校和教师给予表彰奖励，着力解决营养改善计划食堂从业人员工资，落实乡村教师支持计划，提高边远艰苦地区乡村教师待遇，确保边远艰苦地区乡村教师留得住、教得好。

为了让每一个孩子能上学、上好学，鲁甸县委、县政府一直坚持向教育倾斜的财政政策，在地方财力异常紧张的情况下，全力保障教育项目建设。“8·03”地震后，全县纳入重建的项目学校93所，规划建筑总面积40万平方米，概算总投资10亿元，目前已全面完工并投入使用。2014年以来，累计投入49144.09万元，新建校舍20.08万平方米。基本建立了与城乡建设规划匹配的城乡教育布局规划，每个乡镇有1所初级中学、每个行政村至少有1所完小，校点布局合理、校舍能满足办学需要。全面实施校园卫生厕所改扩建绿化、美化、亮化工程。全县乡镇学校面貌焕然一新，一座座楼房拔地而起，一所所学校展露新颜，一道道风景熠熠生辉，薄弱学校办学条件得到改善，偏远山区的孩子在家门口就能享受到优质的教育环境。在县城新建崇文中学、四小、三幼，新征土地405亩，总投资50200万元，在卯家湾新区新建的鲁甸县第三中学、九年一贯制、卯家湾小学，征地500余亩，总投资47000万元，使区域教育资源得到有效补充和优化。鲁甸不断改善贫困乡镇教育硬件条件，完成全面改善贫困地区义务教育薄弱学校基本办学条件。截至2020年8月，全县“全面改薄”累计下达资金1.2亿元。目前，所有项目已全部完成并投入使用。义务教育阶段20条底线所涉及的131所学校已全部达标。全县中小学数学科学、初中理科教学仪器配备、音体美器材、电教设备均按验收标准配备，配备率100%；中小学计算机生机比分别为6：1和7：1，生均图书分别为31.09和27.62册。全县实现了宽带网络校校通，缩短了城乡教育差距。

教化之本，始于学校。提升硬件设施只是教育扶贫的第一步，要打通教育扶贫的“最后一公里”还要从提升教育教学质量入手。近年来，教育主管部门为了加强学校管理，出台一系列的管理等配套文件，严格考核评价体系。加强学校德育工作和社会主义核心价值观教育。抓文化引领，促进内涵发展。2014年以来，全县以“一校一品”为抓手，积极推进校园文化建设，以实现城乡每一所学校的校舍良好、校园环境幽雅、文化浓郁的目标。全县有2所中小学被评为云南省语言文字规范化示范学校，1所学校获

2016年全省中小学校体育大课间活动评比小学组三等奖，鲁甸县青少年校外活动中心被评为云南省优秀青少年校外活动中心。以创建“平安校园”为抓手，狠抓“三防”建设，大力整治校园周边环境，加快学生食堂“6T”模式建设，配齐保安人员。建立和完善学校安全工作责任制、事故隐患排查报告制、活动应急处置预案制等一系列制度。各学校通过班会、墙报、专题讲座等喜闻乐见的形式，提高学生交通、防火、防电、防水、食品卫生等方面的安全意识和防范意识。积极推进校园安全风险防控工作，全县中小学、幼儿园校方责任险及附加无过失责任险购买率达100%。全县有省级“平安校园”7所、市级“平安校园”26所、县级“平安校园”38所。义务教育均衡的发展，为孩子们撑起了一片公平正义的蓝天，也为鲁甸教育注入了生机和活力。

均衡教育的难点，在于因为教师自身素质和专业水平的差异而造成的教育教学质量不均衡。为均衡配置师资，全县着力乡村教师队伍建设，教育主管部门出台了《鲁甸县中小学教学质量奖惩办法》《鲁甸县中小学校领导考核办法》《鲁甸县边远艰苦地区学校教师进行专项补助实施方案》等文件，实行岗位考核、绩效管理。注重教师补充，2014—2020年共招聘补充中小学教师637人。努力提高教师素质。近几年来，通过“内涵发展”“国培计划”等项目，组织举办各种专业技能培训16000余人次，音体美教师培训189人，中学理化生实验和小学科学实验教师培训140人，在职教师参加培训率达100%。鲁甸县教育局2010年被评为云南省中小学教师教育技术能力培训优秀工作单位，2016年被云南省教育厅认定为“国培计划”项目县。制定“鲁甸名师”评选方案及考核办法，2015—2020年共评出19名“鲁甸名师”，示范引领带动教师专业发展。目前，我县有“云岭名师”1人、云南省特级教师2人，“昭通市名师工作室”领衔人3人，昭通市“三名”教师4人，昭通市首届优秀骨干教师13人。加强教师交流。2015—2020年共交流教师1600人，促进了校际相互交流，增强了教师的责任感和使命感。

教育是今天，也是明天。2020年开始，实行校际对口帮扶指教的方式，进一步推进联片教研。以梯级骨干教师为主导，以课堂教学为主阵地，通过开展联片优质课展示活动，全县形成了教育科研的浓厚氛围，有效提高了教师的教育科研能力，实现教学管理工作由“经验型”向“科研型”转变。近三年安排教学教研工作经费分别为80万元、100万元、120万元。中小学教师发表教育科研论文600余篇，有68名教师在教学技能竞赛及论文评选中获市级以上表彰，《鲁甸教育》连续多年获中国品牌内刊优秀内部报刊暨内部媒体评选好杂志二等奖。目前，全县已建成7个市级名师工作室，3个课题通过省级立项，7个课题获市级立项，县教育局教研室被评为“云南省二级一等县级教研机构”。教育教学质量成效显著。2018年昭通市198所初中学校教学质量综合评价，我县15所中学参评，有8所学校进入总排名前50名，4所学校进入分类排名前10名；2019年昭通市223所初中学校教学质量综合评价，我县有6所学校进入总排名前50名，3所学校进入分类排名前10名；2020年中考500分以上的我县有711人。全县教育质量始终处于全市前列，社会各界对教育的满意度不断攀升。

近年来，全县围绕“义务教育有保障”和“发展教育脱贫一批”深入开展控辍保学专项行动，让贫困不再成为寒门学子的“拦路虎”。鲁甸县始终把教育作为阻断家庭贫困代际传递的有力抓手，花真功夫，下大力气开展教育扶贫工作。通过电视、网络、报刊、院坝会等形式，对义务教育均衡发展开展全方位、多层次宣传，营造了全社会关心、支持教育的良好氛围。2019年以来，共发放宣传册、宣传单等各种宣传资料5万余份、印发简报86期，召开培训会24次，在各乡镇主要道路沿线、学校周边制作宣传标语400余条。脱贫攻坚阶段，全县以政府、教育两条线的方式，广泛宣传教育法律法规依法控辍、各乡镇以及村社和学校联动控辍、爱心控辍、质量控辍等形式，动员社会各方力量全力控辍保学。各类适龄儿童少年接受义务教育的权利得到全面保障。实施责任督学挂牌督导，深入推进督学责任区工作。全县共有15所初级中学、116所小学，其中一批学校被认定为省、市、县现代教育示范学校。我县全部免除义务教育阶段学杂费，免费提供教科书，义务教育阶段寄宿制学生生活补助全覆盖。实施农村义务教育营养改善计划，实施“励耕计划”“雨露计划”对家庭经济特别困难的中小学教师和学生给予资助。关爱每一个孩子的身心健康，让每一个孩子都享有公平公正的优质教育，是义务教育公益性和普惠性的必然要求。全县坚持依法治校、依法治教，制定了《关于促进农业转移人口变为城镇居民教育保障实施意见》和《鲁甸县义务教育阶段学生就近免试入学实施意见》，合理制订招生计划，实行义务教育学生分片区划片、就近免试入学和“阳光分班”制度，严格控制学校规模、班额，保障进城务工人员随迁子女平等接受义务教育。认真贯彻落实特殊教育政策，全县历来重视特教工作，率先在全市 11 个县区建成了特殊教育学校，将残疾儿童少年教育纳入义务教育实施范围，为适龄残疾儿童少年免费接受义务教育、享受公平教育提供保障。全县现有特殊教育学校 1 所，校舍建筑面积 3600 平方米，在校学生 226 人。2019 年全县有残疾少年儿童 413 人，其中，三类残疾少年儿童 297 人（县特校 203 人，普通学校随班就读 106 人，送教上门 94 人），入学率为 91%。建立留守儿童关爱体系，制定《留守儿童帮扶计划实施方案》，学校和社区、村委会做好留守儿童档案，开展各种关爱活动。在各中小学建立了“留守儿童之家”，累计帮扶留守儿童 4 万余人次，开展心理健康辅导 8 万余人次。

巍巍乌蒙，江南儿女，见证着鲁甸教育发展的历史。鲁甸教育承载着 47 万人民的中国梦。

（作者系鲁甸县教育体育局工作人员）

一名辍学生的返校之旅

李章敏

走过很多的人生之路，山路 18 弯并不觉得拐，羊肠小道并不觉得窄，阡陌交通并不觉得累，深渊沟壑并不觉得险……唯有劝返学生之路尤为艰辛费神。

2018 年 9 月，我满怀热情，当了新街中学初一年级一个班的班主任，我喜欢我们班的每一个学生，我认为他们都是最特别的那一个，我一直都用心、用情地去浇灌每一个花朵般的孩子，我始终相信他们以后的人生都定会绚烂多彩。

杨雄瑞，很清秀的一个小姑娘，才入学时特别乖巧可爱，上课时很安静，从不违反纪律，她是留守儿童。孩子话不多，很少和同学交往，老师问什么答什么，就像她的家乡坪地营村的山山水水，那么清纯，但她在 2019 年春季学期开学那天竟然未到校，我隐约感觉不妙，急急忙忙打电话给家长，在电话的那一端，家长平淡地告诉我："春节时娃娃来我们打工的浙江，过完年后，娃娃说：'你们打工太辛苦了，我一个人在老家也特别想你们，我不想读书了，我想跟你们在一起'，她说她不想读书了，要跟我们在这里打工。老师，她不读就算了吧，反正成绩也不好。"我听完后脑袋嗡嗡作响，当时我突然不知道怎么说了，就挂了电话，只觉得，一个乖巧的小姑娘，在这个花季年龄，选择放弃学习是多么痛心啊！

新街是一个欠发达乡镇，经济社会发展水平低，家长文化水平都普遍不高，再加上为了生计大多外出务工，对孩子的教育和监管都普遍不够，因而造成孩子在学习习惯和态度上都很随意，随波逐流，读不懂就不读，大不了就像父母一样外出打工。

曾经，一直想着不忘初心地去做自己教书育人分内的事情，但在工作中，时常会事与愿违。不知是自己把初心弄丢失了，还是初心的本质已经变了模样，其实最后才知道，自己所做的一切正是自己作为一个教育者的初心和使命，让每一个该读书的孩子都能静心的接受的教育，健康成长，能够有尊严地生活。于是，我开始了我艰辛的劝返之路。

我开始不断联系家长，联系孩子，再请镇上和村上的领导联系家长，给他们宣传各种政策，讲解各种道理，杨雄瑞父亲还算明事理，只是他文化水平太低，看不到孩子的未来，看不到社会的发展和远景。

经过大家不厌其烦地宣传国家政策、教育体制、相关法规等，告知他们，现在读书，国家免学费、书费，每学期有625元的寄宿生生活补助，每学期有400元的营养餐补助；不送子女入学属于违反了《义务教育法》《未成年人保护法》，属违法行为；动之以情晓之以理地跟他分析娃娃现在不读书，就是未来的文盲，很难在将来飞速发展的社会上立足。杨华文开始改变他始终坚持的传统思想，慢慢也懂得了读书是孩子唯一出路的道理。这个顽固的、朴实的农村家长开始慢慢转变了，逐渐配合我们劝女儿，开始从内心想送孩子回校继续读书，在大家的共同努力之下，一位已经辍学的孩子才可能得以重新返校继续就读，才有可能成为一个对社会有用的人。

以前，从未在新街镇坪地营村驻足过和生活过，但却因为时常去入户走访劝返学生这件事情，村民们只要一看见我和同事们提着资料袋路过他们家门口，还没等我们先打招呼，就知道我们要去做什么了；面对坪地营这个村子都很熟悉了。

多次去劝返，走重复的曲折山路，拨重复的电话号码，说重复的语言，唯独不同的是采集回来的每张照片，唯一不变的就是想让孩子回来继续读书的初衷，这也是让我不断重复做这件事的唯一理由。

只要孩子能重返学校，我们都耐心地去面对辍学生劝返，把复读这项工作当作自己义不容辞的责任。

劝返工作的艰辛不是要走很远的冰雪路面，爬很多的陡坡弯道，翻僻静的荒山野林，而是能否顺利劝返辍学生回校复读，复读后能否努力学习。顿时，我感到自己的责任重大和劝返复读的真实意义与价值。我一直告诫自己："再坚持去一次，说不定下次就能劝回来了呢。"

最后，功夫不负有心人，经过我和领导、同事们三番五次入户、不厌其烦用电话、微信、交谈等方式多次劝返之后，这个安静、乖巧、少言的小姑娘，终于从打工地点浙江返回到新街。回到新街中学，现在继续在我们班就读。我一如既往地照管好她的学习生活，不时地找她谈心谈话，让班上的同学多关心多理解她，在学习和生活上给予她更多的关心和帮助。返校继续就读至今，她思想稳定，一直积极上进，努力进取，脸上的笑容也多了，和同学、老师的关系也越来越好了，目标也明确了："无论今后遇到什么困难，我都一定会坚持努力读书。"我也随时和她父母联系，父母也是很支持配合，并不断地感谢我，感谢政府，感谢国家，能让孩子重新走上读书的路，他们现在也感到欣慰了。今后，相信在学校和社会的关怀下，杨雄瑞同学一定会感受得到新街中学这个大家庭给她带来的温暖。

有一句誓言说："复杂的事简单做，你就是专家；简单的事情重复做，你就是行家；重复的事情用心做，你就是赢家。"在这件事上，我终于体会到了什么是成功的滋味。虽然劝返她回家是那么苦心劳神，那么艰辛，但结果，我欣慰。如果还有重来一次的选择，我定会义无反顾地坚持。

（作者系新街中学一级教师）

让残疾孩子有美好的明天

夏宗海

自教育扶贫工作开展以来，许多教师也都参与到教育扶贫的队伍中来，涌出了无数感人的事迹。鲁甸县新街镇闪桥小学的曾加洪老师，便是这些优秀教师当中的一位，他正在用实际行动践行着“人民教师”这一光荣称号的价值。

夏彩虎是新街镇闪桥村三社的一名重度智障孩子，据悉孩子刚出生，全家人沉浸在幸福的喜悦中。天有不测风云，在孩子30多天的时候，一次突如其来的高烧，让这个幸福的家庭如坠深渊，经过积极治疗，孩子的命虽然保住了，但留下了严重的后遗症，并且越来越严重，后来智力出现了障碍，走路不稳，不会说话，生活无法自理。为了维持一家人的生活，其父亲不得不离开残疾的儿子，常年在外打工，偶尔才回家看看。夏彩虎的生活就只能靠年迈的爷爷照料。面对夏彩虎家如此的困境，曾老师的心再也平静不下来了。像夏彩虎这样的孩子，生活在偏僻的小山村里，或许会被很多人遗忘，但是党和国家不会忘记，老师更不会忘记。教育扶贫的路上，不能让任何一个孩子失去教育。曾老师和他的同事，便踏上了送教上门的道路。

第一次送教上门，夏彩虎见到曾老师一行就显得非常害怕，曾老师见此情景，就拿出事先准备好的玩具来安抚他，由于孩子怕生，似乎对玩具不太感兴趣，曾老师毫不放弃，继续用玩具与他玩。经过努力，曾老师和孩子慢慢熟悉了。于是他趁热打铁，趁机拉拉孩子的小手笑着逗趣，最后居然可以抱着孩子玩了，孩子也会对着老师露出傻傻的笑容。有了这一次，以后就好办多了。以后每月的那么几天，曾老师和同事们准时来到夏彩虎家，教给他最基础的知识。由于夏彩虎是智力障碍，还不会说话，曾老师硬是凭着一颗耐心，放慢节奏，张大嘴巴，做好口型，一遍又一遍地教他读“一、二……十”，读累了，又拿出玩具来教他玩。连同事都竖起了大拇指。曾老师说：“我不要求他现在会说，只要他能听懂就行了，我相信，经过努力，他一定会说的。”来夏彩虎家的次数多了，他和曾老师也越来越熟悉了，只要曾老师一来他家，他的小脸上就会露出灿烂的笑容，有时还会主动跑来拉曾老师的手。

在送教上门的过程中，曾老师除了教他一些简单的知识外，还教他做一些基本的动作，如伸手、拍手等，教他打球，教他穿鞋子，教他认识动物、教他端碗……一次又一次的送教上门，在曾老师的耐心帮扶之下，夏彩虎原本在别人眼里是个不正常的孩子，现在已经好转多了。由以前看见陌生人就躲到现在能自己到邻居家去玩了，能认识教他的老师了，也能看到孩子原本天真烂漫的笑容了。除了夏彩虎这个特殊学生之外，学校还有49名学生需要他的关爱。作为优秀教师的他，身兼数职，并且本职工作都能出色完成。每当深夜，都能看见他加班工作的身影。不论道路泥泞，还是艳阳高照，他都坚持送教上门；不论节假日，还是每逢周末，他都不会忘记夏彩虎这个特殊的学生，他正在用爱心践行教师的责任，践行着一名优秀共产党员的职责。

相信，夏彩虎这个残疾儿童，有曾加洪这样的老师，一定会有一个快乐童年，有美好的明大！

（作者系新街镇新街闪桥小学高级教师）

扶贫须扶智：老课题　新实践

臧　腾　张振华

《国家职业教育改革实施方案》指出：优化教育结构，把发展中等职业教育作为普及高中阶段教育和建设中国特色职业教育体系的重要基础，保持高中阶段教育职普比大体相当，使绝大多数城乡新增劳动力接受高中阶段教育。作为国家级深度贫困县的鲁甸，职业教育不仅要“使绝大多数城乡新增劳动力接受高中阶段教育”，而且承载扶志与扶智——助力脱贫攻坚的光荣使命！

2015 年来，鲁甸县在职业教育这个课题上，经历无数艰辛，也收获许多喜悦，为那些折梦的人圆了一个又一个的人生梦！

梦碎了，还可以重拾！

2019 年农历腊月二十七，冷风卷着星星点点的牛毛凌飘洒在新街镇的土地上，遍地像泼上一层桐油，发出青色的光，一个年过七旬的老人，站在光滑如镜的院坝里，从邻居手中接过还在读大学的孙子通过微信转来的 1000 元钱时，不知是冷风的寒意还是内心的激动，全身不住地颤抖，眼里噙满泪水。转钱的孙子叫李斌。

四年前，李斌一贫如洗的家庭因父亲患病医治而雪上加霜，最后父亲撒手去了，母亲拉扯着他挣扎在贫困的深渊里，面对一屁股的债和未来的无望，相依为命的母亲选择改嫁，留给他的不仅是失去亲人的痛苦，更多的是面临如何生存。之后，他便跟着70余岁患病的爷爷，靠种庄稼微薄的收入和低保维持生计。他不忍年迈的爷爷在古稀之年拖着病痛的身躯泥一脚水一脚泥为他上学的费用起早贪黑，九年级下学期他放弃了中考。他选择辍学——他的梦碎了！

当学校了解情况后，班主任及任课教师五次到其家中做思想工作，最后他选择到县职业技术高级中学就读。因为职高就读，每年享受免学费、助学金和雨露计划，为他解决了生活和学习问题。2019年，李斌职高毕业，参加“三校生”考试并被一所大学录取已就读。自进校的第一个月，他利用周末，以扎实的专业知识在一家公司做兼职，每月800元，假期每月能挣4300元，不但攒够了一学期的生活费，而且在过年还带回1000元给年迈的爷爷。

这是近年鲁甸县职业教育坚持扶志与扶智齐头并进，让一批贫困家庭的孩子接受职业教育改变命运的一个缩影。

在2015年前，鲁甸县职业教育面临基础薄弱、资源严重短缺、缺乏吸引力等一系列困难，职普比高达1 ∶ 15，“读职高总觉矮人一等”，许多人宁愿选择辍学也不愿读职业学校。在扶志和扶智的路上，职业教育要如何助力脱贫攻坚这一困境，是县委、县政府及教育主管部门亟待研究的严峻课题。

“办法总比困难多”“没有翻不过的山，没有蹚不过的河”，为盘活职业教育资源，用活职业教育资金，顺利与其他职业教育资源接轨，为更多“李斌”重拾梦想，鲁甸县成立以县领导牵头，教体部门主抓，相关部门配合的组织架构，组建若干行动小组，实行点对点、点对线、线对线、线对面、面对面的联动措施，强化责任落实，以建立文化户口册为基础，以落实政策为抓手，举全县之力紧抓控辍保学工作；教体局班子成员分片包干的方式挂钩联系每个乡镇及学校，学校班子成员以包班包村的方式进行网格化管理，具体落实辍学生返校就读职初班、上不了普高的学生就读职业学校的格局。充分实践“发挥中等职业学校作用，帮助部分学业困难学生按规定在职业学校完成义务教育，并接受部分职业技能学习”这一“老课题”。

建立精细化的扶贫帮困工作机制，严格执行上级免学费和助学金制度，使建档立卡贫困家庭的学生在上学的过程中，享受党和政府的阳光雨露和全免费教育（每年免学费2000元、享受雨露计划3000元和国家助学金2000元，每人每年共享受资助7000元），落实国家相关职业教育扶贫工作政策，对在校贫困学生实施精准帮扶，严格程序标准，做到公正公开。仅在县职业技术高级中学，2017年秋共资助1527人，为贫困家庭减轻每年7000元经济负担，较好发挥了职业教育在脱贫攻坚工作中的积极作用。

正是在这种强有力的政策支撑下，李斌重拾了梦想，也为其爷爷撑起另一片天空。

建立东西协作扶贫机制　助力鲁甸职业教育发展

“上不了普高上职校。”这是职业教育大众化、现代化的共识，更是鲁甸职业教育的未来。

在进入职业学校前，杨德华未被普高录取，他面临两个选项：要么选择县职业高级中学，要么选择广东的学校，他父母可谓操碎了心，一直四处奔走，只为了解相关政策及毕业后就业前景，通过向学校咨询，他父母对政策了解得很透彻：2017年，东西协作扶贫机制建立，鲁甸县采取“借船出海”的措施，东莞市、中山市实施校企联合开办职业教育，凡鲁甸县在两市职业学校就读的贫困学生，不但免除学费和生活费，而且还支付学生到校车费、路途生活费、床上用品和服装等，并且每年补助1200元，作为建档立卡户学生，每年享受2000元的国家助学金和3000元“雨露计划”扶贫助学。在县内就读同样可以享受免除学费，但在两市就读，就业更具优势。

在了解政策后，他父母不再纠结，决定送他到广东就读。他2019年电子技术应用专业毕业，直接进入东莞市嘉泽电子有限公司工作，试用期月均工资4500元。也许有人会问，这工资高吗？而对于仍然坚守在贫困山区种地为生的父母来说，他一个月的工资就是他们一年的收入！

事实证明，他的选择没错！像他一样选择的人还很多：从东西协作扶贫启动至今，鲁甸县送到中山市火炬理工学校20人，卡户14人；东莞市电子科技学校405人，卡户348人；东莞市纺织服装学校131人，卡户94人。仅2019年东莞电子科技学校毕业84人，11人升入高一级学校深造，直接就业73人，就业率达100%，对口就业率达94%，就业满意率高达99%；中山纺织服装学校毕业17人，4人升入高一级学校深造，直接就业13人，就业率达100%，对口就业率达90%。

在这一组组枯燥的数字背后，蕴含着鲁甸县为做好职业教育这“课题”，帮助贫困家庭“拔掉穷根、阻断贫困代际传递”这一使命的艰辛。

翅膀断了，也可以飞！

“只有把目光放远，才能看到自己的大志。”对这句话，我记忆深刻。2016年11月，我随鲁甸县职业高级中学组成的农村劳动力转移专家组到龙井小学开展“进村办班、送教下乡”精准脱贫技能培训，培训刚开始，一个酒醉醺醺的男人大闹培训现场，导致培训中断。通过调查，这人叫田应荣，1984年出生，母亲早亡，父子俩家徒四壁，在勤劳的父亲拉扯下，靠着上百棵花椒树凑合着过日子。2015 年父亲因病去世，他依靠的翅膀折断了，一技没有的他，一年不到，上百棵花椒树被种死一半；在精神上，他沦落到过一天算一天的地步，三十二三岁的人，脸色苍白，凌乱的长发胡乱地堆在头上，仿佛才从草堆里打滚出来一样。

“不喝酒还好，一喝酒，东南西北都认不得了。”他邻居告诉我们。

要怎样才能培养高素质劳动者和技术技能人才并且提高培养培训质量？这是摆在培训人员面前的一道难题。

当天，培训专家组对培训内容作出调整，从以职业技能培训为主转移到以思想培训为主、职业技能培训为辅。培训时间很短，但据观察，他虽然情绪还时起时落，但已有很大转变，至少没再醉酒。

2017 年、2018 年，他一直参加龙井村的培训。他叔叔田庆山告诉我们，其实 2017 年他就出去过，但没技术，一直做笨活，这次培训后，他准备到村上报名到厂里。2019 年 4 月，田庆山来电话说，田应荣已到广州一家电扇厂务工，包吃住一个月还有 3500 块的工资！“一技学在身，不愁不脱贫”，他在农村劳动力转移培训的路上实现了折断翅膀的鸟儿也可以飞的蜕变。

这是近年来县委、县政府大力实施教育脱贫攻坚战略，5 年间实现全县上千家农村贫困户“1 户 1 人 1 技能”全覆盖，在田间地头、养殖基地和果蔬基地开展教学，面对面、手把手传授科技知识，为贫困家庭注入思想活力和智力支持，把职业教育同县域社会经济发展紧密结合，培养造就了一批贫困户脱贫致富的智能人才。

（作者系鲁甸县教育体育局职工）

以文化润人心　借旅游助脱贫

康承鼎

鲁甸，历史悠久，多种优良资源储地，同时，也是全国挂号的深度贫困县之一，这是我的故乡，也是我工作的地方。

文化篇

消除贫困、改善民生、逐步实现共同富裕，是社会主义的本质要求，也是我们迈入新时代的重要使命。而脱贫，不单单是要脱掉生活上的绝对贫困，也要脱掉精神上的贫瘠，激发内生动力，一步步去追求去实现对美好生活的憧憬与向往，这是我作为一个“文化人”，对脱贫工作的一个认识。

时值 2018 年秋季，精准扶贫工作已是第四个年头，鲁甸县各乡镇已是达到了脱贫的要求，但我们的工作仍在继续，而我的工作，既是新的开始，也是学习的起点，更是中转承接。

作为文化行政部门，文化扶贫到底是要干什么？是拉项目、搞投资，创办文化企业，提供就业岗位，拉动 GDP ？是创建区域品牌，树立文化名片，博一个名声地位？是举办展览，作文创曲，营造一片升腾？不，这些都不是。鲁甸县是深度贫困地区，资金薄弱引资困难，制约着经济文化的发展，对文化部门来说，文化扶贫的要务是——以文化滋润人心，以文化服务于民众，给民众予精神食粮，让心灵感受幸福。

深入到最基层的公共文化服务，为贫困地区带去温暖的文化情怀

精准扶贫是一项政治性极强的工作，脱贫攻坚更是一场全民战争。习近平总书记在山东考察时强调“一个国家、一个民族的强盛，总是以文化兴盛为支撑的，中华民族伟大复兴需要以中华文化发展繁荣为条件”，党的十八大将公共文化服务体系建设纳入了建成小康社会的重要内容，党的十八届三中全会将构建现代公共文化服务体系、促进基本公共文化服务标准化均等化作为全面深化改革的重点任务之一。公共文化服务体系建设，既是历史使命的要求，也是坚决打赢脱贫攻坚战争的重要环节。

鲁甸县的公共文化服务网络主要是依托于鲁甸县文化馆，鲁甸县图书馆，这两大骨干设施，两免开放也正是公共文化服务最重要的部分，乡镇综合文化站已在12个乡镇全部建成，并配备了人员编制。脱贫攻坚期间，新建了火德红文化站、龙头山文化站，还对新街、水磨文化站实施了改扩建，进一步提升乡镇公共文化服务水平。

行政村文化活动室、文体活动场所建设，是近些年来比较可见的基础建设，由县委组织部统筹，县文旅局配合实施，形成了公共文化服务深入最基层的触角，目前97个行政村都得到了覆盖。

农家书屋，全县已挂牌超过百所，全覆盖至所有行政村，在我们“文化人”的努力下，结合县情实际，联络教育部门，创新性将农家书屋拓展到一部分学校图书室，共建使得投入更集中，共用使得服务更完善，为广大农民群众读书看报、自我提升提供便利。

此外，通过村村通户户通工程，以地面+卫星相结合的形式，广播电视信号已于2018年达成覆盖99%以上成果。

当然，还有县内的广播电视台、红樱桃艺术公司等等，各级各类机关、企事业单位，都不同程度地开放各类设施、提供各类服务，多渠道构成了公共文化服务网络。

值得一提的是，在不断提升的文化氛围下，不断深化、深入的公共文化服务建设中，全县有备案在册的业余文艺团体就有近120支，遍布各乡各村，他们的活跃，也是公共文化从基层来又向基层渗透的最佳诠释。

鲁甸公共文化服务体系，深入最基层，服务最基层，多姿多彩，滋润人心。

那些奋斗在脱贫攻坚一线的“文化人”

周迎春，原文化馆馆长、非遗中心负责人，这是我所认识的“文化人”，同时也是服务于民的好同志、好干部。在她的主持下，鲁甸县的文化工作丰富多彩，各项工作有条不紊，为我们的文化工作打下了良好的基础。脱贫攻坚期间，她作为挂钩帮扶干部，与群众关系亲密，同吃同住同劳作，切身感受、切实帮扶，作为“文化人”，提供工作方便，起草活动方案，开讲座，办座谈，指导基层工作，辅导群众文化生活，积极投身文艺工作、文化事业，力践“以文化之力拔出穷根”。

罗启书，现文化馆长，虽然没有参与挂钩帮扶的工作中，他对脱贫攻坚的事业常挂记于心，众所周知的精神脱贫文艺巡演，就是在他的主持下，经由县文化馆和红樱桃艺术公司联手实施的，辅导+巡演的模式，广受基层群众喜爱，既送去热乎乎的文艺演出，又培训一个个基层爱好者，在为脱贫攻坚事业注入活力的同时，也提振了群众追求美好幸福生活的精神动力。

张顺聪，原广电工作负责人，鲁甸广播电视村村通户户通工作就是在他的努力下，提前完成任务，迅速实现的全覆盖，他走遍了所有村社，信号覆盖到哪，他就走到哪，将户户通切实落到了实处。2019年，他又作为驻村工作队队员，直接赴龙头山镇沙坝村承担起扶贫第一线的工作，为脱贫攻坚挥洒着辛劳和汗水。

马殿荣，县图书馆馆长，在他的主持下，农家书屋建设如火如荼，创新性将农家书屋与学校图书室结合，并且在全县建设 12 个“全民阅读推广示范点”，建在位于文屏镇卯家湾易地扶贫搬迁便民服务中心的示范点，切实为贫困群众提供公共文化服务，增强人民群众的获得感。2019 年他下沉一线在龙头山八宝村担任驻村工作队队员，投身于大决战之中。

还有张和茜、孙世娟、和秋兰、郭超、余仕勇、毛国文……这些都是鲁甸县文艺演出的台柱，也是为贫困群众带去祝福和美好愿景的热心人，他们都是奋斗在脱贫攻坚一线的“文化人”。

有人质疑，我们没有投入资金、没有带来收益，与脱贫攻坚有何关系？我不知如何回答，只想说，文化的滋润不一定轰轰烈烈，不一定号角漫天，但文化的功能就是滋润人心，净化心灵，用文化精神去扶志与扶智，帮助贫困群众树立脱贫致富的信心。

旅游篇

鲁甸县，作为全国最深度的贫困县之一，交通、基建均属后进，整体开发程度低，我们的旅游产业尚在起步……我们的旅游，是规划，也是方向，它不是发达的成品，但却是能在发展中蓬勃向上，借旅游事业带动多种产业，多方位建设并进，多领域同步推动，助力脱贫攻坚。

在红樱桃的摇曳中，大力发展旅游事业

鲁甸小寨的樱桃，闻名遐迩，自 2006 年首届樱桃文化旅游节举办以来，历经 14 载，每逢 4 月间，都将是人们心中的期盼。樱桃节的举办，促进樱桃产业的快速发展，提升了鲁甸的知名度，也带动了多种产业的发展。在樱桃节里，旅游者、观光者、商家都从四面八方赶来品尝樱桃，欣赏樱桃园的美景，进农家小院、农家乐品味农家菜。游客纷至沓来，车水马龙，热闹

非凡。借樱桃节，农户的樱桃卖出好价，增加了收入，路边的各类小吃摊点也应运而生，拉动了第三产业的扩展，有力地助推力脱贫攻坚的进程。

“8·03”地震刚过，精准扶贫工作紧锣密鼓地开展，脱贫攻坚大决战吹响了号角，旅游工作者们就借文化旅游参与了轰轰烈烈的脱贫攻坚决战。在小寨樱桃的摇曳中，进一步树立品牌，突破瓶颈，让红樱桃经济更进一步带动全镇乃至全县人民的脱贫致富奔小康，所以有小寨樱桃特色小镇、小寨AAA级景区的发展规划；在龙头山的废墟上，恢复重建美好家园，感恩党，发扬抗震救灾的精神，发展新产业，带动新经济，实现对美好生活的追求；所以有龙头山花椒特色小镇、龙头山AAA级景区的发展规划。此外，还有朱提银矿冶公园，红石岩堰塞湖景区，民族风情特色旅游区，民族文化创意园，翼装飞行基地这些规划，也有大山包景前区、朱提轿顶山、山水桃源文旅小镇、昭鲁大道田园风格带、甘田温泉度假区等正在推进的项目。

诚然，以上这些项目，目前仅是规划，在县委、县政府的统一谋划下，总会成为现实，定会助力社会经济的快速发展。

我们有着大旅游的美好愿景，提出了大发展的宏伟规划，但还得一步步实施打造。龙头山集镇的新风貌、一园三馆的落成、小寨、龙头山的游客服务中心项目的落地，各项基础设施逐年推进；轿顶山、大山包景前区的开发已经签约，开放项目提上日程；那一条条通达的公路，一项项不断改造提升的基础设施，都为文化旅游提供了便利……

我们的旅游产业，虽才起步，但我们的旅游事业，已在路上，为全域的发展形成助力，为助推脱贫攻坚大决战发挥着很好的作用。

开创旅游业的旅游者工作者

鲁甸县，两千年历史悠悠，多民族融合混居，我们有深厚的文化底蕴，也有丰富多彩的民俗资源，我们更有海拔跨度3000米，多地形多气候的独特地理环境条件，旅游业发展潜力十足，襁褓中的旅游业，凝聚着旅游者工作者的付出。

王晓婷，大多数时候，旅游方面的工作我都是与她打的交道，她熟悉鲁甸的旅游事业，带头策划有旅游发展，也亲身投入了鲁甸的旅游讲解工作中，正是有她这样的旅游工作者，鲁甸的多个项目才能更容易落地，规划思路才能更方便实施，强基之路才更好地为脱贫攻坚事业形成活力。

丁永斌，旅游项目方面的负责人，具体的申报与建设工作操刀人，繁重的任务常常一肩挑，一园三馆、四馆一中心、游客服务中心等建设，都浸透着他的汗水。

杨霸，现在驻八宝村扶贫工作队队员，一部手机游云南平台的管理人之一，在他的处理下，鲁甸县的投诉均得到圆满解决，切实维护了全县的形象。

当然，还有更多的默默无闻的旅游者工作者，他们的工作很难光艳，他们的成绩也难以和脱贫攻坚事业直接挂钩，毕竟鲁甸襁褓中的旅游业尚不足独当一面，但旅游业有着对经济发展、对脱贫攻坚的助力，他们这些坚守旅游业的工作者，正是一个个无私奉献者。

作为曾经是国家级深度贫困县，我们奋斗、我们拼搏，在党的关心支持下，在县委、县政府的安排部署下，这场全民参与的脱贫攻坚的大决战，我们已经取得了胜利，如期摘掉了贫困帽，但这不是结束，更是开始，我们对美好生活的追求不会停息，文化和旅游的工作也还远没有结束——发展仍在路上。

（作者系鲁甸县文化旅游局职工）

落实落细医保政策　助力全县脱贫攻坚

李再龙

2020年是我国脱贫攻坚战决胜之年，习近平总书记强调，“防止返贫和继续攻坚同样重要”，患病是致贫返贫的重要原因。越是在贫困地区，越要防止因病致贫、因病返贫，避免“辛辛苦苦奔小康，一场大病全泡汤”。自县医保局成立以来，紧紧围绕决不让一名贫困群众“因病致贫、因病返贫”这一目标，着眼精准、强化协作，落实“先诊疗后付费”“一站式”结报和“基本医保＋大病保险＋医疗救助”三重保障等特惠政策，做到“小病没负担，大病有兜底”，切实解决群众看病难、看病贵的问题，为高质量打赢打好脱贫攻坚收官战提供了坚实有力的保障，并取得显著成效，有效防止因病返贫、因病致贫，深受广大参保群众的欢迎。

凝神聚力、精准识别——参保缴费绝不让一个人落下

按照县委、县政府及上级主管部门的要求，全县医疗保障扶贫工作由局长冯碧娇同志亲自主抓，陈大雄副局长牵头负责，并举全局干部之力，聚全局业务精英组建了一支脱贫攻坚工作小队，为了实行医保系统建档立卡贫困人口精准识别及信息动态管理，实现精准参保打好基础。他们昼夜不分、通宵达旦对照国办系统做好建档立卡贫困人口参保信息采集、比对、登记和资金测算等工作，为了全县建档立卡户参保缴费“一个不少”和做好参保

群众的佐证材料收集工作，他们翻山越岭、走村入户，足迹遍布全县10镇2乡97个行政村。2019年、2020年全县建档立卡贫困人口除死亡、服刑、参军人员外，其余人员100%参加基本医保和大病保险。与此同时，他们身兼数职，他们每到一镇一村还特别重点关注了低保户、贫困残疾人、特困供养人员和“边缘户”等参保情况，通过宣传引导，确保他们对基本医疗保险政策知晓率达100%。真正实现“应保尽保”。

勇挑重担、精准施策——抓实“一站式”即时结报服务

2020年，全县3家县级医疗机构、4家民营医院、12个乡镇卫生院、97个村卫生室全部实现基本医疗保险、大病保险、医疗救助“一站式、一单式”即时结算，贫困人口在定点医疗机构看病就医出院结算时，仅需支付个人自付部分。

今年45岁的张仕美，是龙树镇龙树村的建档立卡户，2020年1月她丈夫因“主动脉迂曲”在昭通市第一人民医院住院治疗，她体验了先住院诊疗后结算的“一站式”结算服务，看到结算单上住院费用和报销合计数，张仕美原本一张担忧的脸舒展了起来，此次，她丈夫李文森住院共花费114648.06元，经过各项政策报销后她只在医院缴纳8657元的自费费用。张仕美手拿着结算单含着泪花深情地说：“出院时大夫说李文森的住院费共花了11万多，你大概还需准备5万左右的自费。当我拿着好不容易从亲戚、朋友那里借来凑够的5万元钱到结算窗口结算时，窗口工作人员只让我自费了8657元，真的吓了我一大跳，以为工作人员弄错了。没想到我家是建档立卡贫困户，住院费实际共花了114648.06元，各项报销后我只自费了8657元，真是感谢党和政府好政策，医保政策给予了像我们这样家庭的看病保障，生活越来越有盼头了”。像李文森一样的建档立卡贫困人口全县有124630名，他们不仅能享受到先诊疗后付费的“一站式”结算医疗服务，还能享受城乡居民基本保险、大病保险、医疗救助三重医保政策，报销比例不低于90%，这些政策的实施切实减轻了困难群众的经济负担。

持之以恒，落实落细——打通医保扶贫“最后一公里”

“政府太好了，听说为了减少我们往返跑路递送资料，专门安排人员到卫生院来帮助我们办理‘特慢病’，走一起瞧瞧去。”

“我父母年纪大了，而且都有高血压病，又坐不起车，每次出去看病坐车都要吐，到了外面要几天才能恢复，每次说带他们出去办理一个‘慢性病’，以后门诊开药就能报销了，老人就是不去，今天听说政府专门安排人到街上来帮助我们办理，这可是一次难得的好机会啊！”

只听到梭山镇街上几位淳朴的老百姓一边往梭山卫生院走一边说道。

2020 年 7 月 15 日，鲁甸县医疗保障局以基金监管为契机，组织了相关业务经办人员到梭上镇为当地老百姓集中办理“特慢病”现场审批活动，现场人头攒动，前来咨询、直接办理的群众都非常兴奋。仅 2020 年上半年，共审批办理门诊特殊病慢性病卡 3409 人。

大病保险，助力扶贫——“基本医保＋大病保险”惠民效果凸显

大病保险制度的建立，在基本医保基础上进一步减轻了患病群众家庭高额医疗费用负担，可有效起到防止因病致贫作用。据统计，2019 年，累计已为 1 万余人次进行大病保险补偿服务，支付大病保险赔款 1113 万元，把党的温暖送进千家万户，谱写了一曲服务民生、助推社会和谐发展的华丽乐章。

鲁甸县新街镇参保人薛某，男，35 岁，2019 年因不慎受伤后导致颈椎骨折，经相关检查后查出脊髓损伤需要住院治疗。出院时，共花费医疗费 13.71 万元，居民基本医保报销 6.79 万元，大病保险补偿 3.8 万元，仍有 3.12 万元需要薛某个人负担。沉重的医疗费用对于这个已经无劳动能力的家庭来说是个沉重的打击。老两口是靠出售刚收获的粮食和儿子四处借债完成的治疗，薛某的母亲因为日夜照顾病人加之心理压力大也相继病倒，更是雪上加霜。当时薛某全家已无力再凑足看病钱，连吃饭都成了问题，对于未来生活一筹莫展。

2019 年 9 月，省政府发出《关于做好 2019 年云南省城乡居民基本医疗保障工作的通知》，推出大病保险报销比例部分提高 10%。中国人寿根据政策要求通知符合条件的参保人员进行差额追补，薛某母亲接到电话后到新街镇社保服务大厅提交了相关追补资料。当薛某收到追补款 7236.61 元后，热泪盈眶，连声感谢国家的好政策。

强化措施，精准发力——确保医保扶贫工作落到实处

按照《昭通市医疗保障局关于认真落实建档立卡贫困人员分级诊疗制度的通知》文件要求，建档立卡贫困患者住院，应按分级诊疗的原则先在县域内就诊，确因病情需要转往三级医院就医的，要按规定办理转诊转院手续，否则按普通城乡居民医保政策执行。2019 年，全县 62 名参保患者未按规定转诊转院，导致只能按普通城乡居民医保政策报销费用，对于本来就不富裕的家庭来说简直就是“雪上加霜”，为了杜绝“一刀切”，最大限度减轻患者医药费用负担，有效防止因病致贫、因病返贫。我局多次联合鲁甸县卫生健康局组织专家对 62 名参保人因病未及时办理转诊转院手续发生的医疗费用，进行危急重症审核认定。经认定后由 28 名参保人属于危急重症，并按照符合转诊转院规范的医疗待遇进行了报销，茨院乡和谐社区村民高云平就是这次危急重症审核认定的受益对象，当领到这笔报销费用时，高云平激动地说：“现在政府真的是太好了，不但参保缴费帮助我们补助了大部分，现在又主动帮助我们挽回了损失，真的是太感谢了。以后，我们将按照医保的相关规定，完善相关转诊转院手续后再办理转院手续。”

2019 年，全县建档立卡贫困人口门诊就医 40.84 万人次，总费用 2046.99 万元，统筹支付 1294.94 万元，统筹报销比例 63.26%，28 种门诊特慢病登记备案人数 0.13 万人，就诊 0.31 万人次，总费用 162.21 万元，政策范围内费用 156.3 万元，统筹支付 135.56 万元，政策范围内报销比例 86.73%。一站式“四重保障”结算情况：住院 3.13 万人次，总费用 12834.07 万元，政策范围内费用 12264.02 万元，基本医疗保险统筹支付 8658.28 万元，大病保险1121.6万元，医疗救助904.44万元，兜底保障398.29万元；9类15种大病就诊373人次，总费用222.13万元，政策范围内费用221.11万元，统筹支付200.01万元，大病支付3.49万元。实际报销比例90.04%，政策范围内报销比例90.46%。

“金杯银杯不如老百姓的口碑”，群众的满意度是检验全县医保工作成效的“试金石”；群众的认可和点赞，是医疗保障扶贫的最大动力。我局将以更加务实的作风，更为优质的服务，持续推进医疗保障扶贫工作，巩固脱贫攻坚成果，为鲁甸县脱贫攻坚助力，早日实现全面小康。

（作者系鲁甸县医保局职工）

提升医卫质量　夯实基础保障

吕志坤　李章达

深入全面实施健康扶贫，让贫困地区百姓享受到更加优质便捷的医疗卫生服务，为脱贫攻坚筑起一道“健康防线”，切实解决“看病难看病贵”问题。

2017 年 6 月，小寨镇小寨村 68 岁的建档立卡户廖正全放牛时被牛撞伤，危在旦夕，家人将其送到昭通市第一人民医院，马上就送进了 ICU，花费了几万元治疗费后，医生对其家属说：病人还没有脱离生命危险，继续治疗的话，大概要准备 30 多万治疗费。老人的几个儿子不忍心放弃父亲生命，遂借了高利贷继续支付医疗费救治，经过抢救，廖正全老人终于脱离了生命危险并逐渐康复，家人在高兴之余又陷入了还贷的愁苦，本来生活就困难，现在更是雪上加霜。老人重伤治疗总共花费了 37 万余元，几个儿子每个月都被还贷压得喘不过气来。2020 年 12 月，卫生院健康扶贫办的一个电话让廖正全一家高兴了起来。按照《云南省健康扶贫 30 条措施》规定，自 2017 年 1 月 1 日起，建档立卡患者规范转诊住院治疗，通过“四重保障”报销总费用达到 90%，因 2017 年“一站式”结算系统还未完善投入使用，故对之前就医的患者进行费用差额回补。原来卫生院健康扶贫办的这个电话是让他们带上患者身份证和银行卡到卫生院核准登记，领取回补差额。廖正全一家很感激党的政策，没想到父亲这么重的病只花了不到一万块钱，真正地为建档立卡患者解决了看病贵的问题。

自脱贫攻坚开展以来，鲁甸县不断改善基层医疗卫生服务能力，增强优质医疗资源供给，健全人才引进和培养机制，切实改善业务用房破旧、简陋、服务能力低下和人才难引进、留不住的局面。5 年以来完成鲁甸县人民医院分院综合大楼、鲁甸县新中医医院综合大楼、医技楼、门诊大楼共 44134 平方米 19881 万元建设项目，完成县级计生服务站和鲁甸县妇幼保健院业务用房 10830 平方米 515 万元维修加固项目。县级公立医院有矢量 128 排 CT、显微磁共振 1.5T、多功能层流手术室等处于全市医疗设备先进行列。大量基础设施建成投入使用，使全县医疗机构服务能力得到有力提升，真正为老百姓看病就医保驾护航。

切实打牢基层医疗卫生服务网底。实施乡镇卫生院和村卫生室标准化建设。小寨镇大坪村建档立卡户周正学，是一个老病患，患有慢性胃炎、肺源性心脏病、慢性支气管炎等多种疾病，每年住七八次院，自 2019 年起，他就很少到县级医院看病了，他说乡卫生院现在的条件很好，病房很温馨，又可以照片子、做心电图，不想到县里去折腾了。标准化卫生院、卫生室的建设，让老百姓家门口就能看病，医疗设施的完善、医疗设备的投入、全科医生的培养，卫生院医疗条件越来越好了，就近就医让老百姓减少了往返县城的麻烦，更加有利于身体康复。

自脱贫攻坚开展以来，完成 12 个乡镇卫生院（社区卫生服务中心）业务用房 38597 平方米 10342 万元，职工周转房 15085 平方米 3753 万元建设项目。全县 12 个乡镇卫生院共有病床 656 张，职工 665 人（在编 385 人），有执业医师 85 人，助理医师 77 人，护士及护师 207 人，主管护师 16 人。全县 13 个乡镇卫生院均达到标准化建设要求，设置门诊部、住院部、医技和临床科室、特色中医馆，病床每千人口配置达 1.706 张。茨院回族乡中心卫生院为“群众满意乡镇卫生院”，其余卫生院已在创建过程中。完成 87 个标准化村卫生室（社区卫生服务站）15495.48 平方米 2700.7 万元建设项目，全县 103 个村卫生室达到村卫生室标准化建设要求，每千服务人口按照不少于 1 名乡村医生、每个村卫生室至少有 1 名乡村医生执业的要求进行配置。极大提高了对疾病的检出率以及病变的定位、定性、定量诊断水平，全面提升了基层医疗机构的医疗服务能力，切实缓解老百姓就医困难问题，阻断因病致贫返贫。

（作者系鲁甸县卫健局职工）

扶贫先扶志　激发内生力

邱家鹿

党的十八大以来，以习近平同志为核心的党中央把脱贫攻坚作为全面建成小康社会的重要政治任务，纳入“五位一体”总体布局和“四个全面”战略布局进行决策部署，脱贫攻坚步伐扎实，贫困人口生活水平明显提高，贫困地区面貌明显改善。通过几年扶贫工作证明，脱贫攻坚必须大力推进和加强贫困地区、贫困人口的脱贫内在动力，进一步解除破解贫困群众“等、靠、要”思想，实现贫困群众“要我脱贫”为“我要脱贫”的观念转变，这就对社会救助政策规划和制度创新提出更高要求。只有实现从消除收入贫困向消除能力贫困转变，着眼于反贫能力的提升，促进人的全面发展，才能从根本上提高扶贫质量，实现长期、持续、稳定和彻底的脱贫。

坚持扶贫与扶智、扶志、扶勤相结合，促进群众思想转变。习近平总书记指出，“扶贫要同扶智、扶志结合起来”，“扶志”就是扶思想、扶观念、扶信心、扶毅力，帮助贫困人口树立起摆脱贫困的斗志和勇气。扶贫不“扶志”，扶贫的目的就难以达到，即使一度脱贫，也可能会再度返贫。要帮助贫困人口相信自己是具有能力的个体，牢固树立奋斗脱贫的信心和决心，立志积极改变生活困境而非单纯依赖福利救助，深刻领会习近平总书记“幸福都是奋斗出来的”殷切教诲，激发“撸起袖子加油干”的实干精神，依靠顽强斗志和勇气迎难而上，克服困难，取得成就，走出贫困。

全县12个乡镇在扶贫工作中，积极树立脱贫致富典型，充分调动大户带头致富的积极性，宣传身边的先进事迹和脱贫致富能手，号召更多的致富能人加入帮贫带富的大潮中来。通过多措并举的典型选树，希望通过总结、推广和运用脱贫模范探索出的好经验、好做法，引导基层干部群众树立先进、激发动力，凝聚各方力量打赢脱贫攻坚战。

在鲁甸县文屏镇崇文社区二组，杨清华是贫困户、是残疾人。但从来不因自己是残疾人，而放弃对生活的向往，想着家庭的重担，妻儿的生活，不能放弃自己的追求，可是选择之路是艰难的，做什么事情都需要经验。现在的自己没有什么特殊技能，经过种种思考，艰难地选择了养殖之路，由于前期没有任何经验，经历了很多艰难探索，一次次失败，但最终没有磨灭他的意志，而是艰难地走了过来，从最初的几十只鸡到现在的2000只，从几头猪到现在的50头猪，从没有经验到经验丰富。这些都是常人所不能坚持的，当初失败过多次，想过放弃，可是生活的重担不让自己有放弃的念头，坚持就是胜利，付出必有回报。目前已有了一定的收获，生活得到了改善，他意志坚定、生活乐观，他始终坚信紧跟党的脚步走不会错。杨清华是文屏镇崇文社区二组的小组长，也是入党积极分子，每一次社区活动他都积极参与，争取更多学习机会提升自己的综合能力，以知识武装自己，把养殖之路一直走下去。他还有一个宏伟的目标，一个人富不算富，他要带领周边群众一起致富，只要群众有需要，他都义不容辞地帮助，他是我们社区贫困户中的致富能手。他的人生格言：只有走出来的精彩，没有等出来的辉煌。

砚池山村7社陈大进，2013年评为建档立卡户，那时的陈大进家夫妻二人远赴外地，每月辛勤的务工获得微薄收入，孩子一两岁就请爷爷奶奶看着，四世同堂的家庭挤在破旧的瓦房里，每逢下雨天，外面下大雨屋里下小雨。随着帮扶干部的鼓励和帮助，夫妻二人转变了观念，决定返回家乡创业。随着家乡环境的不断改善，2017年砚池山村成立了合作社，贫困户的他们以股民的身份加入了合作社。同时勤劳的陈大进与同村的哥哥租了集体经济的农贸市场的一家饭店，做起了餐饮。在一家人的辛勤劳作、努力工作下，现在环境已经有了很大的改善，住房变成了宽敞明亮的砖混房屋，再也没有外面大雨里面小雨的情况了。如今的他们，生活水平也有了很大改善，自主开办了自己的餐馆，也有了稳定收入。他们常常感慨如果没有当年帮扶干部的引导，也许他们仍然还在外面漂泊，也不会有想要自主创业的想法。如果不是村干部和镇党委政府的关心帮助，没有合作社帮助，他们也就开不了这家餐馆。

开展新民风建设、十星级文明户评比等活动，以身边事激发群众发展动力。根据相关法律、法规、政策，各乡镇结合各村（社区）实际，制定了涉及村风民俗、社会公共道德、社会管理、精神文明、人居环境、消防安全、殡葬改革等方面约束规范村民行为的规章制度。由各村组织召开群众会议，初步拟定村规民约提纲，经群众代表大会通过并进行公示后，报上级党委审核合格后备案，正式生效，目前，97 个村（社区）已全部完成村规民约制定，通过村规民约进一步提升农村人居环境。

在村规民约的基础上，各相关挂钩帮扶单位通过宣讲、张贴标语、文艺活动等多种形式，以身边人讲身边事，身边事教育身边人，积极组织开展“传承好家训·培育好家风”主题宣讲暨操家理务能力提升培训活动，就个人卫生、环境卫生、公共卫生及待客礼仪等内容，用通俗易懂的语言、“穿针引线”的授课方法给村民讲授了一堂生动而有意义的操家理务能力提升培训课；引导家长们要言传身教，做语言、仪表、行动的表率，用自己的实际行动传承优良家风家训，弘扬敬老尊贤美德，号召大家凝聚和传递正能量，以好的家风支撑起好的社会风气。

中国自古就是礼仪之邦，中华民族的传统文化博大精深，对长者的尊敬，对逝者的沉重悼念，对嫁娶喜事等向来注重热闹，即使社会发展变化迅速，但在农村一些传统观念根深蒂固，甚至存在婚丧嫁娶的操办攀比严重，重形式不重内涵，导致农村移风易俗较难。近年来，随着对群众“自强、诚信、感恩”教育活动的不断深入开展，广大群众的思想也正逐步发生着巨大转变。

2020 年 2 月 5 日凌晨 4 时许，文屏镇联合村三组王某母亲因急性心肌梗死在家中去世，根据原有习俗，王某母亲的葬礼会持续好些天，要通知亲朋好友参加葬礼，出于疫情防控需要，联合村干部迅速来到王某家中，告知疫情防控的重要性和勤俭节约的先进性，在村社干部动之以情，晓之以理的讲解下，王某最终同意不举行仪式，全面简化流程，缩短时间，中午 2 点就将其母亲下葬。为了降低疫情感染风险，王某整个过程做好防护防控工作，葬礼做到不报丧、不祭奠。整个葬礼中邻居帮忙的人不超过 20 个，且都是分批进行，同时在场不超过 10 人，必须戴口罩，减少人员聚集。办事的人家里，不支锅做饭，所有帮忙客人不在主家吃饭，事情结束后，主家也不办答谢宴。时代在进步，群众思想也在慢慢地改善，以前也许要花几天时间，要请唢呐班子，要搭过路棚，几天不断请宴席，络绎不绝的客人都会热热闹闹的几天，如今的红白喜事都趋向简单化，一切从简不仅是口号，还是实际行动。

随着文明新风的不断深入，百姓的感恩意识也越来越强。疫情防控期间，镇村干部一直坚守在疫情防控的卡点，风雨无阻，群众看在眼里疼在心里，在疫情防控的卡点上随时上演着干群情深的故事。普芝噜的热心妇女们抬着一簸箕的糯米粑粑送给疫情防控的工作人员；安阁村的村民将 6000 元现金递到村委会手中，请主任为值班人员买点生活用品；在砚池山的卡点，群众送去了急需的酒精；在小冲社区的卡点，年长的党员和年少的大学生一起志愿到卡点服务……在他们眼里，疫情防控也是他们的事，他们也应当做一些努力。

小积分，大作用，通过建立“爱心超市”最大限度把群众的积极性充分调动起来，让群众自觉参与脱贫攻坚项目全过程。目前，全县共建立了 53 个“爱心超市”，村民通过参加集体劳动或是争当文明户、脱贫光荣户、孝亲敬老模范，以及参加扶贫政策与扫黑除恶专项斗争知识问答等评比活动来获取积分，然后再用积分兑换物品。通过开设“爱心超市”以来，村民参与“挣积分”的积极性与日俱增，极大地提升了村民努力建设美丽家园和贫困群众主动脱贫的精气神。“爱心超市”不仅使村民在思想上有了变化，主动发展的积极性得到充分调动。越来越多的人愿意主动了解扶贫政策，在依靠政策帮扶的同时，领悟到自身发展的重要性。“爱心超市”改变的不仅仅是贫困状况，更是从思想、生活方式等方方面面改变着村民。“爱心超市”开始运行以来，在部分村（社区）已初步显示出成效。现在，相当一部分贫困户摒弃了“等、靠、要”思想，主动参与劳动、公益活动，主动脱贫的精气神显著提升。同时，村民之间更加团结、和谐，村容村貌也得到了极大改善，这些成效为创建文明乡风、建设美丽乡村夯实了基础。用劳动换取积分，再用积分兑换物品！一间小小的“爱心超市”带来的变化让人惊喜。

随着爱国卫生运动的推进，爱心超市更是发挥着巨大的促进作用，村社干部在向群众宣传相关政策的同时，积极动员号召群众参加各项公益活动，整治人居环境，并在群众会上由群众推荐人居环境整治较好的农户发送他们需要的生活用品，以示鼓励。“大婶，你家环境卫生那么干净，不要不好意思领，这是荣誉”“我家环境今天没评上我要回去好好收拾，争取下次能获得奖励”。通过评比，激发着大家“赶、比、超”的强烈欲望，兑换的物品虽然不是什么值钱的东西，但通过“爱心超市”兑换出来的生活用品无形中可以提升自己在当地的良好形象，是一种荣誉更是一种对生活态度的肯定，激发了贫困群众的内生动力，充分调动了群众积极性，把信心、志气输送给了广大群众。

（作者系中共鲁甸县委宣传部工作人员）

第六编　挂钩帮扶及社会扶贫

帮扶情缘

丁世新

那是一个隐藏在大山深处的乡村，那里的每个角落有我们黏稠的记忆……那是我们倾心挂钩帮扶过的小村。曾经，我们在风雨中一起艰难走过；曾经，我们在思想上发生过激烈碰撞。短暂的岁月，有我们抒不完，道不尽的动人故事。

2017 年 9 月，因工作安排，鲁甸县文联的挂钩帮扶点从龙头山甘家寨调到新街镇坪地营村 6 组。从此，我和我的同事便与那里的父老乡亲一道走上了脱贫路。一路走来，我们目睹了一幕幕由穷变富的喜悦；一路走来，我们在生活变迁中结下了深深的情缘。

坪地营村 6 组小地名叫麻地沟。麻地沟距离新街镇 8 公里，主要种植玉米、马铃薯、荞子等农作物。2017 年前，那里居住着 58 户人家共 213 人。有建档立卡户 31 户 105 人，非建档立卡户 27 户，108 人。2018 年易地搬迁溜溜塘 1 户 3 人，搬卯家湾集中安置点 4 户 18 人。2019 年易地搬迁卯家湾 9 户 39 人。未搬迁的群众均通过自建或项目扶持，都有了宽敞舒适的住房。

带着对小村父老乡亲的牵挂，我们再次来到麻地沟。随行的是县文联办公室主任詹亮。在脱贫攻坚关键阶段，他一直陪我驻村工作 60 天。其间，家住昭通市区的他顾不上早晚接送孩子上学，与驻村队员们一道梳理数据、填报资料，为挂钩点做了大量的工作。他做事踏实，为人厚道，入村不久就赢得老百姓的喜欢。

来到我的帮扶户李选顺家门口，其母王玉兰领着两个孙子笑迎过来，对我们说道："丁主席呀，好久没有见到你们来这里了，觉得好不习惯。选顺家也搬到县城卯家湾了，还住上了那么大的房子，国家政策实在是太好了！当初，你们给我们讲政策，劝大家搬迁，我们还不理解，有些人还对着干，让你们在这里吃了那么多苦头。你们处处为我们老百姓着想，帮助我们做的事情太多了，我们感激不完。"

我接过话题道："嫂子，这些都是我们应该做的。我们要感谢的是党和国家的好政策，因为政策好，有那么多的县、乡、村干部一直关心着你们，加上有你们的积极配合，你们才能够过上好日子。看到你们的生活红红火火，我们非常高兴，大家的共同努力和艰苦付出是值得的！"

在谈笑风生中，我不禁想起 2019 年除夕前感人的一幕。

那天，我们是到麻地沟查看人居环境。途经王玉兰家门口，她一个劲地招呼我们在她家吃午饭，我们找尽理由推辞了。然而，就在我们刚到活动室的那一瞬间，王玉兰抱着一大块猪肉向我们奔跑过来，边跑边说："你们太辛苦了，这是昨天才宰的猪肉，你们带下去炒了吃。"预想不到的情景，迫使我们"不礼貌"地逃离了活动室。

当我们路过李章彩新家门口时，李章彩刚把从坡上赶回来的四头黄牛关好，就迫不及待地跑过来，边抽出香烟边高兴地说道："大哥，詹同志，你们终于来了，好新鲜啊！"

2019 年，李章彩家通过争取农村危房改造和东西部协作项目扶持建起了新房。搬新家时，还争取到 3000 元的临时救助金购置了沙发、电视柜。另外，我还为他家配置了电视机，接收机、橱柜等。进到李章彩家里，地皮已全部硬化并打整得干干净净，屋内的东西收拾得井井有条。他的父亲看上去精神面貌很好，坐在沙发上边喝茶边看电视。看着李章彩一家人满面春风、其乐融融，我激动不已。从他爽朗的笑声里，我们知道国家的扶贫政策彻底让他改变了生活方式。

李选顺、李章彩生产生活的变迁，不仅是麻地沟众多群众摆脱贫困的代表，也是受益于国家扶贫政策发生根本变化的广大建档立卡户的代表。

眼前的一切，又一次触动我的心底，让我不禁地想起三年前的点点滴滴……

2017 年 9 月 7 日，我和我的同事以及镇村的同志第一次走进麻地沟摸底调查。一天下来，感慨万千，所见所闻令人震惊。

坐落在坪地营群山脚下的麻地沟，是一个闭塞而落后的小山村。蜿蜒曲折的进村道路狭窄而坑洼不平，可谓晴天一身灰雨天一身泥。整个村子房舍布局零乱，住房周围粪草乱堆、垃圾遍地。除了几家在云南鲁甸 6.5 级地震恢复重建中享受项目建好住房的外，近一半的群众仍然居住在年久失修、残破不堪的土瓦屋里。那里的父老乡亲都是清晨托着太阳出门，傍晚披着晚霞而归。年复一年在山坡地里种玉米、荞麦。然而，缺乏科学技术的传统种植，都是撒一坡收一箩。收入甚微的村民们一直在贫困线上苦苦挣扎。一些青年男女放下老人和孩子走出大山外出务工。

如何带领麻地沟村民摆脱贫困走上富裕道路，对我们而言，无疑是一次巨大的考验。于是，我们开始走村入户了解村情，做群众思想工作。我们很想从那里了解一些真实情况，很想知道他们收入状况，很想知道他们在想什么，希望我们做什么……可是，当我们向他们宣传政策，了解他们所思所想时，许多群众不予理会甚至抵触相对。不知多少次，我们都是满怀希望进村，抱着失落归来。干群关系总是被一条无形的鸿沟隔断。面对如此尴尬的局面，我和同事们万般茫然。

通过反复打听，从不同人群的口中我们找到了一些答案。原来，这个小村长期封闭，许多传统的观念一直困扰他们的发展思维。经济基础脆弱，一些群众只满足现状。再则，原村级工作留下了许多后遗症，少数干部在落实党的方针政策上图虚名不求实，在项目兑现上优亲厚友。少数干部工作方法简单粗暴，对群众的困难漠不关心，致使麻地沟群众民心向背。许多人都用同一句话回答我，“麻地沟的群众工作难做是出了名的，没有办法。”

一天，我和新街镇坪地营村挂钩组的组长、镇武装部长蒋德江议起我们入社以来的工作局面。他说了许多关于麻地沟的过去和现在。他说：“那里虽然闭塞贫穷，但以前民风淳朴，只要老百姓的思想通了，一通百通。俗话说，‘只要用心，冷石头都会焐热乎的。’”蒋德江的一席话让我茅塞顿开。

2017年9月25日，我们请上驻坪地营村多年的时任县社科联主席何珺一道再次进入麻地沟，召开民意调查院坝会。何珺活泼风趣、平易近人，乐于助人，加上他经常利用自己的优势帮助老百姓解决了许多困难，很受农村群众的欢迎。院坝会在村民小组长李章江家门口举行，到会的群众很多，大大小小40多人。开始，会场气氛相当嘈杂，人们议论纷纷。有说整扶贫和我没有关系的，有说什么扶贫项目反正我们是沾不到边的……几个建档立卡户话虽然少点，但也在叫苦。一阵喧闹过后，何珺的一通小故事大道理把在场的群众说得点头称赞。

院坝会的初战告捷，是我们工作的一个重要转折点。

在那次院坝会上，一名中年男子，压在他头上的是一顶褪色的蓝帽，身着单薄破烂并沾满泥土的衣服。在瑟瑟寒风中，捏着一支香烟不停地吞云吐雾。他没有过多的言语，不时发出阵阵咳嗽声，偶尔把祈求的目光投向我们。我一打听，原来他是我的挂包户李章彩。

刚散会，李章彩就凑过来硬要我去他家看一下。有人告诉我，在麻地沟李章彩家非常贫穷。他脾气犟得很，思想工作最难做。我向随行的同事们打了个招呼，便尾随李章彩而去。

沿斜坡而下，走过一段稀泥路，来到了李章彩家门口。他家住的是一间不足30平方米的土瓦房，正门前和右侧边是两间很小的牲口圈。之间堆着许多粪草，门口积满了几潭带粪的稀泥。屋檐下，旧衣服、旧用具堆积如山。超过30年的房屋内，四壁和楼板被烟火熏得异常黝黑。屋子被堆放着的洋芋、萝卜和其他杂物占去了大半个空间。一进大门的墙角边是一个1

米见方的火塘。紧靠大门边，一个 70 多岁的老人边凑柴火边用巴掌拍打自己的头，偶尔发出痛苦的呻吟。李章彩告诉我："这是我爹，好多年了他的头一直会疼，疼起来就像要命一样。"看着老人痛苦的样子，我掏出身上仅有的 200 元钱递给他。

我详细了解他家的人口、住房、生产生活情况。当得知他当时才 47 岁，我有些惊讶。从他的精神状态和满脸沧桑岁月刻下的印迹看来，与实际年龄相差甚远。李章彩大概很少有机会向别人诉苦，显得激动不已。一边咳喘一边和我唠叨不停。"同志啊，你看我爹得这种病，我也是得了二十几年的哮喘病，只要冷着苦着就会发。打工也打不起，没有啥子收入，又供着娃娃读书，实在是无法了，现在都还欠着几万块钱。"在我们交谈的过程中，我更多的是倾听，更多的是忧心忡忡。一家 7 口人拥挤在如此残破狭小的危房里，生产生活存在这么大的困难，我心情十分沉重，我的心仿佛被一阵阵撕扯。

出门时，李章彩坚持要送我一程。他边走边说："你看我困难这样大，你一定要帮帮我。"我说："好的，我已经放在心上了，兄弟。"听到"兄弟"二字，李章彩眼睛突然一亮，把手伸过来拉着我，欣喜若狂地连声说道："感谢你同志，不不不，感谢你大哥。"从此，我们便以弟兄相称。也就是从那时起，每每遇到李章彩家的几个孩子，他们都会亲热地叫我几声"大爹"。

次日，我们来到李选顺家开展摸底调查。虽然，李选顺家的住房比李章彩家的多一间，但也是几十年的老房子了。那天，也是一个阴冷天。连绵的秋雨把他家门口弄得稀滑难行。屋檐下的墙角边，李选顺的父亲带着三个孙子在那里生火煮猪食。李选顺的母亲王玉兰一见到我们，她就口若悬河地说道："我老伴得病多年，身体一直不好。去过几次大医院看过，钱花了好多，就是不会好……"

从她的口中，我们还得知李选顺和胡友花夫妇有三个孩子。李选顺常年在外打工，妻子胡友花与父母一道在家料理家务照顾孩子。两个儿子都患有漏斗胸，大儿子还有智力障碍和抽动症，身体经常不受控制。一家人就有三个病号，让李选顺家也欠下了几万元的债。

面对麻地沟大多数群众生产生活极其困难，无安全住房等问题。县文联多次召开班子会议，进行分析研究，进一步统一思想，明确工作思路，全力以赴把扶贫工作做细做实；在包保干部不变的情况下，进一步充实驻村工作人员，选派孟兴雄、李蓉两位同志长期驻村协助镇村做好相关业务工作；要求单位职工在扶贫工作中要培养对农民群众的感情，把农民群众的疾苦当作自己的疾苦，主动和贫困户交朋友结对子，在发展生产转变生活观念上帮思想、帮劳力、帮资金，团结带领贫困户早日摆脱贫困走上致富道路。

一次次进村入户，一次次与村民们交心谈心，和建档立卡户交朋友，攀亲戚。把物质脱贫和精神脱贫有机结合起来。开展“文艺助力精准脱贫”活动。多次邀请镇党委书记张荣、镇长唐亚东、村民代表杨福平、蒋忠义等在挂钩点开展“文明讲堂”。宣讲科技兴农、邻里和睦、乡风文明等典型事例，引导群众自强、诚信、感恩。多次开展送电影到扶贫点，大力宣传党和国家的各项惠民政策。通过不懈努力，村民们对精准扶贫工作中的“两不愁、三保障”的认识逐步明晰，干群间的鸿沟渐渐隐退，我们的关系越来越好。

2019 年 2 月 2 日下午，气温很低。再过两天就是除夕了，县城里年味十足。而麻地沟的贫困户一直在我眼前闪现，他们将会过上一个什么样的年。于是，我找了几件自己很少穿过的冬衣，在超市买了一些物品带上我的儿子丁尧驱车直奔麻地沟。

来到李章彩家。我进屋一看，碗柜上也备了一些年货。除了大儿子李选念在外打工没有回来外，一家老少都在家。他们都在为过好佳节各忙各的。为此，我的心里舒服多了。

2019 年 8 月 4 日中午。我刚下班回到家。李选顺打了个电话给我说：“我们带孩子来昆明治疗。人太多了住不进医院去，已经等了好几天了。经济也比较紧张，不知道要咋个整……”我说：“不要急，我帮你想想办法。”挂断李选顺的电话，我迅速向县医保局的负责同志咨询了相关建档立卡户医疗报账的流程和必备的手续，并编成短信发给李选顺。接着，我苦思冥想如何帮他孩子早日住院治疗。一直熬到下午，我才突然想到一个人——丁福定。他是我一个要好的侄儿，也是我曾经教过的学生。早年间，他提起过医院那边有几个挚友。对，从他那里一定会有办法的。第二天，李选顺的孩子顺利住院并进行手术前检查。

有一天正午，我只身在麻地沟村民活动室旁边查看橱窗栏要更换的宣传内容时，李选顺突然出现在我面前。他热情地对我说道：“丁主席，天气太热了，到我家去喝点水休息一下。”由于那几天工作压力大，没有睡好觉，非常疲倦，加之正午太阳火辣辣的，身体很是困乏。我也没有推辞，就进了他家。在李选顺家，我俩从各自的人生经历、走过的坎坷等谈了很多很多。从那天以后，我们就成了相互信任的忘年交。对我的称呼也悄然发生了变化，由“说”字开头渐变为“丁主席”，最后变成了现在的“丁叔叔”。

然而，由于根深蒂固的传统观念，许多中老年人故土难离。就在卯家湾易地扶贫搬迁安置点分房摇号的前不久，麻地沟自愿搬迁群众多数变卦，改变了意愿，拒绝搬迁。当时，整个坪地营村有 11 户不愿搬迁，麻地沟就有 9 户。突如其来的反水，给文联全体干部职工带来沉重的压力。面对村民当时没有安全住房又不愿意搬迁的困境，我们能置之不理，能退却吗？绝对不能！就算是大海捞针也要寻找出一条扭转困局的路子。我们试探着多条腿走路。克服经费和交通困难，多次组织搬迁对象到卯家湾实地参观，体验前期搬迁群众的老人就医、孩子就学、青年人就业情况；邀请卯家湾易地搬迁指挥部的工作人员和搬迁群众代表现身宣讲搬迁政策和搬迁实惠；编辑制作短片，以电影晚会的形式让他们看自己的发展变化、看安置区现在和未来的新生活，坚定搬迁信念。在不厌其烦的工作中，不少搬迁对象终于转变观念，在易地搬迁承诺书上签了字。

李章彩家原本也是卯家湾易地扶贫搬迁户。然而，因为身体原因，害怕搬出去打不起工生活无着落。搬出去可以享受150平方米的住房，自建住房要背上10多万的债务。两者之间，他选择了后者而拒绝搬迁。当时，常年患病的李章彩不仅没有钱，而且还欠着几万块的债。他顾虑太多，不敢向前迈一步，似乎也是在情理之中的。

开始，不论我们好说歹说他就是既不搬迁也不建房。许多县乡领导闻讯赶赴麻地沟，都来做李章彩的思想工作。然而，嘴皮都差不多磨破了，最后的一句话都是："领导，你们都说得好，我的情况我知道。搬我也不搬，修我也不修。"面对僵局，我特别困惑。

2019年11月9日下午，文联副主席云鹏对我说，他有一个想法不知是否行得通。他说："我们可以试着告诉李章彩，政策和项目是不等人的，机遇放过就再也没有。但扶贫工作结束后，所有的农村危房必须消除。鉴于他的情况，唯一的办法就是叫他最近几天把家里的东西拾出来，我们找个施工队用钢架从四角撑起来。他想修房子若干年后都不现实。""对啊，何尝不可以试一下！"我兴奋地说道。

当晚9点左右，我和詹亮到了麻地沟村民活动室门前。我把给他带去的两套衣服递在他手中，然后复述了云鹏和我统一的口径，最后向他说道："兄弟呀，你这种情况很特殊，我们也理解你。今年按政策补助的资金也不多，可能就是3万元左右。你不修也可以，日子是你们过。"接着我们上了车准备回村驻地。刚关上车门，李章彩迅速扶在车门上，连声说道："大哥，大哥，我要修的。"听到李章彩的话，我的内心出奇的平静。

回村的路上，我百感交集。在这之前，孩子去培训，去考试自己从来没有过问，家里必须该自己处理的几件特殊事放弃了……但是，能够帮他们扭转观念，促使他们向前迈步，我感到无尽的安慰。在不知不觉中，热泪湿润了我的眼眶。

2020年1月17日，临近春节，文联全体干部职工带着一些新衣来到麻地沟，算是给群众的春节礼物了。云鹏、邹家振、孟兴雄等为大家书写春联，送上新春祝福。赠送给每户一盏的太阳能路灯也在同步安装。云南电视台的记者刘涛和一位摄像师也在现场拍摄。那段时间，他们就一直风尘仆仆跟拍采访坪地营的扶贫工作。一直记录着李章彩、蒋忠义、李选顺等几户贫困群众搬迁前的生产生活状况。后来他们摄制的《封面——坪地营搬迁倒计时》在云南卫视多个频道轮回播出。

活动室门前，在喜庆的氛围中村民们都到场了，只有我的一个帮扶户李章平不见踪影。经了解才知道，前不久他仅有的那间危房拆除后没有着落，一个人跑在水磨镇上河坝的亲戚家寄宿去了。为人憨厚老实的李章平满头白发，看年龄也有60有余。他早年离异，在生活极其困难的条件下，既当爹又当妈把一个几岁大的儿子拉扯成人。儿子一直在外打工，很少回来。正因如此，我带领同事们在春节前两天又赶到他的投宿点看望慰问他。现在，李章平已定居在卯家湾春熙社区，过着开心而稳定的生活。

三年来，县文联机关全体干部职工下沉一线，全力投身于脱贫攻坚工作。共支持挂钩村7万元的工作经费，争取并实施了3万元的文化娱乐设施；投入1.3万元帮助挂钩村购置电脑、档案柜、打印机等办公设备；投入1万余元为挂钩乡镇印制发放了1万多份扶贫政策宣传材料；投入近万元为6社村民活动室购置座椅、烧水器、音响及卫星电视接收设备；争取800余套（件）衣物，分发给留守儿童，留守老人，建档立卡户；为49户村民每家安装一盏价值300元的太阳能照明灯。三年来，在上级部门的关心支持下，县文联与镇、村干部一道，拓宽硬化了麻地沟的进村公路，新架一座20多米长的桥梁，新建了一个50余平方米的村民小组党员活动室；争取并安装了6000多米饮水管道；看望贫困户并给予物资和资金帮助，帮助群众解决生活难、看病难、饮水难、贷款难；化解邻里矛盾，协商解决了李章国和李章彩两家积怨数十年的土地纠纷；争取临时救助13个，公益性岗位8个，先后解决了33名困难群众的低保和1个特困供养人员；租借机械免费为农户平整场地、回填屋基、清理沟渠和残垣断壁；定时组织大扫除、操家理务，购置塑料网格护栏，改善人居环境，提升群众满意度。

在麻地沟三年的扶贫工作，我深深体会到：只有把心思用在人民群众身上，把功夫用在如何带领人民群众早日脱贫上，踏踏实实地为人民群众做好事、办实事，才能永远植根于人民群众这片沃土；只有实事求是地把对上负责和对下负责统一起来，把为人民群众办实事和让人民群众满意结合起来，才不会辜负党和人民的殷切期望。

我很怀念那段特别有意义的驻村时光，我更怀念我们一起走过的扶贫团队。短暂的日子里，我亲眼见证了一个个为了群众根本利益忘我工作的战友。是他们用实际行动践行着初心使命，是他们以忘我的精神谱写了感天动地的篇章。

（作者时任鲁甸县文联主席）

漫漫帮扶路　殷殷未了情

孙选翠

“孙同志，等你家儿子结婚，如果我还没有归主（伊斯兰教用语，意为‘去世’）么，你一定要给我说，我家老两个一定要来坐哈，你一定要说哈……”告别李兴民老人时，老人拉着我说。

“好！一定一定，老人家好好保养身体，我儿子结婚时，一定请二老坐上席。”

“今天恁个大的雨你们都来，我还说脱贫了么，怕不管我们了。”李兴民老伴马长珍说。

“不会的，孃孃，脱贫不脱政策；脱贫不脱亲情；只要二老不嫌烦，我们经常都会来的。”

“咋个会烦！你像我的姑娘样的，对我家老两个么倒是太好了！”李兴民说。

“叔叔，不是我好，是党和政府的政策好，国家富强了，帮扶政策好了，你们才脱贫的，我只是把你们的情况汇报、反映上去，只是帮你们说说话，政策和福利都是党和政府给的，是共产党好！”

“哎哟！是了嘛，感谢党和政府！也要感谢你，那个大炉子不是你买给我家的么！那个临时救助不是你帮我们争取的么！还有那个低保也是你反映了才有的嘛……”

今天，我和同事——政协人环资委主任饶绍伦一起去文屏镇岩洞村7社回访，看着眼前重情重义的李兴民二老，刚接手7社帮扶工作时的一幕幕浮现在眼前……

本来我帮扶岩洞村2社6户对象，原教文卫体委主任孙选敏于2017年退休，单位把她的帮扶对象7社5户调整给我，听说7社这几户很棘手，尤其是其中两三家，平时跟村、社干部都有对立情绪。首先我得把7社刚接手这几家的基本情况都了解、掌握。第一次去走访，请社长带着我，怀着有些忐忑的心情，先去李兴尚家，他家2015年已经脱贫，现在属巩固提升阶段，由于有个残疾孩子，妻子常年患病，一直住在昭阳区娘家，照顾孩子的生活起居，一对双胞胎儿子在昭阳区就读，家里经济收入主要靠李兴尚在外务工，残疾孩子享受低保政策。可能因为经济和家庭的压力，据说李兴尚平时很不配合工作。到他家门口，门锁着，院坝虽然没有硬化，但还是打扫得干干净净，他家享受了农村危房改造政策，已经修好入住，二层小楼房看着还很气派的，门口栽了一排果树，有樱桃、李子、桃树、梨树，果树和院坝间有简易的栅栏隔着。隔壁两间红砖房，门口栅栏围着，十多只鸡正悠闲地觅食。看着这幅农家小院图景，羡煞我这住在城市“鸽子笼”里的公务员，可惜只能羡慕了。咚咚咚……敲了半天门也没人应，大喊几声后，李兴尚的父亲慢吞吞地出来应答，我和社长说明来意后，老人家返回去找钥匙来开门，进屋落座后我和老人攀谈起来，由于儿子家情况有些特殊，虽然二老都健在，但年事已高，帮不了儿子家的忙，只好让儿媳带着两个孙子住在娘家，周末和逢年过节一家人又回岩洞村小住。因不常住，茶几上、电视柜上都蒙了一层灰，厨房里冷锅冷灶，整个家里具备了基本生活条件，但却缺少生活气息，平时都由老人看管。宣传了一些政策，老人还算接受，我悬着的心放下了些，我想：先从老人入手，打开禁锢的思想，一步一步来吧。

告别老人家。我和社长去马应奇家，这是一个能干、要强的中年妇女，离异后在昭阳区务工。电话先联系：“马大姐，你好！我是鲁甸县政协孙选翠。”

“有啥子事？”

“你好！由于原来帮扶你家那个同志退休了，现在由我接替她继续帮扶你，今天来认识一下你，方便吗？”

“我这几天脚痛，我在医院做理疗，以后再说。”

这家改时间联系，就去李兴民家。

这家是老夫妇两人，享受易地搬迁村内分散安置，房子已修建，结果没有入住。敲了几次门，没人应，问了邻居才知道：二老仍住在活动板房里，我们又去敲活动板房的门，几分钟后，听到屋里窸窸窣窣的声音伴随着“咚、跛、跛，咚、跛、跛……，一位老妇人开了门。”原来二老都腿脚残疾，行走要拄着拐杖，又患高血压等老年性疾病，二老的收入靠政府的养老保险、残疾人基本生活补助、4 个儿子每人每年 1000 元赡养费，也没有享受低保。二老开始抱怨村“三委”也不解决个低保什么的……我说，老人家，你们也要理解镇、村、社以及其他工作人员，工作要一步一步来，低保等惠民政策，有指标限制，可能这一次没能解决，以后有指标时，我和社长会把你家的情况报村委会酌情解决。等我们告别时，老奶奶突然说：“孙同志，我家倒是脱不掉贫哟！”我惊呆了！怎么突然说这种话呢！岩洞村整村都脱贫了嘛，现在是巩固提升阶段。“孃孃，你慢慢说，你家一年有多少收入，我帮你算一下，为什么脱不了贫呢？”我按照 2017 年年人均纯收入把她家的收入一一算了，她还是说：“反正我家不脱贫！”这时，李兴民说：“孙同志，你不要听她的，她是得过脑梗的，她脑子不管用，政策我是懂的，我家的收入是达到脱贫的，现在的政策么好得很了，我前久住院报销 90% 呀。不是政策恁个好嘛，医得起啥子哟，像我这个病么就是等死了。”

我和社长一路交流着李兴民家的情况，打算先不去其他家了。告别了社长，我郁闷地往单位走……

昨天遇到李兴民的妻子说她家脱不了贫，今早约了政协文史委主任戈立润、经建委主任李世红一起去 1 社和 2 社走访。今天是星期六，我也想去看看我帮扶的一个小学生——2社蔡茂龙，由于父母离异，蔡茂龙由父亲抚养，蔡茂龙还没出生，父亲就去服刑，一直由爷爷奶奶带，好在爷爷奶奶很疼爱，稍稍弥补了父母之爱的缺失。小孩很聪明，我问他学习怎么样，语文和数学哪一科好学一点，他大方地说："我正好有几题数学题不会做。"我说："我们几个都可以教你，但是戈老师更厉害。"戈主任看了一下，不一会儿工夫便把他不会的题都辅导完了。我说："蔡茂龙，你看戈老师厉害吧！你把戈老师的电话记着，以后有不会的题，可以打电话问他。"蔡茂龙把戈主任的电话顺手写在墙上，爷爷奶奶万分感激，一个劲说，"谢谢！你们不来么，我们也不会教他。"李主任说："你好好读书，戈老师负责辅导你学习，下次我给你带些笔和本子来。"

告别蔡茂龙家出来，我们上车时，蔡茂龙的奶奶用保鲜袋装了3袋自制豆豉，一袋约有半斤吧，要送给我们，我们一直推辞，老人家执意硬往车里塞，戈主任说："好！收下吧。谢谢！"我们都觉得不忍心收人家东西，一是纪律不允许，革命战争年代饿着肚子都不拿群众一针一线，何况是去扶贫。戈主任说："老人家执意让带着，如果再推辞，以为我们嫌弃他们。"

接着去李主任帮扶的赵泽候家，赵泽候是个50岁左右稍显腼腆的中年男人，属于主观上想脱贫的那一类，通过政府帮扶，享受农村危房改造，新房已建好，门口堆了一堆沙，我们建议他要么赶紧使用，要么重新找地方堆放，不能影响环境卫生，他说："我用来做花盆，恁个多，一时没得地点堆，我尽快把它做完，趁现在年轻，还做得起，多做点花盆培植盆景，等我老了，卖盆景也是一笔收入。"这个人很勤劳还有些远见，把老年生活都做了规划。他老婆由于脚痛，李主任上次给她买了些膏药和内服药，听说效果还好，这次又给她买了些。

从赵泽候家出来接着去赵泽西家，门依然锁着，我们已经习惯了，站在院坝里扯着嗓子大声喊："甘西——！甘西——！"喊了几声，屋里应着："哎！来了。"过了一会儿，甘西开了门，屋里还算整洁，妻子在县城务工，两个孩子上学去了，院坝长满杂草，我们每次来，都是这样叫醒他的，不管是早上还是中午或者傍晚来，即使来50次，也是这种情况。通过了解得知，前几年，他家一个儿子在池塘边玩，不幸溺水身亡，从那以后，赵泽西便颓废了，整天在家窝着，没钱了便出去打几天零工，拿到工钱够吃几天，又不去了，院坝里修房子剩的水泥一直堆着，已经失效结成硬块了依然堆着，我问他："你这个水泥与其放废掉，咋个不打地皮，把院坝硬化呢？"他说："咦，有啥子打场，不想打。"看着这种头疼样子，李主任想了个办法，与赵泽西认亲戚，这几次来，他就说："老孃，卫生这些我会整好的，你放心。"李主任劝他："你年轻力壮的，要出去做工，你是家里的顶梁柱，你看你媳妇都出去做工，你一个大男人，要扛起家庭的责任，让老婆娃娃从你身上看到希望，再说，娃娃大了，很快就需要用钱了，你要给娃娃做个榜样。"他终于答应："要得，老孃，过几天打工去。"

从赵泽西家出来，我们去戈主任帮扶的李菊仙家，这是一个40多岁、有些发福但性格温和慈祥的单亲妈妈，她一个人带着已经上高中的儿子，儿子读书享受国家补助，靠她做刺绣维持生计，这几年，政府帮扶在集中安置点建起了两层楼房。戈主任问了她儿子应该享受的政策是否已落实、近期刺绣生意情况怎样等，她一边应答着，一边洗苹果给我们吃，她温柔善良、淳朴勤劳，一个人辛苦维持母子俩的生计，不禁有些同情她的遭遇，告别时，硬塞袋苹果让我们路上吃。

时间从指缝中滑过，不知不觉到了2019年，为迎接国家委托第三方对精准脱贫工作的验收，岩洞村的准备工作紧锣密鼓地进行着，朋友圈一条信息提示着一年一度的高考已来临，"高考遇上端午，人人都上985。"苦读十年的学子正在紧张备战高考。今年高考恰逢传统端午节，我就不用请假也可以陪儿子了，因为端午节连上调休可以连休三天，我正偷着乐，计划着怎样安排儿子的饮食起居，因为儿子的考场在昭通市民族中学新校区，在火车站那边，离家较远，天天上班，也没陪儿子去看考场。明天就高考了，今天下班我决定跑一趟，看看从家到考场需要多少时间，结果比我到鲁甸的时间还长。想着高考对于儿子是一生中至关重要的，我还是想陪着儿子，因为离家较远，有可能堵车等，决定早上送儿子去考场，中午饭在北片区我哥哥家吃，可以节省点时间让儿子休息一下。不料晚上收到政协驻村干部桂龙井的信息：“以前包保干部与卡户在房子前面的照片不完整的要重照，要房子的全景，还要继续落实‘两不愁、三保障’，所有资料后天交齐，不按时交的，后果自负。”这条信息打乱了我的计划，而我不能告诉儿子，不能让我的工作对即将走进考场的儿子有一丝影响。

早上，我早早起床准备早餐，催促儿子赶紧吃完先送他到考场，8点10分，考场外已堵得水泄不通，爱心送考车、私车前不见头，后不见尾，交警维持着秩序，已是大汗淋漓，有的妈妈手里捧着鲜花，有的穿着旗袍，寓意旗开得胜；有的穿着红色裙子，寓意开门红；有的一遍遍叮嘱孩子注意事项。一切看似忙乱却又有序，而我只能穿着下乡的休闲服，把儿子送到这里，叮嘱了一句：“儿子，不要紧张，尽力就行，考成什么样算什么样，考完我来接你。”调转车头朝岩洞村赶去。

今天约了政协文史委戈主任、委员联络委李主任、人环资委饶主任一起下乡，要再次统计外出务工人员基本信息。走到村委会门口，遇到五社社长在地里忙活，戈主任说：“小背锅，你忙得很嘛，你觉得这几年村里变化大不大？”这个社长是个驼背，大家都这样叫，显得亲切，“哎哟！这几年的变化么太大了嘛，真是翻天覆地了，全靠政协王主席带着你们来关心了嘛，你们看，门口这条路，两三年前你们来么还是泥巴路嘛，你们那个皮鞋，来一趟么就变成泥鞋了，路边还有绿化带，我们村子的路么是全县最宽的了，两辆大车都可以并排走，比你们城里还要宽点；又修垃圾处理池，现在垃圾就倒在处理池，最后由保洁员来处理，我们农村人也学哈城头人；还办了‘爱心超市’，这个不出钱凭积分就领东西了！积分也好整，只要你勤快，屋里屋外的卫生打扫干净、一家人不吵架、孝敬老人、送娃娃读书、遵守村规民约，就可以领积分了，以前哪点有恁个好的事！”不觉间，已来到李兴尚家门口，还是只有他老父亲在家，说明来意后，老人家从树上扯了几个梨给我们吃，几年的帮扶，我们几个跟老人已很熟，因为这次要务工人员在厂里的照片、工厂的务工证明，我小心翼翼拨通李兴尚的电话：“兴尚兄弟，你好！我是政协孙选翠，原来帮扶你家的同志退休，由我接着帮扶你家，我到你家多次，都是遇到你父亲，现在要请你拍一张有工厂背景和你的照片、务工证明发给我，帮你交到村委会；你现在一个月能领到多少工资？请把你家的收入申报一下。”“我在贵州打工，一个月三四千块钱讨生活，有什么收入哦，娃娃又是残疾的，媳妇又常年生病，脱贫么倒是脱不掉哟！”“请你先把要报村委会的资料报来，至于你的收入，请你根据实际情况，有多少报多少。”在李兴尚那里碰了一鼻子灰，我们决定去戈主任帮扶的马仲前家。电话联系，他在附近打零工，他说：“我就在附近，你们等哈，我马上回来。”等了十来分钟，马仲前和妻子回来了，一阵寒暄后把我们让进屋。他家陈设简单，但还是能居住和生活。马仲前夫妻都很勤劳，都在附近打工，由于儿子马永朗生病去世欠了几万元债务，对夫妻二人打击太大，所以生活看上去还是有些清贫，戈主任把想帮他争取村里临时救助的事说了，大概可能争取到 1500—3000 元资金。话才说到这儿，马仲前打断说：“戈同志，谢谢你们！不要麻烦了，党和政府对我已经好得很了，我要靠自己苦，不能全部倒在国家身上，这个临时救助指标留给更需要的人。”他这种精神让我们都很感动，到现在为止，还没有遇到拒绝帮助的人。

接着去饶主任帮扶的李长省家，这是一个健谈且乐观的退伍军人，身材不是很魁梧，但很硬朗，每次来他家都能看到他乐呵呵的笑脸、听到他爽朗的笑声，他家享受农村危房改造政策修了一层楼住房，屋里干净整洁。今天来是给他争取了一个临时救助指标，因为他孙子刚出生不久就做了个手术，顺利拿到相关资料后，虽然时间有些晚了，饶主任还是想先去村委会交资料。

转眼已近年关，看着李兴民家的火炉有些简陋，我想给他家买个电烤炉，在鲁甸看了几家，都不满意，最后去家乐超市，我看中了一款，正好老板袁发明在店里，开发票时，他问我地址和姓名，我说：“能不能写李兴民的姓名，留我的电话？我是买了送帮扶对象的，有售后维修直接跟我联系方便点，对方是两个老人，你们联系可能要麻烦点。”老板说：“你是买了扶贫呀！那么，我再让你 200 元，我也是鲁甸人，2014 年 6.5 级地震时，我在外面打工，我也捐了 5 万元，我安排工人帮你送去并教会他们使用。”我和工人拉上炉子送到李兴民家，二老很高兴，工人耐心地一遍遍教李兴民使用，今天他老伴倒是没有说“不脱贫了”。二老一遍遍说着感谢的话。从李兴民家出来，已是傍晚，虽然天气寒冷，但二老的开心、马长珍态度的转变，让我感到些许欣慰。

一天中午 1 点多，我正在午休，突然手机响了起来：“孙姐，你在鲁甸么还是在昭通？”

“兴尚，我在鲁甸，给是有什么事需要帮忙，你说。”

“我买了一只土鸡，送来给你，感谢你这几年对我家的帮扶。不但对我家好，就连我家老人不是你的帮扶对象你都关心。”

“不用！不用！兴尚，心意我领了，帮扶是应该的，你不要客气，我在下乡，你不要来，你拿来放处都没得，我家里没做饭，都是在政府食堂吃。”

通过多次交流，李兴尚的态度有很大转变，有一次，需要统计在校生情况，我向他了解孩子的事。

“兴尚，现在需要统计你家小孩的在校情况，请你告诉我。”

“孙姐，我把两个娃娃的班主任电话说给你，请你联系哈，我家娃娃正常那个还好点，残疾这个，学习也不好，娃娃又难管，唉！我直接不敢跟老师联系，麻烦你跟他们联系，谢谢你了！”

“没事，你把电话给我，我联系，你在外面打工，确实很辛苦，但还是要多关心娃娃的情况，不要让父爱在娃娃的成长过程中缺失，残疾这个如果不好管，是否考虑送到特殊教育学校去，我来联系学校。”

“孙姐，我把我的卡和李治翔的存折发给你，请你能不能帮我查一下李治翔的低保打上了没有。谢谢你！现在什么事都麻烦你，我觉得请你要好请点。”

“好的，我问了给你讲。”

“孙姐，我父母年龄大了，有时说话不好听，望多担待。”

“没事，我会注意咋个跟老人家沟通，你放心，在外面注意身体，工作上注意安全。”

“兴尚，疫情已进入常态化防疫，在外面要注意安全，安排好家里的事。”

一天傍晚，我和朋友在步行健身，突然电话响了起来：“孙姐，如果这几天你去我家，请你给我父亲做做工作，太恼火了，我一跟他讲么就像吵架样的，买了新衣服、新鞋子给他，他不穿；跟他说什么事情直接不听，现在你说话比我说还管用。”

“好的，你放心，在外面好好工作，注意安全，关心哈媳妇娃娃，老人的事我会去处理。”这就是几年来和李兴尚的交流、相处。

通过与帮扶对象的一次次沟通、交流，现在他们就像亲人、朋友一样，已经超越了帮扶的关系，走在岩洞村，认识的或不认识的乡亲都会热情地说：“你们又来啦，屋头坐嘛。”几年过去了，我们帮扶的岩洞村已户户脱贫、整村出列。

几年帮扶岁月，往事如烟浅笑而安，些许帮扶情缘，甘醇如酒足慰平生！如今走在岩洞村整洁的乡间道路上，听着鸟语、闻着花香、看着老乡的笑脸，耳畔又响起那首歌“啊，父老乡亲！我勤劳善良的父老乡亲……”

（作者时任鲁甸县政协社法委主任）

挂钩帮扶二三事

李再龙

2019 年 3 月，鲁甸县医疗保障局挂牌成立，成立后最先想到就是要怎么样来把脱贫攻坚工作做好？随后积极与县扶贫领导小组沟通，为主要领导分配了包保任务并派出一名驻村工作队队员参与脱贫攻坚工作，全局共有 16 名干部职工参加挂钩帮扶工作，共帮扶结对 110 户，436 人，共到点开展工作 16 人次 357 天，购买农产品 1.05 万元，每年拨付 1 万元到挂钩贫困村拖麻村作为工作经费。所挂钩帮扶的卡户中搬卯家湾集中安置点的全部搬迁入住，未搬迁的群众均通过自建或项目扶持，都有了自己的安全住房。至今，那个小村彻底实现了“两不愁，三保障”。

2019 年，县医保局紧紧围绕“两不愁、三保障”和“571”脱贫出列标准，开展异地扶贫搬迁“五清”和脱贫出列“九清”专项行动，控辍保学等工作，多次召开班子会议，把全局所有包保的卡户逐户进行分析研判，梳理出各家的问题所在，明确下一步帮扶重点，并要求单位职工在扶贫工作中要培养对农民群众的感情，把农民群众的疾苦当作自己的疾苦，主动和贫困户交朋友结对子，在发展生产转变生活观念上帮思想、帮劳动，团结带领贫困户早日摆脱贫困走上致富道路。

县医疗保障局局长冯碧娇有着在乡镇工作的丰富基层工作经验，对村情民意比较熟悉，说话有魄力，干事干脆利索。在扶贫攻坚阶段着实为村社解决了不少老大难问题。同时，在她的带领下，我们也啃下了脱贫攻坚中许多硬骨头。

拖麻村吊水岩社罗正林户，是陈大雄副局长包保的卡户，当我们第一次入户走访时通过村民们了解到，在村民的眼中，他是一个典型的懒汉，整天抱着等、靠、要的思想，全家5口人居住在一间年久失修、残破不堪的土瓦房里，住房周围粪草乱堆、垃圾遍地。妻子常年在昆明某小区物业公司上班，每月工资800元，长子罗兴屿因小时候发烧未得到及时救治，导致智力有问题，虽然到了入学年龄，却只能在家玩耍。整家人的生活只能依靠政府的补助。社长说，像罗正林这样穷的人家在整个拖麻村都难找着了。

按照“两不愁、三保障”要求，拖麻村“两委”给罗正林户安排了一个农危改项目，但因在修建新房时面积有点超标，导致资金不足，新房只能把整体框架修建完成，面对他家无安全住房问题，要如何来帮助他解决安全住房问题，一时成了县医疗保障局陈大雄最头疼的事。

2019年，县医疗保障局局长到任后多次跟随陈大雄同志到吊水岩社了解罗正林家的情况，并多次分析研究，经冯局长多次与县委常委、副县长梁子龙和镇村领导沟通汇报，终于帮助他家完成了新房的建设。同时，还帮助他争取到了一个保洁员的公益性岗位。在搬新家时冯局长和陈副局长还为他家配置了电视机和沙发。还联系了县残联的同志亲自到拖麻村帮助罗兴屿办了残疾证，并帮助他进入了县特殊教育学校学习。

现在，他家是旧貌换新颜，建好的新房和牲畜圈打理得清清爽爽。宽敞整洁的院坝边种植了许多花木，鲜艳的花朵随风摇曳。从他爽朗的笑声里，我们知道国家的扶贫政策彻底让他改变了生活方式。陈副局长笑着对他说：“正林兄弟，现在日子一天一天好过了，你以后要通过自己的勤劳带领你家三个小孩把日子过好啊。”罗正林说：“现在国家政策这么好，我自己又不聋、不哑，又不缺手缺脚，你们这样在后面推了我一把，如果我都还在不知道往上爬的话又怎么对得起国家这么好的扶贫政策，又怎么对得起你们这些帮助我的人。”他继续用手指着牲畜圈里面的两头猪和外面的几只鸡说道，“你们看今年我已经养起了两头猪和鸡了，地里面也种起了洋芋，我要通过自己的努力来带领娃娃们把日子过好，不要再让其他人瞧不起。今年过年，我打算把猪卖一只，宰一只，到时候你们一定要到我家吃杀猪饭，冯局长是回族也不怕，叫她把锅碗带来我们煮鸡蛋和捉个鸡给他宰了吃。”在谈笑风生中，罗正林的句句话语都流露出他热情质朴的感激。

罗正林家的改变不仅是生活方式和思想的改变，他对我们包保干部陈副局长的称呼也悄然发生了变化，由“陈局长”变成了现在的“大雄哥”。虽然只是一个简单的称呼，它也是我们一次次进村入户，一次次与村民交心谈心，和他们交朋友，攀亲戚的成果。

那里是一个以家族为主的集居地，90% 以上的人家都是一个姓，对外姓人有点排斥，人口集中，这就是我局医疗保障服务中心主任王明刚包保的夏家垭口社。

拖麻村夏家垭口社，海拔 2500 米左右，离拖麻村委会只有 1 公里，年平均气温只有 10℃，主要种植农作物是洋芋、荞子、苞谷、燕麦等，主要养殖猪、牛、鸡、马、羊等牲畜。

2017 年 11 月 16 日，我们第一次来到夏家垭口进行摸底调查走访，是由社长夏文国带路，夏文国身带残疾，走路一跛一拐的，对各家各户的情况都非常清楚。进入夏家垭口的主路是条三米左右的泥巴路，人家户顺着路的两旁修建房屋。刚进村子，社长就介绍了各家各户的情况。经过两天走访调查，各户有各户的特殊情况，所见所闻让人感到吃惊。

其中王明刚主任包保的夏文良，45 岁已婚，有两个小孩，现在媳妇离家出走，因为媳妇没有身份证，两个孩子出生时没有办理到出生医学证明，导致两个小孩现在还没有上户口。两个小孩，活泼聪明，一个大约有 5 岁左右，一个大约 2 岁左右，分别叫李鹏和李艳琴，他家是三代人还宗，所以取李家的姓。在国办扶贫系统中也没有两小孩，夏文良户实际是 3 人，户口和国办扶贫系统只有一人，与实际情况不符。小孩未落户导致不能入学成了夏文良最大的困难。

在本着扶真贫、真扶贫的原则，帮助群众摆脱贫穷，关注群众“物质脱贫”“精神脱贫”，也要关注他们的“心理脱贫”，对人民群众的诉求要给予帮助，从细小事情做起。针对这一情况，王明刚主任多次向水磨镇派出所了解，在母亲没有户籍的情况下小孩需要落户的流程，得到的回答是需要做亲子鉴定，亲子鉴定费用每人需要 1200 元，3 个人就要 3600 元。夏文良在听到落户需做亲子鉴定，并且需 3600 元的鉴定费时整个人就像霜打的茄子一样蔫了下去，把手在脸上来回搓了几下，说道“要这么多的钱，这个户不落了”，望着他的无奈，我们心里也不是滋味。

在一次村级脱贫攻坚工作会议上，王明刚主任把夏文良家的情况在会上向领导汇报。当时医保局还未成立，人社局局长黄跃伦也非常重视这件事情，2018 年还专门找到了李亚品书记、宋正昌镇长及派出所涂所长进行协调夏文良家两个小孩落户事情，经过协调，先由王明刚主任写了一个夏文良家的情况报给了水磨镇派出所，再由水磨镇派出所向县公局申请减免了夏文良一家的亲子鉴定费用。

2019 年 1 月份，夏文良终于在水磨镇派出所开着证明，带着两个未落户的小孩到鲁甸县公安局进行免费亲子鉴定，他带着儿女抽完血后，特意打一个电话给王明刚主任，说：“王同志，太感谢了，我是个老农民感激的话也说不成，过段时间你来我们村走访时你提前打电话给我，我挖点洋芋给你带回去吃”。虽然话不多，但我能感到他的激动和真诚。

2019 年 5 月，李鹏和李艳琴有了自己的户籍。当我们再到夏文良家走访时，他急急忙忙地把户口本拿出来给我们看，嘴里重复地说着一句话“王同志，太感谢了”。王明刚主任说“是党和国家政策好了，各级各部门领导为民办事，才会对你的亲子鉴定免费，要感谢党和政府”，他连连点头“是的、是的”。

夏文险也是王明刚主任包保的卡户，40 岁，时常脸上都带着笑容，对人非常客气，常年在外打工，他家有 6 口人，4 个子女都在上学，负担重，但也不影响他乐观心态，对生活的热爱，房屋里面总是整整洁洁，干干净净，一进屋就给一种整洁，舒服的感觉，院坝还在高低不平的泥土地。

2019年初冬，为了提升人居环境，脱贫攻坚项目中有一项院坝硬化，每户最多可以领取25包水泥，50平方米的院坝硬化，在夏家垭口社，大部分人都比较积极，自己投工投劳，添一点沙石，就可以改变一下自己的居住环境。

院坝硬化项目来了，其他人都在行动，夏文险家一点动静都没有，这是什么情况呢？外部环境美化也是提升人居民环境的必备条件。平时夏文险夫妻二人在昭通市区打工，两人骑摩托，早出晚归，一般情况白天遇不到他们。院坝硬化的项目马上要结束了，看着他家没动工的迹象，王明刚主动联系了夏文险，问他为什么不搞院坝硬化，他有气无力地回答说“最多给25包水泥，才能打50平方米，沙石还要自己备，还不如自己什么时候想打院坝就什么时候打”。听出他嫌弃政府给的水泥少，不够他家100平方米院坝石化。王明刚心想在电话里是很难做通他家的思想工作的，只有等他在家时再做他的思想工作，让他主动地进行院坝硬化，毕竟院坝硬化是脱贫攻坚的项目，改变人居环境。

过了几天，我们又去入户走访，刚好遇到夏文险在家，他看见我们就过来跟我打招呼，之前王明刚跟夏文险盘过亲戚，他母亲是王明刚家族的姐姐，虽然现在已过世，但夏文险还是比较尊重王明刚的，平时见到王明刚都是叫“舅舅”。夏文险说，“舅舅，你们今天又下来啦。”王明刚道，“是呀，今天来入户，看看你们院坝硬化得怎么样了，你家院坝还是不想硬化吗？”当着我们的面他不好意思直接回答，只是“嘿、嘿”笑几声，算是回答我的问话了，于是我就开门见山地说：“院坝硬化也是扶贫的项目，家家都可以搞，党和国家政策好，政府出钱买水泥，为你们美化环境，这还哪里得来，你还嫌国家给少了，这是不对的，应该积极配合，自己如果想把面积硬化大一点，国家给这点水泥也可以帮补一下，也减少一点开支，退一步讲，这20来包水泥也是捡得三分当一文嘛，4个娃娃在读书，如果用买25包水泥的钱也可以给4个娃娃一个星期的生活费了，不要嫌少了。”

经过反复地跟他做思想工作，最后他还是答应硬化院坝。

2020 年 1 月，我们在到他家时，两个大人没有在家，4 个娃娃在家，院坝也硬化好了，串户路也打好了，他家室内外环境更上一台阶，看到这些变化，李艺感慨地说道："夏文险家的人居环境是整个夏家垭口的榜样，我家都没有他家干净。" 4 个娃娃听了，自豪地笑了，看到孩子们笑容，我们也笑了。

眼前的一切，又一次触动我的心底，让我不禁地想起了脱贫攻坚工作以来的点点滴滴……

罗正林、夏文良、夏文险生产生活的变迁，不仅是拖麻村群众摆脱贫困的代表，也是受益于国家扶贫政策发生根本变化的广大建档立卡贫困户的代表。他们的满意让我们倍感自豪，倍感欣慰。

近年来，我们踏遍了那个小村的每一个角落，反反复复、不厌其烦进到百姓家中，向他们宣传党和国家的惠民政策，帮助他们理清生产发展思路，帮他们转变生活观念，与他们促膝谈心，倾听他们的心声和诉求，帮他们做好事，办实事。

同时，也让我们深深体会到：只有实实在在地代表农民群众的根本利益，真心实意地为群众谋利，把农民群众的困难当作自己的困难，倾心为群众解决生产生活中的困难，才会让广大人民去群众满意。

（作者系鲁甸县医保局工作人员）

“五个一”扶到点上　扶到根上

周忠恒

鲁甸县扶贫办作为脱贫攻坚的主力军，在统筹做好全县脱贫攻坚任务的同时，也不忘自身挂包责任，自挂钩转山包村以来，始终把挂钩村作为重大政治任务来抓落实。选优配强驻村工作队，为全村脱贫攻坚注入强劲动力；单位领导以身作则，亲力亲为作出带头示范；对照户脱贫村出列标准，逐项补齐短板弱项；帮扶干部倾情帮扶，群众搬出大山天地宽；干部齐心协力，助力全村脱贫致富。

一件小事

2018 年 11 月 2 日，我和队员丁世鼎、周啟帆三人到大海子自然村入户走访，对照收入、饮水、教育、医疗和住房等内容，逐户对计划脱贫户达标情况进行核实。在核实路仔德户时，他不在家，我们便对他媳妇陈洪英讲解脱贫标准，核实是否能达到脱贫标准。她说：“现在国家政策好了，政府样样都帮助我们，脱贫肯定达到了。车路修到村子里面，小车都可以开下来，跟以前人背马驼相比，真的是好得太多了。只是我有一件事情，不知道能不能反映一下。”我说：“我们来入户走访，就是查访问题，看看你们有什么困难，我们好及时争取解决，你尽管说。”她接着说：“我和路仔德在大海子道路硬化工程中，参与道路伸缩缝工作，现在路修完了，还有1400元的工钱没有拿到，也认不得联系哪个，看是否能帮我家反映一下。”根据她说的情况，我详细记录在日记本上，本着群众利益无小事的原则，及时与新街镇分管大海子项目的镇长助理以及项目施工负责人联系。经过核实，是由于施工老板和陈洪英户均无相互联系方式，信息沟通不畅，导致工钱不能及时进行兑付。经过协调处理，她顺利拿到全部工钱，高高兴兴过年。这就是我们的驻村工作队，想群众之所想，急群众之所急，为群众排忧解难，在干部与群众之间架起了一座沟通的桥梁。

一个榜样

“我不是做得最好的，但最起码要带头让扶贫办的同志看到，我是努力的、用心的、自信的，他们都可以。”作为县扶贫办主任的王文杰，他深知担负着全县脱贫攻坚推进落实的重任，明白榜样的力量能够带给全办干部职工的意义。

扶贫办承担起挂钩帮扶转山包村的责任，王文杰同志只要一有时间就到村村寨寨调研、挖贫穷根源、做思想工作、找发展思路。深入农户家中、深入田间地头，了解群众所急、所需、所盼。有时白天忙于汇报、协调工作，晚上就到村社召开院坝会、火塘会、村民代表大会，向老百姓宣传扶贫政策、优惠政策，认真倾听贫困群众存在的困难和需要哪些帮助，同群众、党员代表一起商量致富新路径，发展新方向。在挂钩帮扶的两年里，他多方筹措协调项目资金，共争取资金691.7万元，大力投入基础设施、道路硬化、串户路等项目建设，实现了社社通硬化路；因地施策，建设人畜饮水工程项目，解决了严重缺水的 7 个村民小组的饮水问题，受益群众 346 户 1349 人；大力发展产业，有组织、有规模的养殖生猪 956 头，培训养殖技术 239 人，受益建档立卡贫困户 239 户 1102 人。

一条路

陶发高对副主任周承兴说："周副主任，已经见过你好多次了，看你人也比较好沟通，我就大胆地讲一条，同是一个村，转山包其他社的路都硬化通了，只有石板沟的不修，是不是不管我们，难道扶贫政策还有差异。你知道的，石板沟之所以穷，是因为路不通，我们没有出路，外面的东西拉不进来，村里的猪儿、洋芋也卖不到好价钱，要想修建平房，那更是难上加难的事，只能人背马驮运送物资，所以真的希望你帮我们修条路"。听到这里，周承兴动情地说："陶大哥，我于 2017 年 5 月份到转山包村后，就逐社了解情况，寻找贫困的原因，经过近一个月走访调查，我发现交通是制约发展的最大瓶颈。要致富先修路，所以我也是千方百计地想办法筹集资金，为群众修建脱贫路、致富路，经过努力，全村除石板沟、梨柴林外，其他自然村都已通硬化路了，出行条件明显改善。你们这里我也在积极争取，相信在不远的将来，也会是宽敞的水泥路。"陶发高微微点了点头，看着泥泞的道路回答："希望你不要骗我们，我们不想再走烂路了。"

看到陶发高眼里充满期望的眼神，周承兴对我们说，要尽全力帮群众修通路。他白天入户走访，晚上对收集的问题进行分析研判，星期六到县城对接部门申报项目。经过日复一日的努力，石板沟自然村也于 2019 年实现道路硬化到村到户，家家户户门口都宽敞明亮，出门也不用穿水鞋了，鞋子都是干干净净的。再次见面时，陶发高连忙喊道："周副主任，到家里坐，你看，我家门口现在都是水泥路了，你真的没有骗我们，真的帮我们把路修通了，太感谢你了。”他看着群众脸上露出满意的笑容，因过度劳累而疲惫的身体瞬间充满了活力，昔日群众因不理解的抱怨也烟消云散，他也开心地笑了。

一个家

2018 年 12 月，双胞岩洞被大雾笼罩着，天空飘着冰冷的毛毛雨，寒风刺骨，能见度不足 10 米，人们都在屋里卷成一团烤火。副主任徐春华又再次到杨福登家走访，也不知道这是她多少次入户了，虽然她身材瘦弱，但却充满了能量。杨福登几个月外出务工，只有母亲邓婷婷和二女儿杨贵仙在家，每次看到徐春华，杨贵仙都期待着小徐姐姐跟她讲外面的世界多精彩，每次都听得津津有味，意犹未尽。看到她的生活条件及对外面世界期待的眼神，一次次触动着徐春华，让她下定决心一定要动员他家搬迁。

杨福登作为家里的顶梁柱，最后能否搬迁还得由他决定。徐春华又拨通了杨福登的电话，说：“杨大哥，我又打电话给你了，还是同样一件事，就是劝你家搬家呀，你想啊，如果你家搬迁了，就可以住宽敞明亮的房屋，不用再住茅草房，杨贵仙读书也不用跑那么远，出门也是干干净净的柏油路，你还是可以出去务工，那样你们家就能脱贫致富了，怎么算都划算。”杨登福想了想说：“小徐，我开始是根本不愿意搬迁的，但是你也太有耐心了，到家里跟我母亲女儿做工作，又经常打电话跟我拉家常，讲搬迁的好处，无怨无悔为我家做这么多工作，我明白你是为了我家好，我都不好意思了，那就搬吧。”听到这些话后，杨贵仙瞬间开心极了，恨不得马上就搬到城里。徐春华也高兴极了，压在她心里许久的大石头终于落下来，回家去可以好好地睡个踏实觉。

杨登华家 2018 年搬迁到卯家湾社区，之前是村里出了名的“懒汉”，酗酒成性，带着两个女儿住在土墙房里，生活甚至还需要年迈的老母亲救济，上班也是三天打鱼两天晒网。搬迁后，他思想发生很大的变化，为了抚养两个女儿，就外出工厂上班，并第一时间打电话向徐春华讲上班的情况。大女儿杨贵巧，2017 年因厌学辍学外出浙江省务工，搬迁后，在徐春华苦口婆心的劝导下，又重返校园，并于 2020 年 9 月被昆明新兴职业技术学院录取，开始了大学生活；二女儿杨贵仙搬迁后在文屏镇中学读高一，每次放学，都可以走在宽敞的人行道上回家，那种走几个小时才能到学校的事情，已是回忆了。短短几年时间，杨福登家从住茅草房到居住高楼大厦，得益于国家的扶贫政策的落实，让他们有机会从农村一步跨到城市；也得益于帮扶干部细致入微的关心关怀，让他们在陌生的环境中对家的理解更深了一层。

一份答卷

转山包村位于新街镇西部，距县城 72 公里，是全县 40 个深度贫困村之一，自然条件恶劣、贫困面大、贫困人口多、贫困程度深，是脱贫攻坚的难中之难、坚中之坚。国土面积 23.1 平方公里，最高海拔 2976 米，最低海拔 2190 米，粮食作物以马铃薯为主，燕麦、苦荞为辅。全村 11 个自然村 18 个村民小组 510 户 2282 人，其中卡户 276 户 1314 人。县扶贫办干部职工不忘初心，勇于挑战艰难险阻，始终以“白 + 黑”“5+2”的工作劲头，在做好全县脱贫攻坚工作任务的同时，倾情帮扶，为自己挂包贫困户想脱贫之法、致富之路。

经过持续帮扶，转山包村发生了翻天覆地的变化：从原来道路坑洼不平，到入社入户路全部硬化；从居住茅草房，到房屋宽敞明亮，再到搬出大山；从农户排队挑水吃，到自来水入户；从经常停电，到现在家家户户使用大功率电器；从无网络宽带，到村委会、学校和卫生室移动网络全覆盖；从通讯靠吼，到移动电话全覆盖；从每天起早贪黑赶路上学，到住校读书；从看病到处跑，到小病不出乡，大病不出县等变化。功夫不负有心人，该村在 2020 年与全县的其他村一样，高质量通过贫困退出验收。

（作者时任鲁甸县扶贫办派驻转山包村驻村扶贫工作队队长、第一书记）

倾力帮扶　情暖山村

闫章顺

从县城出发到水磨镇营地村，走小铁公路前往，有30余公里的路程。这是一条弯弯曲曲、盘旋而上的公路，五年时间，我们经过的次数已记不清了，从最初的泥土路变为后来的水泥路。这条路见证了帮扶工作的艰辛，也见证了同事间的团结互助。五年说长不长说短不短，年轻工作人员走向了成熟，年长的同志长出了白发、增添了皱纹，其间有我们的泪水、有我们的争执。这一切，都只是为了共同的心愿——把碳山和张家老包两个村民小组的贫困户帮扶脱贫致富。

2015年以来，县工商联机关全体人员下乡大都是在营地村转。营地村地处水磨镇东部，全村辖14个村民小组，有农村常住人口1195户4795人，其中建档立卡贫困户591户2331人，2020年已全部脱贫。最高海拔2150米，最低海拔1700米，农作物主要以玉米、马铃薯等为主，经济作物主要以烤烟、核桃、中药材等为主。碳山和张家老包小组属于营地村的东南部，也是最边远的两个小组。工商联机关职工就挂钩这两个小组的贫困户，合计101户385人。五年来，我们走遍这里的每一条小路，熟悉这里的山山水水、一草一木。每一户人家的位置、房屋建设、家庭成员、庭院小道、生产生活、经济收入等情况，我们都了然于心，不管说到哪家，在大家的脑海中都可以呈现。这就是无数遍走访、交流、调查的结果，这就是反反复复宣传党和国家的政策，帮助贫困户理清发展思路，真正打成一片的结果。

记得在2018年4月的一天早上，春末夏初，天气还有些冷意，我们驱车直接到达碳山小组开展扶贫工作。一下车，就遇到了住在路边的林国斌老人，他急忙和我们打呼，“郑主席，你前几天才来过，今天又来啦，跑的勤得很，快来屋里坐、屋里坐。”由于前三天郑大琴主席才帮助他家购置了一套布沙发，一张吃饭桌子和一个小碗柜，所以他显得有些感动，拉着郑主席的手不放，一个劲说感谢。他有70多岁了，老伴李平英和儿子林清筛智力都有些问题。儿子虽然40多岁，但算不上是一个正常的劳动力，瞎眼儿媳妇也在前几年离家而去，还有两个读小学和学前班的孙子。5个人口的家虽然个个都领取了低保，但生活依然过得艰难。郑主席挂钩他家，看着他家一贫如洗，了解情况后，就及时协调村委会争取低保名额，自己又拿出1500元钱让他去购置家具，帮助老人家过好生活；同时还协调花椒种植基地，让其儿子林清筛去做点直观的农活，一天80元的工钱使他的家庭收入明显提高。今天再次来到他家，老人是激动得说不清话，忙前忙后嚷着要泡水，要煮洋芋给我们吃，并指着郑主席对他老伴说：“沙发就是郑主席给买的。”“主席，你们太好了，这就是你帮忙买的沙发，你们坐坐。”看着两个步履蹒跚高兴的老人，看着家里的新用具，郑主席心里深感慰藉，也放下了一颗牵挂的心。

都说扶贫要先扶志，我们也切身感受到了。我包保的张天壁家，两个大人带着5个孩子。曾经，他玩心大，上进心不强，夫妻关系也不是很好。他在家也不认真地搞好种植和养殖，得过且过，偶尔出去务工，到年终工钱也是所剩无几，导致家庭生活压力很大。我多次走访，多次与他促膝谈心，讲事实摆道理。我自己拿出280元帮助他家交了2018年的医保，并在逢年过节送去月饼、大米等，有时还从县城买肉、豆腐等生活必需品送去。每去一次，都要帮助他家打扫环境卫生，指导他家大的女儿学会管理家务。躬亲行动的感染，多次的交流鼓励，他终于树立起了信心，改变了观念。为了孩子读书，为了更好生活，他外出务工也会努力工作，想办法节约钱。

就是在家里，也随时想法在周边建筑工地上做事，尽力维护好家庭，提高生活水平。

2019年2月的一天中午，我们机关职工又一次来到张家老包小组遍访。春寒料峭，冷风飕飕，从营地村委会到这里还有7公里的路程。看着这条偶有落叶但显干净蜿蜒的村组公路，单位职工李群粉和廖旺琴两位女同志感慨万千，通过几年的扶贫，村子的变化还是很大了。回忆起2015年来，也是秋天阴雨连绵的日子，当时要急着统计出贫困户相关的数字来，由于时间紧，住户又散，社长就安排一辆摩托车送她们两人一家一户的跑。农村泥土路，路面又不平，下雨到处是泥浆。有的地方只要多走一段距离，泥浆就沾满鞋帮，走路都成困难。因为急着赶时间，在一处转弯处，摩托车驾驶员不小心就骑翻了，把两位女同志摔倒在路边的棘刺上，还好只是受了点小伤。两个女同志强忍疼痛继续坚持完成任务。通过多方协调努力，这条路在2018年年底终于打成水泥路，解决了两个村民小组的出行问题，真正是致富路。

张家老包贫困户陈正忠家，夫妻两个带着4个孩子共6个人口，妻子吕金敏属于智障残疾。屋漏偏遭连夜雨，40多岁的陈正忠于2017年12月在昭通永安煤矿受伤，在医院躺了1年多，最终成为一级残疾人，靠坐在轮椅上生活，原本贫困的家庭雪上加霜。面对这种情况，包保人县工商联副主席马吉党多次走访关心、协调，解决了全家人的低保。2019年4月，政府组织发放水泥打院坝，水泥有了，但没有人力、财力来实施，马副主席主动出资1000元工钱，打好院坝，又协调1500元钱买了一套沙发，增加了生活用具，尽力帮助这个家庭脱贫。

2020年6月上旬的一天，工商联党组书记郎德胤带领党组成员去碳山贫困户老党员肖进美家走访，了解农村党员的生产生活、学习等情况。一进肖进美的家里，窗明几净，生活用具不多但摆设整齐，给人一种舒适感。肖进美老人与我们都很熟悉了，说话直道，“这些年啊党的政策好了，我们生活有了很大的变化。你们看几个儿子家新房子修起，院坝也打起了水泥地皮，水管也接到家门口。我呢每个月不仅有低保，还有养老保险补助，生点小病感点冒什么呢国家还不要钱，真是遇到好的社会了。”当郎德胤书记问她给学习党的一些知识时，老人说道，虽然识字不多，但随时会从电视上看看新闻，也参加村委会组织的党员集中学习，多多少少是听说一些的，也会经常从电视新闻上看中央领导活动和讲话。

是啊，农村生活好了，贫困户也如期脱贫了，大家心里都怀有一种感恩的喜悦。岁月如梭，时间过得真快，一晃就五年多时间。这几年中，县工商联共资助村委会办公经费 8 万余元，出资 6000 元安装了电子显示屏，为村委会办公室配置了 3 台打印机。2016 年协调市光彩会拨付 180 万元修建了营地村箐脚沟扶贫光彩路；在 2020 年，通过协调为贫困户捐助 2 万余元的大米、菜籽油，协调云南鹏坤商贸公司捐赠 41600 元的液晶电视机 32 台，并积极组织全体干部职工捐赠 2200 元做道路绿化。

现在，贫困户全部脱贫了，生活得到很大的改变，大家正奋力奔走在小康路上。几年来，工商联机关干部职工在开展扶贫工作的同时，也提升了我们自己，丰富了我们的阅历。“一枝一叶总关情”，与群众相处的点点滴滴，老百姓的朴实善良，将成为我们记忆中最美好的画面。我们将一如既往，在乡村振兴工作中取得更好的成绩，继续为营地村的人民群众做好服务，把这深深的情谊一直传承下去。

（作者时任鲁甸县工商联办公室主任）

初心在脱贫攻坚中绽放幸福之花

曹美娇

“赠人玫瑰，手留余香。”这不仅是情怀，更是责任与担当。鲁甸县农业农村局从2015年开始的扶贫工作中，局里的扶贫工作人员一边工作，一边学习，在水磨镇铁厂社区、新棚村，新街镇新街社区、闪桥村土地上，更深入地接触到农村真实面貌，感受到农村的艰苦，坚定了他们扶贫的决心，收获了真心、收获了感动。

村里的人依稀难忘，村里的事常印脑海。我们唠的家常、聊的琐事，贫困户咨询的要事，扶贫工作人员总是时时刻刻回忆。我们所挂钩帮扶的铁厂社区距县城57公里，交通闭塞，只有一条县乡公路，担负着运输的主要任务，群众生活贫苦，经济收入主要靠种植业、畜牧业和外出务工；新棚村距县城52公里，海拔2215米，是一个高寒贫困村；新街社区距县城55公里，主要种植马铃薯、玉米、荞麦等作物；闪桥村距县城57公里，该村的主要产业为种植业、畜牧业。

我们所挂钩的4个村（社区）都属于山沟中村庄，贫困中的贫困住户，面对这艰苦的生活环境，村干部以及村民都用怀疑的目光看向扶贫人员。然而我们的扶贫干部们下定决心，就算路漫漫而无期，他们也要勇往直前绝不退缩。当他们把那间曾经灰尘满屋、垃圾满地、阴冷潮湿的闲置房屋收拾成一个温馨的家时；当他们每天砸煤生炉子、提水、做饭，和村民们过着一样的日子时；当他们一次次走进村民家中，陪孤寡老人聊天、看望患病的群众时；当他们设身处地为贫困户解决问题时，村干部和村民们的疑虑消失了，村民坚信我们的扶贫干部们不是过客，而是他们最坚强的后盾。

帮扶画面定格到铁厂社区四方地村民小组贫困户田庆文家，县农业农村局挂包人员周云鹏刚踏进门，还未等周云鹏开口，田庆文抢先说道："放心吧，没喝酒了，跟着你们的脚步走，生活越过越好了，现在酒那玩意儿，时不时高兴了才喝一两口。"田庆文家原有哥哥和他，那时候，兄弟二人各成了家，平日里两家人相互扶持，生活还算过得去。但在2014年，哥哥不幸离开人世。哥哥的离开对他造成极大地打击，在那些日子里，他几乎每天以酒解愁把自己喝得不省人事。在此情况下，妻子也离开他，留下两个孩子与他相依为命，这越发使他情绪低落，平日什么都不愿意做。周云鹏第一次走进他家的时候，满屋狼藉，心想：不管怎样，我都要改变这个家庭的现状，既然当了他家的挂钩帮扶人，我就要有所作为。周云鹏心中是这样想的，实际行动也是这样做的。扶贫先扶志，精准脱贫的根本就是要激发群众的内生动力，摆脱贫困，过上幸福快乐的日子。针对"等、靠、要"的思想和安贫、守贫的观念，扶志更显得重要，让他们摆脱精神上的贫困。所以在他帮扶的这些年来，他不厌其烦地一次次走进田庆文的家中，和他说着掏心窝子的话，"没有什么坎是过不去的，你们现在的机会多好，即使贫困也有国家政策来帮扶，你要振作精神，大儿子田坤可以出去务工补贴家用，小儿子田兴高你好好地抚养他，争取让他考上一个好大学，这样，生活是不是就过得下去了？"当然，除了这些，他考虑到田庆文家庭的特殊性，主动与村干部以及驻村干部人员联系，为他家申请了A类低保补助，每人每月350元，他一家三口每月的低保补助就有1050元，算是解决了后顾之忧。同时县农业农村局积极争取国家扶贫项目，铁厂社区、新棚村发放云薯505、青薯9号、威芋5号、云薯105、云薯401、合作88等种薯63.97万公斤，覆盖建档立卡户900户，新街社区和闪桥村发放种薯98.6万公斤，覆盖建档立卡户863户，总的投入帮扶资金1543.394万元；在铁厂社区修建马铃薯种薯仓库 3301.87 平方米，帮助建档立卡户储存马铃薯种薯。渐渐地，在田庆文的心中，燃起了对生活的希望，他决心在这些无私奉献的扶贫的帮扶下，走出贫困，走向更加幸福的明天。现在，如果再走到他家，他总会乐呵呵地说道："酒没有喝，但是地扫得很干净，家里收拾得也挺顺眼，要不你们来看看，再给我说道说道。"

帮扶记忆的镜头切换到了县农业农村局扶贫人员赵世清和她包保的贫困户身上。2017 年 8 月，还在休产假的她接到局里对脱贫攻坚走访工作的统一安排，要求本人下沉到村开展脱贫攻坚工作。当时她两个月大的孩子还在生病，可是她没有任何犹豫，第二天便背上自己的孩子和同事们一起下乡开展脱贫攻坚工作。经过长期的走访和调查，她了解到自己所挂钩帮扶的杨荣炳、袁开富、李选会、杨华翠、杨龙英、蒋德秀、邓廷荣 7 户建档立卡户中，李选会是残疾人，杨龙英患长期慢性病独自抚养 8 岁女儿，邓廷荣的女儿正在念高三即将步入大学，他们贫困的主要原因是：因病、因学、缺乏技术等。她通过对每家每户的了解，逐户制定了帮扶措施。缺技术她就利用自身单位优势，发挥本单位的职能职责，发放马铃薯种薯并指导其种植。贫困户家中喂养的牲口病了，她也会帮请畜牧兽医局的专家去帮助贫困户，解决贫困户们最棘手的问题。2019 年 10 月，她依然像往日一样下乡，走到贫困户家中和她的"家人们"促膝长谈，一家一家走，一家一家聊。那一天，她来到了邓廷荣家，刚进门，她就看到邓廷荣一家忧郁悲伤的眼神。她心中明白，一定是发生了什么大事，不然在这越来越好的日子里，没有道理唉声叹气的，果不其然，就是在这一次的走访中，她得知邓廷荣的妻子罗昌莲患了癌症，已是晚期。这场病魔让本不富裕的家庭雪上加霜。同为女人和母亲，她非常理解罗昌莲的心情。可是，她能做的或许就是尽自己最大的努力减少他们在经济上的困难了。之后的日子里，赵世清积极动员身边的朋友和同事利用水滴筹平台为罗昌莲筹集善款，并努力争取大病救助帮扶。赵世清希望通过自己的努力，留住这个 3 个孩子的母亲。遗憾的是，罗昌莲的病已经无力回天，12 月再次下乡来到邓廷荣家，罗昌莲已虚弱不堪。赵世清坐在罗昌莲的床边，罗昌莲用尽全身力气说道：“谢谢你对我们家的帮助，可是我的日子也不长了，人穷点没关系，最重要的是身体健康。你工作也要注意身体啊！我最大的遗憾就是没有办法看到自己的女儿大学毕业参加工作，没能看到二个孩子成家。”听到这里，赵世清不禁哽咽：“你要放宽心，没事的，都会好起来的。”其实人们都知道，这场病不会好了。2020 年年初，她带着遗憾永远地离开了人世。赵世清怀着复杂的心情去参加了葬礼，她看着罗昌莲留下的 3 个孩子，心头一阵剧痛。她又一次坚定了帮扶的决心。

像周云鹏、赵世清这样的扶贫工作人员县农业农村局还有许许多多，他们不辞辛劳地走访调查，不断地游走在田间地头，走进了每一户村民的家中，虽然身体疲惫不堪，但为了了解掌握贫困户真实情况，他们不得不重复入户调查，就算部分群众会感到厌烦，他们仍然乐此不疲，把贫困户当成自己的家人。他们就是全县脱贫攻坚代表的一个缩影。精准扶贫，就是要对建档立卡户有针对性的帮助，因户施策。大量扶贫资金投向基础设施、公益设施建设和产业发展，彻底改变了一个地区、一个村的整体面貌。

贫困是一个相对的概念，贫困也在不断改变。千千万万的家庭，面对的情况各不相同；遭遇不幸而返贫的情况时有发生，想尽办法终究难以摆脱贫困的家庭也不在少数。我们要做的，只能义无反顾，一往直前，永不放弃，给那些最需要的人们，提供最无私的帮助。

我们始终坚信，只要我们不忘初心、牢记使命，那些贫困的日子，终会离我们远去，对美好生活的渴望，是我们战胜一切贫困的力量和武器。

（作者系鲁甸县农业农村局工作人员）

脱贫路上　有你有我

孔令伟

沿着蜿蜒的柏油路前行，穿过几个山头，很快进入滴水村地界，一排排整齐的楼房映入我们的眼帘。昔日那“晴天一身灰，雨天一身泥”的泥泞道路早已封尘，干净的院坝中围坐着的老人们，一个个精神矍铄，谈笑风生。

钱高芬老人高兴地向我们走来，笑容满面地说：“同志，你们又来了，赶紧到我们家坐会儿，几天没看到你们怪想的。”我们走进她易地搬迁新建的安置房里，拉起家常，说起那一件件往事。

2015 年 10 月，按照县委、县政府的安排部署，鲁甸县民政局挂钩联系水磨镇滴水村的脱贫攻坚工作。从此，我们与这里的群众一起踏上脱贫路。

滴水村位于鲁甸县西南部、水磨镇西部，村委会距水磨镇政府所在地 9 公里，距县城 62 公里。平均海拔 2650 米，年平均气温 8.5℃，年降水量 900—1000 毫米，国土面积 43.9 平方公里。辖 6 个自然村，19 个村民小组，居住着汉、苗、彝等民族 986 户 4116 人。主要种植马铃薯、苦荞、燕麦、玉米等农作物，经济作物以油菜籽为主。2015 年通过精准认定建档立卡贫困户 538 户 2213 人，贫困发生率高达 51.3%。这个数字让挂钩的每一个人震惊，这不得不让我们重新思索，重新认识这个村的实际，找准贫困的病根，制订切实可行的脱贫计划。

鲁甸县民政局35名干部职工在局党组统一带领下，全部深入滴水村的每个角落，召开村组会、院坝会、火塘会，要求所有的人进村入户走访，了解民情找出病因，制订脱贫计划，并结成“一对一”帮扶模式。就这样我们周而复始、不厌其烦走进群众家里，向他们宣传党和国家的惠民政策，帮助分析贫困的根结，找出病因，对症下药；帮他们理清发展思路，转变落后观念，激发他们自身内在动力；与他们交心谈心，倾听他们的心声和诉求，为他们解决发展中的困难和问题，树立起追求幸福生活的决心和信心。

要致富先修路，这是亘古不变的道理，也是摆在我们面前的第一个难题。局党组高度重视，主要领导亲自带头想办法抓落实，与镇村干部一起实地规划测量。抢抓恢复重建和国家扶贫开发的重大机遇，积极协调县交通局、县农开办等部门进行基础设施建设。从2015年以来抢修乡村柏油路10余公里、硬化村社公路30多公里。打通了滴水村与外面的联系，彻底解决了滴水人民走出大山的难题。

“感谢党的好政策，让我们这个穷山沟也能开进小汽车来，真是做梦也没有想到。”居住在羊称棚子的熊永秀老人高兴地说。据她介绍，以前村子里只有坑洼泥土路，都是畜力车才能勉强通过，上街赶集遇上雨天简直无法行走。2019年通过项目实施，硬化了从主干道到村子里的水泥路2公里。

调整产业结构，发展产业一直是水磨党委、政府和我们脱贫攻坚的主攻方向。面对滴水村“一天分四季，十里不同天”的气候条件和传统的种植模式，我们进行仔细分析、研究，结合实际因地制宜，不断向专家和农业部门咨询种植技术和经验，进行经济农作物转型。2016年结合每家每户的特点，我们因地制宜、因户施策、分别指导，每户发放3000元的产业扶持资金，帮助其发展养殖和种植业，达到户户有产业，人人有收益。“没想到，我们这样的地方还能种出这样的西瓜来！”这是滴水高原西瓜种植能人陈大方的感言。2017年陈大方带领5户贫困户在海拔2700米的杉松箐流转土地50多亩，种植高原特色西瓜，经过专业人员的悉心指导和他勤劳精心的照料，最终获得了大丰收，并达到户均收入6万元左右。

马铃薯种植大户张兴祥、陈登品、邵聪华等领头人，在政策的帮扶下，也分别流转200—300亩土地不等种植马铃薯。今年也获大丰收，每户纯收入有望在20万元以上，并为上百贫困人员提供了就业岗位，带领乡亲们一起脱贫致富。

住房安全问题，一直以来是最硬最难啃的骨头，关系到千家万户。从进入滴水村的第一天开始，就一直困扰着我们，虽然恢复重建解决了一部分，但大部分还住在土坯房中。我们秉承“没有干部的辛苦指数就没有群众的幸福指数”的工作理念，无数次深入群众家中，不厌其烦地做工作、出点子、想办法。通过几年艰辛的努力，在政策支持下，易地扶贫搬迁168户，其中，镇内搬迁到滴水村包包上（集镇）90户，搬县城卯家湾安置区78户；农村危房改造300余户；实现整村户户安全住房达标。

扶贫必先扶智，激发群众的内生动力，是我们工作的重点，群众的思想观念转变，“授人鱼不如授人以渔”。我们通过深入调查发现，多数群众存在思想落后，素质不高的情况，可以说，越是贫困的地方，群众的内生动力越是难以激发，部分贫困群众出现了“等、靠、要”的思想，出现了“干部干、群众看”“靠着墙根晒太阳、等着别人送小康”的现象。在走访、村民会议、院坝会中思想工作成为必需的内容。经过反复的思想教育、激励引导、技术培训，曾经固守的滴水人现在常年在处务工有1800多人，年务工收入6000余万元，成为滴水村脱贫致富的中坚力量。

发挥部门优势，做好特殊人群保障。滴水村贫困面大，老、弱、病、残、孤儿及事实无人抚养儿童等特殊人群比较突出，挂包干部进村入户认真核实，做到应保尽保、应养尽养、应救尽救。目前，纳入最低生活保障526户676人，其中，城镇低保70户88人，农村低保456户588人；纳入特困供养人员9户10人；纳入孤儿及事实无人抚养儿童7人，现2人入住鲁甸县儿童福利院；充分发挥临时救助资金“雪中送炭”的作用。保障了困难群众的基本生活，兜住了基本民生底线。

“叔叔谢谢你们，父母都不在我们身边，你们就是我们的亲人啊！”刘林恐热泪盈眶地对我们说。居住在滴水村新营盘的刘林恐兄妹二人，都未满16周岁，其父母因犯罪在监狱服刑，兄妹俩无生活来源，仅靠低保支撑，了解到情况后，我们派人亲自到法院复印其父母的判决书，为其兄妹二人办理了事实无人抚养儿童补助，每人每月1284元，给他们的基本生活提供了保障。

五年来，这里的每一个角落印记着我们每一个人的艰辛、汗水、幸福和喜悦。我们和这里的父老乡亲一起走过了一段难忘的岁月，见证了滴水村脱贫致富的历程。2019年年底，按照脱贫“571”的标准，实现脱贫512户2132人，未脱贫8户37人，贫困发生率下降为0.89%。如期实现了滴水村“户脱贫、村出列”的脱贫攻坚目标。

（作者系鲁甸县民政局办公室工作人员）

难忘驻村那些事

马玉田

沿着昭鲁快捷通道一路向北，映入大家眼帘的是沿闸上千亩的金色稻田，金秋十月，丹桂飘香，一株株弯着腰的稻穗，透着丰收的喜悦。

根据鲁甸县脱贫攻坚工作的安排和部署，按照县委组织部统一要求，由云南广电网络集团鲁甸支公司挂包茨院回族乡沿闸村。初到沿闸村，驻村工作队进农家、下地头、访民生，走访困难群众，开展座谈会，深入基层体察民情，所到之处处处留下了对父老乡亲的深厚情谊，村民的眼光里满是对我们的期待。

沿闸村国土面积 8.12 平方公里，12 个社，1726 户，5134 人，建档立卡户 251 户，920 人，驻村工作队队员在全面熟悉帮扶贫困户基础上，与村干部、党员、困难群众进行了深入座谈，并深入建档立卡贫困户，逐一开展走访，对每户的家庭人口、生产生活、耕地种植、牲畜牧养、住房情况、经济收入、儿童上学、看病就业等情况进行了全面调查、了解，认真核实、登记，并详细询问生活上存在的困难和今后的打算。

农危改圆安居梦

沿闸村村委会四组村民陈廷富，一家 3 口均患精神疾病，是农村特殊人员。多年来，他家一直居住在一间土木危房里，生活起居靠亲戚照顾。考虑到陈廷富的实际困难，2015 年 7 月，沿闸村委会将其旧房列入改造名单，帮她新建了两间宽敞明亮的房子。如今，59 岁的陈廷富住上了安全的房子，过上了有保障的生活。

沿闸村 4 社金正灿家的住房被认定为 C 级危房，具备加固改造条件。2016 年，金正灿房子进行了加固改造，并在室内重新设计加装钢制横梁，一家 3 口的居住条件大为改观。

小寨自然村 8 组的王文定一家 4 口居住在两间土坯房中，大儿子已结婚分出单独居住，两个小儿子外出浙江务工，经过入户宣传农村危房改造政策，老王同意拆除土房新建住房，2017 年 10 月老王搬入了新房。每次经过他家的时候还特地让我到家里坐坐，他告诉我："房子盖起来了，水也通了，路也好走了，什么都很方便。如果不是政府的帮助，国家的扶贫政策好，他一辈子都没有想到这样的地方，可以住在这么好的房子里。"

看着老王脸上幸福的笑容和他一瘸一拐的身影，贫困群众的善良与质朴，让我由衷地认识到扶贫不仅仅是一项任务，要真正做到精准识别、精准帮扶、精准脱贫，就需要我们去了解群众生活的困苦，帮他们渡过难关。这让作为驻村工作队的我对贫困群众有了一种特殊的感情，加之长于农村，回馈村民的质朴想法，建设美丽乡村的强烈愿望，不断地鞭策自己要"俯下身子，撸起袖子，珍惜岗位，加油干"。

沿闸村部分贫困群众居住在土墙房、空心砖房等，基本达不到"安全稳固、遮风避雨"的要求。为了让沿闸村贫困群众居有所安，坚持"一切工作以脱贫攻坚为先，一切任务以危房改造为重"理念，聚焦 4 类重点对象"住房安全有保障"目标，成立了沿闸村农危改工作领导组，在人员、技术、经费等方面给予充分保障，确保应改尽改、不漏一户。

2015—2017 年，共实施农危改 753 户，实现了农村困难群众“危房不住人、住人不危房”的目标。像陈廷富一样，全村贫困群众，感受着农村危房改造政策带来的幸福和喜悦，全村家家户户住上了漂亮的安居房、宜居房，一个美丽、和谐、文明的村庄扑面而来。

稻花香里话增收

据沿闸村村民介绍，沿闸村种植稻谷已有五六十年的历史，因种植品种单一，重复种植，产量不高，品质低下，家住沿闸村的茨院乡农技站站长庄清恒看在眼里，急在心里。一次培训会，他从鲁甸县农技推广中心引进云粳 38 种植，当年，该品种独具特色的味道吸引许多人慕名而来，由于试种，面积少，产量不能满足众多需求者，很多人空手而归。第二年，庄清恒在自己种植的同时，引导村民们改变传统水稻的品种种植，走云粳 38 的种植道路。庄清恒根据自己的种植收入，他算了一个细账：一般稻谷与云粳 38 亩产不相上下，价格却悬殊一倍多，一亩稻谷收入不到 2000 元，一亩云粳 38 收入 4000 多元，如果有更多村民种植，也是致富的另一出路。在庄清恒的带动下，沿闸村村民种植云粳 38 水稻逐年增多，今年共种植 800 多亩。

庄清恒说：“云粳 38 水稻对气温要求不严，且稳产，抗病、抗倒伏能力等极强，它的口感不仅软糯且还伴有香味，深受人们喜爱，目前已有许多人来订购，甚至一些超市也来咨询预订。”

为把云粳 38 水稻发展成一项促农增收的产业，引领更多农民种植，近年来，沿闸村免费为农户提供云粳 38 籽种，并于今年 6 月成立绿农种养专业合作社，负责为农户的云粳 38 稻谷进行加工，按每斤 4.5 元收购。“现在云粳 38 大米市场价已卖到 5 元，可能农户不会卖给合作社了。”沿闸村副支书唐朝国说，合作社的目的是帮助农户脱贫致富，他们能卖个好价钱，大家更高兴。

又是一年秋收时，稻花香里话丰年。水稻产业将成为沿闸村农民增收致富的支柱产业，村民有了信心，看到了希望，现在，他们的收获就在眼前，而眼前的收获，更坚定了他们阔步走上富裕的决心。

巾帼点亮半边天

沿闸村地处昭鲁一体化中心发展节点，面对征地拆迁、城镇化建设，户均耕地不足一亩，大部分青壮年劳动力都到浙江、广州、昆明等地务工，村里留下了“三八”“六一”和“九九”部队（分别由三八妇女节、六一儿童节和九九重阳节引申而来）。俗话说“妇女也顶半边天”，但在沿闸村已经几乎是“妇女顶了整个天”，她们守着家中的一亩三分地，挑起赡养老人，照顾孩子的重担。

沿闸村充分发挥妇联作用，动员妇女通过参加“新农村新生活”、操家理屋培训等活动，重点开展家居美化净化、家庭美德、技术技能等方面，帮助农民妇女改善居住环境、改进生活方式、提升文明素质，发挥妇女的“半边天”作用，引领农民群众扮靓“最美庭院”，建设美丽乡村。

2018 年 6 月 6 日，沿闸村映山红文艺队举行以“巾帼心向党，点靓半边天”为主题的文艺汇演活动。活动由沿闸村妇联自编自演《没有共产党就没有新中国》《共圆中国梦》《党的政策真是好——快板》等 13 个节目组成，送到家门口的文艺演出让乡亲们看得十分开心。对于基层的我们来说，如何在脱贫攻坚、人居环境整治等繁重的工作任务中学习贯彻好党的十九大精神，我想，唯有沉下心，俯下身，把工作干在实处、干出实效，才能赢得群众的点赞。

在她们的努力下，沿闸村巾帼志愿服务队荣获了昭通市“全市最美巾帼志愿服务队”的称号，繁星点点，可以照亮天空，她们以求真务实的态度，不怕苦不怕累的精神，照亮了星空的“半边天”。

社会救助暖童心

在走访过程中，我们了解到很多单亲家庭、孤儿等贫困学生面临着家庭经济较差的现状……

12月走访的时候初次接触了15岁的梁飞（化名），因父亲年迈，母亲聋哑，成绩平平的他，竟想辍学外出务工。了解到基本情况后，我和天津e+公益机构的志愿者共同商量后制定出一个方案：以新春茶话会为契机，对其展开心理疏导，茶话会上，上海交通大学的卢教授及其他几位村官同事针对性地和梁飞进行了沟通。今日再回访时，了解得知梁飞已重返学校。

回访间隙，偶然发现一个小朋友的生字本上写有两种颜色的字迹，询问下得知：“因为黑色的圆珠笔已用完，还没来得及购买。”或许物质的匮乏会让梦想的道路蜿蜒曲折，但因为有陪伴、有坚持，我们就足够相信：不同颜色的笔，写出的是同一个梦想；铺陈的就是幸福的人生。

“我大的两个女儿学习成绩最好，尤其是英语，次次拿班级第一”，出门时，大姐骄傲地对我说道。从进门到出门的15分钟里，10分钟是这对质朴的父母在夸赞女儿优异的学习成绩。

内心感触良多，据了解，这样贫困的家庭在村里也不罕见，几分薄地、劳动力短缺、四女儿心脏有问题……我从她的脸上看到了母亲脸上曾有的无奈。或许是因为重视教育的优秀传统由来已久，读书常常是一个家庭的希望，尤其是对于一个农村的贫困家庭来说。只有在教育中熏陶改变一个人的思想，才能在教化中不断了解、看清周围的社会环境，才能在人生的迷雾中走实每一步，我想“扶贫先扶智”的口号就大概源于此。

通过信息收集汇总后，我们将沿闸村22个建档立卡户贫困学生的信息递交到天津e+助学机构，全程陪同该机构工作人员实地走访了解基本信息情况，达成帮扶协议对沿闸村22个贫困学生进行“一对一”帮扶，截至目前，三个学期助学金额8万余元。

岁末年初，沿闸村以昭通穆青公益冬令营活动点为契机，对接联系了来自云大、昆明理工大学、师范大学、财经大学等8所高校的10名青年志愿者开展为期15天的冬令营假期陪伴活动。此次活动将覆盖沿闸村从小学到高中的数百名贫困儿童和青年学生，感恩教育、课程辅导等寓教于乐的课程设计能让孩子们体验到真正的成长，在学校和家庭教育之外，获得一种全新的生活体验。

最深沉的爱，总是风雨兼程；最浓厚的情，总是冷暖与共。

宜居乡村留乡情

2018年以来，沿闸村总支抓党建引领，坚持以脱贫攻坚统领工作全局，党员干部带头分片包干，深入实施“门前三包”责任制，扎实推进“大扫除、大清除、大拆除”行动，通过不断强化村民自治，“爱心超市”积分奖励，沿闸村法治化管理水平不断得到提升，村民邻里团结、村容村貌得到有效改善。率先实现人居环境整治网格化管理，不断完善村规民约，把人居环境作为村规民约的一个重要组成部分来抓，把环境卫生、家庭卫生和个人卫生作为村规民约的考核标准，奖惩分明，实现村民自我约束和自我管理。每个季度对人居环境卫生进行检查，实行积分制管理，积分达到一定要求，就可以在“爱心超市”兑现商品。为了保障垃圾能够得到及时处理，沿闸村向村民收取50元每户的垃圾清运费，解决垃圾清运问题。为了推进人居环境大提升，对接乡村振兴，沿闸村积极响应茨院乡党委、乡政府农村危房拆除工作会议精神，危房进行全部拆除，对违章建筑和违法用地进行严格的管控。

2018 年年初，沿闸村道路硬化 7 社至 6 社，长 1200 米，宽 5 米的道路硬化，投资 48 万元，现已完工投入使用，解决了村民长久以来的出行难问题，这是沿闸村最后硬化的一条村组道路。2019 年 12 月 10 日，村民自发组织送来两面锦旗，“情系群众办实事，修路助村解民忧”几个大字就像那火红的颜色一样，温暖着每一位驻村工作队队员的心，干好扶贫事业，任何时候都要把人民群众的利益放在第一位，始终与人民心连心，同呼吸、共命运。

沿闸村通过“党支部 + 专业合作社 + 示范种植基地 + 农户”的方式，成立绿农专业合作社，发展香稻种植；从浙江引进包装纸手工制作生产项目一个，生产熟练后每人（含 70 岁以下老人）每天可创收 50—110 元，手工制作生产项目的引进，一方面改变了群众“等、靠、要”的思想，另一方面解决了群众老有所依、老有所养的农村传统问题；为进一步留住乡情，保住田园风光，沿闸村进行土地流转成功推广种植香稻 800 亩，现香稻种植集体收入 4.76 万元；改良提质投产大樱桃 150 亩，力争 5 年内把沿闸村建成绿色、生态、文明、富裕、宜居的乡村旅游和手工业为主的示范村。

翻翻日记本、看看朋友圈，回想这几年干的活、出的力、受的累、担的责，我们每个人身在其中，感同身受。“上面千条线，下面一根针”是对基层最贴切的形容，而这也正表明，任何事关群众的事都不是小事，事无巨细，只有多一份细心，才能做群众的“贴心人”。

（作者系鲁甸广电网络公司工作人员）

情洒沙坝村

何　云

党的十八大以来，以习近平同志为核心的党中央全面部署脱贫攻坚战，成就举世瞩目。作为驻村第一书记，我为自己能参与到这样艰巨而伟大的国家重大项目中感到无比光荣和自豪。每当回忆起这段时光，情不自禁，难以忘怀，在沙坝村帮扶的那些日子，有着我无尽的憧憬、苦涩和不舍的激情。

相　识

2018 年 7 月，我受组织安排，离开熟悉的工作环境，加入脱贫攻坚队伍，跟大多数奋斗在一线的同志一样，带着希冀、带着使命进驻基层——龙头山镇沙坝村。入驻之前，我先了解了该村的基本情况：沙坝村属于二半山区的干热河谷地形，海拔高度 1400 米到 2000 米之间，年平均气温 15.10℃，年降水量 725 毫米。有耕地总面积 9345 亩，人均耕地 1.78 亩，主要种植玉米、马铃薯；有林地 13895 亩，其中经济林果地 10855 亩，人均经济林果地 2.27 亩，主要经济林果以种植花椒、核桃等为主。入驻后，我迫不及待地了解村社的自然环境，两面山势以河为界，陡然上升，重峦叠嶂；下半山的花椒和上半山的土豆玉米对比鲜明。为进一步了解熟悉沙坝村的村社情况，村党总支书记及村“两委”人员带领我沿着村社道路，一个社一个社地熟悉位置，熟悉贫困户情况。对于一些情况特殊的贫困户，村“两委”人员耐心地给我介绍他们的家庭情况及实际困难，并不辞辛苦地陪着我一家家入户，进一步了解贫困户的详细情况。

相　知

在和村“两委”简单地认识交流后，我怀着激动的心情开始做准备工作，了解村情、民情。党建情况：党总支 1 个；党支部 6 个、党员 80 名。村情：全村含 4 个自然村，28 个村民小组 1659 户 5249 人，贫困发生率从 18.4% 降至 0.1%。有 6 名村干部、16 名镇挂村干部、3 名驻村工作队队员、31 名单位包保干部；针对卡户，我和其他包保干部挨家入户走访，查看他们的家庭情况，了解困难，落实政策，巩固基础设施建设，产业发展等各个方面。当走到卡户李周勇家时，发现屋子内部杂乱无章地堆放着生产用具，卧室里充斥着一股异味。他患有智力残疾，生活起居比较困难，还有一位 80 多岁的老母亲。此情此景，忐忑的内心渐渐地迸发出一股苦涩的滋味，冲撞着每一根神经。见我们到来，他一边取来凳子，一边准备为我们沏茶，但是他母亲突然说了一句：“壶里没开水，你们等一下。”经过详细了解，得知他家原来是挖建小型水井供水的，由于今年气候干旱，加上一些客观原因导致水源匮乏，供水不足。返途过程中，我们似乎忘记了山路的颠簸，一边与水管站汇报情况，争取领导的支持，为他家修建 1 个蓄水池，同时督促包保干部尽快落实。经过努力，水池修好了，水随用随取，再通过一些政策上的帮助，让他家母子的生活更有保障，圆满完成扶贫任务。脱贫是目标，攻坚是责任，蜿蜒的山道历历在目，扶贫的往事记忆犹新。许保妹，双目失明，基本靠她丈夫一人劳作供着两个孩子上学，不幸的是她丈夫 2018 年因病去世，让原本就贫困的家庭雪上加霜。走访她家时，让我佩服的是大老远听见我们的声音，她就向我们打招呼并安排女儿泡茶，那热情的声音直到现在仍不绝于耳，虽然眼疾，但是心里却明镜儿似的。一项一项核对完政策后，上到二楼，发现一地的鸟粪铺满了整个房间，她女儿更是充满着抱怨和无奈。经过与村委会协商，为他家购置了新床，同时加固屋檐。看着她女儿欣喜若狂地收拾着卧室，四周鸟语花香气息不减，感恩人与自然和谐同在。

逐户走访那段时间，常常夜不能寐，夜深人静时我还在苦苦思索：还存在着什么问题，我还可以为群众做点什么？

相　助

我记得当时有一家卡户费兴伍，两位老人没有子嗣。第一次走访时，还没进屋，就能闻到一股酸臭味扑鼻而来。碗筷随处摆放，蝇飞蛾落，衣服上的污渍厚厚一层，一个小土院坝到处是鸡粪，窗户上、墙脚边鞋子袜子东一只西一只。这种来自现场的视觉冲击感深深烙印在我心里，我甚至不敢相信，已经现在这个年代了，我们地方还有这样的贫困户存在？于是我作出了一个决定，和户主作出君子承诺：只要下一次来他家时，环境卫生整洁了，我个人给他 400 元作为奖励，同时为他买一套沙发，将院坝硬化，修建专门的鸡舍，搭建标准户厕。一个月以后我们再次走访时，果然耳目一新。而我们的君子之约也如数全部兑现。老人把钱捏在手里那一刻，他笑了，是那样开心、质朴，我也笑了。

还有一些家庭条件相对较差的贫困户，或因为患病丧失劳动力，或由于年老无劳动力，有的家中没有桌椅等日常家具，有的缺少碗柜等生活用具，锅碗有时候杂乱地摆放在灶台或地面上。了解到这些情况后，我积极与村党总支书记商量对策，竭力争取帮扶资金，组织驻村队员、村“两委”人员及包保干部，为困难户购置了必备桌椅、简易沙发和碗柜。同时，联系车辆将这些生活必需品送到困难户家中，一些路窄车辆不能通行的路段，我又与包保干部一起手提背扛，走很长的山路把生活物品送到困难户家中。当看到贫困群众脸上露出笑容时，我们的心里感觉到甜甜的。

第二个记忆犹新的小故事也是一位老人吴礼宽家。在院坝硬化那段时间，他们看着别人家的院坝都一片一片地铮亮起来，但是自家却还只是一堆水泥放在那里，有些着急了。他们年迈没有了劳动能力，担心时间久了水泥潮化，又组织不到人手帮忙。知道这一情况后，我与村支书当即叫来了小组长，询问了解情况，得知老人只有水泥，但是缺乏砂石。然后现场跟挂钩干部联系后，制定了方案，不几日便将砂石运到，组织安排人手帮助老人硬化院坝，并且亲自参与到劳动中，帮助和浆挑担。虽然汗水湿透了衣背，但内心的喜悦却是久违的、纯粹的。

这种来自灵魂深处的成就感和自豪感，是工作的价值和意义，这让我深深地爱上了这片土地，也被这片土地眷顾着。

相　别

脱贫攻坚工作不断深入推进，这几年来，在驻村工作队、村“两委”和包保干部的倾力配合下，通过不断深入村组农户，了解实情，针对沙坝村各个村民小组实际情况，多方争取项目资金，精准落实“两不愁、三保障”，全面宣传共建共治共享，稳步完善基础设施建设，用心用情帮扶困难群众，取得了良好的工作实效。截至 2019 年年底，全村新增硬化道路 18 公里，建设公共活动场所 7 个，管网搭建 6500 米，安全住房覆盖率达到 98%，剩余2%做生产用房使用；加强小学基础设施建设力度，控辍保学多人，实施电网改造，实现宽带网络覆盖到村委会、村卫生室及村小学，广播电视覆盖率达到100%，医疗保险覆盖全村；院坝硬化593户，改厕170户，新建垃圾池66个；共为32户困难群众解决生活必需品。对于缺技术致贫的，组织开展电焊、编织、保洁与绿化等技能培训，鼓励有劳动能力的积极外出务工和劳务输出，全年组织技能培训64人，外出务工980人（其中卡户180人），实现高质量脱贫。随着脱贫攻坚工作的验收，我们驻村工作队也在依依不舍中离开了这个曾经挥洒过血汗的村庄。

我在沙坝村的帮扶工作，虽然时间不长，但尽职尽责倾注真情。这段难忘的扶贫经历，充实了我的基层工作经验，也靓丽了我的青春。

（作者时任鲁甸县民政局副局长）

扶贫记事

杨　雄

“坚决贯彻落实中央和省、市、县脱贫攻坚决策部署，服从命令，听从指挥，严守纪律，尽职尽责，倾情帮扶，全力以赴为贫困群众脱贫出列，全县脱贫摘帽而努力奋斗。”这是2019年2月28日，在鲁甸县脱贫攻坚誓师大会上，我和全县驻村工作队队员的庄严宣誓。

2019年是新中国成立70周年，是全面建成小康社会、实现第一个百年奋斗目标的关键之年，也是鲁甸县脱贫摘帽的决胜之年。县文旅局党组研究决定选派我和杨霸、马殿荣两位同志到八宝村开展驻村扶贫工作。都说驻村工作很艰苦，且今年时间紧任务重，但作为一名共产党员、一个从农村走出来的我，始终相信能够做好群众工作，能够完成驻村扶贫工作任务。

我对八宝村并不陌生，作为帮扶干部我曾多次到挂钩帮扶的沙子厂村民小组进行走访。现在又来到八宝村驻村，所以对自己挂钩的沙子厂也特别关注。

2019年4月初，我和帮扶干部李学坤以及村支书李有波、副支书万国普、丁忠文一起到沙子厂开展入户遍访。走访过程中，土管所长李学坤说：“我帮扶的一户贫困户家特别远，家庭情况也很特殊，收入主要都是政府的补助，那里没有通公路，从村子里到他家要1小时左右。杨书记，要不要去看一看？”我说：“没问题，再远也要去，这些特殊户就是我们要重点关注的脱贫对象嘛！”

我们一行人经过1小时左右徒步来到了李所长的包保户肖永明家。肖永明家在沙子厂村民小组最远的山顶上的一片松林里，这里住着3户人家，如果不到这里来，根本看不到有人居住在这里。驻足环视，首先映入我眼帘的是一间土墙房子和另一间用木头搭建盖着塑料胶布、石棉瓦的简易房，这与另外两户的砖房形成了鲜明的对比，我打算先去这一家看看情况。

走进院坝，一块平整好的地基上堆着很多的砂石料，一位50岁左右的中年人，穿着一件有些破旧的外衣，戴着一顶帽子，正在院坝里捡石头。看到我们来了就主动过来打招呼：“几位同志你们从哪里来，咋个会跑到我们这里？赶紧到屋头来坐”。李所长应答着他，并告诉我这是肖永超家。我和支书就绕着他家的老房子和简易房看了看，老房子几乎不能居住了，我走进简易房里，看到里面还算整洁，锅碗瓢盆也是摆放整齐，靠里面有2张床。肖永超招呼我们在他家院坝边的核桃树脚坐下，热情地倒水递烟。经过一番询问，我了解到他家的具体情况：肖永超一家7口人，有5个子女，肖永超患有慢性病，干不起重活，所以没有外出务工，妻子苏同燕是家里唯一的劳动力。5个子女都在上学，但其中读初一的肖世雨今年辍学了。在2014年鲁甸“8·03”地震灾后恢复重建中，由于长期患病，建房款被拿来看病治疗花完了。这里离村级主干路较远，交通又不方便，子女上学每天要步行近2个小时。家中土地有6—7亩，主要种玉米和土豆，养了10余只鸡、3头猪、1头牛、1匹马，有2口水窖。村“两委”帮助其解决了4个学生的低保，目前家庭收入基本能维持正常生活开支。

肖永超家的特殊情况，让我第一次觉得遇到了棘手的难题。回到村委会，我立刻与镇挂钩工作组长沈亮才副镇长取得电话联系，把今天了解的情况跟他做了汇报，当天晚上，我们召开了会议，专门针对肖永超家的情况进行分析研判：他家的主要问题是没有安全住房，由于交通不便，材料运输困难，建房成本高，他家未纳入建档立卡贫困户，家里有病人，有致贫风险，且有辍学生，这样的情况非常典型。八宝村在经历了“8·03”地震灾后恢复重建后，基础设施大大改善，道路、饮水、住房等总体条件在全镇来说都是比较好的，出现这样的一户情况，确实很意外，如何着手解决这些问题，需要大家一起来商讨对策。

经过一番商讨后，我们决定将他家的情况分为几步来解决：先是向镇里汇报情况，协商扶贫办、交通、住建等部门，看能不能通过一些项目帮助肖永超家解决修路和建房问题；然后了解其女儿肖世雨的情况，及时做好劝返复学工作；再就是将该户作为新识别建档立卡户，待系统开放后通过动态管理调整申报为建档立卡贫困户。

我们再次来到肖永超家，把情况和他家进行了沟通。肖永超就一直不说话，他的妻子苏同燕比较健谈，看起来在家里也是妻子做主。她接过话说："杨书记，你们能帮我们想办法解决困难，真的很感谢你们，国家的政策对我们也很好，娃娃们都给解决了低保，读书也不花钱，吃的自己种，喂一两个猪卖一年开支还是就够了。他身体不好，出不去打工，娃娃们都在读书，家里也走不开。但是修房子要一大笔钱，我们也拿不出来，老二姑娘她自己不想读书了我也没有办法，打也打了，骂也骂了，听说是跑出鲁甸在哪个糕点厂打工，我也没得电话联系不上。"

我说："住房的问题，是我们户脱贫 5 条标准中的一项硬性指标，你们一家人挤在这个简易棚里确实不安全，我们来就是想跟你们商量，如何想办法把房子建起来。今年我们鲁甸县就要脱贫摘帽了，脱贫路上怎么能少了你家。我们尽量帮你们向上级争取支持，钱也不多，可能就是 2 万—3 万元，你自己要想办法找一部分钱来，自己动手准备好砂石料，争取把房子修起来。至于孩子辍学的问题，你这种想法是要不得的，孩子未成年，在义务教育阶段是必须入学完成学业的，作为家长不送子女入学也是属于违法行为；再说，农村孩子，只有好好读书才是唯一的出路，小小年纪放任她出去打工会毁了她的前程。我们会及时跟学校和她的班主任老师联系，你们也要配合我们一起想办法把娃娃劝回来读书才行。"

在大家的共同努力下，基本算是把他家的思想工作做通了，夫妻俩也答应我们，一定抽时间去鲁甸找娃娃，尽量劝回来读书。副支书丁忠文说："杨书记，他家的房子要修起来还是比较困难的，道路不通，运输成本很高，一般人家 7 万—8 万元能修一层，他家这里可能要 10 多万元。我们还是考虑一下能不能先把这里的路修通了。"肖永超补充道："我其实一直都想修房子，你看我院坝就是我要修房子挖的屋基，砂石料都是平时我自己一点一点打了准备起的，就是手里没有钱，公路离我家也远，钢筋、水泥、砖等成本太高了，我两个兄弟家修房子都是亲戚些帮忙，人背马驮弄上山来的。"我说："你们都说到问题的关键了，但是只要确定了要修，再大的困难我们大家一起来想办法，俗话说，办法总比困难多嘛！"

离开他家，我们先去查看了串户路的路线，最后确定一条从长槽村民小组接下来的道路，2 公里多，打通以后可以作为群众的生产路，一举两得。与此同时我们积极协调肖世雨的老师，带领肖永超两夫妇到鲁甸找到了在糕点厂打工的女儿，通过多次反复劝说，肖世雨也终于答应我们愿意回去继续读书。

就在我们积极向各方争取支持的时候，县驻村工作队李俊波副总队长给我们带来一个好消息，上海一家企业与云南省摄影家协会一起组织了一个慈善云南行活动，要到龙头山八宝小学来捐助学生文化用品。李副总队长要求我们将肖永超家的情况核实，形成汇报材料，尽量趁着这个机会争取得到企业的支持。

2019 年 5 月 23 日，上海致盛集团一行来到八宝小学开展爱心捐助活动。通过我们积极汇报，对接沟通，上海致盛集团张润斌董事长当即决定捐助八宝小学 15 万元修建一个爱心水窖，捐助肖永超家 14 万元用于修建房屋。人间有爱、大爱无疆，脱贫路上，也少不了爱心企业的关心和支持。就这样，通过多次与致盛集团代表韩美女士的沟通协调，我们很快形成了水窖和房屋建设方案，经过双方一致认可后，捐助资金在 8 月底到达龙头山镇财政所，建设工作也正式启动。

房屋建设过程中最主要的是要先修通道路，才能确保材料的运输。因为要接通这2公里左右的串户路，需要占到一部分群众的土地，一些群众有情绪，就去堵住不让修。为此，支书李有波带领大家组织沙子厂群众召开了一个院坝会，将这次爱心援助和肖永超家的情况对群众一一说明、耐心解释，希望大家都有一颗感恩的心，都退让一步，道路修通了大家生产也就更方便了。通过这次院坝会，原本被占到土地的11户群众都表示愿意支持他家。一周后我们打通了从主路到肖永超家2公里多的生产路，这就大大降低了建房运输成本，房屋建设有序推进。

2019年9月1日，新生开学，通过我们多次面对面的沟通和劝返，肖永超的女儿肖世雨顺利回到龙泉中学继续上学。2020年春节前，房屋建完了，肖永超一家如期搬进新家，大女儿也顺利考上鲁甸县第一中学高中部。

疫情防控期间，我们入户排查再一次来到肖永超家，夫妻俩热情地把我们迎进家里，嘴里不断说着感谢的话："杨书记，感谢你们帮忙，让我们住进了安全的新房子，现在路也通了，种地也方便了。娃娃们也很听话。"听了他的话，李支书说："你们懂得感恩就是最好的，要感谢的是上海致盛集团无私的爱心捐助，要感谢沙子厂社群众的支持，还有我们驻村工作队的辛苦付出，我们龙头山人都是懂得感恩的人，'8·03'地震全国人民都来帮助我们，现在国家政策那么好，精准扶贫就是要让每一家都消除绝对贫困，达到'两不愁、三保障'，你们以后要团结好邻里，教育好子女，自力更生发展好生产，把日子越过越好！"夫妇俩不断点头称是。

在县文化和旅游局的挂钩帮扶下，通过驻村工作队和村"两委"的共同努力以及广大群众的支持配合，八宝村283户872人建档立卡群众全部顺利脱贫摘帽，县文旅局还帮助八宝村修建了活动场所、垃圾房等基础设施。在2020年4月底的国家第三方脱贫攻坚评估验收中，八宝村被抽中作为考核村顺利通过验收，并于2020年8月全面通过脱贫攻坚普查。

目前，脱贫攻坚工作即将全面结束，2年的驻村经历也即将画上句号。回忆驻村工作的点点滴滴，我们走遍了八宝村的23个村民小组，每一户困难群众家里都留下了驻村工作队的脚印，洒下了工作队队员的汗水，我们也用实际行动践行了誓师大会上的誓言。这段经历有艰辛也有幸福、有痛苦也有喜悦、有辛酸也有无悔，更有付出和担当。我坚信，在接下来的乡村振兴中，八宝村一定能够再铸辉煌，定将迎来光辉灿烂的明天！

（作者时任鲁甸县文化和旅游局派驻龙头山镇八宝村驻村工作队队长、第一书记）

脱贫攻坚之拖姑印象

苏登前

我是2015年参加脱贫攻坚的，掐指算来，在拖姑村已经战斗五年多。回首这五年，最深的记忆是繁忙，感觉每天都奔忙在村社之间，没有周末和节假日，那一年又一年连成了一条线，在那条线上，有脱贫攻坚各阶段的战斗任务让你停不下追梦的脚步，披星戴月，日夜兼程，一刻不停地奔忙。这个梦，就是脱贫梦，是中国梦！“到2020年让贫困人口和贫困地区同全国一道进入全面小康社会”是我们党的庄严承诺，也是中国梦的重要组成部分。我们都是追梦人，我无比骄傲和自豪：拖姑村的一切已经给我留下深刻印象，常常在不经意间，拖姑村的那条路、那些房、那片田、那群人和那份情，就会像电影片断一样，一幕幕呈现在我的眼前……

那条路

驻村伊始，曾经在两个山区乡工作过的我，特别惊讶坝区乡村的泥土路和坑洼路。可让我没想到的是，在坝区乡村，还能踏上熟悉的泥土路和坑洼路。

横穿拖姑村全境有一条路，全长 3.37 公里，它正好在整个村庄的中轴线上，是至关重要的一条路，是大部分群众往返乡集镇和县城的必经之路。因长年累月被重车碾压，整条路三步一个坑两步一个塘，乡村两级组织也是三天两头用泥土和沙石来填坑补塘，无奈它不稳固，今天填平了，过几天又出现坑塘了。

我们驻村队员因为工作原因，也经常要走那条路。可是，晴天出去，能带回来一身灰；雨天出去，能带回来一裤腿泥。那条路让我们驻村队员苦不堪言。当然，亲身体会让我们更加清楚地知道，那条路让老百姓吃了多少苦、受了多少累。那条路，是桃源回族乡党委政府和拖姑村“两委”最迫切希望解决的重大民生问题，也是我们挂包部门肩头上的责任。

2018 年末，在省政协民宗委、县交运局、县民宗局、乡党委政府等有关各方的合力攻坚下，那条主干道路终于加宽改造硬化贯通了。接着又被亮化和绿化，安装了路灯、种植了雪松、樱花、红叶石楠等树木，并在一定位置配置了卫生垃圾箱。那条路变得干净整洁，拖姑村的群众幸福感倍增，逢人就夸见人就讲，感谢党，感谢国家，帮助他们改善了出行的条件。

那条路也成了村内道路大面积硬化的一个缩影。

那些房

2015 年冬天，我们两个单位的 4 名驻村队员到达拖姑村的时候，村委会只有一幢房，外加一个旱厕，办公条件非常简陋。村委会的办公场所，因驻村队员的到来，变得紧张起来。后来，在有关部门的关心帮助下，村委会在原有办公楼对面新建了一幢楼，一层为仓库，用于堆放救灾救济物资，二楼为住宿区和办公区。同时装修改造了老办公楼和厕所。村委会的办公场所，由原来单调的一幢楼和一座简易的厕所，变成了一个有院坝、有花台、有绿植、有文化墙、有卫生厕所的四合院，办公条件得到了彻底改善。

村庄的背面，静卧着一座起伏的山峦，村庄依山而建，村民沿山脚而居，前面是奔流不息的桃源河和宽敞的坝子。然而，走进依山傍水的村庄，并没有想象中的山水田园风光。在走村串户时，民房也同村内道路一样让我惊讶，在地处坝区的村庄，我感觉跟山区乡工作时一样，看得到和走得进破旧的瓦房，坐在特别呛的回风炉子炭火边，与泥腿泥脚的村民拉家常。在我走过的每一个自然村，人口居住密度都很大，住房杂乱无章，有很多土坯瓦房，墙体多处开裂；还有少量的木结构板壁房，一面或两面板壁已换成了土基。住房内锅碗瓢盆随处可见，土墙体和木板壁都好钉钉子，上面挂有很多的塑料口袋和农具。住房外多数是土院坝，牛马鸡鸭粪便随处可见，即使每天打扫，也难以保持较长时间的干净整洁。

后来，随着各级党委、政府扶贫政策投入力度的不断加大，通过异地扶贫搬迁、农村危房改造等项目的实施，在住房保障方面投入资金 2481.9 万元，帮助拖姑村 992 户群众建成了安全住房，覆盖建档立卡贫困户 418 户，使拖姑村的贫困群众实现了住有所居。又免费发放水泥 1987 吨，硬化院坝 1581 户 79273 平方米，投资 2.47 万元建成垃圾池 19 个，进一步提升了人居环境。

新建的民房，格局发生了巨大变化。村内道路硬化贯通后，民房沿着硬化道路有序移动。如今的村庄，已感觉不到杂乱无章，住房一顺溜建在硬化道路的两旁，有集中安置区连排的青瓦白墙小别墅，也有风格各异、户型方正、外形精美的二层小砖房。整个村庄，已经变得干净整洁而又时尚。

同时，在人口相对集中的 6 个自然村组，新建了 6 个党员活动室，实现了农村党员能就地就近参加党的组织生活。党员活动室房顶上高高飘扬的党旗，是一道亮丽的风景，也是党员和群众心中的指路明灯。

在村委会、民房、党员活动室建设的同时，拖姑村还拆除了有人居住的残旧破败的瓦房，整个村庄的面貌焕然一新。清晨，站在鲁甸入城口穿越宽敞的坝子往拖姑方向望，顺山而建的村庄里的那些红砖白墙，掩映在薄薄的晨雾中，勾勒出优美流畅的曲线，已是一派田园风光的景象。我身处其中，都不免惊叹，五年间，拖姑村的发展会这么快，变化会这么大。

那片田

在拖姑村委会旁边，有一片146亩抛荒10多年的水淹田，因地势低洼，常年被水淹没，无法耕种，被当地老百姓称为“烂田”。“烂田”里长满了杂草，有很多积水，也有很多暗塘，水塘里有鱼和龙虾。我们几个驻村队员休息时间经常在周边游走，看划皮筏的人在里面捕鱼捉虾。那些划皮筏的捉虾人，在那片水淹田中，可以在任意一个暗塘中放置虾网，打到多少龙虾用桶装了提上田埂来，水淹田的主人看见也不会阻拦。

在人均耕地不足1亩的拖姑村，抛荒146亩水田，实在可惜，乡村两级组织一直在琢磨如何利用它。乡党委政府曾经在该地块旁边建了抽水站，把多余的水抽走以便群众耕种稻田，但因电费等运营管理费用太大，所产生的成本分摊到每亩稻田中，还比稻田的产值高，抽水站运营几年后难以维持，就不得不停止了运营。

2019年，随着脱贫攻坚战的纵深推进，各级各部门更加重视村级集体经济的发展。在县、乡党委、政府及县委组织部、县农业局的关心支持下，拖姑村“两委”提出利用那片“烂田”，动员群众用“烂田”入股，集中整合资源开展水产养殖，发展村集体经济。然而实施过程并不顺利，有近三分之一的群众担心他们的水田不保，因而不配合村“两委”的工作。为了打消群众的顾虑，拖姑村党总支书记阮春荣带领村干部不分白天黑夜，三天两头到群众家中做思想工作，向他们宣传村“两委”发展村集体经济的思路，跟他们讲清“烂田”继续闲置与开发利用所产生的不一样的经济价值，并给他们吃下定心丸，实地测量确定每家每户的面积并固定下来。最终，在群众的支持和配合下，拖姑村按照“党总支引领、村委会牵头、群众入股、合作社实施”的原则，注册成立“鲁甸县源野养殖专业合作社”，规范化建设 9 个虾池和 3 个蟹池，开展小龙虾和大闸蟹养殖。

拖姑村的集体经济以“烂田”为资源起步。当首批活蹦乱跳的 7000 斤小龙虾苗和 1600 斤大闸蟹苗投放到养殖池中的那一刻，拖姑村开创了全县大闸蟹养殖的先河。当年，实现养殖销售收入 22.1 万元，村级集体经济收益 5.64 万元。让村民万万没有想到，昔日的“烂田”会变成今天的“宝田”。

那些人

2015 年 11 月“第一次”回头看，拖姑村共核定建档立卡贫困户 462 户 1207 人，贫困发生率为 16%。经过 5 年克难攻坚，现有的建档立卡户 425 户 1194 人全部实现脱贫，贫困发生率下降为 0。五年间，我们通过召开“三讲三评”“自强、诚信、感恩教育”等群众会，以及定期不定期走访群众，近距离感知他们的喜怒哀乐，听他们讲家长里短，与群众交流了思想，增进了感情。对于那些群众的名字，我一默念，可以念出几百个来，而其中印象最深刻的，是赛永旺。

家住 5 社的赛永旺，老实本分，是建档立卡贫困户。2018 年 4 月，他儿子赛贤为因患胶质瘤久治不愈再次入院治疗，由于病情较为严重，所需治疗费用太高，我就帮助他家注册了社会扶贫网，在网上发布了健康扶贫需求。可惜募捐正在进行时，赛贤为不幸离世，一家人陷入了巨大的悲痛中，长时间难以恢复。赛永旺为儿子治病的需求在社会扶贫网上发布后，桃源回族乡党委书记丁开毅同志带头捐款，其他班子领导和广大干部职工也纷纷伸出援助之手，最终筹资 4833 元，等待赛永旺一家提现。然而赛贤为离世后，因其治病期间全家欠下了很多外债，一家人一门心思挣钱还债，社会扶贫网上为儿子治病筹资的事情也就淡忘了。但我没有忘记，我一直在寻找恰当的时机提醒他们提现。当我和另一名驻村扶贫队员陈文华到他家说起社会扶贫网上筹资的事时，一家人感到有些意外，竟然忘记了当初注册社会扶贫网时的登录密码，注册用的手机号码也早已没用了，提现陷入了困难。后来，我联系县扶贫办的同志重置了密码，才帮他家完成了提现操作。社会扶贫网捐款提现操作成功后，老实巴交的赛永旺那无法言表的感激之情，以及站在家门口远远送别我们的那消瘦的身影，永远留在了我的心中。我们的百姓，是懂得感恩的，即便有些时候，他不能用言语表达。

在脱贫攻坚战役中，还有一群人，也给我留下了深刻的印象，那就是拖姑村的党组织和广大党员群众。有重大任务党组织带头，有困难问题党员先上，在拖姑村已经常态化。在人居环境卫生大整治中，在新冠肺炎疫情防控中，到处都有党组织的身影，到处都有党旗在飘扬，冲在最前面的，也是胸戴党徽的党员。集体经济和千顷池湿地公园建设流转土地，像阮金安这样的党员首先站出来支持，起到了示范带动作用。正是因为有基层党组织和广大基层一线党员的不懈努力奋争，党的号召力和带动力才那么强大。

那份情

2020 年 9 月 15 日下午，拖姑村境内发生了一场交通事故，事故的主角，是我。

当天，天上下着毛毛细雨，乡挂村工作组组长马思约我和村党总支书记阮春荣一起去拖姑村 5 社，入户走访环境卫生示范户。

从拖姑村委往南，开车行驶 3 分钟 1.5 公里，即可到达目的地。支书他们的车在前面，我的车跟在后面。乡村道路不宽，我们的车都在道路中间行驶。由于跟车距离太近，当他们的车在我面前闪开的时候，一辆红色的电动三轮车就突然出现在了我的车前。在那一瞬间，我急忙往右拉了一把方向，但已来不及，还是撞上了。只听得“哐嚓嚓”一阵巨响，我的小轿车刮擦着那辆三轮车滑过，把我吓得魂飞魄散！

我惊魂未定，匆忙靠边停下车来，费了很大的劲才打开被撞坏了的车门。当我走回那辆被我撞了的三轮车旁，发现是 2 个女子带着一个一岁多的小孩共 3 人坐在三轮车上。问她们给伤着哪点时，她们俩一个劲儿地说“妈妈耶，吓死人了，我们都在边边上了，还直碌碌的撞过来！”

缓过神来后，三轮车上的她们怒目圆瞪，一步跨下车来，大步走向我，似要开始找我的麻烦。我赶紧说我是拖姑村的驻村扶贫工作队队员，别慌，一切责任我来承担。听了我的介绍，年轻一点的女子首先停下了脚步，安静了下来，语气也变得缓和而友善，她说她是拖姑村 13 社的，认得我们的驻村队员、13 社的包组干部吴建彪。

因为有了驻村队员和群众的这一层关系，暴风骤雨瞬间变得风平浪静。我打电话报了保险公司和交警。在等待的过程中，我们心平气和地交谈，我了解到她们是一对亲姐妹，姐姐叫兰金竹，妹妹叫兰金香，娘家在隔壁铁家湾村，姐姐嫁到了桃源社区的小黑山自然村，妹妹嫁到了拖姑村的 13 社。嫁到 13 社的兰金香说，虽然她已离婚离开了拖姑村，但还认识我们拖姑村的驻村扶贫工作队队员，这令我非常感动。

我同时把情况向马思组长和阮春荣支书做了汇报，他们安慰我说：“没有人员受伤就好。”工作的事情叫我暂时不要管了，他们会处理。接下来，交通事故按程序做了处理，我承担全部责任，双方车辆由保险公司负责修理。在事故处理过程中，兰金香姊妹俩给予了积极的配合，自始至终，没有一句怨言。

那次事故使我意识到，驻村扶贫工作队队员在群众心中，是可信任和受欢迎的，群众理解、宽容的那份情，深深地印在了我的脑海里，久久难以忘怀。

2020 年，脱贫攻坚战已赢得胜利，我将和大部分驻村队员一样，从脱贫攻坚战场一线凯旋。作为脱贫攻坚路上的追梦人，我一路不停地奔跑，一晃就跑过了五年时间，因为工作与领导、与同事、与群众之间产生的矛盾和冲突已烟消云散，工作任务按时完成时大家相视而笑的喜悦也已在心间，所有的酸辣苦甜已变得遥远，在我的记忆深处，唯一清晰记住的还是那条路、那些房、那片田、那群人和那份情。

（作者时任鲁甸县民宗局派驻拖姑村驻村扶贫工作队队长、第一书记）

只有脚踏实地　才能仰望星空

李　靖

2019 年 11 月 20 日，离小雪节气还有两天，气候已经冰寒，又厚又重的雪雾压着大地。密所村驻村工作队已早早起床，忙碌着调试卯家湾安置区摇号分房视频会场，搬迁户代表陆陆续续到来，安静的小村逐渐热闹起来。一个娇小的身影——驻村女队员熊攀穿梭在熙攘的人群中，热情地与村民打着招呼，仔细记录着每一位搬迁户的到场情况，生怕漏下一人。会议开始，她专注地守在电视机旁拍下每次摇号分房的结果，第一时间告知搬迁群众摇到的房号。看着这热闹的场景，老百姓欢愉的笑容，熊攀说道：“悬着的石头落了地，两年的辛苦总算没白费，脱贫的日子呀，有盼头咯。”

熊攀，2017 年 9 月，大学刚毕业，考上了县科协科普工作队岗位，成为一名科普工作者。同年 11 月，成为一名脱贫攻坚驻村女队员。梭山镇是鲁甸县最远、条件最艰苦的乡镇，按照文件规定，女性驻村工作队队员不能单独驻村，但正值脱贫攻坚关键时期，为了顺利推进脱贫攻坚工作，熊攀同志主动请缨，巾帼不让须眉，成为驻梭山镇工作队队员中唯一的一位女同志。

密所村属云南省深度贫困村，位于鲁甸最北部，贫困程度深，贫困面大，交通条件落后，信息闭塞，群众生产生活艰苦。辖 5 个自然村 18 个村民小组，居住着汉、彝、苗等民族 784 户 3359 人。2014 年有建档立卡贫困户 287 户 1130 人，贫困发生率 32.04%。通过对照收入、住房、教育、医疗、饮水 5 项指标，动态管理调整，2019 年末累计减贫 293 户 1269 人，全村贫困人口降至 17 户 52 人，贫困发生率降至 1.47%，2020 年实现全部脱贫。

“新来的是个女队员，又年轻，刚跨出大学校门，怕是干不了扶贫哦。”最初有这种想法的不仅仅是群众，还有驻村工作队队员和村组干部。以貌取人，让熊攀深感无奈。为了改变同事和群众的看法，熊攀使出的是“默默耕耘、用心付出”这一大“必杀技”。她从打扫村上卫生这样的小事做起，从帮助同事点点滴滴做起，从入户走访贫困户做起，从解决群众的迫切需求做起……渐渐地，大家对这个“90 后”小姑娘的看法发生转变，由最初的陌生转为熟悉，由质疑变为信任。

脚踏实地，解决问题

控辍保学助力脱贫攻坚，是保障贫困地区儿童接受义务教育、阻断贫困代际传递、夯实教育扶贫成效的基础和关键。铜槽子社的陈杰沉迷于手机游戏，辍学在家，熊攀与村干部共同前往做劝返工作。几番波折后，在玉米地里找到正在打游戏的陈杰，对于他的不理睬，熊攀通过从游戏里的“英雄角色”入手，探讨游戏人物技能打开他的心扉与话匣子，从游戏聊到辍学原因，找到问题所在。烈日下，这场蹲在玉米地里的交流持续了一个下午，在她晓之以理、动之以情的攻势下，他回到学校就学，劝返获得成功。

三家村社杨明友户是易地搬迁户，前期在宣传政策动员搬迁的过程中，他因观念问题极度不配合搬迁工作，对前去动员的工作人员反感、不信任。为转变其观念，熊攀一次次登门拜访，一遍遍详细讲述易地搬迁政策，为贫困户答疑解惑，关心鼓励他孙子学习，了解他儿子就业情况，组织前往卯家湾安置区实地查看房屋建设与周边配套项目设施。通过她坚持不懈地做工作，杨明友的思想观念逐渐转变，现在已经住进卯家湾安置区的新家。

帮扶路上，待人以亲

在搬家的前一天，搬迁户杨朝科的电话打不通，熊攀立马动身下社，翻山越岭找到老人，就怕老人错过搬家时间。搬家当天，她亲力亲为帮老人搬行李，置办生活用品。了解到老人生活很不容易，她向单位申请，解决了老人购置基本生活用品的费用。回访的时候，杨朝科激动地说道："感谢政府，感谢党，感谢你给我这么大的帮助，我在这里出门上街很方便，电梯我也学会了，我在这里你就放心吧！"在搬迁这段时间，她的身影每天出现在卯家湾安置区，挨家挨户地走访，认真记录出现的问题，有时遇到电梯停运，就爬楼梯到户，来来回回地穿梭不比下乡下社轻松。搬迁户对搬迁环境陌生，她就耐心为他们讲解，什么地方买菜、坐车、找物业找社区。正因为她俯下身、亲力亲为，以真诚待人服务群众，所以经常接到贫困户打的拉家常电话，俨然已成为贫困户心中的"家里人"。

目前，密所村的易地扶贫搬迁工作涉及的118户471人已全部搬迁入住，搬迁户也都记住了这个叫熊攀的小姑娘，偶尔在卯家湾安置区遇到时，都会热情地邀请她去家里吃饭，她心里想："这下，城里又多了几家可以串门的亲戚。"

力所能及，暖心帮扶

密所村最远的蚂蟥沟、二道沟、袁家屋基自然村属"六类"区域，均为苗族聚居的村落，易地扶贫搬迁工作就从这里打响，到达村落的交通条件极度艰难，路边是陡峭悬崖，车辆无法行进，低矮的草屋，杂乱的屋前屋后，贫困程度让同为苗族同胞的熊攀深感震惊。徒步到达后，她一心投入，宣传易地搬迁的政策措施，动员群众离开住地，搬迁到县城居住。在交谈中得知一位16岁的姑娘，父母常年外出务工，身材矮小的姑娘独自在家承担起照顾爷爷奶奶的重任，小姑娘身上破旧的衣服让她感到心酸，等再一次入户时，大家看到她拎着一个大包，原来包里是她带给这位苗族姑娘的衣服。

村委会旁边就是密所村火炬希望小学，有一群苗族小孩，因家离学校太远，就在学校附近租住，住房简陋，生活困苦。了解到这些情况，她开始经常出入这群小孩租住的地方，有时候是几大袋零食，有时候是几袋城里捐赠的衣服，有时候是一些生活用品，有时候是村委会食堂里的饭菜……她为孩子们检查作业，教读拼音，补习英语，这些都是她觉得力所能及的事。

积极主动，万能“小熊”

扶贫三年，对她来说，生活匆忙而充实，工作坎坷而有成就。脱贫攻坚战打响以后，她迎难而上，把密所村作为挥洒青春汗水的舞台，切实开展“挂包帮、转走访”工作，认真执行“六个精准”和“五个一批”脱贫攻坚政策措施，参与制作密所村精准脱贫方案、贫困村脱贫计划，开展帮扶工作。在脱贫进入攻坚阶段，她以满腔热情投身到“决战决胜百日总攻坚”行动中，白天入户宣讲政策，掌握群众所思所盼，夜晚伏案整理扶贫档案、分析总结工作中存在的问题。在村上，每天都能听到人们呼喊“小熊”，有时候忙晕头了，连她自己也调侃：“现在，我真害怕听见小熊这个称呼，改名字还来得及不？”大家都被逗笑了。“小熊”是我们的数据库、业务员，有了她，密所村脱贫攻坚数据更加准确，上级部门需要的材料工作队都能及时上报。密所村脱贫材料的上报工作，得到了镇党委、镇政府的充分肯定和高度赞扬。这些工作成绩，是“小熊”的默默奉献、埋头苦干的结果。

苦尽甘来，仰望星空

熊攀的老家是红色革命圣地——威信扎西。从小在党旗下长大的她，在良好的家庭教育下，受红色革命思想的熏陶，具备了无私奉献的精神。自从驻村后，她很少回家，大家调侃她，天天驻村，连谈恋爱的时间都没有，怕是难嫁了。她总笑着说："算啦，工作忙呢，等脱贫结束了再考虑。"父母想她了，打个电话询问状况，她总是回答："放心，啥都好。"其实，女同志驻村的艰辛父母又何尝不知。

一份耕耘一份收获，熊攀同志在脱贫攻坚战的路上尽职尽责，兢兢业业，得到密所村干部和群众的一致认可，2019 年被评为"优秀驻村队员"。蓦然回首，她惊喜地发现自己已不同往昔，是脱贫攻坚让她成长，是在农村工作让这位城市姑娘变得更加坚强，是服务群众让她的价值得到更好体现。"宝剑锋从磨砺出，梅花香自苦寒来"，踏过脱贫攻坚的主战场，她拥有了珍贵的品质和坚韧的精神。未来，她将继续不忘初心、脚踏实地、砥砺奋进，仰望星空。

（作者时任鲁甸县科学技术协会驻密所村驻村扶贫工作队队长、第一书记）

一路艰辛一路歌

曾　颢

2019年3月1日，山乡草长莺飞，桃红柳绿。鲁甸县教育体育局安排顾文聪、武绍卫、曹彬和我共4位同志到水磨镇黑鲁村开展驻村扶贫工作。一进村，我们看到一条灰扑扑的水泥路上，到处是泥沙、公分石、塑料袋、饮料瓶等，一座座小砖房之间，夹杂着不少破破烂烂的小瓦房，入组的路还是土路，坑坑洼洼的，偶有车辆穿过，到处尘土飞扬，路边人家的门口，大都堆着一堆堆粪土，有的还淌着肮脏的粪水……

看到这些，我们心情都很沉重。

到了村委会，二三十个群众正聚集在办事大厅吵吵嚷嚷，要求村“两委”的同志帮助解决三个小组的林地纠纷问题，村干部认真听取了各小组代表的意见建议，并请当年参与分林地的老人出面作证，请林业部门的同志带领大家到山上，最终有效解决了三个小组的林地纠纷问题。我们都在心里暗暗为他们点赞。

解决了群众纠纷，他们才来迎接我们，村党总支书记一脸歉意地说：“实在不好意思，迎接几位老师的竟然是这种场面。”我们都笑着说：“这才像脱贫攻坚的主战场嘛！”接下来，我们认真听取了村组干部对全村的情况介绍，搞清了本村脱贫攻坚存在的主要问题：一是五个小组缺水；二是老旧危房还很多；三是人居环境令人担忧；四是还有不少青壮年劳动力没外出务工；五是易地搬迁工作任重道远，一些群众搬迁意愿摇摆不定。

到黑鲁的第二天，我们便和镇村组干部一道投入本村的脱贫攻坚工作中去。通过调研，我们发现一个很棘手的问题，那就是村里刚建设的漂亮的石头地安置点里入住的人很少，该安置点共安置103户494人，当时入住的仅有20多户，通过与村组干部和群众交流，终于弄清该安置点群众入住率不高是因饮水极不正常，生活不方便，有时三五天甚至七八天一滴水都没有，老百姓都说，只要饮水正常，我们马上搬迁入住。为了让老百姓尽快搬迁入住，我们和镇村干部及时与负责该安置点饮水工程的相关负责人和施工老板联系，多次到水源点和蓄水池边去查找原因，通过认真检查，终于发现，该水源点水量太小，用抽水机抽到蓄水池要好几天才能抽满，而抽一次用不了几天。正当我们一筹莫展之际，镇里传来了一个激动人心的消息，全村管饮工程将在村里实施，从十几公里外的黄泥寨村引水过来供黑鲁村饮用。为使饮水工程顺利实施，我们积极组织干部多次到施工一线与施工方勘测施工线路，协调群众土地，督促施工方加快工期，监督施工质量，通过几个月的紧张工作，全村的人畜饮水工程终于顺利完成，白花花的山泉水流进千家万户，流进安置点小区，有了水，安置点103户群众全都搬迁入住，过上了幸福的生活。

黑鲁村除了搬迁石头地安置点103户，还有29户129人将搬迁鲁甸卯家湾易地扶贫搬迁安置区。这些群众原在居住地生存条件很差，交通闭塞，房屋破旧，土地贫瘠，广种薄收，若不搬迁难以脱贫。为做好这一工作，我们多次组织有搬迁意愿的群众进行宣传动员，当时有部分群众思想很保守，搬迁意愿摇曳不定，他们担心搬迁出去到哪里去挣钱？生病了到哪里看病？孩子到哪里读书？为了打消群众这些顾虑，我们便和村组干部认真宣传党的易迁政策，向群众宣传鲁甸卯家湾“不是建一个安置区，而是建一座新城”，卯家湾紧挨着县城，整个安置区占地3700亩，建设安置房66栋8866套，配套新建1所九年一贯制学校、1所小学、4所幼儿园、1所卫生院、6个社区卫生室，承接安置鲁甸、巧家、彝良、永善、盐津5个县的搬迁群众 8322 户 35585 人。此外，围绕搬迁群众的后续发展问题，县委、县政府还制定了“两园两基地”产业规划，在卯家湾片区建设 3000 亩现代物流园和 2200 亩高原特色绿色食品加工园，打造万亩苹果基地、万亩蔬菜基地，以此带动群众增收致富。同时，还将建设能吸纳 1200 余人就业的食用菌产业园，一个 4 万平方米标准化厂房的扶贫车间，加上安置区配套产业及周边企业提供的 6000 个就业岗位，可实现搬迁群众户均一人就近就业。大家不必担心将来打工、看病、上学等问题，通过多次的宣传动员，29 户均写了申请书，签订了易迁协议。正当临近搬迁之际，挂包干部向我们反映了一个问题：罗登龙、苏明礼几户说啥都不搬了，原因是怕搬出去没有宣传的那么好，将来日子难过。得知这一情况，我们立马和挂包干部一道进村入户做思想工作，并亲自用私车拉他们到卯家湾参观安置点的住房、产业区、学校、医院等建设情况，通过实地参观体验，罗登龙、苏明礼等人均表示愿意搬迁，他们回来后还向其他群众大力宣传，罗登龙说：“能搬到这么好的地方去生活，真是糠箩跳米箩啊！”2019 年 12 月 20 日，鲁甸卯家湾易地扶贫搬迁安置区搬迁仪式正式启动，当天来自鲁甸、巧家、彝良、永善 4 个县的搬迁群众喜迁新居。冬日暖阳下，搬家现场欢声笑语不断，挂满枝头的红灯笼随风摇曳，水磨镇黑鲁村 29 户搬迁群众在我们和村组干部的带领下迎来了乔迁之喜。黑鲁村冲子村民小组的易迁户朱家荣激动地说：“卯家湾新城环境优美、交通方便、就业机会多，娃娃读书又方便，感谢党的好政策圆了我们的安居梦，也感谢我们村的驻村干部和镇村组干部啊！”

易地搬迁只是黑鲁村脱贫攻坚的一部分，我们要解决的问题还很多。在驻村的日子里，在县政府高涛副县长的带领下，在市督导员张正洪同志的精心指导下，我们每天起早摸黑，组织教体局的 70 余名挂包干部首先做好收入清、住房清、教育清、医疗清、就业清、产业清、饮水清、项目清、家底清“九清”工作。白天，我们走村串户，深入各家各户调查；晚上，我们集中在村委会的会议室里挨家挨户地研判，认真查找各家各户存在的问题，并一起商量解决办法，每天晚上，我们都工作到 12 点才休息。有几天晚上，段飞副镇长带领我们通夜加班，从晚上 8 点一直干到第二天早上 7 点才去休息。通过大家的艰苦努力、克难攻坚，我们终于摸清了全村 924 户 3789 人方方面面的情况。

“九清”工作做好了，我们攻坚的努力方向也更加明确了。首先，我们分组开展房屋排危和拆除重建工作。经排查，全村还有 100 多户人家住在老旧危房里，这些农户中有不少人家不愿意拆旧建新，我们便和镇村组干部一道深入各家各户做思想工作，并安排挖机随时待命，做好一家拆除一家，同时立马申报重建项目。于是整个村庄到处机器隆隆、尘土飞扬、人声鼎沸，一派热火朝天的场面，经过几个月艰苦努力，全村基本消除了危房，群众一座座安全漂亮的小洋房呈现在我们的面前。

群众住房解决了，人居环境整治又成了我们的工作重点。为切实做好这一工作，我们充分调动镇村组干部、驻村队员和挂钩包保干部的力量助推人居环境整治，要求大家入户走访的同时，耐心说服群众加强对散养家畜、家禽的管理，对村内道路、沟渠等公共场所进行整治，提升村庄的整体清洁和整洁水平，特别指导群众整理家庭卫生和个人卫生，帮助他们操家理务，房前屋后杂物柴火堆放有序，人居环境和家庭环境美化靓化，生产生活用品排放有序；充分利用好公共服务岗人员和生态护林员，充分激发群众内生动力，从而树立一些做得好的先进典型，从根本上扭转村民不讲究卫生、不重视人居环境的恶习、陋习，确保实现家庭环境整洁卫生，努力提升贫困群众精神面貌。通过大力整治，全村路域、外部环境、家庭和个人卫生发生了质的飞跃。

驻村期间，在市县领导的精心指导和大力支持下，我们团结一致，带领驻村扶贫干部全力以赴抓好黑鲁村的村级经济产业、劳动力转移、村路修筑、雪椒、马铃薯等种植，抓好农民工技术培训，做好控辍保学、扫黑除恶等工作。为了缓解紧张的工作，在工作之余，我们常常写写打油诗自娱自乐，一是缓解工作压力，二是鼓舞同志们的士气。我带头写道：“山乡沾春杨柳舞，领导送我去黑鲁。镇村干部很和善，实话实说较好处。黑鲁巨变很感慨，一路走来很辛苦。暗下决心好好干，决不做个二百五。”有的写道：“黑鲁是个好地方，苞谷洋芋实在香。春耕忙完打工去，勤劳致富奔小康。”有的写道：“黑鲁洋芋大，撮箕装不下，厨师没办法，要用铡刀铡。”还有的写道：“累伤不要紧，只要扶贫真。亏了我一个，幸福全村人。”……在大家相互鼓励、相互交流下，全村的扶贫干部精神振奋，说干就干，全力推动了本村的脱贫进度。有个驻村工作队队员说：“脱贫工作肯定是艰巨的，困难肯定是有的，如果没有困难，还要我们这些扶贫干部来整啥子。与其坐在村委会唉声叹气的，不如到贫困户家里实地查看，实地想办法……”

2019 年年底，通过全体扶贫干部和驻村工作队队员的艰苦努力，黑鲁村达到了脱贫出列的七条标准：贫困发生率低于 3%；通硬化路且危险路段有必要的安全防护设施；通动力电；通广播电视 100%；网络宽带覆盖到行政村、学校、卫生室；建有标准卫生室 1 个；有公共服务活动场所 3 个。全村 454 户建档立卡贫困户在收入、住房、教育、医疗、饮水等五个方面均达标，顺利脱贫。顺利通过了国家、省、市、县的各级考核评估和普查验收。

如今，当你再次踏上这片曾经贫穷落后的小山村时，你一定会百感交集，你一定会深深地感受到昔日的黑鲁已发生了巨大变化，昔日泥泞的土路、低矮的瓦房、破旧的小学已变成平坦的水泥路、美丽的小洋房、洋溢着新时代气息的安置点、宽敞漂亮楼房矗立的学校，真是翻天覆地慨而慷啊！激动之余，我写下了一首《脱贫致富奔小康》的歌词，与大家分享：

1. 太阳出来照四方，脱贫号角响山乡，自从来了扶贫队，百姓心里亮堂堂。修公路、建新房，户户安居有保障，兴产业，养牛羊，衣食无忧把歌唱。孩子快乐上学去，医疗覆盖保健康。两不愁来三保障，脱贫致富奔小康。

2. 党的雨露润山乡，致富不忘党中央，好雨真是知时节，精准扶贫真恰当。勤走访、摸情况，三评四定建户档、建户档，特困户、纳供养，缺啥补啥不用慌。公平公正来识别，一户不落不走样。春耕忙完打工去，勤劳致富奔小康。

3. 扶贫春风拂山乡，人逢喜事精神爽，村里今年喜事多，事事顺心有希望。看电视、互联网，农民生活变了样，拨手机、运输忙，内生动力在增强。环境陋习齐整治，扫除等靠坏思想。精神脱贫有力量，感恩奋进奔小康。

（作者时任鲁甸县教育体育局派驻黑鲁村驻村扶贫工作队队长、第一书记）

帮扶日记

陈兴虎

2020年1月1日　星期三　晴

今天是元旦节，天气晴朗，空中没有一丝云彩，心情格外舒畅。我从昭通出发，开着车一路上飞奔前往新街镇坪地营村检查串户路进度。前段时间，我和县扶贫办主任王文杰沟通对接，协调100万元资金解决坪地营村1、2、14、15社的串户路硬化工程，踏踏实实做一些群众看得见、摸得着的实事，帮助群众改变人居环境，赢得群众的认可。

过去，14社、15社的串户路高低不平，坑坑洼洼，到处是牛屎马粪，臭气熏天，一到下雨天走路难行，车辆打滑，遍地泥浆，污水横流，穿不到一双干净的鞋子，村民小组活动场所门前倒满很多垃圾，没人管理，石头瓦砾乱堆。多数群众家里连脚都放不下去，锅碗瓢盆像摆地摊一样，铺盖行头乱麻麻地堆在床上，蚊蝇到处飞，有的群众长达半年不会换洗衣服，干柴横一块直一块乱丢，穿不得的衣物东一件西一件乱挂，娃娃经常不洗脸，鼻涕淌进嘴里都懒得擦一下，村民们怨气很大，有的骂社长不理事，有的骂镇村干部不关心，但是没有一个人把责任怪在自己头上，从来不找自身原因，“等、靠、要”思想尤其严重。

通过几年来干部群众的辛苦努力和挂钩帮扶，当地的基础设施和精神面貌明显好转，收入逐步增多。正在想着今天的变化，眨眼间工夫已到了14社，我仔细查看了工程质量和进度，一条条串户路干干净净，阳光照在水泥路上反射回来，眼前白晃晃的。一大帮小孩在路上有说有笑，有的在踢毽子、有的在背诵古诗、有的坐在小木车上由同伴推来推去；一些老人坐在门前晒太阳摆龙门阵；妇女们在洗衣服；在家的男劳力帮施工方修路或者去隔壁苹果基地务工。文化活动场所门前的院坝已全部硬化，安装了五人制足球场，工程已进入扫尾阶段。我和村民们都熟悉了，看见我后，家家户户热情厚道，这家喊了吃饭、那家请了喝甜酒，大家心里暖洋洋的。夜幕降临，华灯初上，吃完晚饭，村民们唱歌跳舞，热热闹闹、欢声笑语，幸福吉祥，村民们真正感受到了党的温暖。

晚上，我睡在村庄里。山中没有一丝声响，秋虫都在打呼噜、公鸡在清嗓子、好半天才听到一张车从屋外经过。翻来覆去睡不着，我想，假如我一直生活在这里，日出日落、劳作休息，享受着山中的美好时光，我也不想去憧憬外面的精彩世界，甚至什么也不想。山青、水美、人好，此生能在这里生活岂不快哉？睡够了，懒洋洋地伸伸腰，轻轻松松出门，快快乐乐回家。在山顶放牧，嘴里咬一只叶子烟杆吞云吐雾，骑着马到处飞奔，我的腰间别着酒葫芦，妻子在家里架着大火煮饭，一边在和无忧无虑的小宝贝讲口口相传的老变婆故事。

然而，历史的车轮总是滚滚向前，无论对于中国、昭通还是坪地营村都是如此，文明她说来就真的来了，来得那么快那么直接。新街的高速路通往山外，年前就有人带着黄头发蓝眼睛白皮肤的外国人来大山包旅游，经过新街时在酒店吃饭还会用筷子夹菜，酒房村都有明星来开演唱会，少数民族青年说，新鲜的东西太多，用本民族语言翻译纯粹无法了，干脆说汉话要顺口一些。没有人再愿意过刀耕火种的日子，隐居山林也仅仅是小说里的故事，新时代的号角已在大山里吹响。有人走路的姿态风风火火、有人打电话都是喜形于色、有人打工赚到了钱、有人搬进县城、有人买了车、有人见到工作队的同志多远就跑来打招呼、衣服裤子干干净净、房前屋后整整洁洁、小孩儿蹦蹦跳跳、适龄儿童全部上学，家家有安全住房，老人们说这一生没有想到还会过上这种好日子。感谢共产党、感谢习主席！人生啊，总有人，一部分有先见之明的人改变着自己再慢慢改变别人。干扶贫工作不容易，我在电话这头，你在电话那头，动员千遍也不厌倦；我走村串户，进群众家门的时间比去看望爹娘的次数还多，看着老百姓开心幸福的样子，在枕边流下激动的泪花。

每当我打开手机翻看着坪地营村脱贫攻坚前后的新老照片时，回忆起与当地群众一起拉家常思发展齐动手的点点滴滴，幸福洋溢在脸上，自豪感油然而生，此生所幸能有机会参加脱贫攻坚这场举世瞩目的伟大事业而骄傲！

2020 年 3 月 27 日　星期五　晴

今天，我与挂钩户胡友云联系以后，开着车去坪地营村接他搬家到卯家湾。他的东西大大小小 5 口袋，尾箱和后排座位全部塞满。我和他聊得很开心，到了新街街上，看到他的头发又长又乱又脏，我带着他洗发剪发，打扮一番后，容光焕发的精气神就显露出来了。到了卯家湾，放好东西，再和他去买撮箕、扫把、拖把、盆子等等，家里的家具全是新的，电视背景、茶几、沙发、六门柜、席梦思床、电磁炉、电饭锅、炒菜锅一应俱全，从新街搬家到卯家湾的亲戚赶来和我们一起帮忙，擦玻璃、拖地板、叠被子，所有卫生全部清理干净，清清爽爽，整个家里环境氛围舒适感、幸福感爆棚。大家其乐融融，胡友云高兴极了，时不时还哼着小调。

胡友云的父亲过世以后，他和母亲相依为命，大哥外出打工，二哥在闪桥村坐家，三哥在苏甲乡招亲上门，他又被一个女人抛弃，心情糟糕透顶，成天嗜酒如命，想一死了之。每次去他家走访，他总说："陈同志，我死了你就不操心了。"我说："你在说些啥子？你要是个男人就勇敢地站起来。"他满身酒气佝偻着腰杆披着外套踉踉跄跄，我气不打一处来，"你一个40来岁的男人，出去打点工嘛，一天只认得喝酒，人家不挨你好了么，好好地苦点钱再找一个嘛，有啥子不得了的，你的屋头乱成这种，哪个会嫁你？我给你打整一下家里面？""啥子啊？你给我打整？我就不想活了，人还是要点面子的嘎，我自己会整干净。"他坚决要自己亲自动手操家理务。不过，他一直没有理归顺过坪地营村的老家，他不想搬去卯家湾，我又找不到解决"两不愁、三保障"的法子，我一次又一次地上他的门、打他的电话和他干瞪眼，我经常被他骂得一无是处的走掉。

人心都是肉长的吧？一次又一次地做工作，他终于答应搬迁了，我高兴得跳起来。心想西边出太阳了，可是好景不长，他今天说搬，明天又不搬，我经常在想，是他的问题还是我的问题？我彻底崩溃了，对于一个卡户来说，和你签合同按手印纯粹是形同儿戏。后来，我仍然不停地做工作，去坪地营村带着他去卯家湾看房，与他交心谈心，与他吃饭，偶尔带些茶叶点心，买新衣服给他的老人，从微薄的口袋里掏出点心意向老人拜个早年。一来二去，我们就像一家人，他把我当朋友，我把他当亲人。"陈同志，你一点都不踿，看得起农村人"。"我也是农村人啊！"

搬家的时间越来越近了，搬家的头天，村干部叫他去新街卫生院打健康证明和大家统一坐车出发。他又喝酒掉在厕所里，经算命先生点拨，说是三天以后才能搬家，我差点被他整崩溃了，说服说服再说服，"卯家湾要搬三万六千人，家家像你一样的算日子才搬家，可能五年都搬不完。"他终于来了，来了，来了！我看见他搬新家住新房找工作，看见他感党恩听党话跟党走，看见他脸上露出认识他以来最灿烂的笑容。我就想，坪地营村山谷的溪水，地里的荞麦，火塘的故事已成过往记忆。谁在茅屋下遥望北京？谁在天安门解救苍生？谁在假日里访贫问苦？谁在困难中挺身而出？中国的壮举在山间松涛弹奏出新时代的旋律，卯家湾建设进度短短一年间芝麻开门的神话全部变成现实，搬出大山天地宽，幸福家园卯家湾，党委、政府在安置区搭建了暖心的舞台，下班后可以跳跳舞，唱山歌找朋友，五个县的群众在卯家湾和睦共处，亲如一家，在自强、诚信、感恩的鲁甸大地上叙述一首战天斗地脱贫摘帽的史诗！

（作者时任中共鲁甸县委宣传部副部长）

第七编　组织保障

四个精准齐发力　党建引领促脱贫

张正聪

鲁甸县按照新时代党的建设总要求和新时代党的组织路线，深入落实习近平总书记对云南工作的重要指示精神，牢牢锁定2019年整县脱贫摘帽目标，以脱贫攻坚统领经济社会发展全局、坚持党的建设统领推动各项工作落实“双统领”，强化铁的纪律和硬的作风“双保障”，以党的建设和脱贫攻坚“双推进”，充分发挥党组织的政治优势、组织优势、密切联系群众优势，以建强基层组织推动脱贫攻坚，以脱贫攻坚成效检验基层党建成效，奋力谱写出新时代基层党建与脱贫攻坚同频共振、“双促双赢”的鲁甸篇章。

提高政治站位，在决胜脱贫攻坚上精准发力

在脱贫攻坚中，鲁甸县坚持调查研究制度化经常化，常委班子成员带头扎下去，深入基层、深入一线、深入群众，出主意、想办法、解难题。同时，压实党委（党组）主体责任和党组织书记第一责任人职责，推动脱贫攻坚责任落实、政策落实、工作落实。建立完善了“住房、拆危、就业、控辍保学、医疗保障”5个方面问题清单，查摆并解决问题32项，确保做

到问题全面清零。着重抓实党支部这个基础，以“站高两级谋思路、下沉两级抓落实”为基本，既聚焦主题主线，又结合自身实际和工作职责，查摆问题，找准差距，列出清单，逐一整改，做到“组织领导、统筹结合、全员覆盖、学习教育、检视整改”五个到位，鲁甸县于2019年已顺利脱贫摘帽。各级领导班子先后开展理论中心组集中学习151次，举办读书班学习142次，形成调研报告264份，推进转化调研成果300余项。

开展“不忘初心、牢记使命”主题教育期间，拓宽群众反映渠道，鲁甸县收集并解决群众诉求107件，坚持事事有回应，件件抓落实，做到出实招见实效。将“自强、诚信、感恩”和“三讲三评”纳入主题教育宣讲内容及方式，组建5个县级宣讲团和驻村工作队队员为主体的宣讲队101支，包片分组、进村入户进行宣讲，覆盖到各支部和全体党员，落到“神经末梢”。县级宣讲团先后到各乡镇组织学习306次，宣讲261场次，参与党员群众8572人次。驻村扶贫工作队组织开展“三讲三评”2056场，贫困群众参与82989人次。党支部结合“三会一课”“主题党日”活动，开展宣讲22场次，参与党员群众1680人次；通过与群众面对面交流、心贴心服务、实打实工作，切实帮助群众解决困难，让广大党员干部在为群众解难除困中不断树牢宗旨意识，赓续党群鱼水深情。

注重强基固本，在筑牢战斗堡垒上精准发力

“以前啊，支部建设规范化水平不高，开一次党员大会就是稀稀拉拉的来几个人，联系党员、联系贫困群众上有差距。现在，新的活动场所建起来了，村级集体经济的发展让群众的腰包鼓起来了，村干部的腰杆也挺起来了，现在的村党总支可成了群众的主心骨，村里的大小事务，都是村党总支在带领着大家干。”说起这几年村党总支的巨大变化，小寨镇赵家海

村党总支书记姚正万总是抑制不住内心的豪迈之情。

基层党组织，是广泛分布在脱贫攻坚战线上的一线“作战部”，是带领群众脱贫致富的战斗堡垒。鲁甸县建成了453个基层党建网格，实现干部联系支部、支部委员联系党员、党员联系贫困群众全覆盖。强化党组织在产业发展中的核心引领作用，积极搭建平台、整合各方力量，成立“党支部+合作社”308个，覆盖种养殖业、服务业等各个行业领域。在史无前例的大规模易地扶贫搬迁安置中，组建砚池党工委，下辖社区党总支6个，设立网格党支部36个、楼宇党小组76个，为易地扶贫搬迁各项工作顺利推进和实现群众搬得出、后续稳得住、持续能发展、社会较满意目标，提供坚强组织保障。

把抓好党支部规范化建设达标创建、农村党组织“双整百千”作为组织体系建设的重要内容，鲁甸县完成达标创建691个，其中2个被评为省级示范党支部，5个被推荐为市级示范党支部。坚持抓两头带中间，重点选择桃源回族乡拖姑村、小寨镇赵家海村、江底镇江底社区等15个“立得住、叫得响、能推广”的高标准示范党组织，以点带面，全面提升全县基层党建标准化、规范化水平。自2016年起，持续加大力度推进村级集体经济“破壳”“消薄”“强村”，积极整合省、市、县财政资金，先后投入2410万元，撬动金融、扶贫、农业以及社会投入等各类资金近4000万元，扶持发展壮大村级集体经济。在云南省专家团队指导下，县级筹集780万元，发展6个以村级集体经济为主的黄牛养殖示范基地，带动1000户群众，户均增收5000余元；在火德红镇圆农马铃薯专业合作社建立马铃薯种薯扩繁基地1个，户均增收2000元。鲁甸县建立市级、省级专家工作站5个，助推高原农业特色产业发展。2019年年底，鲁甸县97个村（社区）集体经济年收益均达2万元以上，文屏镇砚池山村2019年收益将达到85万元。村级集体经济发展壮大，有效激发和调动基层干部尤其是村组干部的工作积极性与主动性，为带领带动群众共同发展致富、推进鲁甸县基层党建助推脱贫攻坚工作注入新动力。

坚持尽锐出战，在突出作用发挥上精准发力

任命12名处级领导担任12个乡镇党委第一书记，将40名县处级领导一对一挂钩到40个深度贫困村，将53名科级领导一对一挂钩到56个贫困村，中央和省、市、县108家单位，13名市级领导、127名县级领导、3843名帮扶干部每月进村入户帮扶；2015年以来鲁甸县累计下派驻村工作队96支1300名，在“奋战60天、如期摘掉贫困帽”攻坚行动中，县直各挂钩部门80%以上的干部职工下沉一线驻村开展工作。

在打好脱贫攻坚战、促进村级集体经济发展、矛盾纠纷排查等具体事务中找准无职党员、普通党员发挥作用的支点，因需设岗定责，切实发挥党员先锋模范作用。创新落实“五项制度”，坚持以支部“主题党日”为载体，统筹开展人居环境整治、危房拆除、院坝硬化等工作，最大限度吸纳普通群众参与党组织活动，在活动中将群众团结在党组织周围。2019年，共组建党员志愿服务队169支9716人，开展志愿服务3万余次；充分发挥党组织的政治优势和组织优势，主动对接东西部协作对口帮扶的中山市、东莞市。通过劳务协作输出劳动力112364人，实现了“一人就业、全家脱贫”目标，有力助推脱贫攻坚。实现了党员组织起来、群众动员起来，每个贫困群众、易迁安置区搬迁群众背后，都有一个坚强的党组织。

严管厚爱并重，在激励干事创业上精准发力

将脱贫攻坚一线作为培养锻炼干部、考察识别干部的主阵地，对工作实绩突出、个人品行优秀、群众公认度高的干部优先选拔任用，激励了干部干事创业热情，增强了脱贫攻坚工作力量。2019年选拔的52名正副科级领导

干部中，有脱贫攻坚一线工作经历的43名，占82.69%。从驻村工作队队长中选派12名干部挂职乡镇党委副书记兼乡镇驻村工作队队长。在不提高职级待遇的情况下，从乡镇和县直部门选派18名优秀年轻干部担任乡镇长助理，作为后备干部培养使用。为展示广大党员干部的忠诚与担当，在决战决胜脱贫攻坚中“不忘初心、牢记使命”，把干部群众的昂扬斗志转化为推动鲁甸实现跨越发展的正能量。依托市委党校、龙头镇干部教育培训基地、乡镇党校开展教育培训，提升干部能力和水平。组织参与脱贫攻坚上级调训40期215人；开展脱贫攻坚专题培训6期750人；聚焦“两不愁、三保障”，以实现“户脱贫、村出列、县摘帽”为目标，实施“请进来”培训1期521人；组织参加省级举办的《脱贫攻坚基础政策业务视频系列讲座》2期2183人，实现县乡党政领导干部、部门行业干部、扶贫系统干部、帮扶干部、贫困村干部全覆盖；县、乡、村坚持每月开展1次脱贫攻坚调度会暨脱贫攻坚政策业务培训会，实现县级领导，乡镇党政主要领导、分管领导、扶贫站长、驻村第一书记，县级各部门主要负责人，各级包保干部、乡镇村干部、驻村扶贫队员全覆盖。行业部门组织开展培训11期2398人次。五年来鲁甸县共开展“万名党员进党校”培训190期，15403人次，实现党员培训全覆盖。2015年以来，累计投入5956万元，新建、改扩建村级组织活动场所79个；整合资金4980万元，建成村民小组活动场所305个；投入410万元，建成综合服务平台108个。保障每年每村办公经费4万元，社区5万元，每年每个村民小组党支部活动经费1000元。机关支部党建经费列入单位预算。全面落实村干部“基本报酬+绩效补贴+村级集体经济创收奖励”结构性岗位补贴制度。村（社区）党组织书记每月待遇最高达3050元，村（居）民小组长误工补贴由100元提高到400元。在脱贫攻坚期内，县财政每年拿出230万元，专项用于直接参与脱贫攻坚工作村组干部的绩效奖励、购买意外伤害险和健康体检。积极落实养老保险、医疗保险等政策，村（社区）干部参保率100%。按照《关于建立村（社区）干部岗位补贴长效机制的通知》规定，对村（社区）干部实行村集体经济创收奖励。

鲁甸县坚持以习近平新时代中国特色社会主义思想为指导，以深入学习贯彻十九届四中全会精神为主线，站稳人民立场、牢记党的宗旨，怀着对群众的“亲劲”去谋划，保持政治定力、做到久久为功，带着抓工作的“韧劲”去克难，锤炼过硬作风、展现担当作为，擎着干事创业的“拼劲”去奋斗，努力推动基层党建工作再上新台阶。

（作者时任中共鲁甸县委常委、组织部长）

干群一家亲　党群心连心

滕兴林

“听党话，跟党走，脱贫致富有奔头。”这句生动深刻的话语，不仅体现在田间地头劳作的农民群众身上，而且深深扎根于县委组织部全体包保干部的心底，更时刻鼓舞着广大群众齐心协力奔小康的勇气。近年来，包保干部紧盯村情贫情，同群众同呼吸、共命运、心连心，把人民对美好生活的向往作为奋斗目标，真正实现小康路上不漏一人，不少一户。5年的真帮实扶，让我回忆起赵家海村基层党建和脱贫攻坚“双推进”工作中的点点滴滴。

强基础、守阵地，着力改善基础设施建设

“老文，冬天来了，多注意腿脚保暖。有没有什么困难？喝水方不方便？米油这些够不够？低保、残疾人补贴领没领到？跟老伴和好了吗？少吵架，多关心。”“部长，谢谢你们，自从你们来我家，关心我们生活，帮我们协调解决吃水的问题，现在日子越来越好了，感谢党，感谢国家，我和老伴偶尔争下嘴，样样都好的。”这是我陪县委常委、县委组织部部长张

正聪同志入户走访时他与贫困户的对话，也是每位包保干部抓脱贫攻坚的一个缩影。

“晴天一身土，雨天一身泥”是原赵家海村的真实写照。要致富，先修路，为彻底改变这一现状，张部长示范带头，积极向相关部门争取，协调资金826.45万元，硬化村组道路17.5公里，从根本上解决了17个村民小组850户群众的出行难、生产难问题；协调资金60余万元，新建2个村民小组活动场所及配套设施，进一步改善了群众的物质生活、精神生活和文化生活，为筑牢基层党组织阵地，促进基层党建和脱贫攻坚提供了有力保障；争取资金23.66万元，新建50立方蓄水池、配套压力池，铺设5.8公里管引，有效攻克了水井湾等3个村民小组125户群众多年存在的饮水困难顽疾。

助力脱贫攻坚，从干部“跑腿”开始。每次在办公室看不到副部长、挂钩帮扶领导徐可新同志，当我给他拨去电话，他不是在赵家海村，就是在下村的路上。“哪怕跑再多的路，只要能为群众办成事都是值得的。”这是他回答我次数最多的一句话。各位包保干部在工作中所吃的苦受的累，我感同身受。

强动力、增信心，着力激发内生动力

“扶贫先扶志”，转变贫困户“等、靠、要”的思想观念，变“要我脱贫”为“我要脱贫”，发动群众用勤劳双手脱贫致富是近几年县委组织部在帮扶工作中做得最多的，脱贫攻坚工作最吃紧的那段时间，部领导分片负责，常务副部长焦焕存同志利用在县妇联任职期间积累的做妇女工作经验，每晚利用业余时间，组织包保干部和贫困群众召开妇女群众会，在村民小组活动场所、田间地头、农户家中，总能看到她带头开展“三讲三评”和

“自强诚信感恩”主题实践活动，不断激发贫困群众内生动力，增强脱贫致富信心。

“焦同志，你们经常来和我们吹吹牛、拉拉家常，让我们了解国家方针政策，又随时帮助我们、关心我们，现在我们家生活得到了很大改善，屋内屋外的环境也变好了，你们是真正的好干部。”贫困户代表徐道焕在妇女群众会上对焦常务说的话，至今我还历历在目。

“火车跑得快，全靠车头带。”针对村“两委”班子理论水平不高、思想观念不新、后备力量不足等问题，县委组织部着力在“领头雁”培养上下功夫，不断创造学习条件，2018年先后带领村“两委”干部深入曲靖会泽、贵州安顺等地就辣椒种植和销售进行考察，让他们开眼界长见识，并结合气候条件引进红灯笼、子弹头等品种种植。为推动辣椒种植，引导支部书记和党员带头种植，在党员的带动种植下，全村440户（其中贫困户268户）群众种植了辣椒360亩，党总支对群众种植的辣椒统一收购销售，群众种植辣椒户均实现3000元收入。通过培训，村“两委”干部的理论水平和带领带富能力得到了很大的提高。

强后劲、促发展，着力壮大村级集体经济

习近平总书记指出：“在扶贫中，要增强乡村两级集体经济实力，否则，整个扶贫工作将缺少基本的保障和失去强大的动力，已经取得的扶贫成果也就有丧失的危险。”2016年前，赵家海村“守着青山无柴烧”“捧着金碗讨饭吃”，30亩村集体土地成为沉睡的“资源”，属于典型的村级集体经济“空壳村”。“手中没把米，唤鸡也不灵”，无人管事、无人干事、无钱办事现象突出……

2016年来，县委组织部充分发挥思路宽、信息广、资源多的优势，常态

化为赵家海村发展壮大村级集体经济“定路线”“把方向”“开药方”，紧紧抓住距镇政府驻地6公里、县城2.5公里的区位优势，在深入分析研究村情贫情、充分调研和多方论证基础上，盘活资源、用活政策，为村“两委”以确定了栽好一棵辣（辣椒）、种好一棵树（樱桃树）、养好一头牛（黄牛）的“三个一”发展思路，将辖区30亩村集体土地这“闲置资源”变为“稀缺资源”，并在省草地动物科学研究院养牛专家团队的指导下，争取专家团队成员和占星专家与鲁甸县佳海养殖合作社合作，成立专家基层科研工作站，采取“党支部＋合作社＋卡户”的模式，组织化、科学化、标准化、规模化发展黄牛养殖。如今，共争取项目资金650余万元，建成初心生态黄牛养殖场，养殖场占地面积42亩，建设标准化养牛场4500平方米，饲料堆放场地1500平方米，青贮饲料池3600立方米，已饲养黄牛100头；在品种选育、饲料配给、疫情防治等方面给以群众免费服务，对群众饲养的黄牛高于市场价进行回收，带动黄牛养殖户户均年增收5000元以上，直接带动贫困户和群众300余户增收致富，受益群众1200余户4000余人。到2019年年底，村级集体经济实现总收益20余万元，实现了经济效益和社会效益的“双丰收”，成为全县“空壳村”“破茧”“富裕村”“成蝶”的鲜活例子。

再次来到养殖场，“发扬牛精神、打赢攻坚战”和“发展一项产业，致富一方群众”，两条标语顿时吸引了我。走进养殖场，场内的黄牛有的跳来跳去，有的仿佛在洗耳恭听，有的似乎嬉戏打趣……“多亏组织部帮助建起这个牛场，现在我不仅入股了集体经济，还在牛场里面有了一份工作，日子越来越好了。”赵家海村贫困户陈玉良对我说道。

今天我是随副部长徐可新和驻村第一书记李文武来的，可在场的同志，都管叫他俩“牛部长”“牛书记”。我知道，对于这养殖业的扶持发展壮大，从称呼中就读出了以张部长为班长的一班人，为之付出的艰辛努力。

“县委组织部的下派干部到了这后，为小寨老百姓办了很多实事，而且一点官架子都没有，啥事都为我们着想。”说起村里发生的巨大变化，村党总支书记姚正万由衷地对我感叹道。自脱贫攻坚开展以来，县委组织部严格落实“单位包村、干部包户”要求，驻村第一书记认真履职，实行“定人定责、不脱贫、不脱钩”结对帮扶，先后共选派驻村第一书记6名，驻村工作队队员14名，直接助力大坪社区、赵家海村、小寨村三个村（社区）扎实做好基层党建和脱贫攻坚工作。包保干部通过与群众“面对面”交流、“心贴心”服务、“实打实”工作，用干部的真心真情、苦干实干，做到了群众的思想认同、工作认同、情感认同，引领和带动贫困群众动起来、干起来、富起来！

金杯银杯不如老百姓的口碑。习近平总书记说：“时代是出卷人，我们是答卷人，人民是阅卷人。”就县委组织部广大包保干部而言，老百姓的信心和支持就是奋进的不绝动力！

（作者时任中共鲁甸县委组织部一级科员）

铁面执纪“深耕作” 汗水浇灌“幸福花”

李大捷

2019年，注定是不平凡的一年。一年来，我带领县纪委监委干部职工以“不破楼兰终不还”“不除贫困不收兵”的决心和斗志，紧紧围绕人民群众脱贫致富这一目标任务倾情倾力，尽锐出战，用脚步丈量初心，用汗水浇灌民情，用真情温暖群众，以强有力的监督执纪问责全力护航脱贫攻坚。

脱贫之路没有捷径，幸福之花需汗水浇灌。鲁甸县纪委监委在决战决胜脱贫攻坚的关键时期，强化执纪问责，用纪检人“一根筋”的劲儿，深入龙树、梭山两镇“主阵地”既督又战，为人民群众解难题、办实事，不折不扣地完成脱贫各项工作任务。

沉下去：拨精算盘知民情

“走，到群众家里去！”一声号召之下，县纪委监委每名干部职工闻令而动，纷纷奔赴精准扶贫大战场——龙树镇古寨社区。与群众做家务、商对策、解愁苦……像这样的场景，每周都会上演。

老百姓最需要什么，我们就去解决什么。作为县纪委的一名领导干部，我经常这样强调，并以身作则坚持每周至少深入古寨社区一天时间，走访看望我帮扶的贫困户，观察单位职工的走访情况，与镇、村干部一起研究解决脱贫攻坚中的问题，召开贫困户座谈会，与他们面对面交流，了解每家每户的具体困难和普遍存在的问题。

“家里有新生的小孩落户了没有？落了户要赶紧去把医疗保险买了。”

“今年的大学生‘雨露计划’开始申请了，你让你女儿加我的微信，我来教她办理申请材料。”

“大妈，您腿受伤好点了没，上次您跟我说眼看雨季就要来了，房前屋后排水问题无法解决，我已经在跟你想办法调节处理了，这个星期就能弄好，您别担心，好好养伤。”

…………

每一次，都能看到我们帮扶干部在用心地跟群众沟通交流，在了解实际困难后不遗余力地帮助解决，我常忍不住在心里为他们点赞，而这样的工作场景似乎已成为脱贫攻坚的“家常便饭”。几年来，全单位 80 多名挂包干部坚持不懈地以热忱的态度，进村入户察实情，真帮实扶出实招，为古寨贫困群众脱贫致富贡献了智慧和力量。在全体人员的共同努力下，我们的贫困户群众也克服“等、靠、要”思想，发扬勤俭节约、自力更生的精神，努力奋斗，争取脱贫。到 2019 年，古寨社区建档立卡贫困人口从 423 户 1800 人锐减至 16 户 47 人，贫困发生率降至 0.96%。脱贫攻坚成效明显，硕果累累。

重督查：严肃惩处强震慑

为确保脱贫攻坚啃下“硬骨头”，进一步加强扶贫领域的监督执纪工作，在县委的领导下，县纪委建立了扶贫巡回督查制度，特抽调监督执纪业务骨干组建 8 个巡回督查组，采取明察暗访相结合、直扑一线的方式，全年多次深入相关行业部门和 12 个乡镇就履职尽责情况进行巡回督查。

在巡回督查过程中，发现的一般性问题线索及时上传至专有微信群，边督边改；重大问题线索带回由县纪委常委会专题研究决定后，再下发纪检监察建议书，督促整改。

2019 年 4 月 12 日，我带领纪委班子成员召开了第一个专题研究会时明确提出“督察的目的在于查出问题，解决问题，只有把问题放在阳光下充分暴露，才能及时解决。村级资金、扶贫资金是‘救命钱’‘起伙粮’，群众反对什么、痛恨什么，我们就坚决纠治和防范什么。”

工作实践中，组织村级民主“质询问效”，“面对面”接受群众质询评议，把知情权、监督权、评判权交给老百姓，切实解决基层“政策宣讲不到位、村务公开不落实、干部作风不深入、问题解决不彻底”等影响党群干群关系的突出问题。

针对群众不满意“主动问短”，采取发放测评表、调查走访、个别座谈等方式，主要查找群众最不满意的单位，以及吃拿卡要、优亲厚友、谋取私利等最不满意的干部。对查找出的“两个最不满意”，按照管理权限分类建立台账，跟踪督促整改，涉嫌违纪的移交纪检监察机关调查处理，处理结果记入干部廉政档案。

“只有锤炼党员干部硬作风，才能用干部的‘辛苦指数’换来群众的‘幸福指数’。”

为达到查处一人、震慑一批、教育一片的目的，坚持纵向到村开展警示教育，以案为鉴、以案正纪。坚持组织“村村响”广播播报、“院坝会”剖析反思，开展违纪款集中清退活动。

仅仅 2019 年，全县受理扶贫领域问题线索 95 件、党纪政务处分 24 人，受到群众一致点赞。

瞄靶心：精准施策助民富

“全家7口人，5个孩子，妻子于2016年去世，他靠在外打工苦苦拉扯几个孩子上学，生活条件十分艰苦，2018年他又因车祸致残，让本来就拮据的家庭雪上加霜……”他就是鲁甸县龙树镇古寨社区有名的建档立卡贫困户丁刚，孩子多、住房差、生活贫苦一直就是他家的“代名词”。

“脱贫先扶志，致富先就业”是包保干部为他家量身定制的脱贫策略。县纪委包保干部根据他家的实际情况，经常到家里看望慰问，帮助解决实际困难，鼓励5个孩子要克服眼前苦难，立志通过读书走出困境。同时把他家纳入卯家湾易地搬迁户，解决了住房难的问题。

一家人于2019年年底入住新房，在新房里迎来了2020年的春节。虽不是广厦，寒士也欢颜。更值得欣喜的是，在刚搬进新家后的6个月后，他家大儿子成功考入了卯家湾中学教书。看到大儿子第一次领到5000多元的工资时，丁刚泪水满面，有说不出的激动，对未来的生活充满了信心。

在开展农村危房改造工作时，为更好地落实责任，鲁甸县纪委监委严格按照市县级指导，县级具体负责的任务分工，建立发挥市、县两级协调工作机制，保障农村危房改造工作有序顺利进行。2019年完成农村危房改造任务为202户，已经全部完工并入住。

在古寨社区，因残致贫38户138人，占8.98%；因病致贫32户118人，占7.57%。针对这部分特殊贫困群体，本着以开发式扶贫为主，开发式和保障性扶贫相统筹的原则，加强养老保障，建档立卡贫困户参保率100%，对符合代缴政策的贫困人口全部享受财政代缴政策。深入实施医疗保障工程，建档立卡贫困人口医疗保障扶贫政策覆盖率达100%。落实城乡医疗保险减免政策，贫困人口在定点医疗机构实现了“一站式服务、一个窗口办理、一单制结算”，贫困户用药就医负担大幅度减轻，千千万万个贫困户从政策中受益。建完成建档立卡户和重大病患者、长慢病患者、老人儿童等特殊群体家庭医生签约2840人。

推进农村饮水安全工作，投资 145.74 万元，实施南门片区、石灰窑片区 2 个人畜饮水工程，片区内住户已实现自来水管道全覆盖。严格做到工程建成一处、受益一方。

在资助贫困学生方面，重点在学前阶段、义务教育阶段、普通高中阶段、中职教育、大学新生入学、生源地助学贷款 6 个方面采取资助措施。落实义务教育阶段“两免一补”政策，“雨露计划”发放工作已经完成，2019 年春季学期 55 户 63 人享受雨露计划、秋季学期 56 户 64 人享受雨露计划，每人每学期补助 1500 元。

“我们家收入越来越多，高兴，真高兴。”“政府给我盖了新房子，圆了我的梦。”“现在孩子上学有补助，不用担心学费了。”正是这样的一个个“实招”，换来了百姓一张张笑脸。

动起来：办好实事暖民心

“驻村帮扶工作，归结起来就是要用心去做事，用心去服务；要把一件件好事、一件件实事送给老百姓；要把好事办实、把实事办好，用我们的实际行动去暖千万群众的心。”我是这样说的，也是这样做的，每次下村工作时，总是要换上一身轻便的运动装，因为在走访贫困户时，谁家有困难，谁家农活忙，搭一把手，这样穿着更便于劳动。

在驻村帮扶的日子里，大家都纷纷动起来，有的帮助贫困户打扫家中的卫生或洗衣服；有的帮助贫困户下地干活；有的帮助年老行动不便贫困户“跑腿”取钱和购买生活用品；有的自掏腰包为贫困户送去生活用品；有的用高于市场价的钱购买贫困户家富余的鸡蛋和土鸡；还有的为部分贫困户补办合医证、存折卡、户口簿，解答有关种植、养殖政策技术的问题……为群众办了一件又一件实事好事实事，赢得了群众的一致称赞。

齐发力：稳定增收促长效

“要珍惜并巩固既有扶贫成效，既要继续攻坚、也要防止返贫，建立完善脱贫长效机制，持续精准发力，因地制宜、因户施策，依托扶贫产业项目，带动贫困群众稳定增收，实现稳定脱贫、长期脱贫。”成果的取得来之不易，如何巩固加强取得的扶贫成果，成了我新的工作目标。研究进一步巩固提升扶贫产业项目发展成果，积极探索“引龙头、建基地、扶大户、带农户”的产业化扶贫之路，超前谋划一批具有较强带贫益贫能力的优质扶贫产业项目，强化贫困户“造血”功能，带动贫困户长期稳定增收。解决突出问题，有力保证各项任务按要求推进、按时限落实，做到责任不摘；精准落实各项扶贫政策，将工作重点转移到巩固提升上来，大力宣传普及各项政策，切实让贫困户从中受益，使得群众满意度稳步上升，做到政策不摘；全面考察驻村“第一书记”及驻村工作队工作表现，根据实际常态到村聚力帮扶，切实做到精准选派、精准帮扶，做到帮扶不摘；严防扶贫领域形式主义、官僚主义等问题发生，做到监管不摘。

重点做好“两摸底，一核查”工作。对非建档立卡农户和脱贫户进行全面摸底排查，找出了存在致贫、返贫风险的农户，并核准建档立卡贫困户致贫原因、帮扶措施、脱贫效果等数据信息的真实性，将“边缘户”和脱贫户纳入监测范围，及时掌握情况，做到脱贫户不返贫，“边缘户”不致贫。

久久为功方可滴水穿石，驰而不息才能善作善成。我们将秉承有始有终、艰苦奋斗的作风扎实推进精准扶贫工作，以更高的站位、更实的工作、更严的执纪继续巩固脱贫攻坚成果，用脚步丈量民情，用心化解民忧，用情倾心帮扶，继续在脱贫攻坚大潮中展现鲁甸纪检监察干部的风采。

（作者时任鲁甸县纪委书记、监委主任）

铁纪护航　助推脱贫

林德军

卸下夏日的酷暑，穿过一座座蜿蜒的山峦，在云雾缭绕的山间，一栋栋挺拔的房屋错落有致，一场秋雨的洗礼，让鲁甸县梭山镇密所村越发的生机盎然。

泥泞的山间小道，田间地头，闪现着鲁甸县纪委书记、监委主任李大捷忙碌的身影。前不久，鲁甸县全部完成清退公职人员直系亲属违规享受扶贫项目资金工作，他和几个督查组成员正在对相关工作进行回访、核查。

透过几家房屋，远远地看到一户群众正在为房屋粉刷外墙漆，鲁甸县纪委书记、监委主任李大捷匆忙走上去与群众开始拉起了家常。

“老乡，你家有几口人？房屋建设享受过国家补贴吗？危房改造项目款领到了吗？……”李大捷一边与群众交谈，一边把群众用的墙灰递到了农户的手里。得到群众的信任后，李大捷又开始追问了起来，“老乡，你知道你们这里有公职人员直系家属享受国家扶贫资金吗？”经过详细的交流、记录后，李大捷又开始和同事继续走访群众。

鲁甸县梭山镇密所村沟壑纵横、高峰林立，辖 18 个村民小组，主要居住汉、彝、苗三种民族，属于攻坚克难的“难中之难、困中之困、艰中之艰”的重点区域，是脱贫攻坚危房改造的重点区域，也是整治公职人员直系亲属违规享受扶贫项目资金的重点区域。

农村危房改造工作是党和国家保障民生的一项重要工作，是推进农村社会经济发展的重要举措，通过实施这项改造工作，实现了农民群众祖祖辈辈的安居梦、幸福梦。然而，在去年的多次监督检查中发现，少数公职人员直系亲属却违规享受扶贫项目资金问题突出，人民群众怨声载道。随即，鲁甸县委、县政府及时召开整治工作会议，制定下发了《关于公职人员直系亲属纳入建档立卡贫困户问题整改的通知》，切实加大监督检查力度。“公职人员直系亲属家庭条件相对就好，却暗中享受一些不该享受的惠农政策，揩了公家的油，寒了百姓的心，必须加大查处力度，给老百姓一个交代。”县纪委书记、监委主任李大捷对坚决整治公职人员直系亲属违规享受扶贫项目资金下定了决心。

自此，专项整治工作在全县全面展开，12 个乡镇、57 个县直部门、97 个村（社区）及时行动，对涉及公职人员直系亲属违规享受扶贫项目资金问题进行大摸底、大排查，并督促纳入建档立卡贫困户的公职人员直系亲属限时清退所享受的农危改补助资金、易地扶贫搬迁补助资金、产业发展资金、医疗保险及养老保险补助资金。截至目前，共清退干部职工直系亲属违规享受扶贫项目资金 546 人，收回补助资金 665.32 万元。

“在清退中，少数公职人员家属不理解、不支持、不配合，经过多方努力，在进一步做通思想、讲透政策后，还是主动退还了违规享受资金。”李大捷坦言道，有的公职人员家属其实家庭条件是很好的，违规享受国家扶贫政策，群众有意见，公平正义有失。因此，严肃查处这些问题背后的不作为、乱作为，优亲厚友，暗箱操作等违纪违法行为已成为我们纪检监察机关回应群众关切的必答题。

无独有偶。从 2017 年 6 月起，鲁甸县委、县纪委三番五次明确要求“有家庭成员或户主的父母、配偶、子女为国家公职人员的”属于识别不精准纠正对象，应作剔除处理。但身为县公安局经侦大队大队长王某，明知其父不符合纳入建档立卡贫困户，也不符合享受易地扶贫搬迁政策，但却视党纪法规于无物，心存侥幸，致使其父王某某违规享受国家扶贫资金 4860

元和易地扶贫搬迁卯家湾安置点新建安置房 2 人户 50 平方米。

纪律面前无例外。2019 年 10 月王某受党内警告处分，并退还了违规享受资金和易地扶贫搬迁安置房。“在清理整治中，县纪委监委也不会搞‘一刀切’，针对因病、因灾等特殊情况导致公职人员亲属家庭条件确实帮扶的，我们也会区别对待，在做到严管厚爱的同时，也要做到依规依纪，确保小康路上不丢一户，不落一人。”李大捷一边解释，一边匆忙地走向下一户群众家里。

今年以来，鲁甸县纪检监察机关共立案此类问题 5 件，处理干部、公职人员 5 人。处分不是目的。只有通过深挖问题根源、排查风险隐患、抓好整改落实、堵塞制度漏洞等措施、机制，才能持续推进以案施教、以案促改、以案促建，才能发挥案件的治标治本功能。

而今，每到一个村（社区），在醒目的公示栏上，随处可见低保审核流程、民政救助、农村危房改造等涉及民生领域的一系列申请条件和审核流程，严格的审批流程和标准，大大降低了公职人员直系家属违规享受国家扶贫资金问题的发生，同时也能让国家的惠民政策真正落在实处、资金真正用在刀刃上。“现在我们申请一个低保都要经过好几道手续的审核，相关部门还要到家里实地看看，虽然感觉麻烦，但心里是舒坦的。”乐红镇一村民在低保申请中笑着说道。

时间如流水，天渐渐暗了下来，冒着细雨，回访督查组又开始奔向下一户群众家里。

（作者系鲁甸县纪委监委工作人员）

大事记

（2015—2020）

2015年

1月

19日，中共中央总书记、国家主席、中央军委主席习近平首次离京第一站到鲁甸地震灾区考察，看望灾区干部群众，到甘家寨“红旗社区”看望慰问受灾群众。总书记叮嘱当地干部说：灾后恢复重建要和扶贫开发一起抓，要深入实施精准扶贫、精准脱贫，项目安排和资金使用都要提高精准度，扶到点上、根上，让贫困群众真正得到实惠，决不能让困难地区和困难群众掉队。

2月

9日，台湾旺旺集团向鲁甸灾区贫困大学生捐助发放仪式在县一中球场举行，1000名贫困大学生每人领到一次性助学补助2000元。

11日，县民宗局召开少数民族大学生贫困补助发放暨感恩教育大会，向全县2014年考取大专院校的320名少数民族贫困大学生每人发放补助金1000元。

13日，市政协副主席赵洪乖到乐红镇新林村慰问挂钩帮扶困难群众。

5月

8日，昆明医科大学第二附属医院党委书记李琳到龙树镇调研挂钩帮扶工作。

9月

18日，全县扶贫攻坚“挂包帮”“转走访”工作暨农村危房改造、抗震安居工程建设会议召开。

22—24日，昆明医科大学第二附属医院党委书记李琳率领导班子、医疗专家团到鲁甸开展“挂包帮”“转走访”调研。在龙树镇召开挂钩扶贫工作总结座谈会，总结回顾10年扶贫帮扶工作。

10月

9—10日，省红十字会党组书记董和春到乐红镇官寨社区开展“挂包帮”“转走访”工作。

15日，市政协主席熊启怀、市长助理侯峰忠到梭山镇开展扶贫攻坚“挂钩包”“转走访”工作。

24日，全县扶贫攻坚“挂包帮”“转走访”工作联席会议召开。市政协主席熊启怀、市人大常委会副主任赵卫等出席。省、市、县挂钩帮扶部门、各乡镇党政负责人参加会议。县委书记保剑主持会议。

11月

2日，县委书记保剑到梭山镇埂底村、甘田村调研扶贫攻坚“挂包帮”“转走访”工作。

4日，省政协民族和宗教委员会副主任曾杰到帮扶联系点桃源乡拖姑村开展“挂包帮”“走转访”工作。

6日，全县扶贫攻坚建档立卡“回头看”精准确定扶贫对象工作会议召开。

12月

17日，市委副书记纳云德到茨院乡、桃源乡检查指导扶贫开发和民族宗教工作。

24日，市政协主席熊启怀、市人大常委会副主任赵卫到鲁甸指导扶贫开发工作。

2016年

1月

9日，县委书记保剑到江底镇调研苗族整族脱贫工作。

14日，全县易地扶贫搬迁示范点现场会在茨院乡召开。

26日，全县驻村扶贫工作队下派动员暨培训会召开。省、市挂钩单位派驻工作队队长，县、乡镇挂钩单位派驻工作队队长出席。

3月

15日，市委副书记王忠到鲁甸调研产业发展、灾后恢复重建，督导检查脱贫攻坚工作。

4月

13日，全县“挂包帮”“转走访”工作联席会议召开。市政协主席熊启怀出席。

20日，全县脱贫攻坚光宽带信息化工程推进会议召开。

21 日，全县脱贫攻坚工作专题会议召开，细化驻村工作队管理办法。

21 日，市委、市政府督查组到鲁甸督查“挂包帮”“转走访”和易地扶贫搬迁暨农村危房改造工作。

5 月

3 日，市长郭大进率队到鲁甸开展脱贫攻坚现场观摩点评。市领导王忠、熊启怀、陆维智、魏新、陈真永、苏建宏和镇雄县委书记翟玉龙参加观摩点评。

5 日，全县建档立卡“回头看”工作会议召开。会议深入查找建档立卡贫困人口农村旧房改造、易地扶贫搬迁工作，“挂包帮”“转走访”工作，扶贫资金使用等方面存在的问题。

7—8 日，市委书记范华平率队到鲁甸开展脱贫攻坚现场观摩点评活动。市领导张绍雄、成联远、江先奎、沈文海、杨桂红、李春林参加点评。

13 日，驻村扶贫工作队队员和贫困村（社区）总支书记扶贫工作培训会召开。2016 年省、市、县、乡镇选派的驻村扶贫工作队队员、全县 87 个贫困村（社区）总支书记 400 余人参加培训。

16 日，县委副书记马洪旗到桃源乡调研民族地区扶贫攻坚工作。

6 月

2—3 日，县委书记夏维勇、县长马洪旗到文屏镇、茨院乡、桃源乡、小寨镇、江底镇开展脱贫攻坚现场观摩点评活动。县四套班子领导参加观摩点评活动。

7 月

2 日，市委书记范华平、市长郭大进到鲁甸考察脱贫攻坚、产业发展、新型城镇化等。

13 日，全县脱贫攻坚暨城乡发展大会召开。会议全面分析面临形势，指出问题和差距，紧扣全县脱贫攻坚和城乡发展实际，对全县各级各部门打赢脱贫攻坚战、推动城乡发展进行全面部署。

19—20日，市纪委党风政风监督室主任罗义带领市扶贫攻坚专项纪律检查组到鲁甸检查指导脱贫攻坚工作。

8月

9日，副市长沈文海到龙头山镇西屏村走访脱贫攻坚"挂包帮"农户，召开座谈会。

16日，县委、县政府召开脱贫攻坚专项纪律检查集中约谈暨工作推进会议。县领导和各乡镇党委书记、乡镇长、分管领导、驻村扶贫工作队队长、县直相关部门负责人出席。

25日，全县2016年第二期驻村扶贫工作队队长培训会议召开。安排部署下步驻村扶贫工作。县领导和年内出列的30个贫困村乡镇分管领导和驻村工作队队长，县委组织部、县联席办、扶贫办等部门负责人参加会议。

9月

6日，广东省东莞市、中山市调研组在市扶贫协作负责人梁志刚带领下到鲁甸调研对口帮扶工作。

13日，全县加快发展贫困村农民专业合作社工作会议召开。

18日，县委、县政府召开贫困退出自查评估工作会议。

19日，全县2016年脱贫攻坚贫困退出自查评估及脱贫需求精准核定工作培训会议召开。

28日，《半月谈》杂志社党组书记、总编辑王海征，中关村社会组织联合会秘书长戴键到鲁甸就"中关村走进贫困村"精准扶贫工作进行实地调研考察。

10月

8日，市委书记范华平率队到鲁甸开展脱贫攻坚现场观摩点评活动。市领导张绍雄、周福昌、江先奎、陆维智、余伟、赵卫、石邦云、杨桂红、赵洪乖、晏祥莉等参加观摩点评活动。

11日，市长郭大进率队到鲁甸开展全市第二次脱贫攻坚现场观摩点评。市领导王忠、成联远、陈真永、魏新、申琼、马晓红、张永前、肖本敏、严伟等参加观摩点评活动。

12日，县政协党组书记王富泰到挂钩帮扶点文屏镇岩洞村调研挂钩帮扶工作。

18—19日，省政协民宗委副主任王毅、副主任曾杰到桃源乡拖姑村开展“挂包帮”“转走访”工作。

19日，国务院扶贫开发领导小组第十七督察组、住建部村镇建设司副司长卢英方到鲁甸督查脱贫攻坚工作。

11月

3日，武警交通部队精准扶贫工作在火德红镇银厂村正式启动。武警交通指挥部司令员傅凌、副政委徐升，昭通市常务副市长余伟、昭通军分区政委魏新等出席。

8—9日，市政协副主席赵洪乖带队到江底镇7个村脱贫攻坚观摩点开展现场观摩点评。

16日，副市长沈文海到龙头山镇西屏村开展“挂包帮”“转走访”故事党课活动。

12月

26日，参加全市“挂包帮”“转走访”工作联席会暨社会扶贫推进会的各级领导到鲁甸对精准扶贫、花椒产业、林下生态土鸡养殖、专业合作社发展等工作进行观摩调研。

2017年

1月

5日，全县2016年扶贫开发工作成效考核暨脱贫退出验收工作会议召开。为确保2016年度2个贫困乡镇摘帽、25个贫困村出列、2.34万贫困人口脱贫评估验收做准备。

11日，省政协民宗委主任宋嘉林，副主任王毅、赵志彬到鲁甸调研“挂包帮”“转走访”工作。市政协常务副主席张永前参加调研。

2月

14日，市人大常委会副主任陶天蓉任组长的考核验收组到鲁甸考核验收脱贫攻坚及脱贫退出工作。

24日，广东省扶贫办副主任宋宗约到龙树镇照壁村麻布院子调研扶贫协作示范点项目建设情况。示范点总投资3327万元（其中东莞、中山援建资金1000万元），占地5.56公顷，集中安置建档立卡户108户。

4月

11日，平安银行股份有限公司昆明分行行长徐鑫到挂钩帮扶点水磨镇黑鲁村走访慰问困难群众。

24日，联合国开发计划署全球合作高级顾问马克到鲁甸考察扶贫开发工作。市委副书记王忠陪同考察。

5月

9日，武警交通指挥部司令员傅凌到李家山小学调研部队助力地方脱贫攻坚工作。

9日，交通运输部党组书记杨传堂到鲁甸调研交通灾后恢复重建和交通扶贫工作。常务副省长宗国英，市长郭大进等陪同调研。

15 日，县政协主席王富泰到江底镇调研脱贫攻坚工作。

16 日，县长马洪旗主持召开全县深度贫困人口精准识别摸底调查工作专题会议。

29 日，市长郭大进到水磨镇水磨村调研脱贫攻坚工作。副市长苏建宏参加调研。

6月

5 日，昭通学院师生 61 人到鲁甸参加扶贫攻坚精准识别摸底调查座谈会。

14 日，市政协主席成联远带领市第五督导工作组到鲁甸督导调研稳增长和脱贫攻坚精准识别摸底调查工作。

20 日，市政府副市长沈文海到新街镇督查指导农业人口基本信息精准识别摸底调查工作。

26 日，全市贫困人口精准识别摸底调查工作专项督查组第一组到鲁甸督查考核贫困人口精准识别摸底调查及贫困对象动态管理工作。县委副书记张洪坤介绍情况。

27 日，全县贫困退出对标对表排查工作专题会议召开。

28 日，县长马洪旗到文屏镇、桃源乡调研农村人口信息精准扶贫入户调查，农村 C、D 级危房排查工作。

7月

3 日,全县农业人口精准摸底调查及动态管理工作考核情况反馈会召开。

9 日，市委副书记王忠到梭山镇挖水村检查指导脱贫攻坚工作。

10 日，副市长沈文海到鲁甸调研脱贫攻坚贫困对象动态管理工作，到江底镇看望慰问老党员。

12 日，市政协副主席保明康到水磨镇督导检查脱贫攻坚工作。

27 日，省扶贫办副主任何汝利到鲁甸调研农业人口精准识别摸底调查工作。

31 日，市政协副主席彭霓到龙树镇视察“滇粤协作”对口支援重大项目推进情况。

8 月

1 日，省政协民宗委副主任赵志彬到桃源乡调研脱贫攻坚工作。

7 日，全县农业人口精准摸底调查及贫困对象动态管理督查专题会议召开。

23 日，中国工艺集团公司副总经理张炳南，中国中金科技股份有限公司董事长、总经理王保平到鲁甸调研扶贫工作。常务副市长余伟参加调研。

28 日，市委书记杨亚林到鲁甸调研农业产业结构调整和易地扶贫搬迁工作。市领导王忠、尹朝禹、苏建宏参加调研。

29 日，市政协主席成联远到梭山镇埂底村调研农业人口精准识别信息录入、村民小组活动场所建设、产业发展工作。市政协秘书长范晓斌参加调研。

9 月

1 日，缅甸国家红十字会代表团到鲁甸考察学习扶贫攻坚、恢复重建、农业产业发展工作。

22 日，全县脱贫攻坚百日会战动员会召开。贯彻落实中央、省、市有关会议精神，对全县当前和今后一段时间的脱贫攻坚工作进行再安排、再部署。

10 月

17 日，全县脱贫攻坚“百日会战”行动第一次推进会召开。动员全县各级各部门再鼓实劲、再添动力，全面完成脱贫攻坚目标任务。

11月

3日，省卫生计生委主任李玛琳到鲁甸督查调研健康扶贫工作。

14日，县长马洪旗以专题党课形式到挂钩联系点龙头山镇宣讲党的十九大精神。

17日，全县2017年驻村扶贫工作队队长观摩交流活动举行。

12月

23日，全县扶贫开发领导小组2017年动态管理贫困退出审定会召开。

2018年

1月

17日，中央驻滇媒体和省属媒体记者到龙头山镇光明村、龙泉中学等地了解脱贫攻坚情况。

2月

6日，2017年度中央、省、市单位挂钩鲁甸县驻村扶贫工作座谈会召开。

13日，县扶贫开发领导小组2018年度第一次会议召开。全年共召开扶贫开发领导小组会议9次。

3月

19日，全县2018年脱贫攻坚大会召开。

19日，全县2018年驻村扶贫工作队队员培训会议召开。

4月

19日，广东省人力资源和社会保障厅副厅长葛国兴到鲁甸调研就业扶贫工作。

24日，昭通学院副院长张毅敏到鲁甸开展脱贫攻坚专项民主监督调研。

26日，副市长邓浩全到龙树镇、水磨镇调研扶贫协作项目建设推进情况。

5月

18日，全县组织348名驻村扶贫工作队队长和队员开展脱贫攻坚政策理论测试。

22日，市政协主席成联远到鲁甸调研指导脱贫攻坚工作。

23日，省人大常委会副主任纳杰率领专项调研组到鲁甸调研脱贫攻坚工作。

6月

5日，省扶贫办主任黄云波到鲁甸调研产业发展。

7月

3日，国际著名画家、雕塑家、作家臧健，中国当代青年作家、独立艺术评论人百里到鲁甸开展美术教育扶贫活动。

12日，市政协主席成联远到梭山镇挖水村调研指导脱贫攻坚工作、到水磨镇了解马铃薯规范化种植助力当地脱贫攻坚情况。

28日，昊龙集团成立20周年座谈会召开。集团宣布捐款5000万用于昭通脱贫攻坚教育扶贫事业。省政协副主席喻顶成，市委书记杨亚林，县领导夏维勇、马洪旗出席座谈会及捐赠仪式。

8月

3日，市长郭大进到鲁甸调研“村村清、户户清”工作。

9日，中国保利集团有限公司董事长徐念沙到鲁甸调研定点扶贫工作。市领导杨亚林、尹朝禹、赵长胜陪同调研。

30日，市产业精准扶贫督查组第四组到鲁甸督查指导产业精准扶贫工作。

9月

7日，国务院社会扶贫司扶贫协作处张伟到鲁甸调研东西部扶贫协作。

7日，省人大常委会副主任纳杰率省人大常委会调研组到鲁甸调研脱贫攻坚工作。

8日，副市长赵长胜到鲁甸调研农民专业合作社建设和脱贫攻坚项目库建设工作。

10日，东莞市“最美天使志愿者服务队”到鲁甸开展医疗帮扶大型义诊活动。

12日，市金融办主任吉涛率调研组到鲁甸调研金融支持精准脱贫和农业产业发展情况。

13日，平安银行昆明分行行长潘瑞才到挂钩扶贫点水磨镇黑鲁村开展捐资助学活动。

15日，全市“万企帮万村”精准扶贫现场会议在鲁甸召开。

21日，东莞市帮扶鲁甸农村集体经济专题培训班开班。县乡村近400人参加培训。

26日，省文史研究馆馆长王维真到龙头山镇挂钩联系点开展“双联系一共建双推进”活动，调研脱贫工作。

10月

22日，全县驻村扶贫工作队安全管理专题培训会议召开。

25日，省红十字会党组书记董和春、常务副会长张宽寿到鲁甸调研脱贫攻坚工作并召开座谈会。

27日，全县召开脱贫攻坚项目建设及资金管理专题会议。

11月

12日，全县驻村第一书记脱贫攻坚专题暨大学生村干部能力素质提升培训班在龙头山镇开班。学员121名。

20日，国家发改委地区司副司长杨桀率调研组到卯家湾易地扶贫搬迁安置区调研易地扶贫搬迁工作。

22日，省人大常委会副主任纳杰、省人大常委会副秘书长蒙冬梅、省人大农业工作委员会主任张笑春到鲁甸调研脱贫攻坚工作。

2019年

1月

7日，县委书记夏维勇主持召开2019年度脱贫攻坚领导小组第一次会议。全年共召开脱贫攻坚领导小组会议暨有关调度会14次。

7日，县委宣讲团到乐红镇宣讲《习近平扶贫开发论述摘编》，拉开宣讲活动序幕。

15日，中国残疾人联合会党组成员、副理事长程凯到鲁甸开展贫困残疾人脱贫调研及春节走访慰问。

19日，市委书记杨亚林，市委副书记、市长郭大进率领参加市委四届四次全会的人员到卯家湾易地扶贫搬迁安置区观摩。市委副书记王忠，市委常委、常务副市长陈真永分别率队观摩。

31日，市委常委、常务副市长陈真永到卯家湾易地扶贫搬迁安置区调研。县领导夏维勇、吴君尧参加调研。

2月

15日，全县2019年“春风行动”暨农村劳动力转移就业“百日行动”

现场招聘会举行，43 家企业入场招聘，提供就业岗位 5000 个。

15 日，省农业农村厅厅长谢晖带队到鲁甸调研产业扶贫工作。

26 日，国家发改委副主任林念修率队到鲁甸调研易地扶贫搬迁、产业发展等工作。副省长陈舜，市委书记杨亚林等参加调研。

28 日，全县决战脱贫攻坚誓师大会召开。市领导成联远、赵长胜、保明康、郝流勇到会指导。

3月

1 日，省人大常委会副主任纳杰带领省人大常委会调研组到鲁甸调研脱贫攻坚工作。市人大常委会主任张绍雄参加调研。

1 日，津巴布韦中央委员、津民盟马尼卡兰省委主席兼内政部副部长米歇尔 · 马蒂罗率高级干部考察团到龙树镇考察脱贫攻坚、基层党建、教育扶贫工作。副市长吴静陪同考察。

8 日，全县“三八”妇女节庆祝活动暨“十百千万”巾帼助力脱贫攻坚启动大会召开。

28 日，省委组织部副部长、老干部局长晏森到鲁甸调研脱贫攻坚工作。

30 日，市委常委、市委政法委书记、市委宣传部部长罗朝峰到龙头山镇、梭山镇调研脱贫攻坚工作。

4月

2 日，市政协主席成联远到梭山镇调研脱贫攻坚工作。

19 日，国家发改委地区振兴司调研员宋元媛到卯家湾易地搬迁集中安置区调研脱贫攻坚和移民工作情况。副市长田渊参加调研。

26 日，市委常委、副市长赵长胜到龙树镇金塘社区调研脱贫攻坚工作。

27 日，省广播电视局党组书记、局长李涛到鲁甸调研检查广播电视行业扶贫、安全播出、县级融媒体中心建设工作。

5月

15日，深圳市国资委副巡视员钟少球带领5家深圳企业组成的考察团，到鲁甸考察脱贫攻坚及易地扶贫搬迁工作。副市长田渊参加调研。

20日，市政协副主席、市工商联主席胡建普带领市政协视察组到鲁甸开展脱贫攻坚专项视察。

21日，市政协主席成联远到水磨镇看望脱贫攻坚督导员、驻村扶贫工作队队员和包保人员，调研脱贫攻坚工作。

31日，省农业农村厅副厅长陆晓龙率调研组到鲁甸调研产业扶贫工作。

6月

1日，省红十字会常务副会长张宽寿到鲁甸调研脱贫攻坚工作。

11日，云南民族干部学院鲁甸脱贫攻坚“送教下乡”培训班开班。省民干院培训部副处级干部刘瑜参加活动。

18日，中国扶贫杂志社到鲁甸专题调研脱贫攻坚工作。

7月

9日，国家统计局住户调查办公室综合处处长王琦为组长的国家统计局调研组到鲁甸调研脱贫攻坚普查。为期3天。

10日，云南农村干部学院培训部副主任杨文良、办公室副主任戴波组织全省深度贫困村党组织书记培训班51名学员到鲁甸交流学习抓党组织引领促产业发展、致富能手返乡创业带动群众增收致富。

8月

7日，云南历史文化资源与旅游融合助力脱贫专题讲座在鲁甸举行。省文史馆研究馆馆员杨福泉做专题宣讲。200人听取讲座。

12日，全县2019年健康扶贫工作会议召开。

24日，交通银行股份有限公司云南省分行党委书记、行长栾立冰到火德红镇银厂村开展扶贫挂钩帮扶活动。副市长吴静参加活动。

9月

24日，“平安集团‘三村’工程健康智慧扶贫公益项目—中国志愿医生行动·昭通站”医疗扶贫活动启动仪式在县中医院举行。平安集团为全市11个县（区）村医代表授牌，向全市100个村级卫生室捐赠100台价值60万元健康一体机和价值200万元医用设备。

10月

22日，全县“齐心聚力促脱贫，携手共筑中国梦”主题演讲比赛举行决赛活动。县领导为12名选手颁奖。

30日，全县脱贫攻坚“奋战60天如期摘掉贫困帽”动员大会召开。市领导成联远、罗朝峰、保明康、胡建普出席。

11月

5日，中央纪委国家监委驻农业农村部纪检监察组一级巡视员、纪检监察员周若辉率队到鲁甸开展深度贫困地区扶贫工作调研。

6日，省政协办公厅副巡视员、助推办副主任张冲生到鲁甸调研政协系统助推脱贫攻坚行动开展情况。市政协常务副主席保明康参加调研。

20日，卯家湾易地扶贫搬迁安置区摇号分房在县体育馆内举行。鲁甸县、巧家县、永善县、彝良县、盐津县的600余名搬迁群众代表和社会各界人士在主会场见证分房过程，其余搬迁群众在各个县、乡、村71个分会场收看摇号分房视频直播。市、县领导张绍雄、成联远、杨晓源、罗朝峰，夏维勇、马洪旗出席摇号分房启动仪式。

12月

20日，卯家湾易地扶贫搬迁安置区搬迁启动仪式举行。518户1286名搬迁群众入住新家。市领导杨亚林、郭大进、王忠、张绍雄、成联远、陈真永、朱家伟、尹朝禹、赵长胜、邓浩全、郝流勇、胡建普出席仪式。

2020 年

1 月

14 日，全县扶贫开发领导小组 2020 年度第一次会议暨脱贫攻坚 1 月份调度会议召开，县委书记夏维勇主持会议，王俊程教授进行脱贫攻坚业务培训，相关领导安排工作。至 8 月，共召开 8 次扶贫开发领导小组暨脱贫攻坚月份调度会议。

18 日，“我们的中国梦——文化进万家”中国文联金融文艺志愿服务小分队走进鲁甸，先后到中国农业银行鲁甸支行、卯家湾易地扶贫搬迁安置区、小寨镇大坪社区为职工和群众创作书画作品，送“福”字、送文化吉祥包和对联，为期 2 天。

23 日，市委书记杨亚林到卯家湾易地扶贫搬迁安置区看望慰问跨县区易地扶贫搬迁群众。

2 月

17 日，桃源乡、茨院乡 53 名浙江斯坦格运动护具科技股份有限公司员工在桃源乡卫生院集中搭乘返岗专车，前往浙江省义乌市，成为新冠肺炎疫情防控期间首批有组织输出返岗务工人员。至 3 月底，全县共输出省外 41 批 3606 人。

3 月

2 日，市政协主席成联远到乐红镇、火德红镇调研脱贫攻坚工作。

11日，市委书记杨亚林到鲁甸调研指导脱贫攻坚工作。市委常委、市委秘书长尹朝禹陪同调研。

24日，昆明医科大学党委委员、昆明医科大学第二附属医院党委书记周佳，昆明医科大学第二附属医院党委委员、纪委书记吴雪梅，党委委员、副院长舒钧到桃源乡铁家湾村开展“挂包帮”“转走访”工作。

4月

1日，省政协副主席何波到卯家湾安置区调研。市政协主席成联远、副主席胡建普参加调研。

14日，全县决战决胜脱贫攻坚“百日总攻”动员会召开。市领导成联远、罗朝峰、郝流勇等出席。县委书记夏维勇主持

5月

17日，省政府发布通知，正式批准鲁甸县等31个县（市、区）退出贫困县序列，实现脱贫摘帽。

6月

16日，中国保利集团党委书记、董事长徐念沙到鲁甸调研脱贫攻坚工作。市领导杨亚林、朱家伟、苏建宏等陪同调研。

7月

20日，全县脱贫攻坚普查工作正式启动。普查工作覆盖全县脱贫攻坚所有建档立卡户。为期20天。

8月

9日，中央党校经济学部副主任、教授曹立率经济学部调研组到鲁甸县调研精准扶贫工作开展情况，特别是鲁甸在打赢脱贫攻坚战中实施大规模

易地扶贫搬迁的典型做法和成功经验。

20日，省委常委、省军区政治委员余琨到鲁甸调研脱贫攻坚及异地扶贫搬迁工作。市委书记杨亚林参加调研。

24日，副市长李来幸到龙树镇金塘社区调研脱贫攻坚等工作。

《昭通市脱贫攻坚大决战实录》后记

经过半年的筹划，历时一年的编撰，《昭通市脱贫攻坚大决战实录》〔全套书共 19 卷，其中市级 8 卷、县（市、区）11 卷〕终于在党的百年华诞之际与广大读者见面了。这既是政协昭通市第四届委员会文史工作的成果展示，又是对我市脱贫攻坚工作客观真实的记录，更是用真实的故事展示历史资料的大胆尝试。

反贫困是世界性难题，也是现代国家面临的迫切任务。党的十八大以来，以习近平同志为核心的党中央把扶贫开发摆到治国理政的重要位置，提升到事关全面建成小康社会、实现第一个百年奋斗目标的新高度，纳入“五位一体”总体布局和“四个全面”战略布局进行决策部署，加大扶贫投入，创新扶贫方式，出台系列重大政策措施，扶贫开发取得巨大成就。

昭通作为全国、全省脱贫攻坚的主战场，是最难啃的“硬骨头”。2015 年习近平总书记首次离京考察就到昭通，对昭通脱贫攻坚工作提出了“三个更加”的重要指示要求。昭通全市上下牢记习近平总书记的殷切嘱托，坚持把脱贫攻坚作为全市工作的主题主线，坚持“双统领”“双保障”“双推进”，践行“133”工作思路，汇聚中央和省定点单位、东西部扶贫协作、社会扶贫和各族干部群众磅礴力量，在昭通脱贫攻坚主战场上打响了一场史无前例的脱贫攻坚大决战，长期困扰昭通发展的主要“瓶颈”得以突破，实现根本性跨越，全市185.07万贫困人口全部脱贫、1235个贫困村全部出列、10个贫困县（区）全部摘帽，昭通大地发生了翻天覆地的变化，困扰昭通千百年的绝对贫困得到历史性解决。

为充分发挥政协文史资料“存史、资政、团结、育人”功能，客观、真实地记录昭通市在脱贫攻坚中各项建设和群众生活发生的变化，记述各级干部群众在脱贫攻坚工作中可歌可泣的感人故事，市政协党组拟组织相关部门、专家对2015—2020年我市开展脱贫攻坚的重大事件、典型故事进行搜集整理，编撰《昭通市脱贫攻坚大决战实录》丛书。

在市政协成联远主席亲自关心和指导下，编委会拟订了编撰工作的初步方案和《昭通市脱贫攻坚大决战实录》的整体框架，并于2019年8月7日向市委报送了关于编撰《昭通市脱贫攻坚大决战实录》的请示，市委杨亚林书记批示“此项工作很有意义，同意组织编写，请联远主席牵头负责”。按照市委的批示，市政协党组迅速行动，成联远主席亲自安排、统一部署，及时组织专家拟出了《昭通市脱贫攻坚大决战实录》编撰任务分解方案，经反复讨论、多次修改后，于2020年3月30日上报市委，市委杨亚林书记批示“同意所报方案，客观精准务实地做好工作”。

2020年4月14日，市政协组织召开了《昭通市脱贫攻坚大决战实录》专题会议，市委副书记朱家伟出席会议并作动员讲话，编撰工作在全市正式启动，会议统一了认识、明确了要求。为进一步细化任务、落实责任，编委会于2020年4月23日印发了《昭通市脱贫攻坚大决战实录》编撰任务分解方案的通知，加强对市级单位和县区市编撰工作的指导。随后，市政协副主席陶仁带领专家对11个县（市、区）的编撰工作进行了调研、培训、指导、督促，推动各县（市、区）编撰工作有效开展。针对全市编撰工作存在的问题，编委会经反复研究，统一思想，召开了由40多个市级部门参加的征求意见协商座谈会，在此基础上，进一步完善了编撰任务细化量化分解方案，印发到各县市区加强指导，并于2020年7月16日召开了《昭通市脱贫攻坚大决战实录》编撰工作推进暨培训会议，推进编撰进度，提升编撰水平。

为把《昭通市脱贫攻坚大决战实录》打造成“建党一百周年特别献礼工程”“昭通脱贫攻坚工作特别纪念”，市政协抢抓时间，及时出台系列配套文件，明确了市政协机关各委室联系各单位、部门及市政协委员，专门负责催稿工作，2020 年 10 月底稿件收集基本结束。为使编辑审稿工作有序推进，落到实处，市政协从昭通学院和市委党史研究室聘请专家对编辑工作进行审稿（其中，昭通学院教授唐靖负责市级篇章《综合卷》和《巧家卷》，市政协原经农委主任王华国负责市级篇章《产业就业扶贫卷》和《鲁甸卷》，昭通学院教授傅奠基负责市级篇章《基础设施建设卷》和《盐津卷》《大关卷》，昭通学院教授陈玥负责市级篇章《易地搬迁扶贫卷》和《永善卷》，昭通学院教授王琼负责《民生扶贫卷》和《镇雄卷》，昭通学院教授任继敏负责市级篇章《挂钩帮扶及社会扶贫卷》和《水富卷》，昭通学院教授周玲负责市级篇章《扶贫协作卷》和《彝良卷》《威信卷》，市委党史研究室副主任翟昭明负责市级篇章《组织保障卷》和《昭阳卷》《绥江卷》）。2020 年 11 月 18 日，市政协陶仁副主席主持召开《昭通市脱贫攻坚大决战实录》统稿工作会，统一了丛书形式和内容、结构和逻辑框架。

在市政协党组的坚强领导下，在各位编撰专家、市直各单位、市政协机关各委室、各县市区政协以及编撰办公室成员的大力支持和共同努力下，经夏历冬，数易其稿，2021 年 3 月初，《昭通市脱贫攻坚大决战实录》样书基本成型。2021 年 3 月 17 日，市政协副主席陶仁主持召开《昭通市脱贫攻坚大决战实录》样稿讨论会，进一步推动《昭通市脱贫攻坚大决战实录》编辑出版工作。

首先，本丛书的编撰出版得益于各级领导的正确领导，特别是市委杨亚林书记、市政府郭大进市长、市委朱家伟副书记的指导和支持。其次，本丛书的编撰出版得益于市政协党组的坚强领导，特别是成联远主席亲自指挥，亲自督战，亲自修订纲要，并亲自撰写总序和文章。第三，本丛书的编撰出版得益于全市 200 余家单位和部门的积极参与，全市领导干部，基层工作人员，脱贫攻坚督导员、驻村工作队员，政协委员，他们不仅是脱贫攻坚一线指战员，同时还撰写亲身经历脱贫攻坚工作的真实故事。据统计，全市共有1700余人参与《昭通市脱贫攻坚大决战实录》撰稿工作中，收到初稿2526篇。应该说，本丛书的编撰工作是我市脱贫攻坚工作的有机组成部分，同样也凝聚着全市干部群众的智慧和心血，是集体智慧的结晶。最后，特别要提的是昭通学院对本丛书编撰工作的支持和帮助。昭通学院党委大力支持《昭通市脱贫攻坚大决战实录》的编撰工作，在师资紧缺的情况下，委派出周玲、傅奠基、唐靖、陈玥、任继敏、王琼等六位教授参与编撰工作中，为编撰工作注入了智慧和力量。

在编撰《昭通市脱贫攻坚大决战实录》时，编撰专家精心筛选、整理、提炼，力求将那些散落于基层的珍珠捡拾起来，洗尽铅华，还原本真，形成真实的历史故事。这套书注重文史资料"亲历、亲见、亲闻"原则，以第一人称行文，部分新闻通讯、消息类稿件，在公开媒体上发表过，体现新闻的真实性，也作为资料收录，补充《昭通市脱贫攻坚大决战实录》内容。编者旨在通过真实、感人的故事让脱贫攻坚工作在时代的聚光灯下接受检阅，给过往和经历者以心灵的依稀穿越，获取一种灵魂的战栗和反思。同时，给不曾经历，甚至不曾听闻过的后人以另一种历史的演绎，告诉他们当年自己的祖先那段荡气回肠、可歌可泣的脱贫史。

虽说《昭通市脱贫攻坚大决战实录》丛书已呈现在读者面前，但由于编撰时间紧迫、人手不够、水平有限，不免存在内容欠全面、认知不到位、归类难把握等问题和瑕疵，恳请各位方家在阅读过程中批评指正，不吝赐教，我们定当虚心接受意见建议，进一步加以修改完善，以遗后人，真正达到"存史、资政、团结、育人"之目的。

编委会办公室